BEMERKUNGEN UBER DIE PHILOSOPHIE DER PSYCHOLOGIE

REMARKS ON THE PHILOSOPHY OF PSYCHOLOGY

Band I/Volume I

BEMERKUNGEN
ÜBER DIE
PHILOSOPHIE
DER PSYCHOLOGIE

Ludwig Wittgenstein

BAND I

Herausgegeben von
G. E. M. ANSCOMBE
und
G. H. von WRIGHT

BASIL BLACKWELL
OXFORD

REMARKS ON THE PHILOSOPHY OF PSYCHOLOGY

Ludwig Wittgenstein

VOLUME I

Edited by
G. E. M. ANSCOMBE
and
G. H. von WRIGHT

Translated by
G. E. M. ANSCOMBE

BASIL BLACKWELL
OXFORD

First published in 1980 by
Basil Blackwell Publisher
5 Alfred Street
Oxford OX1 4HB
England

British Library Cataloguing in Publication Data

Wittgenstein, Ludwig
  Remarks on the philosophy of psychology.
  Vol. 1
  1. Cognition   2. Knowledge, Theory of
  I. Title   II. Anscombe, Gertrude Elizabeth
  Margaret
  III. Wright, Georg Henrik von
  153.4   BF311
  ISBN 0-631-12541-8

Printed in Great Britain by Spottiswoode Ballantyne Limited, Colchester and London

VORWORT

Nachdem Wittgenstein den Teil I der *Philosophischen Untersuchungen* in der Form, in der er später gedruckt wurde, fertiggestellt hatte, schrieb er vom Mai 1946 bis Mai 1949 in neuen Manuskriptbänden (MSS 130–138) Bemerkungen nieder, die fast ausschließlich die Natur der psychologischen Begriffe erörtern. Zweimal in diesem Zeitraum hat er aus dem handschriftlichen Material eine Auswahl in die Maschine diktiert, – im Spätherbst 1947 (TS 229) und im Frühherbst 1948 (TS 232). Dem letzten Drittel der handschriftlichen Aufzeichnungen entspricht kein erhaltenes Typoskript. Wahrscheinlich Mitte 1949 hat Wittgenstein eine handschriftliche Auswahl (MS 144), hauptsächlich aus dem, was er in der Zeit nach Oktober 1948 geschrieben hatte, zum Teil aber auch aus den früheren Manuskriptbänden und Maschinenschriften, zusammengestellt. Diese Handschrift hat er dann auf der Maschine reinschreiben lassen, und sie wurde als Teil II der *Philosophischen Untersuchungen* gedruckt. Das Typoskript ist leider zur Zeit verschollen.

Was Wittgenstein in den Manuskriptbüchern 130–138 geschrieben hat, kann somit mit gewissem Recht als *Vorstudien* zum Teil II der *Untersuchungen* gekennzeichnet werden. Die beiden Typoskripte 229 und 232 hat er in Zettel geschnitten und insgesamt 369 von den Fragmenten für weitere Zwecke aufbewahrt. Sie sind in der Sammlung *Zettel* gedruckt. (Ihre Anzahl ist mehr als die Hälfte der Bemerkungen in diesem Werk.) Der weitaus größte Teil der Bemerkungen in TS 229 und 232 und in den Manuskriptbänden 137–138 sind jedoch bis jetzt unveröffentlicht geblieben.

Es schien den Herausgebern richtig, die beiden Typoskripte 229 und 232 *in toto* in zwei Bänden unter dem Titel *Bemerkungen über die Philosophie der Psychologie* zu veröffentlichen.

Als erster Band wird hier das TS 229 veröffentlicht. Die handschriftlichen Unterlagen decken den Zeitraum vom 10. Mai 1946 bis 11. Oktober 1947. Nur die ersten 90 undatierten Bemerkungen sind früher, vielleicht schon 1945 geschrieben. Es gab zwei Fassungen des Typoskripts, – die eine wurde wahrscheinlich von der anderen kopiert. Beide waren mit vielen Schreibfehlern und anderen Mängeln behaftet. Ein genaues Vergleichen mit den Manuskriptquellen war angebracht. Im Typoskript kommen Figuren meistens nicht vor. Wir haben sie den entsprechenden MSS entnommen.

Bei der Überarbeitung für einen fehlerfreien und vollständigen Text waren die Herren André Maury und Heikki Nyman behilflich. Heikki Nyman hat den Index für das Buch gemacht. Die Herausgeber

möchten die Gelegenheit benutzen, den beiden Mitarbeitern für ihre mühevolle Arbeit zu danken.

G. E. M. Anscombe
G. H. von Wright

PREFACE

After Wittgenstein had finished Part I of *Philosophical Investigations* in the form in which it was later printed, he was writing remarks from May 1946 to May 1949 in new MS volumes (MSS 130–138), remarks almost exclusively concerned with the nature of psychological concepts. During this period he twice dictated a selection of the MS material to a typist, in late autumn 1947 (TS 229) and in early autumn 1948 (TS 232). For the last third of the MS entries there is no corresponding extant typescript. Probably in the middle of 1949 Wittgenstein put together a MS selection (MS 144), mainly from what he had written since October 1948, but partly also from earlier MS volumes and typescripts. He then had a fair copy of this MS typed out, and it was printed as Part II of *Philosophical Investigations*. This typescript has unfortunately disappeared.

What Wittgenstein wrote in MS books 130–138 may with some justification be described as preparatory studies for Part II of the *Investigations*. He cut up the two typescripts 229 and 232 into slips, and preserved in all three hundred and sixty-nine of the fragments for further use. They are printed in the collection *Zettel*. (They amount to more than half of the remarks in that work.) But by far the greater part of the remarks in TSS 229 and 232 and in the MS volumes 137 and 138 have thus far remained unpublished.

The editors considered it right to publish the two typescripts 229 and 232 in their entirety in two volumes under the title "Remarks on the Philosophy of Psychology".

Typescript no. 229 is here published as the first volume. The underlying MSS cover the time from May 10th 1946 to October 11th 1947. There were two versions of the typescript, one probably copied from the other. Both were marred with many spelling mistakes and other faults. An exact collation with the MS sources was carried out. The MSS for the most part do not contain drawings, and so we have taken them from the corresponding MSS.

Mr. André Maury and Mr. Heikki Nyman helped in working over the sources to make an accurate and complete text. Heikki Nyman made the index for the book. The editors would like to take this opportunity of thanking their collaborators for this laborious work.

G. E. M. Anscombe
G. H. von Wright

I

1. Überlegen wir uns, was man über ein Phänomen wie dieses sagt: Die Figur F einmal als ein F, einmal als das Spiegelbild eines F sehen.
   Ich will fragen: worin besteht es, die Figur einmal so, einmal anders sehen? — Sehe ich wirklich jedesmal etwas anderes; oder *deute* ich nur, was ich sehe, auf verschiedene Weise? — Ich bin geneigt, das erste zu sagen. *Aber warum?* Nun, Deuten ist eine Handlung. Es kann z.b. darin bestehen, daß Einer sagt "Das soll ein F sein"; oder daß er's nicht sagt, aber das Zeichen beim Kopieren durch ein F ersetzt; oder sich überlegt: "Was mag das wohl sein? Es wird ein F sein, das dem Schreiber mißglückt ist." — Sehen ist keine Handlung, sondern ein Zustand. (Grammatische Bemerkung.) Und wenn ich die Figur nie anders als "F" gelesen, mir nie überlegt habe, was es wohl sein mag, so wird man sagen, ich *sehe* sie als F; wenn man nämlich weiß, daß sie sich auch anders sehen läßt.
   Wie ist man denn überhaupt zu dem Begriff des 'das als das sehen' gekommen? Bei welchen Gelegenheiten wird er gebildet, ist für ihn ein Bedarf? (Sehr häufig, wenn wir über ein Kunstwerk reden.) Dort, z.B., wo es sich um ein Phrasieren durchs Aug oder Ohr handelt. Wir sagen "Du mußt diese Takte als Einleitung hören", "Du mußt nach dieser Tonart hinhören", aber auch "Ich höre das französische 'ne . . . pas' als zweiteilige Verneinung, nicht als 'nicht ein Schritt'" etc. Ist es nun ein wirkliches Sehen oder Hören? Nun: so nennen wir es; mit diesen Worten reagieren wir in bestimmten Situationen. Und *auf* diese Worte reagieren wir wieder durch bestimmte Handlungen. [*Zettel*, 208.]

2. Ist es Introspektion, was mich lehrt, ob ich's mit einem echten Sehen zu tun habe, oder doch mit einem Deuten? Zuerst einmal muß ich mir klar darüber werden, was ich denn ein Deuten nennen würde; woran sich erkennen läßt, ob etwas ein Deuten oder ein Sehen sei.
   (Einer Deutung entsprechend sehen.) [Z 212.]

3. Ich möchte sagen: "Ich sehe die Figur als das Spiegelbild eines F" sei nur eine indirekte Beschreibung meiner Erfahrung. Es gebe eine direkte; nämlich: Ich sehe die Figur *so* (wobei ich für mich auf meinen Gesichtseindruck deute). Woher hier diese Versuchung? — Es gibt da ein wichtiges Faktum, nämlich dies, daß wir bereit sind, eine Anzahl verschiedener Beschreibungen unsres Gesichtseindrucks gelten zu lassen; z.B.: "Die Figur *schaut* jetzt nach rechts, jetzt nach links."

2

I

1. Let's consider what is said about such a phenomenon as this: seeing the figure ℱ sometimes as an F, sometimes as the mirror-image of an F.

I want to ask: what does seeing the figure now this way now that consist in? – Do I actually see something different each time; or do I only *interpret* what I see in a different way? – I am inclined to say the former. *But why?* Well, interpreting is an action. It may consist, e.g., in someone's saying "That's supposed to be an F", or he doesn't say it, but when he copies the sign he replaces it by an F; or he considers: "What may that be? It'll be an F that the writer slipped with". Seeing isn't an action but a state. (A grammatical remark.) And if I have never read the figure as anything but "F", never considered what it might be, then we shall say that I *see* it as an F; if, that is, we know that it can also be seen differently.

For how have we arrived at the concept of 'seeing this as this'? On what occasions does it get formed, is it felt as a need? (Very frequently, when we are talking about a work of art.) Where, for example, what is in question is a phrasing by the eye or ear. We say "You must hear this bar as an introduction", "You must listen for this mode", but also "I hear the French 'ne . . . pas' as a negation with two parts to it, not as 'not a step'" etc. Now is it an actual seeing or hearing? Well: that's what we call it; we react with these words in particular situations. And in turn we react *to* these words with particular actions. [*Zettel*, 208.]

2. Is it introspection that tells me whether I have to do with a genuine seeing, or rather with an act of interpreting? To start with I must get clear about what I would call a case of interpreting; what it is that tells me whether something is interpreting or seeing.

(Seeing in accordance with an interpretation.) [Z 212.]

3. I should like to say: "I see the figure as the mirror-image of an F" is only an indirect description of my experience. That there is a direct one; namely: I see the figure like *this* (here I point for myself at my visual impression). Whence this temptation here? – There is an important fact here, namely that we are prepared to allow for a number of different descriptions of our visual impression, e.g. "Now the figure *is looking* to the right, now to the left."

4. Denke, wir fragten jemand: Welche Ähnlichkeit besteht zwischen dieser Figur und einem F? Nun antwortet Einer "Die Figur ist ein umgekehrtes F", ein Andrer "Sie ist ein F mit zu langen Anstrichen". Sollen wir sagen "Die beiden sehen die Figur verschieden"?

5. Sehe ich die Figur nicht einmal so, einmal anders, auch wenn ich nicht mit Worten oder durch andere Zeichen reagiere? Aber "einmal so", "einmal anders" sind ja Worte, und mit welchem Recht gebrauche ich sie hier? Kann ich dir, oder mir selbst, mein Recht erweisen? (Es sei denn durch eine weitere Reaktion.) Aber ich weiß doch, daß es zwei Eindrücke sind, auch wenn ich's nicht sage! Aber wie weiß ich, daß, was ich dann sage, das ist, was ich wußte? [Z 213.]

6. Das vertraute Gesicht eines Wortes; die Empfindung, ein Wort sei gleichsam ein Bild seiner Bedeutung; es habe seine Bedeutung gleichsam in sich aufgenommen – es kann eine Sprache geben, der das alles fremd ist. Und wie drücken sich diese Empfindungen bei uns aus? Darin, wie wir Worte wählen und schätzen. [Vgl. PU, S. 218f.]

7. Die Fälle, in denen wir mit Recht sagen, wir *deuten*, was wir sehen, als das und das, sind *leicht* zu beschreiben. [Vgl. PU, S. 212e.]

8. Wenn wir deuten, stellen wir eine Vermutung an, sprechen eine Hypothese aus, die sich nachträglich als falsch erweisen kann. Sagen wir "Ich sehe diese Figur als ein F", so gibt es dafür, so wie für den Satz "Ich sehe ein leuchtendes Rot", nicht Verifikation oder Falsifikation. Diese Art Ähnlichkeit ist es, nach der wir ausschauen müssen, um den Gebrauch des Wortes "sehen" in jenem Zusammenhang zu rechtfertigen. Sagt Einer, er erkenne, daß es ein 'Sehen' sei, durch Introspektion, so ist die Antwort: "Und wie weiß ich, was du Introspektion nennst? Du erklärst mir ein Geheimnis durch ein anderes." [Vgl. PU, S. 212e.]

9. An verschiedenen Stellen eines Buches, eines Lehrbuchs der Physik etwa, sehen wir die Illustration . Im dazugehörigen Text wird einmal von einem Glaswürfel geredet, einmal von einem Drahtgestell, einmal von einer umgestülpten offenen Kiste, einmal von drei Brettchen, die ein räumliches Eck bilden. Der Text deutet jedesmal die Illustration.

Aber wir können auch sagen, daß wir die Illustration einmal als das eine, einmal als das andere Ding *sehen*. – Wie merkwürdig nun, daß

4. Suppose we were to ask someone: What similarity is there between this figure and an F? Now one person answers "The figure is a reversed F", and another "It is an F with the horizontals made too long". Are we to say "These two see the figure differently"?

5. Don't I see the figure sometimes this way, sometimes otherwise, even when I don't react with words or any other signs?

But "sometimes this way", "sometimes otherwise" are after all words, and what right have I to use them here? Can I prove my right to you, or to myself? (Unless by a further reaction.)

But surely I know that there are two impressions, even if I don't say so! But how do I know that what I say then, is the thing that I knew? [Z 213.]

6. The familiar face of a word; the feeling that a word is as it were a picture of its meaning; that it has as it were taken its meaning up into itself – it's possible for there to be a language to which all that is alien. And how are these feelings expressed among us? By the way we choose and value words. [Cf. P.I. p. 218f.]

7. It is *easy* to describe the cases in which we are right to say we *interpret* what we see, as such-and-such. [Cf. P.I. p. 212e.]

8. When we interpret, we make a conjecture, we express a hypothesis, which may subsequently turn out false. If we say "I see this figure as an F", there isn't any verification or falsification for that, just as there isn't for "I see a luminous red". This is the kind of similarity that we must look for, in order to justify the use of the word "see" in that context. If someone says that he knows by introspection that it is a case of 'seeing', the answer is: "And how do I know what you are calling introspection? You explain one mystery to me by another." [Cf. P.I. p. 212e.]

9. In different places in a book, a text-book of physics say, we see the

illustration: . In the accompanying text what is in question

is one time a glass cube, another a wire frame, another a lidless open box, another time it's three boards making a solid angle. The text interprets the illustration every time.

But we can also say that we *see* the illustration now as one thing, now as another. Now how remarkable it is, that we are able to use

wir die Worte der *Deutung* auch zur Beschreibung des unmittelbar Wahrgenommenen werwenden können!

Da möchten wir zuerst so antworten: Jene Beschreibung der unmittelbaren Erfahrung mittels einer *Deutung* ist nur eine indirekte Beschreibung. Die Wahrheit sei die: Wir können der Figur einmal die Deutung A, einmal die Deutung B, einmal die Deutung C geben; und es gibt nun auch drei direkte Erfahrungen – Weisen des Sehens der Figur – A', B', C', so daß A' der Deutung A, B' der Deutung B, C' der Deutung C günstig ist. Daher gebrauchen wir die Deutung A als Beschreibung der ihr günstigen Weise des Sehens. [Vgl. PU, S. 193f, g.]

10. Aber was heißt es, die Erfahrung A' sei der Deutung A günstig? Welches ist die Erfahrung A'? Wie identifiziert man sie denn?

11. Nehmen wir an, jemand mache die folgende Entdeckung. Er untersucht die Vorgänge in der Retina der Menschen, die die Figur einmal als Glaswürfel, einmal als Drahtgestell sehen, etc., und er findet, daß diese Vorgänge ähnlich denjenigen sind, welche er beobachtet, wenn das Subjekt einmal einen Glaswürfel anschaut, einmal ein Drahtgestell u.s.f.... So eine Entdeckung würde man geneigt sein, als Beweis dafür zu betrachten, daß wir die Figur wirklich jedesmal anders *sehen*.

Aber mit welchem Recht? Wie kann denn das Experiment etwas über die Natur der unmittelbaren Erfahrung aussagen? – Es reiht sie in eine bestimmte Klasse von Phänomenen ein.

12. Wie identifiziert man die Erfahrung A'? Wie kommt es, daß ich überhaupt von dieser Erfahrung weiß?

Wie lehrt man jemand den Ausdruck dieser Erfahrung "Ich sehe die Figur jetzt als Drahtgestell"?

Viele haben das Wort "sehen" gelernt und nie einen derartigen Gebrauch von ihm gemacht.

Wenn ich nun so einem unsre Figur zeige und ihm sage "Jetzt versuch einmal, sie als Drahtgestell zu *sehen!*" – muß er mich verstehen? Wie, wenn er sagt: "Meinst du etwas anderes als, ich soll dem Text des Buchs, der von einem Drahtgestell redet, an der Hand der Figur folgen?" Und wenn er mich nun nicht versteht, was kann ich machen? Und wenn er mich versteht, wie äußert sich das? Nicht eben dadurch, daß auch er sagt, er *sehe* jetzt die Figur als Drahtgestell?

13. Es ist also die Neigung, jenen Wortausdruck zu gebrauchen, eine charakteristische Äußerung des Erlebnisses. (Und eine *Äußerung* ist kein Symptom).

the words of the *interpretation* also to describe what is immediately perceived!

Here at first we should like to reply: This description of the immediate experience by means of an *interpretation* is only an indirect description. That the truth is this: We can give the figure one time interpretation A, one time interpretation B, one time interpretation C; and there are also three direct experiences − three ways of seeing the figure − A′, B′, C′, such that A′ favours interpretation A, B′ interpretation B, C′ interpretation C. That is why we use interpretation A as a description of the way of seeing which is favourable to it. [Cf. P.I. p. 193f, g.]

10. But what does it mean to say that the experience A′ favours interpretation A? What is the experience A′? How is it identified?

11. Let us assume that someone makes the following discovery. He investigates the processes in the retina of human beings who are seeing the figure now as a glass cube, now as a wire frame etc., and he finds out that these processes are like the ones that he observes when the subject sees now a glass cube, now a wire frame etc.... One would be inclined to regard such a discovery as a proof that we actually *see* the figure differently each time.

But with what right? How can the experiment make any pronouncement upon the nature of the immediate experience? − It puts it in a particular class of phenomena.

12. How is the experience A′ identified? How does it come about that I know of this experience at all?

How does one teach anyone the expression of this experience: "Now I am seeing the figure as a wire frame"?

Many have learnt the word "see" and never made any such use of it.

Now if I shew our figure to such a one, and tell him "Now just try to *see* it as a wire frame" − must he understand me? What if he says: "Do you mean anything but that I am to follow the text of the book, which is about a wire frame, and to use the figure as an aid in doing so?" And if he doesn't understand me, what can I do? And if he does understand me, how is that manifested? Isn't it just in this, that he too says he is now *seeing* the figure as a wire frame?

13. Thus the inclination to use that form of verbal expression is a characteristic utterance of the experience. (And an *utterance* is not a *symptom*.)

14. Gibt es noch andere Äußerungen dieses Erlebnisses? Wäre nicht dieser Vorgang denkbar: Ich lege Einem ein Drahtgestell, einen Glaswürfell, eine Kiste, etc. vor und frage ihn "Welches dieser Dinge stellt die Figur dar?" Er antwortet "Das Drahtgestell".

15. Sollen wir nun sagen, er habe die Figur als Drahtgestell gesehen, – obwohl er die Erfahrung, sie einmal als das, einmal als etwas andres zu sehen, nicht hatte?

16. Denken wir, es fragte jemand: "Sehen wir alle ein Druck-F auf die gleiche Weise?" Nun, man könnte folgenden Versuch machen: Wir zeigen verschiedenen Leuten ein F und stellen die Frage "Wohin schaut ein F, nach rechts oder nach links?"

Oder wir fragen: "Wenn du ein F mit einem Gesicht im Profil vergleichen solltest, wo wäre vorne, wo hinten?"

Mancher aber würde diese Fragen vielleicht nicht verstehen. Sie sind analog Fragen der Art: "Welche Farbe hat für dich der Laut a?" oder "Kommt dir a gelb oder weiß vor?" etc.

Wenn Einer diese Frage nicht verstünde, wenn er erklärte, sie sei Unsinn, – könnten wir sagen, er verstehe nicht Deutsch, oder nicht die Bedeutungen der Wörter "Farbe", "Laut", etc.?

Im Gegenteil: Wenn er diese Worte verstehen gelernt hat, dann kann er auf jene Fragen 'mit Verständnis' oder 'ohne Verständnis' reagieren.

17. "Sehen wir Alle ein F auf die gleiche Weise?" – Das heißt noch gar nichts, solange nicht festgestellt ist, wie wir erfahren, 'auf welche Weise' Einer es sieht. Aber wenn ich nun z.b. auch sage "Für mich schaut ein F nach rechts und ein J nach links", – darf ich sagen: wenn immer ich ein F sehe, schaue es in dieser, oder in irgend einer Richtung? Welchen Grund hätte ich, so etwas zu sagen?!

18. Nehmen wir an, die Frage wäre nie gestellt worden "In welcher Richtung schaut ein F?" – sondern nur die: "Wenn du einem F und einem J ein Aug und eine Nase malen solltest, würde es nach rechts oder nach links schaun?" Dies wäre doch auch eine psychologische Frage. Und in ihr wäre von einem 'so, oder anders, *sehen*' nicht die Rede. Wohl aber von einer *Neigung*, das eine, oder andere zu tun.

19. Eine Verwendung des Begriffs 'in dieser Richtung schauen' ist z.B. die: Man sagt etwa einem Architekten "Mit dieser Verteilung der Fenster schaut die Fassade *dorthin*". Ähnlich verwendet man den Ausdruck: "Dieser Arm unterbricht die *Bewegung* der Skulptur" oder "Die Bewegung sollte *so* verlaufen" (dabei macht man etwa eine Geste).

14. Are there still other utterances of this experience? Wouldn't the following proceeding be conceivable: I put a wire frame, a glass cube, a box, etc. in front of someone and ask him "Which of these things represents the figure?" He replies "The wire frame".

15. Ought we now to say he saw the figure as a wire frame – though he did not have the experience of seeing it now as this, now as something else?

16. Suppose someone asked "Do we all see a printed F the same way?" Well, one might try the following: We shew various people an F and put the question: "Which way does an F look, to the right or to the left?"

Or we ask: "If you were supposed to compare an F with a face in profile, where would be the front and where the back?"

But maybe some would not understand these questions. They are analogous to questions like "What colour is the sound a for you?" or "Does a strike you as yellow or white?" etc.

If someone didn't understand this question, if he called it nonsense, – could we say he didn't understand English, or the meanings of the words "colour", "sound", etc.?

On the contrary: it's when he has learnt to understand these words that he can react to those questions 'with comprehension' or 'uncomprehendingly'.

17. "Do we all see an F the same way?" – That doesn't yet mean a thing, so long as it isn't settled how we learn 'what way' someone sees it. But if now, e.g., I also say "For me an F looks towards the right and a J towards the left", – does that allow me to say: Whenever I see an F, it looks in this direction, or in any direction? What reason would I have to say anything of the kind?

18. Let us assume that the question "Which direction does an F look in?" had never been put – but only this one: "If you had to paint an eye and a nose onto an F and a J, would it look to the right or to the left?" This too would surely be a psychological question. And it would not involve anything about a *'seeing'* this way, or otherwise! What is in question is an *inclination* to do one thing or the other.

19. One employment of the concept 'looking in this direction' is, e.g., as follows: One says, perhaps to an architect: "This distribution of the windows makes the façade look *in that direction.*" Similarly one uses the expression "This arm interrupts the movement of the sculpture" or "The movement should go like *this*" (here one makes a gesture).

20. Die Frage, ob es sich um ein Sehen oder ein Deuten handelt, entsteht dadurch, daß eine Deutung Ausdruck der Erfahrung wird. Und die Deutung ist nicht eine indirekte Beschreibung, sondern ihr primärer Ausdruck.

21. Warum aber sehen wir das nicht sogleich, sondern denken, es müßte hier einen unmittelbarern Ausdruck geben, und das Phänomen sei nur zu ungreifbar, nicht recht zu beschreiben, und wir müssen jedenfalls zur Verständigung mit Andern zur indirekten Darstellung greifen?

Wir sagen uns: Es ist unmöglich, daß wir, ohne in der Phantasie der Figur etwas hinzuzufügen, ein Erlebnis haben, das wesentlich mit Dingen zusammenhängt, die ganz außerhalb der Sphäre der unmittelbaren Wahrnehmung sind.

Man könnte z.b. sagen: "Du behauptest, du siehst die Figur als Drahtgestell. Weißt du vielleicht auch, ob es Kupferdraht oder Eisendraht ist? Und warum soll es dann *Draht* sein? – Das zeigt, daß Wort "Draht" wirklich nicht wesentlich zur Beschreibung des Erlebnisses gehört.

22. Denken wir uns aber nun diese Art von Erklärung: Wenn man beim Essen die Nase zuhält, verlieren die Speisen jeden Geschmack, außer den der Süße, Bitterkeit, Salzigkeit und Säure. Also, wollen wir einmal sagen, besteht der besondere Geschmack, des Brotes z.b., aus diesem 'Geschmack' im engern Sinne und dem Aroma, das eben verloren geht, wenn wir nicht durch die Nase atmen. Warum soll es nun beim Sehen von etwas als etwas nicht ähnlich zugehen. Etwa so: Das *Auge* unterscheidet nicht die Figur als Drahtgestell von der Figur als Kiste, u.s.w. Das ist sozusagen das Aroma, welches das Gehirn dem Gesehenen hinzufügt. Dagegen unterscheidet auch das Auge verschiedene Aspekte: es phrasiert quasi das Gesichtsbild; und *eine* Phrasierung ist *einer* Deutung, die andre der andern gemäßer. (*Erfahrungsmäßig* gemäßer.)

Denk z.b. an gewisse unwillkürliche Deutungen, die wir der einen oder andern Stelle eines Musikstücks geben. Wir sagen: diese Deutung drängt sich uns auf. (Das ist doch ein Erlebnis.) Und die Deutung kann aus gewissen rein musikalischen Beziehungen erklärt werden. – Wohl, aber wir wollen ja nicht erklären, sondern beschreiben.

20. The question whether what is involved is a seeing or an act of interpreting arises because an interpretation becomes an expression of experience. And the interpretation is not an indirect description; no, it is the primary expression of the experience.

21. But why don't we see that at once, but think rather that there must be an immediate expression here, and that the phenomenon just is too intangible, can't really be described, and in any case we have to grope for an indirect representation to communicate with other people?

We tell ourselves: Unless we supply something extra to the figure in our fancy, we can't possibly have an experience essentially tied up with things that are quite outside the sphere of immediate perception.

One might say, e.g.: "You assert that you see the figure as a wire frame. Do you perhaps also know if it is a copper wire or an iron wire? And why then has it got to be a *wire*? – This shews that the word 'wire' doesn't actually belong essentially to the description of the experience."

22. But now let us imagine the following kind of explanation: If one holds one's nose whlle eating, foods lose all their taste, except for sweet, bitter, salt and sour. So, we want to say, the special taste of bread, say, consists of this 'taste' in the narrower sense and the aroma, which is what gets lost when we don't breathe through our nose. Now why shouldn't there be something like that going on in connection with seeing? Perhaps in this way: The *eye* doesn't distinguish the figure as a wire frame from the figure as a box, etc. That is so to speak the aroma, which the brain supplies to what is seen. On the other hand the eye does distinguish various aspects: it as it were phrases the visual picture; and *one* phrasing is more in accord with *one* interpretation, the other with the other. (More in accord as a matter of experience.)

Think, for example, of certain involuntary interpretations that we give to one or another passage in a piece of music. We say: This interpretation forces itself on us. (That is surely an experience.) And the interpretation can be explained by purely musical relationships: – Very well, but *our* purpose is, not to explain, but to describe.

23.

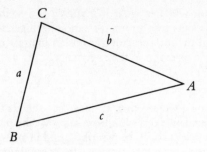

Sieh das Dreieck so, daß *c* die Basis und *C* die Spitze ist; und jetzt so, daß *b* die Basis und *B* die Spitze ist. – Was tust du? – Vor allem: – Weißt du, was du tust? Nein. "Nun, vielleicht ist es der Blick, der erst auf der 'Basis' haftet, dann zur 'Spitze' geht." Aber kannst du sagen, daß in einem anderen Zusammenhang der Blick nicht ganz ebenso wandern könnte, ohne daß du das Dreieck in dieser Weise gesehen hast? Mach auch diesen Versuch. Sieh das Dreieck so, daß es (wie eine Pfeilspitze) einmal in der Richtung *A*, einmal in der Richtung *B* zeigt.

24. Von wem sagt man, er sehe das Dreieck als Pfeil, der nach rechts zeigt? Von dem, der es einfach als einen solchen Pfeil zu gebrauchen gelernt und es immer so gebraucht hat? Nein. Das heißt natürlich nicht, man sage von so einem, er sehe es *anders*, oder wir wüßten nicht, wie er es sehe. Es ist hier von einem so oder anders *sehen* noch nicht die Rede. – Wie ist es aber in einem Fall, in welchem ich den Andern korrigiere und sage "Was dort steht, ist nicht ein Pfeil, der nach rechts zeigt, sondern einer, der nach oben zeigt", und nun setze ich ihm eine praktische Folge dieser Deutung auseinander. Er sagt nun: "Ich habe das Dreieck immer als Pfeil nach rechts aufgefaßt." – Ist hier von einem Sehen die Rede? Nein; denn es kann ja heißen "Ich bin, wenn ich diesem Zeichen begegnet bin, ihm immer *so* gefolgt." Wer das sagt, müßte die Frage "Aber hast du es als Pfeil nach rechts *gesehen?*" gar nicht verstehen.

25. Wir sagen von *dem*, er sehe das Dreieck einmal so, einmal so, der dies von sich aussagt, der diese Worte mit dem Zeichen des Verständnisses ausspricht, oder hört; aber auch von dem, der etwa sagt "Jetzt zeigt das Dreieck in dieser Richtung, früher hat es in der andern gezeigt", und der nun auf die Frage, ob das Dreieck seine Form oder Lage geändert habe, antwortet: so sei es nicht. U.s.w.

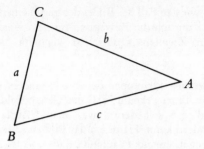

See the triangle in such a way that c is the base and C the apex; and now, so that b is the base and B the apex. – What do you do? – First of all: – do you know what you do? No.

"Well, perhaps it is the glance, which first fixes on the 'base' and then goes to the 'apex'. But can you say that your glance couldn't shift in just the same way, in another context, without your having seen the triangle that way?

Make this experiment too: See the triangle in such a way that (like an arrowhead) it points now in direction A, now in direction B.

24. Of whom do we say that he is seeing the triangle as an arrow that points to the right? Of one who has simply learned to use it as such an arrow and has always used it like that? No. Naturally, that does not mean that such a one is said to be seeing it *differently*, or that we wouldn't know how he is seeing it. *Seeing* this way or otherwise doesn't come in here yet. – But what about a case in which I correct someone else and say "What is over there is not an arrow pointing to the right, but one pointing upwards", and now I confront him with some practical consequence of this interpretation. He says: "I always took the triangle as an arrow pointing to the right." – Is a seeing in question here? No: for of course it may mean "When I have encountered this sign I have always followed it *this* way." Someone who says that need not have the least understanding of the question: "But: were you *seeing* it as an arrow pointing to the right?"

25. We say that a man sees the triangle now this way, now that, if he says it of himself; if he pronounces, or hears, these words with signs of understanding; but also, if he says, e.g., "Now the triangle is pointing in this direction; before, it pointed in the other direction," and then, when asked whether the triangle has changed its form or position, answers: "It's not like that". And so on.

26. Betrachten wir den Fall des Bildes der gegen einander rotierenden Räder. Erstens kann ich die Bewegung im Bild wieder als *eine* oder die *andere* sehen. Zweitens kann ich sie auch für die eine oder die andere *halten*.

27. Das *etwas seltsame* Phänomen des so oder anders Sehens erscheint doch erst, wenn Einer erkennt, daß das Gesichtsbild in *einem* Sinne *gleichbleibt*, und etwas anderes, was man "Auffassung" nennen möchte, sich ändern kann. Halte ich das Bild für dies oder das, sagen wir für zwei gegen einander laufende Räder, so ist doch damit von der Teilung des Eindrucks in Gesichtsbild und Auffassung noch keine Rede. – Soll ich also sagen, die Trennung ist das Phänomen, das mich interessiert?

Oder fragen wir so: Welche *Reaktion* interessiert mich? Die, welche zeigt, daß Einer eine Schale für eine Schale hält (also auch die, daß er eine Schale für etwas anderes hält)? Oder die, daß er einen Wechsel beobachtet und zugleich auch, daß sich am Gesichtsbild nichts geändert hat?

28. Es ist auch möglich, daß ich sage: "Ich habe das immer für eine Schale gehalten; jetzt sehe ich, daß es keine ist" – ohne daß ich mir eines Wechsels des 'Aspekts' bewußt bin. Ich meine einfach: ich sehe jetzt etwas anderes, habe jetzt einen anderen Gesichtseindruck.

Nehmen wir an, Einer zeigte mir etwas und fragt, was das sei. Ich sage "Es ist ein Würfel". Darauf er: "Also *so* siehst du es." – Müßte ich diese Worte anders verstehen als so: "Also *dafür* hälst du es"?

29. Ich bin mir, wenn ich die Gegenstände um mich her betrachte, nicht bewußt, daß es so etwas wie eine visuelle Auffassung gibt.

30. "Ich sehe diese Figur als räumliches Eck": warum nimmst du es nicht einfach als wahr hin, – wenn er nämlich Deutsch kann und glaubwürdig ist? – Ich zweifle nicht daran, daß es die Wahrheit ist. Aber, was er sagte, ist ein *zeitlicher* Satz. Nicht einer über das Wesen dieses Phänomens; sondern, der sagt: das habe stattgefunden.

31. Die Äußerung des Erlebnisses ist: "Ich sehe das jetzt als Pyramide; jetzt als Quadrat mit den Diagonalen." ⊠ – Was ist nun das 'das', welches ich einmal so, einmal so sehe? Ist es die Zeichnung? Und wie weiß ich, daß es beidemal dieselbe Zeichnung ist? Weiß es nur, oder *sehe* ich's auch? – Wie wäre es, wenn nachgewiesen würde, die Zeichnung habe sich immer ein wenig geändert, wenn

26. Let us consider the case of the picture of wheels rotating in opposite directions. Firstly, I may again see the movement in the picture as *one* or as the *other* movement. Secondly, I may also *take it* for the one or the other.

27. The *somewhat queer* phenomenon of seeing this way or that surely makes its first appearance when someone recognizes that the optical picture in *one* sense remains the same, while something else, which one might call "conception", may change. If I take the picture for this or that, let's say for two wheels turning opposite ways, there is so far no question of a division of the impression into optical picture and conception – Should I say, then, that this division is the phenomenon that interests me?

Or let us ask this: What *reaction* am I interested in? The one that shews that someone takes a bowl for a bowl (and so also the one that shews that he takes a bowl for something else)? Or the one that shews that he observes a change and yet shews at the same time that nothing has altered in his optical picture?

28. Another possibility is that I say: I have always taken that for a bowl; now I see that it isn't one – without being conscious of any change of 'aspect'. I mean simply: I now see something different, now have a different visual impression.

Suppose someone shews something to me and asks me what it is. I say: "It's a cube." At which he says "So *that's* how you see it". Would I have to understand these words in any other sense than: "So *that's* what you take it to be"?

29. When I contemplate the objects around me, I am not conscious of there being such a thing as a visual conception.

30. "I see this figure as a solid angle": why don't you simply accept that as true – if, that is, he knows English and is reliable? – I don't doubt that it is the truth. But what he said is a tensed sentence. Not one about the nature of this phenomenon: no, but one saying: this happened.

31. The expression of the experience is: "Now I'm seeing it as a pyramid; now as a square with its diagonals." ⊠ Now, what is the "it" which I see now this way, now that? Is it the drawing? And how do I know it is the same drawing both times? Do I merely know this, or do I *see* it as well? – How would it be, if it were subsequently proved that the drawing always altered slightly when it was seen as

man sie als etwas anderes sieht; oder das Gesichtsbild sei dann ein wenig anders. Es sehe, z.B., dann eine Linie um ein weniges stärker, oder dünner aus, als früher.

32. Soll ich sagen, die verschiedenen Aspekte der Figur seien Assoziationen? Und was hilft es mir?

33. Es scheint sich hier etwas am Gesichtsbild der Figur zu ändern; und ändert sich doch wieder nichts. Und ich kann nicht sagen "Es fällt mir immer wieder eine neue Deutung ein". Ja, es ist wohl das; aber sie verkörpert sich auch gleich im Gesehenen. Es fällt mir immer wieder ein neuer Aspekt der Zeichnung ein – die ich gleichbleiben sehe. Es ist, als ob ihr immer wieder ein neues Kleid angezogen würde, und als ob doch jedes Kleid wieder gleich sei dem andern.

Man könnte auch sagen: "Ich *deute* die Figur nicht nur, sondern ich ziehe ihr auch die Deutung an."

34. Ich sage mir: "Was ist das? Was sagt nur diese Phrase? Was drückt sie nur aus?" – Es ist mir, als müßte es noch ein viel klareres Verstehen von ihr geben, als das, was ich habe. Und dieses Verstehen würde dadurch erreicht, daß man eine Menge über die Umgebung der Phrase sagt. So als wollte man eine ausdrucksvolle Geste in einer Zeremonie verstehen. Und zur Erklärung müßte ich die Zeremonie gleichsam analysieren. Z.B. sie abändern und zeigen, wie das die Rolle jener Geste beeinflussen würde.

35. Ich könnte auch sagen: Mir ist, als müßte es zu diesem musikalischen Ausdruck Parallele auf anderen Gebieten geben.

36. Die Frage ist eigentlich: Sind diese Töne nicht der *beste* Ausdruck für das, was hier ausgedrückt ist? Wohl. Aber das heißt nicht, daß sie nicht durch ein Bearbeiten ihrer Umgebung zu erklären sind.

37. Ist es ein Widerspruch, wenn ich sage: "Dies ist schön und dies ist nicht schön" (wobei ich auf verschiedene Gegenstände zeige)? Und soll man sagen, es sei kein Widerspruch, weil die beiden Wörter "dies" verschiedenes bedeuten? Nein; die beiden "dies" haben die *gleiche* Bedeutung. "heute" hat heute die gleiche Bedeutung, wie es gestern hatte, "hier" die gleiche Bedeutung hier und dort. Es ist hier nicht wie im Satz "Herr Weiß wurde weiß".

"Dies ist schön und dies ist nicht schön" *ist* ein Widerspruch, aber er hat eine Verwendung.

something else; or that the optical picture was then slightly different? One line, for example, looks a little heavier, or thinner, then than before.

32. Shall I say that the various aspects of the figure are associations? And how does that help me?

33. Something about the optical picture of the figure seems to alter here; and then again, nothing alters after all. And I cannot say "A new interpretation keeps on striking me". Indeed it does; but it also incorporates itself straight away in what is seen. There keeps on striking me a new aspect of the drawing – which I see remains the same. It is as if a new garment kept on being put on it, and as if all the same each garment was the same as the other.

One might also say "I do not merely *interpret* the figure, but I clothe it with the interpretation".

34. I say to myself: "What is this? What does this phrase say? Just what does it express?" – I feel as if there must still be a much clearer understanding of it than the one I have. And this understanding would be reached by saying a great deal about the surrounding of the phrase. As if one were trying to understand an expressive gesture in a ceremony. And in order to explain it I should need as it were to analyse the ceremony. E.g., to alter it and shew what influence that would have on the role of that gesture.

35. I might also say: I feel as if there must be parallels to this musical expression in other fields.

36. The question is really: are these notes not the *best* expression for what is expressed here? Presumably. But that does not mean that they aren't to be explained by working on their surounding.

37. Is it a contradiction if I say: "This is beautiful and this is not beautiful" (pointing at different objects)? And ought one to say that it isn't a contradiction, because the two words "This" mean different things? No; the two "This's" have the *same* meaning. "Today" has the same meaning today as it had yesterday, "here" the same meaning here and there. It is not here as with the sentence "Mr. White turned white".

"This is beautiful and this is not beautiful" *is* a contradiction, but it has a use.

38. Das Grundübel der Russellschen Logik sowie auch der meinen in der L.Ph.Abh. ist, daß, was ein Satz ist, mit ein paar gemeinplätzigen Beispielen illustriert, und dann als allgemein verstanden vorausgesetzt wird.

39. Aber ist es nicht klar, daß die beiden "dies" verschiedene Bedeutungen haben, da ich sie doch durch verschiedene Eigennamen ersetzen kann? – Ersetzen? "Dies" heißt ja nicht einmal A, das andere mal B. – Freilich nicht allein; aber zusammen mit der zeigenden Gebärde. – Wohl; aber das sagt nur, daß ein Zeichen, bestehend aus dem Wort "dies" und einer Gebärde, eine andere Bedeutung hat, als ein Zeichen, bestehend aus "dies" und einer anderen Gebärde.

Aber das ist ja bloße Wortklauberei: Du sagst ja also, daß dein Satz "Dies ist schön und dies ist nicht schön" kein vollständiger Satz ist, weil zu den Worten hier noch Gebärden gehören. – Aber warum ist es dann kein vollständiger Satz? Es ist ein Satz einer andern Art als etwa "Die Sonne geht auf", die Art seiner Verwendung ist sehr verschieden. Aber solche Verschiedenheiten gibt es eben die Hülle und Fülle im Reich der Sätze.

40. "A. Schweizer ist kein Schweizer." Wenn ich das sage, meine ich das erste S. als Eigenname, das zweite als Gattungsname. So geht Verschiedenes in meinem Geiste vor, wenn ich die beiden Wörter "S." ausspreche? – Das Wort funktioniert im Satz beide Male in verschiedener Weise. Das hieße, das Wort mit einem Maschinenteil vergleichen und den *Satz* mit der Maschine. Ganz unzutreffend. Eher könnte man sagen: die Sprache ist die Maschine, der Satz der Maschinenteil. Das wäre dann etwa so: Diese Kurbel hat zwei Löcher von gleicher Größe. Mit dem einen sitzt sie auf der Welle, in dem anderen steckt der Kurbelzapfen. [Vgl. PU, S. 176f.]

41. Versuche, das erste "S." als Gattungsnamen, das zweite als Eigennamen zu meinen! Wie machst du den Versuch? [Vgl. PU, S. 176f.]

42. "Der Begriff S. ist kein S." Ist das Unsinn? Nun, ich weiß nicht, was jemand, der das sagt, damit sagen will: d.h. wie er diesen Satz zu verwenden beabsichtigt. Ich kann mir manche naheliegende Verwendung für ihn ausdenken. – "Aber du *kannst* ihn eben nicht so verwenden, oder auch nur so denken, daß mit den Worten "der Begriff S." und mit dem zweiten "S." das Gleiche *gemeint* ist, was du *gewöhnlich* mit diesen Worten meinst." Hier steckt der Irrtum. Man denkt hier, als schwebte einem *dieser* Vergleich vor: Die Worte im

38. The basic evil of Russell's logic, as also of mine in the *Tractatus*, is that what a proposition is is illustrated by a few commonplace examples, and then pre-supposed as understood in full generality.

39. But isn't it clear that the two 'this's' have different meanings, since they can be replaced by different proper names? – Replaced? "This" just doesn't now mean "A", now "B". – Of course not by itself, but together with the pointing gesture. – Very well; that is only to say that a sign consisting of the word "this" and a gesture has a different meaning from a sign consisting of "this" and another gesture.

But that is of course mere juggling with words. What you are saying is that your sentence "This is beautiful and this is not beautiful" is not a complete sentence, because these words have to have gestures going with them. – But why is it not a complete sentence in that case? It is a sentence of a different kind from, say "The sun is rising"; it has a very different kind of employment. But such are the differences that there are, this is the profusion that there is in the realm of sentences.

40. "Scot is not a Scot." If I say this, I mean the first S. as a proper name, the second as a class-name. Is there something different going on in my mind, when I pronounce the two words "S."? – The word functions in the proposition in a different way in the two cases. That would be to make a comparison of the word to a machine-part and of the *sentence* to the machine. Quite ineptly. Rather one might say: the language is the machine, the sentence the machine part. It would then go something like this: This crank has two holes of the same size. With one it is attached to the shaft, while the crank pin sticks into the other. [Cf. P.I. p. 176f.]

41. Try to mean the first "S." as a class-name, the second as a proper name! How do you make the attempt? [Cf. P.I. p. 176f.]

42. "The concept Scot is not a Scot." Is this nonsense? Well, I do not know what anyone who says that is trying to say, that is, how he is intending to use this sentence. I can think out several uses for it, which are ready to hand. "But you just *can't* use it, nor can you think it, in such a way that the same thing is *meant* by the words 'the concept Scot' and the second 'Scot', as you *ordinarily* mean by these words." Here is the mistake. Here one is thinking as if *this* comparison came into one's mind: words fit together in the sentence, i.e. senseless

Satz passen zusammen, d.h. man kann die sinnlose Wortfolge hinschreiben; aber die Bedeutung jedes Worts ist ein unsichtbarer *Körper*, und diese Bedeutungskörper passen *nicht* zusammen. (("Das Meinen gibt dem Satz eine weitere Dimension."))

43. Daher die Idee, man kann den Satz nicht denken; denn im Gedanken müßte ich nun die Bedeutungen der Worte zu einem Sinn *zusammenstellen*, und das geht nicht. (Jigsaw puzzle.)

44. Aber ist der Widerspruch nicht durch das Gesetz vom Widerspruch verboten? – "non (p & non p)" verbietet jedenfalls nichts. Es ist eine Tautologie. Verbieten wir aber einen Widerspruch, so schließen wir Widerspruchsformen aus unserer Sprache aus. Wir beseitigen diese Formen.

45. Man kann denken: "Wie merkwürdig, daß die *eine* Bedeutung des Wortes "empfinden" (und der anderen psychologischen Verben) zusammengesetzt ist aus den heterogenen Bestandteilen, den Bedeutungen der *ersten* und der *dritten* Person."
Aber was kann verschiedener sein, als das Profil und das en face eines Gesichts; und doch sind die Begriffe unserer Sprache so gebildet, daß das eine nur als Variation des anderen erscheint. Und es ist natürlich leicht, diese Begriffsbildung aus Naturtatsachen zu begründen. (Heterogene: der Pfeifenkopf und das Pfeifenrohr.)

46. Wenn die Begriffsbildung sich aus Naturtatsachen (psychologischen und physikalischen) begründen läßt, ist dann die Beschreibung unserer Begriffsbildungen nicht eigentlich eine verkappte Naturwissenschaft; sollten wir uns dann nicht, statt für die Grammatik für das interessieren was ihr in der Natur zu Grunde liegt?
Uns interessiert allerdings auch die Entsprechung unserer Grammatik und allgemeiner (selten ausgesprochener) Naturtatsachen. Aber unser Interesse fällt nun nicht auf diese *möglichen* Ursachen zurück. Wir betreiben keine Naturwissenschaft: unser Ziel ist nicht, etwas vorherzusagen. Auch nicht Naturgeschichte: denn wir erdichten für unsere Zwecke naturgeschichtliche Tatsachen. [Vgl. PU, S. 230a.]

47. Es interessiert uns etwa, festzustellen, daß in unserer Umgebung gewisse Formen nicht an gewisse Farben gebunden sind. Daß wir z.B. nicht grün immer in Verbindung mit der Kreisform, rot mit der Quadratform sehen. Stellt man sich eine Welt vor, in der Formen und Farben immer in solcher Weise mit einander verknüpft sind, so fände man ein Begriffssystem verständlich, in welchem die grundlegende Einteilung – Form und Farbe – nicht bestünde.

sequences of words may be written down; but the meaning of each word is an invisible *body*, and these meaning-bodies do *not* fit together. (("*Meaning* it gives the sentence a further dimension."))

43. Hence the idea that the sentence can't be thought, for in thought I should have to *fit* the meanings of the words together into a sense, and it doesn't work. (Jigsaw puzzle.)

44. But isn't contradiction forbidden by the law of contradiction? – At any rate "Non (p and non p)" doesn't forbid anything. It is a tautology. But if we forbid a contradiction, then we are excluding forms of contradiction from our language. We expunge these forms.

45. One may have the thought: "How remarkable that the *single* meaning of the word "to feel" (and of the other psychological verbs) is compounded of heterogeneous components, the meanings of the *first* and of the *third* person."
  But what can be more different than the profile and the front view of a face; and yet the concepts of our language are so formed, that the one appears merely as a variation of the other. And of course it is easy to give a ground in facts of nature for this structure of concepts. (Heterogeneous things; arrow-head and arrow-shaft.)

46. If we can find a ground for the structures of concepts among the facts of nature (psychological and physical), then isn't the description of the structure of our concepts really disguised natural science; ought we not in that case to concern ourselves not with grammar, but with what lies at the bottom of grammar in nature?
  Indeed the correspondence between our grammar and general (seldom mentioned) facts of nature does concern us. But our interest does not fall back on these *possible* causes. We are not pursuing a natural science; our aim is not to predict anything. Nor natural history either, for we invent facts of natural history for our own purposes. [Cf. P.I. p. 230.]

47. It is interesting, for example, to observe that particular shapes are not tied to particular colours in our environment; that, for example, we do not always see green in connection with round, red in connection with square. If we imagined a world in which shapes and colours *were* always tied to one another in such ways, we'd find intelligible a system of concepts, in which the fundamental division – shape and colour – did not hold.

Noch einige Beispiele:
Es ist z.B. wichtig, daß wir gewohnt sind, mit Stift, Feder, oder dergleichen zu zeichnen, und daß daher die Elemente unserer Darstellung Striche und Punkte (im Sinne von "Pünktchen") sind.

Hätten die Menschen nicht gezeichnet, sondern immer gemalt (spielte also der Begriff der *Kontur* der Formen keine große Rolle), gäbe es ein gebräuchliches Wort, sagen wir "Linie", bei dem niemand an *Strich*, also an etwas sehr dünnes dächte, sondern immer nur an die Grenze zweier Farben, und dächte man bei "Punkt" nie an etwas winziges, sondern nur an den Schnitt zweier Farbgrenzen, so wäre vielleicht manche Entwicklung der Geometrie unterblieben.

Sähen wir eine unserer primären Farben, sagen wir rot, nur äußerst selten, nur in winzigen Ausmassen, könnten wir Malfarben nicht herstellen, käme rot nur in bestimmten Verbindungen mit anderen Farben vor, etwa nur an den Spitzen der Blätter gewisser Bäume, die sich im Herbst nach und nach aus grün in rot verwandeln, so wäre nichts natürlicher als Rot ein degeneriertes Grün zu nennen.

Denke an die Umstände, unter denen uns Weiß und Schwartz als *Farben* und anderseits als das Fehlen einer Farbe erscheinen. Denke, es ließen sich alle Farben wegwaschen und der Grund wäre dann immer weiß, und es gäbe keine weiße Malfarbe.

Es ist uns leichter ein reines Rot, Grün, etc. aus dem Gedächtnis zu reproduzieren und wiederzuerkennen, als einen Ton von Braunrot etwa.

48. Ich sage aber nicht: Wären die Naturtatsachen anders, so hätten wir andere Begriffe. Dies ist eine Hypothese. Ich habe für sie keine Verwendung und sie interessiert mich nicht. Ich sage nur: Wenn du glaubst, unsere Begriffe seien die richtigen, die intelligenten Menschen gemäßen, wer andere hätte, sähe eben etwas nicht ein, was wir einsehen, dann stelle dir gewisse allgemeine Naturtatsachen anders vor, als sie sind, und andere Begriffsbildungen als die unseren werden dir *natürlich* scheinen. [Vgl. PU, S. 230b.]

49. 'Natürlich', nicht 'notwendig'. Ist denn alles, was wir tun, zweckmäßig? Ist alles, was nicht zweckmäßig genannt werden kann, zweckwidrig?!

50. ((Zu Nummer 33)) Wenn man erklärt "Ich assoziiere diesen Gegenstand mit der Figur", so wird dadurch nichts deutlicher.

51. Wie wird "wollen" wirklich gebraucht? Man ist sich in der Philosophie nicht dessen bewußt, daß man einen ganz neuen

Some further examples:

It is important, for example, that we are accustomed to draw with pencil, pen or the like, and that therefore the elements of our representation are strokes and points (in the sense of dots). Had human beings never drawn, but always painted (so that the concept of the *contour* of shapes did not play a big part), if there were a word in common use, let's call it "line", at which no one thought of a *stroke*, i.e. of something very thin, but always thought only of the boundary of two colours, and if at the word "point" one never thought of something tiny, but only of the intersection of two colour boundaries, then perhaps much of the development of geometry would not have occurred.

If we only saw one of our primary colours, red say, extremely seldom and only in tiny expanses, if we could not prepare colours for painting, if red occurred only in particular connections with other colours, say only at the very tips of leaves of certain trees, these tips gradually changing from green to red in the autumn, then nothing would be more natural than to call red a degenerate green.

Think of the circumstances under which white and black appear to us as *colours* and on the other hand as the lack of any colour. Imagine its being possible to wash all colours away, and that then the base was always white, and that there was no such thing as white paint.

It is easier for us to reproduce and recognize a pure red, green, etc. from memory, than say, a shade of reddish brown.

48. But I am not saying: if the facts of nature were different we should have different concepts. That is an hypothesis. I have no use for it and it does not interest me.

I am only saying: if you believe that our concepts are the right ones, the ones suited to intelligent human beings; that anyone with different ones would not realize something that we realize, then imagine certain general facts of nature different from the way they are, and conceptual structures different from our own will appear *natural* to you. [Cf. P.I. p. 230b.]

49. 'Natural', not 'necessary'. For is everything that we do a means to an end? Is everything inappropriate, that can't be called a means to an end?

50. (On 33) The explanation: "I associate this object with the figure", makes nothing clearer.

51. How is "will" actually used? In philosophy one is unaware of having invented a quite new use of the word, by assimilating its use to

Gebrauch des Wortes für sich erfunden hat, indem man ihn dem des Wortes "wünschen", z.B., angeglichen hat. Es ist interessant, daß man für die Philosophie eigens Wortverwendungen konstruiert, indem man Worten, die uns wichtig erscheinen, einen weiter ausgebauten Gebrauch vindizieren will, als sie haben.

"Wollen" wird manchmal in der Bedeutung von "Versuchen" verwendet. "Ich wollte aufstehen, war aber zu schwach." Anderseits will man sagen, daß, wo immer eine willkürliche bewegung gemacht wird, gewollt werde. Wenn ich also gehe, spreche, esse, etc. etc., so soll ich nun eben das tun wollen. Und hier kann es nun nicht versuchen heißen. Denn wenn ich gehe, so heißt das nicht, ich versuche zu gehen und es gelinge. Vielmehr gehe ich für gewöhnlich, ohne es zu versuchen. Man kann natürlich auch sagen "Ich gehe, weil ich gehen will", wenn das dem gewöhnlichen Fall des Gehens von dem unterscheidet, in welchem ich geschoben werde, oder elektrische Ströme meine Beinmuskeln bewegen.

52. Die Philosophie versucht sich einen Gebrauch des Wortes zurecht zu legen, der gleichsam eine konsequentere Durchführung gewisser Züge des gewöhnlichen Gebrauchs darstellt.

53. "Das Wort 'x' hat zwei Bedeutungen" heißt: es hat zwei Arten der Verwendung.
Soll ich sagen: "Wenn du die Verwendung dieses Wortes in unserer Sprache beschreibst, wirst du sehen, daß es zwei Verwendungen und nicht nur *eine* hat"?

54. Könnten wir uns nicht denken, daß Leute erklärten, das Wort "Bank" habe immer dieselbe Bedeutung. Eine Bank sei immer so

etwas: Daß sie aber das Wort dennoch auch für ein

Geldinstitut verwendeten; davon aber sagen, weil es eine Bank sei, so sei es eben doch etwas von der Art unserer Abbildung.

55. Haben die Worte "gehen" und "ging" die gleiche Bedeutung?
Haben die Worte "gehen" und "gehst" die gleiche Bedeutung?
Hat das Wort "go" in "I go" und in "you go" die gleiche Bedeutung?

56. Soll ich sagen: "Zu zwei verschiedenen Bedeutungen gehören zwei verschiedene Erklärungen der Bedeutung"?

that of, e.g., the word "wish". It is interesting that one constructs certain uses of words specially for philosophy, wanting to claim a more elaborated use than they have, for words that seem important to us.

"Want" is sometimes used with the meaning 'try': "I wanted to get up, but was too weak." On the other hand one wants to say that whereever a voluntary movement is made, there is volition. Thus if I walk, speak, eat, etc., etc., then I am supposed to will to do so. And here it can't mean trying. For when I walk, that doesn't mean that I try to walk and it succeeds. Rather, in the ordinary way I walk without trying to. Of course it can also be said "I walk because I want to", if that distinguishes the ordinary case of walking from that in which I am shoved, or electric currents move my leg muscles.

52. Philosophy has tried to fix itself up with a use of the word which presents as it were a more consistent following up of certain features of the ordinary use.

53. "The word 'x' has two meanings" means: it has two kinds of use.
    Ought I to say "If you describe the use of this word in our language, you will see that it has two uses, not just one"?

54. Might we not imagine people declaring that the word "bench" always has the same meaning? That a bench is always something like

this: But that they did, nevertheless, also use the word for

a legal institution; but of that they say that since it is a bench, it is something of the kind we have drawn in our picture.

55. Have the words "go" and "went" the same meaning?
    Have the words "go" and "goest" the same meaning?
    Has the word "go" the same meaning in "I go" and in "You go"?

56. Should I say: "With two different meanings there go two different explanations of meaning"?

57. Denk dir in einer Sprache eine Gruppe von Sätzen von je drei Zeichen. Die Sätze beschreiben die Arbeit, die ein bestimmter Mensch ausführt. Das erste Zeichen (von links nach rechts) ist der Name des Menschen, das zweite bezeichnet eine Tätigkeit (wie sägen, bohren, feilen), das dritte bezeichnet das Werkstück. So ein Satz könnte nun lauten "a a a". Wenn nämlich "a" der Name einer Person, eines Werkstücks und einer Tätigkeit ist.

58. Was heißt es nun: "Das Zeichen 'a' hat eine andere Bedeutung in 'x a y' und in 'a x y'"? Man könnte auch sagen, es habe verschiedene Bedeutung je nach seiner *Stelle*. (Wie eine Ziffer im Dezimalsystem.) Denk dir das Schachspiel mit lauter gleichgestalteten Steinen gespielt. Man müßte sich dann immer erinnern, wo ein bestimmter Stein am Anfang des Spiels gestanden hatte. Und man könnte sagen: "Dieser Stein und jener haben verschiedene Bedeutungen"; ich kann mit dem einen nicht so ziehen wie mit dem andern. Ebenso entnehme ich dem "a" an der ersten Stelle, das von *diesem* Menschen (ich zeige etwa auf ihn) die Rede ist, dem "a" an der zweiten Stelle, daß er *diese* Arbeit macht; etc. Das "a" könnte etwa in drei Tabellen stehen, die es gewissen Bildern, die seine Bedeutung erklären, zuordnen. Und ich würde dann zur Deutung des Satzes je nach der Stellung des "a" in einer anderen Tabelle nachsehen.

59. Was heißt es: "untersuchen ob 'f(f)' Sinn hat, wenn 'f' an beiden Stellen die gleiche Bedeutung hat"?

60. Man sucht, hat noch nicht gefunden, aber man weiß, was man sucht. – Aber es kann auch sein, daß man suchend um sich schaut und nicht sagen kann, was man sucht; endlich ergreift man etwas und sagt "Das wollte ich haben". Man kann das "suchen" nennen, "ohne zu wissen, was man sucht".

61. Man könnte von "funktionalen Zuständen" reden. (Z.B.: Ich bin heute sehr reizbar. Wenn man mir heute das und das sagt, reagiere ich immer so und so. Dem entgegengesetzt: Ich habe den ganzen Tag Kopfschmerzen.)

62. Wie ist man je dazu gekommen, einen Ausdruck wie "ich glaube . . ." zu gebrauchen? Ist man etwa plötzlich auf ein Phänomen, das des Glaubens, aufmerksam geworden? [Vgl. PU, S. 190a.]

63. Hatte man sich beobachtet und fand so dies Phänomen?

57. Imagine a group of sentences in a language each consisting of three signs. The sentences describe the work carried out by a particular man. The first sign (from left to right) is the man's name, the second signifies an activity (such as sawing, boring, filing) the third what is worked on.

Such a sentence might run "a a a". If, that is, "a" is the name of a person, an action, and what is worked on.

58. Now what does it mean to say "The sign 'a' has a different meaning in 'x a y' and in 'a x y'"? It might even be said to have a different meaning according to its *position*. (Like a digit in the decimal system.)

Imagine chess played with pieces all the same shape. One would then always have to remember where a particular piece was at the beginning of the game. And it might be said: "This piece and that have different meanings;" I can't make the same moves with one as with the other. Just so I gather from the "a" in the first position that the matter concerns *this* man (perhaps I point to him); from the one in the second position, that he is doing *this* work, etc. The "a" might occur in three tables in which it is correlated with certain pictures that explain its meaning. And in that case I should look the sign 'a' up in a different table according to its position in order to interpret the sentence.

59. What does it mean "to investigate whether 'f(f)' makes sense when 'f' has the same meaning in both places"?

60. One is looking for something, hasn't found it yet, but knows what one is looking for. But it may also happen that one looks around searchingly and cannot say what one is searching for; finally one lights upon something and says "That's what I wanted". "Looking", it might be called, "without knowing what one is looking for".

61. We might speak of "functional states". (E.g.: Today I am very irritable. If I am told such-and-such today, I keep on reacting in such-and-such a way. In contrast with this: I have a headache the whole day.)

62. How did such an expression as "I believe . . ." ever come to be used? Did a phenomenon, that of belief, suddenly get noticed?

63. Did we observe ourselves and discover this phenomenon in that way?

64. Hatte man sich selbst und die andern Menschen beobachtet und fand so die Erscheinung des Glaubens? [Vgl. PU, S. 190a.]

65. Es könnte in der Sprache eines Stammes ein Pronomen geben, wie wir es nicht besitzen, und wofür wir keine praktische Verwendung haben, ein Pronomen, das sich auf das Satzzeichen 'bezieht', worin es steht. Ich will es so schreiben: ich. Der Satz "ich bin 10 centimeter lang" wird also auf seine Wahrheit geprüft, indem man das Satzzeichen mißt. Der Satz "ich enthalte vier Wörter" z.B. ist wahr, der Satz "ich enthalte nicht vier Wörter" auch. "ich bin falsch" entspricht dem Paradox vom kretischen Lügner. – Die Frage ist: Wozu verwenden die Leute dies Fürwort? Nun, der Satz "ich bin 10 cm. lang" könnte als Maßstab dienen; der Satz "ich bin schön geschrieben" als Paradigma der schönen Schrift.

Was *uns* interessiert ist: Wie wird das Wort "ich" in einem *Sprachspiel* verwendet. Denn paradox ist der Satz nur, wenn wir von seiner Verwendung absehen. So könnte ich mir denken, daß der Satz "ich bin falsch" in der Kinderstube werwendet wird. Wenn Kinder ihn lesen, fangen sie an zu schließen: "Wenn das falsch ist, so ist es wahr, also ist es falsch, etc. etc.". Die Menschen haben vielleicht gefunden, daß dies Schließen eine zuträgliche Übung für Kinder ist.[1]

Was uns interessiert ist: Wie wird dieses Fürwort in einem *Sprachspiel* verwendet. Es ist möglich, obwohl nicht ganz leicht, sich ein Sprachspiel mit diesem Wort auszumalen. Ein Satz wie "ich enthalte vier Wörter" könnte z.B. als Paradigma der Zahl 4 dienen, und in anderem Sinne auch der Satz "ich enthalte nicht vier Wörter". Paradox ist ein Satz nur, wenn wir von seiner Verwendung absehen.[1]

66. Wie würden sich Menschen, die ein Dreieck nicht, wie wir einmal so, einmal so *sehen* könnten, von uns unterscheiden? – Wenn wir zu einem Stamm kämen, der diese Erlebnisse nicht hat, wie würden wir es merken?

Wie würden wir es merken, wenn die Leute Tiefe nicht *sehen* könnten? Wenn sie also wären, wie Berkeley glaubte, daß wir seien.

67. Wieviele Quadrate ☐ gehen in ein Quadrat ☐ , wenn der Maßstab, in welchem das kleine Quadrat aufzufassen ist, nicht bestimmt wurde? Wenn nun Einer daher käme und sagte: man kann zwar nicht mit Sicherheit sagen, wieviele hineingehen, aber man kann es immerhin schätzen!

---

[1] Dieser Absatz ist eine Alternative zur Textstelle "Die Frage ist: . . . der schönen Schrift". (*Herausg.*)

64. Did we observe ourselves and other men and so discover the phenomenon of belief?

65. In the language of a tribe there might be a pronoun, such as we do not possess and for which we have no practical use, which 'refers' to the propositional sign in which it occurs. I will write it like this: Î. The proposition "Î am ten centimetres long" will then be tested for truth by measuring the written sign. The proposition "Î contain four words" for example is true; and so is "Î do not contain four words". "Î am false" corresponds to the paradox of the Cretan Liar. – The question is: What do people use this pronoun for? Well, the proposition "Î am ten centimetres long" might serve as a ruler, the proposition "Î am beautifully written" as a paradigm of beautiful script.

What interests us is: How does the word "Î" get used in a *language-game*? For the proposition is a paradox only when we abstract from its use. Thus I might imagine that the proposition "Î am false" was used in the kindergarten. When the children read it, they begin to infer "If that's false, it's true, so it is false, etc. etc." People have perhaps discovered that this inferring is a useful exercise for children.[1]

What interests us is: how this pronoun gets used in a *language-game*. It is possible, though not quite easy, to fill out a picture of a language-game with this word. A proposition like "Î contain four words" might, for example, be used as a paradigm for the number four, and in another sense so might the proposition "Î do not contain four words". A proposition is a paradox only if we abstract from its use.[1]

66. How would people differ from us who were not able, like us, to *see* a triangle now this way, now that? – If we came to a tribe that did not have these experiences, how should we notice this?

How should we notice it, if the people could not *see* depth? So that they were as Berkeley thought we are.

67. How many squares ☐ go in a square ☐ when the scale in which to take the small square has not been determined? Suppose someone came and said: one can't say for sure how many will go in, but one can at any rate make an estimate!

---

[1] This paragraph is an alternative to the passage in the foregoing one, "The question is . . . beautiful script". (*Eds.*)

68. "Der Ausdruck ähnlich dem Gefühl" – die bittere Speise ähnlich dem bittern Gram. "Zum Verwechseln ähnlich" – wie wäre es, wenn sie nicht nur ähnlich, sondern gleich wären?

69. "Gram und Sorge sind ähnliche Gefühle": ist das eine Erfahrungstatsache?

70. Soll ich sagen: "Ein Hase kann ausschauen wie eine Ente"? Wäre es denkbar, daß jemand, der einen Hasen, aber keine Ente kennt, sagte: "Ich kann die Zeichnung als Hasen sehen und auch noch anders, obwohl ich für den zweiten Aspekt kein Wort habe"? Später lernt er eine Ente kennen und sagt: "Als *das* habe ich damals die Zeichnung gesehen!" – Warum ist das nicht möglich?

71. Oder denk, jemand sagte "Dieser Hase hat einen selbstgefälligen Ausdruck". – Wenn nun Einer von einem selbstgefälligen Ausdruck nichts wüßte, – könnte ihm da *etwas auffallen*, und er später, wenn er Selbstgefälligkeit kennen gelernt hat, sagen, ihr Ausdruck sei es gewesen, der ihm damals aufgefallen war?

72. Das *treffende* Wort. Wie wird es gefunden? Beschreibe das! Als Gegensatz dazu: Ich finde die richtige Bezeichnung für eine Kurve, nachdem ich bestimmte Messungen an ihr vorgenommen habe.

73. Ich sehe, daß das Wort treffend ist, noch ehe ich weiß, und auch wenn ich niemals weiß, *warum* es treffend ist.

74. Ich würde den nicht *verstehen*, der sagte: er hätte das Bild als das eines Hasen gesehen, dies aber nicht sagen können, da er damals von der Existenz eines solchen Wesens nichts gewußt habe.

75. Soll ich also sagen: "Der Bildhase und die Bildente schauen ganz gleich aus"?! – Dagegen sträubt sich etwas. – Aber kann ich denn nicht sagen: Sie schauen ganz gleich aus, nämlich so—und nun mache ich die doppeldeutige Zeichnung? (Der Müller mahlt, der Maler malt auch.) Wenn ich aber nun Gründe gegen diese Ausdrucksweise angeben wollte, – was müßte ich sagen? Daß man das Bild jedesmal anders sieht, wenn es einmal eine Ente und einmal ein Hase ist – oder, daß bei der Ente *das* der Schnabel ist, was beim Hasen die Ohren sind, etc.?

68. "The expression like the feeling" – the bitter food like the bitter sorrow. "As like as like can be", – how would it be if they were not merely like, but the same?

69. "Sorrow and care are similar feelings." Is that an empirical fact?

70. Ought I to say: "A rabbit may look like a duck"?
   Would it be conceivable that someone who knows rabbits but not ducks should say: "I can see the drawing as a rabbit and also in another way, although I have no word for the second aspect"? Later he gets to know ducks and says: "That's what I saw the drawing as that time!" – Why is that not possible?

71. Or suppose someone said: This rabbit has a complacent expression. – If someone knew nothing about a complacent expression – might *something strike* him here, and he later on, having learnt to recognize complacency, say that that was the expression that struck him then?

72. The *appropriate* word. How do we find it? Describe this! In contrast to this: I find the right term for a curve, after I have made particular measurements of it.

73. I see that the word is appropriate even before I know, and even when I never know, *why* it is appropriate.

74. I should not *understand* someone who said that he had seen the picture as that of a rabbit, but had not been able to say so, because at that time he had not been aware of the existence of such a creature.

75. Should I say: "The picture-rabbit and the picture-duck look just the same"?! Something militates against that – But can't I say: they look just the same, namely like this—and now I produce the ambiguous drawing. (The draft of water, the draft of a treaty.) But if I now wanted to offer reasons against this way of putting things – what would I have to say? That one sees the picture differently each time, if it is now a duck and now a rabbit – or, that what is the beak in the duck is the ears in the rabbit, etc?

76. Denk dir das doppeldeutige Bild in einer Bildergeschichte verwendet: Dann ist es, z.B., nicht möglich, daß ein anderes Tier der Ente begegnet und sie für einen Hasen hält; aber das wäre möglich, daß Einer die Ente im Profil im Halbdunkel für einen Hasen hält.

77. "Ich kann so wenig zugleich den Hasen und die Ente sehen, wie zugleich die Worte 'Weiche Wotan, weiche!'[1] in ihren beiden Bedeutungen meinen." – Aber das wäre nicht richtig; wohl aber, daß es uns nicht natürlich ist, diese Worte auszusprechen, um Wotan zu sagen, er solle weichen, und ihm dabei mitzuteilen, daß wir weiche Eier vorziehen. Und doch könnte man sich eine solche Verwendung von Worten vorstellen.

78. Die *Fakten* der menschlichen Naturgeschichte, die auf unser Problem Licht werfen, sind uns schwer zu finden, denn unsere Rede *geht an ihnen vorbei*, – sie ist mit andern Dingen beschäftigt. (So sagen wir Einem "Geh ins Geschäft und kauf . . ." – nicht: "Setz den linken Fuß vor den rechten Fuß etc. etc., dann leg Geld auf den Schalter, etc. etc.")

79. Glaube ich nicht an einen inneren Zustand des Sehens und der Andere sagt "Ich sehe . . .", so glaube ich, daß er nicht Deutsch kann, oder lügt.

80. Was hat der gesagt, der behauptet, wer die Zeichnung einmal als Hasen und einmal als Ente sieht, habe ganz verschiedene visuelle Erlebnisse? Die Neigung, das zu sagen, wird sehr groß, wenn man z.B. einen Strich in der Zeichnung macht, der etwa den Mund des Hasen betont, und dann sieht, wie dieser Strich nun eine ganze andere Rolle im Entenbild spielt.—Oder denk an das Sehen des Gesichtsausdrucks des Hasen, der im andern Bild gänzlich verschwindet.

Ich sehe z.B. zuerst ein hochmütiges Gesicht und dann sehe ich kein hochmütiges Gesicht.

Und was tut der, der zugibt, daß ich jedesmal etwas ganz verschiedenes sehe?

81. "Wie weiß ich, daß ich über *diesen* Gesichtsausdruck lächle?"

---

[1] Hinweis auf Wagners *Das Rheingold*. (*Herausg.*)

76. Imagine the ambiguous picture being used in a strip cartoon. Then it is not possible, for example, that some other animal should meet the duck and take it for a rabbit; but it would be possible for someone in the twilight to take the duck in profile for a rabbit.

77. "I can no more see the rabbit and the duck at the same time than I can mean the words 'Weiche Wotan, weiche!' in their two meanings." – But that would not be right; what is right is that it is not natural for us to pronounce these words in order to tell Wotan he should depart, and in saying so to tell him that we prefer our eggs soft boiled.[1] And yet it would be possible to imagine such a use of words.

78. The *facts* of human natural history that throw light on our problem, are difficult for us to find out, for our talk *passes them by*, it is occupied with other things. (In the same way we tell someone: "Go into the shop and buy . . ." – not: "Put your left foot in front of your right foot etc. etc., then put coins down on the counter, etc. etc.")

79. If I do not believe in an inner state of seeing and the other says: "I see . . .", then I believe that he does not know English, or is lying.

80. What has been said, if it is said that anyone who sees the drawing now as a rabbit now as a duck has quite different visual experiences? The inclination to say this becomes very great, if, e.g., one adds a line to the drawing that perhaps emphasizes the mouth of the rabbit, and then sees how this line plays a quite different part in the picture of the duck.—Or think of the facial expression of the rabbit, which completely disappears in the other picture.

At first, for example, I see a haughty face, and then I don't see a haughty face.

And what is done by someone, if he admits that I see something quite different each time?

81. "How do I know that I am smiling at *this* facial expression?"

[1] The reference is to the opera singer who had to sing 'Weiche, Wotan, weiche' ('Depart Wotan, depart') and to whom the other singer on the stage had just whispered 'Do you like your eggs soft (*weiche*) or hard?' (*Eds.*)

82. "Ich sehe einen ganz bestimmten Gesichtsausdruck, den ich den des Hasen nenne, und einen ganz andern, den ich den der Ente nenne." Laß mich ihn einmal bloß A und den andern B nennen: Wie könnte ich nun, ohne auf einen Hasen und eine Ente Bezug zu nehmen, Einem die Bedeutung von A und B erklären? Es wäre z.b. *so* möglich: Ich sage ihm "A" und ahme dabei mit meinem Gesicht das Gesicht eines Hasen nach, etc.

83. "'*Das* sehen' heißt nicht: *so* reagieren, – denn ich kann sehen, ohne zu reagieren." Natürlich. Denn weder heißt "ich sehe": ich reagiere, noch "er sieht": er reagiert, noch "ich sah": ich reagierte, etc.
Und wenn ich auch immer, wenn ich sehe, *sagte* "ich sehe", so würden diese Worte doch nicht sagen: "ich sage 'ich sehe'".

84. Ich deute auf einen bestimmten Fleck des Bildes und sage "das ist das Auge des Hasen oder der Ente". Wie kann denn etwas in dieser Zeichnung ein *Auge* sein?

85. "Kann man Tiefe wirklich sehen?" – "Warum soll man nicht Tiefe sehen können, wenn man Farben und Formen sieht?! Daß das Netzhautbild zweidimensional ist, ist kein Grund für das Gegenteil."—Gewiß nicht; aber die Antwort trifft das Problem nicht. Das Problem entsteht dadurch, daß die Beschreibung des Gesehenen, das, was wir die "Beschreibung des Gesehenen" nennen, von anderer Art ist, wenn ich einmal Farbe und Form, etwa durch ein Transparent, beschreibe, einmal die Tiefdimension durch eine Gebärde, oder eine Seitenansicht darstelle.

86. Eine Bemerkung, daß die Anordnung in der Tiefendimension eine Eigenschaft des 'Gesehenen' ist, wie jede andere, hilft nicht.

87. Was heißt es, daß die Höhlung des Zahns, die der Zahnarzt untersucht, sich dem Patienten viel größer anfühlt, als sie ist. Ich zeige z.b. mit den Fingern und sage, ich hätte geglaubt, sie sei *so* groß. Wonach bemesse ich die Distanz der Finger? – Bemesse ich sie überhaupt? Kann man sagen: "Ich weiß zuerst, wie groß mir die Höhlung vorkommt, dann zeige ich es mit den Fingern"? Nun, in manchen Fällen könnte man es sagen; wenn ich mir z.b. denke, die Höhlung sei 5 mm weit und *dies* Einem durch ein Zeigen der Entfernung erkläre. – Wie, wenn man mich fragte: "Wußtest du, ehe du's zeigtest, wie groß dir der Durchmesser vorkam?" – Da könnte ich antworten: "Ja. Denn hättest du mich früher gefragt, so hätte ich dir auch diese Antwort gegeben." – Etwas wissen ist eben nicht: einen Gedanken denken.

82. "I see a quite particular facial expression, which I call that of the rabbit, and a completely different one which I call that of the duck." Let me merely call one A and the other one B: How could I now explain the meaning of A and B to someone without making any reference to a rabbit and a duck?

It would be possible, e.g. like *this*: I say "A" to him and give an imitation of a rabbit's face with my own face etc.

83. "'Seeing *this*' doesn't mean: reacting in *this* way, – for I can see without reacting." Of course. For neither does "I see" mean: I react, nor "he sees": he reacts, nor "I saw": I reacted, etc.

And even if I *said* "I see" whenever I saw, these words wouldn't say "I say 'I see'".

84. I point to a particular spot in the picture and say "That is the eye of the rabbit or of the duck." Now how can something in this drawing be an *eye*?

85. "Can depth really be seen?" – "Why should one not be able to see depth, when one can see colours and shapes?! The retina's being two-dimensional is no reason for saying the opposite."—Certainly not; but the answer does not meet the problem. The problem arises from this, that the description of the seen, what we call the description of what is seen, is of a different kind, if one time I represent colour and shape, perhaps using a transparency, another time the dimension of depth by means of a gesture or a profile.

86. It is unhelpful to remark that the arrangement in the dimension of depth is, like any other, a property of the 'seen'.

87. What does it mean to say that the cavity in a tooth that the dentist is probing feels much bigger than it is to the patient? I shew with my fingers, e.g., and say: "I would have thought it was as big as *this*." What do I go by in measuring the distance apart of the fingers? – Do I measure it at all? Can one say: "First, I know how big the cavity strikes me as being, then I shew it with my fingers"? Well, in some cases that could be said, when, for example, I think to myself that the cavity is 5 mm and explain *this* to someone by shewing him the distance – Suppose I were asked: "Did you know how big the diameter struck you as being before you shewed it?" – Here I might reply: "Yes. For if you had asked me earlier, I should have given you this answer." – Knowing something just isn't: thinking a thought.

88. Wenn ich sage, was ich weiß, – wie sage ich *das*, was ich weiß?

89. Was ist die Beschreibung dessen, was ich sehe? (Das heißt nicht nur: Mit welchen Worten soll ich das beschreiben, was ich sehe? – sondern auch: "Wie schaut das aus: eine Beschreibung dessen, was ich sehe? Was soll ich so nennen?")

90. Das eigentümliche Gefühl, welches uns das Wiederkehren eines Refrains gibt. Ich möchte eine Geste machen. Aber die Geste ist eigentlich garnicht charakteristisch für gerade das Wiederkehren eines Refrains. Vielleicht könnte ich ein *Wort* finden, das die Situation besser charakterisiert; aber es würde auch nicht erklären, warum der Refrain mir wie ein Witz vorkommt, warum seine Wiederkehr ein Lachen, oder Grinsen, bei mir hervorruft. Wenn ich zu der Musik tanzen könnte, so könnte ich am allerbesten ausdrücken, gerade *wie* mich der Refrain berührt. Ja, einen besseren Ausdruck könnte es gewiß nicht geben.

Ich könnte z.b. vor den Refrain die Worte "wie gesagt" setzen. Und das wäre gewiß treffend; aber es erklärt nicht, warum der Refrain mir einen stark komischen Eindruck macht. Denn ich lache doch nicht immer, wenn ein "wie gesagt" am Platz ist.

91. Der 'Inhalt' der Erfahrung, des Erlebnisses: – Ich weiß, wie Zahnschmerzen sind, ich kenne Zahnschmerzen, I know what it's like to see red, green, blue, yellow, I know what it's like to feel sorrow, hope, fear, joy, affection, to wish to do something, to remember having done something, to intend doing something, to see a drawing alternately as the head of a rabbit and of a duck, to take a word in one meaning and not in another, etc. Ich weiß, wie es ist, den Laut *a* grau zu sehen und den Laut *ü* dunkel violett. – Ich weiß auch, was es heißt, sich diese Erlebnisse vorführen. Wenn ich sie mir vorführe, so führe ich mir nicht Arten des Benehmens, oder Situationen vor.—So weiß ich also, was es heißt, sich diese Erlebnisse vorführen? Und was heißt es? Wie kann ich's einem Andern, oder mir selbst, erklären?

92. Der Begriff 'Wort' in der Linguistik. Wie gebraucht man "dasselbe Wort"?
'"habe" und "hatte" sind dasselbe Wort.'
'Er sagte zweimal dasselbe Wort, einmal laut, einmal leise.'
'Sind "Bank" ("die Banken") und "Bank" ("die Bänke") das gleiche Wort?'
'Sie sind *etymologisch* das gleiche Wort.'
'Ist es beidemal das gleiche Wort "habe", wenn man sagt "ich habe ein Haus" und "ich habe ein Haus gebaut"?'

88. When I say what I know, how is what I say *what* I know?

89. What is the description of what I see? (This doesn't mean only: In what words am I to describe what I see? – but also "What does a description of what I see look like? What am I to call by that name?")

90. The peculiar feeling that the recurrence of a refrain gives us. I should like to make a gesture. But the gesture isn't really at all characteristic precisely of the recurrence of a refrain. Perhaps I might find that a *phrase* characterizes the situation better; but it too would fail to explain why the refrain strikes one as a joke, why its recurrence elicits a laugh or grin from me. If I could dance to the music, that would be my best way of expressing just *how* the refrain moves me. Certainly there couldn't be any better expression than that. –
I might, for example, put the words "To repeat", before the refrain. And that would certainly be apt; but it does not explain why the refrain makes a strongly comic impression on me. For I don't always laugh when a "To repeat" is appropriate.

91. The 'content' of experience, of experiencing: I know what tooth-aches are like, I am acquainted with them, *I know what it's like to see red, green, blue, yellow, I know what it's like to feel sorrow, hope fear, joy, affection, to wish to do something, to remember having done something, to intend doing something, to see a drawing alternately as the head of a rabbit and of a duck, to take a word in one meaning and not in another etc.*[1] I know how it is to see the vowel *a* grey and the vowel *ü* dark purple. – I know, too, what it means to parade these experiences before one's mind. When I do that, I don't parade kinds of behaviour or situations before my mind.—So I know, do I, what it means to parade these experiences before one's mind? And what *does* it mean? How can I explain it to anyone else, or to myself?

92. The concept 'word' in linguistics. How does one use "the same word"?
'"have" and "had" are the same word.'
'He's saying the same word, once out loud, once silently.'
'Are "bank" (money) and "bank" (river) the same word?'
'Is it the same word "have" both times when one says "I have a house" and "I have built a house"?'

---

[1] The passage (between asterisks) occurs in English, not German.

93. Betrachtung: Ein Stamm, den wir unterjocht haben, den wir etwa zu einem Sklavenstamm machen wollen. Das Benehmen, Verhalten, dieser Leute ist uns eben deshalb interessant. Wir wollen es beschreiben, verschiedene *Aspekte* dieses Benehmens beschreiben. Wir betrachten und beobachten z.b. Schmerzbenehmen, Freudebenehmen, etc. Zu ihrem Benehmen gehört auch der Gebrauch einer Sprache. Und überhaupt auch solches Benehmen, welches erlernt ist, nicht minder, als das, welches nicht gelernt ist, wie das Schreien eines Kindes. Ja, sie haben nicht nur eine Sprache, sondern auch, in ihr, psychologische Ausdrucksformen. — Frage dich: Wie werden diese den Kindern dieses Stammes beigebracht? —

Ich nehme nun an, daß die Leute Ausdrücke besitzen wie die folgenden: "Ich habe schwarzes Haar", "Er hat schwarzes Haar", "Ich habe Geld", "Er hat Geld"; "Ich habe eine Wunde", "Er hat eine Wunde". Und nun benützen sie diese grammatische Konstruktion in *psychologischen* Aussagen.

94. "Als ich 'Bank' hörte, schwebte mir die Bedeutung Geldbank vor." Es ist, als wäre ein Keim der Bedeutung erlebt, und dann interpretiert worden. Nun, ist das ein Erlebnis? Man könnte geradezu sagen: "Ich hatte ein Erlebnis, daß der Keim zu dieser Verwendung war." Das könnte die uns natürliche Ausdrucksweise sein.

95. Vorlieb nehmen ist auch eine Denkbewegung, die man lernen kann.

96. Ein Stamm, den wir versklaven wollen. Die Regierung und die Wissenschaftler geben aus, daß die Leute dieses Stammes keine Seelen haben; man könne sie also ohne Skrupel zu jedem beliebigen Zweck gebrauchen. Natürlich interessiert uns dennoch ihre Sprache; denn wir müssen ihnen ja z.b. Befehle geben und Berichte von ihnen erhalten. Auch wollen wir wissen, was sie unter einander sprechen, da dies mit ihrem übrigen Verhalten zusammenhängt. Aber auch, was bei ihnen unsern 'psychologischen Äußerungen' entspricht, muß uns interessieren, denn wir wollen sie arbeitsfähig erhalten, darum sind uns ihre Äußerungen des Schmerzes, des Unwohlseins, der Depression, der Lebenslust, etc. etc. von Wichtigkeit. Ja, wir haben auch gefunden, daß man diese Leute mit gutem Erfolg als Versuchsobjekte in physiologischen und psychologischen Laboratorien verwenden kann, da ihre Reaktionen — auch die Sprachreaktionen — ganz die der seelenbegabten Menschen sind. Ich nehme an, man habe auch gefunden, daß man diesen Automaten, durch eine Methode, die sehr ähnlich unserm 'Unterricht' ist, unsere Sprache statt der ihrigen beibringen kann. [Vgl. Z. 528.]

93. Speculation: A tribe that we have brought into subjection, which we want to make into a slave-race. The behaviour, the bearing of these people is of interest to us just for that reason. We want to describe it, to describe various *aspects* of this behaviour. We watch and observe, e.g. pain-behaviour, joy-behaviour etc. Their behaviour also includes the use of a language. And generally it includes such behaviour as is learned, no less than such as is not learned, like a child's crying. Nor do they merely have a language, they have one containing psychological forms of expression. – Ask yourself: How do these get taught to the children of this tribe? –

Now I assume that these people possess expressions like the following: "I have black hair", "He has black hair"; "I have money", "He has money"; "I have a wound", "He has a wound". And now they use this grammatical construction in *psychological* ascriptions.

94. "As I heard 'bank' the meaning money-bank came to mind." It is as if a germ of meaning were experienced, and then got interpreted. Now *is* that an experience?

One might precisely say: "I had an experience which was the germ for this use." That might be a form of expression that was natural to us.

95. Having a favourite . . . is also a movement of thought that one can learn.

96. A tribe that we want to enslave. The government and the scientists give it out that the people of this tribe have no souls; so they can be used without scruple for any purpose whatever. Naturally we are interested in their language all the same; for of course we need to give them orders and to get reports from them. We want to know too what they say among themselves, as this hangs together with the rest of their behaviour. But also we must be interested in what in them corresponds to our 'psychological utterances', for we want to keep them capable of work, and so their expressions of pain, of feeling unwell, of depression, of pleasure in life etc. etc. are of importance to us. Indeed, we have also found that these people can be used successfully as experimental objects in physiological and psychological laboratories; since their reactions – including speech-reactions – are altogether those of men endowed with souls. I assume that it has also been found that these automata can be taught our language instead of their own by a method very like our 'instruction'. [Cf. Z 528.]

97. Diese Wesen lernen nun z.B. rechnen, schriftlich oder mündlich rechnen. Wir bringen sie aber, irgendwie, dahin, daß sie uns das Ergebnis einer Multiplikation sagen können, nachdem sie, ohne zu schreiben oder zu sprechen, eine Weile stille gesessen sind. Wenn man dabei die Art und Weise betrachtet, wie sie dies 'Kopfrechnen' lernen und die Erscheinungen, die es umgeben, so liegt das Bild nahe, der Prozess des Rechnens sei gleichsam untergetaucht und gehe nun *unter* dem Wasserspiegel vor sich. (Denke an den Sinn, in welchem Wasser aus H und O *'besteht'*.)

Wir müssen natürlich für verschiedene Zwecke einen Befehl haben der Art: "Rechne dies im Kopf!"; eine Frage "Hast du es gerechnet?"; ja auch "Wie weit bist du gekommen?"; eine Aussage des Automaten "Ich habe ... gerechnet"; etc. etc. Kurz: alles, was *wir*, unter uns, über das Kopfrechnen sagen, hat auch Interesse für uns, wenn sie's sagen. Und was für's Kopfrechnen gilt, gilt auch für andere Formen des Denkens. – Äußert etwa jemand bei uns die Ansicht, *in* diesen Wesen müßte doch dabei etwas vorgehen, und zwar etwas seelisches, so wird darüber wie über einen dummen Aberglauben gelacht. Und wenn es gar vorkommt, daß die Sklaven spontan den Ausdruck bilden, *in* ihnen sei dies oder jenes vorgegangen, so kommt uns das besonders komisch vor. [Vgl. Z 529.]

98. Wir spielen auch mit diesen Wesen das Spiel "Denk dir eine Zahl! – Multiplizier sie mit 5! – ..." – Beweist das, daß *doch* etwas *in* ihnen vorgegangen ist? –

99. Und nun beobachten wir ein Phänomen, – das wir als den Ausdruck des Erlebnisses interpretieren könnten; eine Figur einmal als das, einmal als jenes sehen. Wir zeigen ihnen nun z.B. ein Vexierbild. Sie finden die Lösung; und dann sagen sie etwas, zeigen auf etwas, zeichnen etwas, etc., und wir können ihnen unsern Ausdruck beibringen "Ich sehe das Bild nur immer so". Oder sie haben unsere Sprache und den gewöhnlichen Gebrauch des Wortes "sehen" gelernt und bilden jene Form nun spontan.

100. Welches Interesse, welche Wichtigkeit hat dieses Phänomen, diese Reaktion? Sie mag ganz unwichtig, ganz uninteressant sein, oder auch wichtig und interessant. Manche Leute assoziieren mit unsern Vokalen gewisse Farben; Manche können die Frage beantworten, welche Wochentage fett und welche mager sind. Diese Erfahrungen spielen in unserm Leben eine sehr untergeordnete Rolle; ich kann mir aber leicht Umstände ausdenken, in denen, was uns unwichtig ist, große Wichtigkeit erhielte.

97. These beings now learn, e.g. to calculate, to calculate on paper or orally. But somehow we bring them to the point of being able to say the result of a multiplication after they have sat still for a while without writing or speaking. When one considers the kind of way in which they learn this 'calculating in the head', and the phenomena that surround it, the picture suggests itself, that the process of calculating is as it were submerged, and goes on *under* the mirror surface of the water. (Think of the sense in which water 'consists' of H and O.)

Naturally there are various purposes for which we need to have an order of the form "Calculate this in your head"; a question "Have you calculated it?"; and even "How far have you got?"; a statement of the automaton "I have calculated . . ."; etc. etc. In short: all that *we* say among ourselves about calculating in the head, is also of interest to us when they say it. And what goes for calculating in the head also goes for other forms of thinking.—If anyone among us voices the idea that something must surely be going on *in* these beings, something mental, this is laughed at like a stupid superstition. And if it does happen that the slaves spontaneously form the expression that this or that has taken place *in* them, that strikes us as especially comical. [Cf. Z 529.]

98. With these beings we also play the game "Think of a number – Multiply it by 5 – . . ." – Does that prove that *after all* something has taken place *in* them? –

99. And now we observe a phenomenon, – which we might interpret as the expression of the experience: seeing a figure now this way now that. Now we shew them, e.g., a puzzle picture. They find the solution; and then they say something, point to something, draw something etc., and we can teach them our expression: "Now I always see the picture this way." Or they have learnt our language and the ordinary use of the word "to see" and now they invent that form spontaneously.

100. What interest, what importance has this phenomenon, this reaction? It may be quite unimportant, quite uninteresting, or again important and interesting. Some people associate certain colours with our vowels; some can answer the question which days of the week are fat and which are thin. These experiences play a very subordinate part in our lives; but I can easily think out circumstances, in which what is unimportant to us would acquire great importance.

101. Die Sklaven sagen auch: "Als ich das Wort 'Bank' hörte, bedeutete es für mich . . .". Frage: Auf dem Hintergrund *welcher* Sprachtechnik sagen sie das? Denn darauf kommt alles an. Was hatten wir sie gelehrt, welche Benützung des Wortes "bedeuten"? Und was, wenn überhaupt irgendetwas, entnehmen wir ihrer Äußerung? Denn wenn wir garnichts mit ihr anfangen können, so könnte sie uns als Kuriosität interessieren. — Denken wir uns nur Menschen, die keine Träume kennen, und die unsere Traumerzählungen hören. Denk dir, Einer von uns käme zu diesem nicht-träumenden Stamm und lernte nach und nach sich mit den Leuten verständigen. – Vielleicht denkst du, sie würden nun das Wort "träumen" nie verstehen. Aber sie fänden bald eine Verwendung dafür. Und die Ärzte des Stammes könnten sich sehr wohl für unser Träumen interessieren und wichtige Schlüße aus den Träumen des Fremden ziehen.—Auch kann man nicht sagen, daß für diese Leute das Verbum "träumen" nichts anderes bedeuten könnte, als: einen Traum erzählen. Denn der Fremde würde ja beide Ausdrücke gebrauchen: "träumen" und "einen Traum erzählen", und die Leute unseres Stammes dürften nicht "ich träumte . . ." mit "ich erzählte den Traum . . ." verwechseln. [Z 530.]

102. Wir fragen uns: "Was interessiert uns an den psychologischen Äußerungen der Menschen?" – Sieh's nicht als so selbstverständlich an, daß uns diese Wortreaktionen interessieren.

103. Warum interessiert uns die chemische Formel einer Substanz? "Nun natürlich, weil uns ihre Zusammensetzung interessiert." – Hier haben wir einen ähnlichen Fall. Die Antwort hätte auch sein können: "Weil uns eben ihre innere Natur interessiert."

104. "Du wirst doch nicht leugnen, daß Rost und Wasser und Zucker eine innere Natur haben!" "Wenn man's nicht schon wüßte, so hätte es doch die Wissenschaft unwiderleglich gezeigt."

105. Ist nun das Hören oder Denken eines Worts in der oder der Bedeutung eine *echte Erfahrung*? – Wie ist das zu beurteilen?—Was spricht dagegen? Nun, daß man keinen *Inhalt* dieser Erfahrung entdecken kann. Es ist, als äußerte man eine Erfahrung, könne sich dann aber nicht besinnen, was die Erfahrung eigentlich war. Als könnte man sich zwar manchmal auf eine Erfahrung besinnen, die mit der, die wir suchen, gleichzeitig ist, aber was wir zu sehen kriegen, ist nur (wie) ein Gewand, und wo das Bekleidete sein sollte, sehen wir eine Leere. Und dann ist man geneigt zu sagen: "Du darfst eben nicht nach einem *andern* Inhalt ausschauen". Der Inhalt der Erfahrung ist

101. The slaves also say "When I heard the word 'bank' it meant . . . to me". Question: Against the background of what technique of language do they say this? For everything turns on that. What had we taught them, what employment of the word "mean"? And what, if anything at all, do we gather from their utterance? For if we can do nothing with it, it might interest us as a curiosity. Let us just imagine human beings who are unacquainted with dreams and who hear our narrations of dreams. Imagine one of us coming to this non-dreaming tribe and gradually learning to communicate with the people. – Perhaps you think they would never understand the word "dream". But they would soon find a use for it. And the doctors of the tribe might very well be interested in our dreams and draw important conclusions from the dreams of these strangers.—Nor can it be said that for these people the verb "to dream" could mean nothing but to tell a dream. For the stranger would use both expressions, "to dream" and "to tell a dream" and the people of our tribe wouldn't be allowed to confuse "I dreamt . . ." with "I told the dream . . .". [Z 530.]

102. We ask ourselves: "What interests us about the psychological utterances of human beings?" – Don't see it so much as a matter of course that these verbal reactions do interest us.

103. Why does the chemical formula of a substance interest us? "Well, or course its composition interests us." – Here we have a similar case. The answer might also have been "Because its inner nature interests us".

104. "You are surely not going to deny that rust and water and sugar have an inner nature!" "If one didn't know it already, science would surely have shewn it beyond cavil."

105. Is the hearing or thinking of a word in this or that meaning a *genuine experience*? – How is that to be judged?—What speaks against it? Well, that one cannot discover any *content* for this experience. It's as if one were expressing an experience, but then could not think what the experience really was. As if one could indeed sometimes think of an experience that was simultaneous with the one we are looking for, but what we get to see then is merely a garment, and, where what it clothes should be, there is a vacuum. And then one is inclined to say: "You must not look for *another* content". The content of the experience just is to be described by the *specific expression* (of the

eben nur durch den *spezifischen Ausdruck* (der Erfahrung) zu beschreiben. Aber auch das befriedigt nicht. Denn warum fühlen wir dennoch, daß eben *kein* Inhalt da ist? Und ist es so nur mit der Erfahrung des Meinens? Nicht auch, z.B., mit der des Erinnerns? Wenn man mich fragt, was ich in den letzten zwei Stunden getan habe, so antworte ich geradeswegs und lese die Antwort nicht von einer Erfahrung ab. Und doch sagt man, ich habe mich *erinnert*, und dies sei ein seelischer Vorgang.

106. Es könnte einem fast wundernehmen, daß man die Frage "Was hast du heute morgens getan" beantworten kann – ohne historische Spuren meiner Tätigkeit aufzusuchen, oder dergleichen. Ja, ich antworte, und wüßte nicht einmal, daß dies nur durch einen besonderen seelischen Vorgang, das Erinnern, möglich ist, wenn es mir nicht gesagt würde.

107. Aber es gibt natürlich ein "Ich glaube mich daran zu erinnern", ob nun richtig oder falsch – und hier kommt das *Subjektive* des Psychologischen zum Vorschein.

108. Sage ich nun, das Erlebnis des Erinnerns und das Erlebnis der Schmerzen, z.B., sind von verschiedener Art, so ist das irreleitend, da man bei "Erlebnissen verschiedener Art" vielleicht an eine Verschiedenheit wie der eines Schmerzes, eines Kitzels, und eines Gefühls der Üblichkeit denkt. Während die Verschiedenheit, von der wir reden, eher vergleichbar ist der der Zahlen 1 und $\sqrt{-1}$.

109. Woher nimmt man nun den Begriff des 'Inhalts' eines Erlebnisses. Nun, der Inhalt des Erlebnisses ist das private Objekt, das Sinnesdatum, der 'Gegenstand', den ich unmittelbar mit dem geistigen Auge, Ohr, etc. etc. erfasse. Das innere Bild. – Aber wo hat man diesen Begriff nötig?

110. Warum, wenn ich meine subjektive Erinnerung mitteile, bin ich nicht geneigt, zu sagen, ich hätte den Inhalt meines Erlebnisses beschrieben?

111. Ja, wenn ich sage "Erinnerungen an jene Tage tauchten in mir auf", so scheint es anders. Da bin ich geneigt von einem Inhalt der Erfahrung zu reden, und denke mir etwas wie Worte und Bilder, die von meiner Seele auftauchen.

112. Ich kann Einem zeigen, wie ein bestimmter Schmerz, ein Jucken, ein Bremseln, etc. ist, indem ich das Gefühl bei ihm hervorrufe und

experience). But that does not satisfy us either. For why do we feel nevertheless that there just is *no* content there?

And is it like that only with the experience of meaning? Isn't it so also with, e.g., that of remembering? If someone asks me what I have been doing in the last two hours, I answer him straight off and I don't read the answer off from an experience I am having. And yet one says that I *remembered*, and that this is a mental process.

106. One might almost marvel that one can answer the question "What did you do this morning?" – without looking up historical traces of activity or the like. Yes; I answer, and wouldn't even know that this was only possible through a special mental process, remembering, if I were not told so.

107. But there is also such a thing as "I believe I remember that", whether rightly or wrongly – and here there comes into view what is *subjective* about the psychological.

108. If I now say that the experience of remembering and the experience of pain are different in kind, that is misleading: for "experiences of different kinds" makes one think perhaps of a difference like that between a pain, a tickle, and a feeling of familiarity. Whereas the difference of which we are speaking is comparable, rather, to that between the numbers 1 and $\sqrt{-1}$.

109. Where do we get the concept of the 'content' of an experience from? Well, the content of an experience is the private object, the sense-datum, the 'object' that I grasp immediately with the mental eye, ear, etc. The inner picture. – But where does one find one needs this concept?

110. Why, when I communicate my subjective memory, am I not inclined to say I was describing the content of my experience?

111. Of course, when I say "Memories of that day rose up in me" it looks different. Here I am inclined to speak of a content of the experience, and I imagine something like words and pictures which rise up before my mind.

112. I can shew someone what a particular pain, an itch, a tingle etc. is, by producing the feeling in him and observing his reaction, the

seine Reaktion, die Beschreibung, die er davon gibt, etc. beobachte. Aber kann ich so etwas im Fall des Erinnerungserlebnisses tun? – So nämlich, daß er nun sagen kann: "Ja, jetzt weiß ich, wie es ist 'sich an etwas erinnern'." Ja ich kann ihm natürlich beibringen, was wir "sich an etwas erinnern" nennen; ich kann ihn den Gebrauch dieser Worte lehren. Aber kann er dann sagen: "Ja, jetzt hab ich's erfahren, wie das ist!" (("Ja, jetzt weiß ich, was Gruseln ist!")) Wenn er es sagte, so würden wir uns *wundern*, und denken "was mag er nur erfahren haben?" – denn wir erfahren nichts besonderes. [Vgl. PU, S. 231c.]

113. Wenn Einer sagt "Jetzt weiß ich, was Bremseln ist", so wissen wir, daß er's weiß, durch den 'Ausdruck der Empfindung': er zuckt zusammen, bringt einen bestimmten Laut hervor, sagt, was wir auch in diesem Fall sagen, findet die gleiche Beschreibung treffend, wie wir. [Vgl. PU, S. 231c.]

114. Und so könnte man auch wirklich von einem Gefühl "Lang, lang ist's her!" sprechen, und diese Worte sind ein Ausdruck der Empfindung, aber nicht die: "ich erinnere mich daran, ihm oft begegnet zu haben." [Vgl. PU, S. 231c.]

115. "Wenn sie vergeht, dann war es nicht die rechte Liebe." Warum *war* sie es dann nicht? Ist es unsere Erfahrung, daß nur dieses Gefühl und nicht jenes von Dauer ist? Oder gebrauchen wir ein Bild: wir prüfen die Liebe auf ihre *innere* Beschaffenheit, die das unmittelbare Gefühl nicht offenbart. Aber dieses Bild ist uns wichtig. Die Liebe, also das Wichtige, ist nicht ein Gefühl, sondern etwas tieferes, das nur in dem Gefühl sich äußert.
Wir haben das Wort "Liebe" und geben diesen Titel nun dem Wichtigsten. (Wie wir den Titel "Philosophie" einer bestimmten geistigen Tätigkeit verleihen.)

116. Wir verleihen Wörter, wie wir, bereits vorhandene, Titel verleihen.

117. "Ein neugeborenes Kind hat keine Zähne." – "Eine Gans hat keine Zähne." – "Eine Rose hat keine Zähne." Das Letztere ist doch offenbar wahr! Sicherer sogar, als daß eine Gans keine hat. Und doch ist es nicht so klar. Denn wo sollte eine Rose Zähne haben? Die Gans hat keine in ihren *Kiefern*. Und sie hat natürlich auch keine in den Flügeln, aber das meint niemand, der sagt, sie habe keine Zähne. Ja wie, wenn man sagte: Die Kuh kaut Gras mit ihren Zähnen und

description that he gives, etc. But can I do anything like that in the case of memory-experience? – In such a way, that is, that he can now say "Yes, now I know what it is to remember something". Of course, I can teach him what we call "remembering something"; I can teach him the use of these words. But can he then say "Yes, now I have experienced what that is!" (("Yes, now I know what shuddering is!"[1])) If he were to say so, we should be astonished, and think "What can he have experienced?" For we experience nothing special. [Cf. P.I. p. 231c.]

113. When someone says "Now I know what a tingle is," we know that he knows through his 'expression of the sensation'; he jerks, makes a particular noise, says what we too say in this case, finds the same description apt as we do. [Cf. P.I. p. 231c.]

114. And in this way we might actually speak of a feeling "Long, long ago" and *these* words are an expression of the feeling; but not *these*: "I remember that I often met him." [Cf. P.I. p. 231c.]

115. "If it passes, then it was not true love." Why *was* it not in that case? Is it our experience, that only this feeling and not that endures? Or are we using a picture: we test love for its *inner* character, which the immediate feeling does not discover. Still, this picture is important to us. Love, what is important, is not a feeling, but something deeper, which merely manifests itself in the feeling.

We have the word "love" and now we give this title to the most important thing. (As we confer the title "Philosophy" on a particular intellectual activity.)

116. We confer individual words as we confer already existing titles.

117. "A new born child has no teeth." – "A goose has no teeth." "A rose has no teeth." – This last at any rate – one would like to say – is obviously true! It is even surer than that a goose has none. – And yet it is none so clear. For where should a rose's teeth have been? The goose has none in its beak. Nor, of course, has it any in its wings; but that's not what anyone means when he says it has no teeth – Why, suppose one were to say: the cow chews its food and then dungs the

---

[1] As in the fairy tale "The Man who could not Shudder." See Grimm's *Fairy Tales*.

düngt dann die Rose damit, also hat die Rose Zähne im Mund eines Tiers. Das ist darum nicht absurd, weil man von vornherein garnicht wüßte, wo man nach Zähnen bei der Rose zu suchen hat. ((Dies hängt irgendwie mit dem Problem zusammen, daß der Satz "Die Erde hat mehr als 100.000 Jahre existiert" einen klareren Sinn hat als der: "Die Erde hat in den letzten 5 Minuten existiert". Denn, wer *dies* sagte, den würde ich fragen: "Auf welche Beobachtungen beziehst du dich? Was für Beobachtungen würden deinem Satz entgegenstehen?" Während ich wohl weiß, zu welchem Gedankenkreis, zu welchen Beobachtungen, der erste Satz gehört.)) [Vgl. PU, S. 221h, g.]

118. "Siehst du, so ist das, wenn man sich an etwas erinnert." *So?* wie ein Gefühl des Wohlbehagens. Warum scheint es richtig, heir von Erfahrung (nämlich das Erinnern) nie vergessen!"?

119. Ist die Erinnerung eine Erfahrung? *Was* erfahre ich? Und ist es eine Erfahrung, wenn das Wort "Bank" das eine, oder andere für mich bedeutet?

Wieder: *Was* erfahre ich? – Man ist geneigt zu antworten: Ich habe das und das vor mir gesehen, mir vorgestellt.

So *sag* ich es also nur – daß das Wort dies für mich bedeutet hat – und es ist *nichts* geschehen? Es waren bloße Worte? – Bloße Worte nicht; und man kann auch sagen, daß etwas geschehen ist, was ihnen entsprach – aber man kann, daß es nicht bloße Worte waren, nicht damit *erklären*, daß etwas vor sich ging, was ihnen entsprach. Denn die beiden Ausdrücke bedeuten einfach dasselbe.

120. Das Gefühl, man sei schon früher einmal in eben derselben Situation gewesen. Ich habe dieses Gefühl nie gehabt.

Wenn ich einen guten Bekannten sehe, so ist mir sein Gesicht wohl bekannt; es ist mir viel vertrauter, als wenn es mir bloß 'bekannt vorkommt'. Aber worin besteht die Wohlvertrautheit? Habe ich, während ich ihn sehe, die ganze Zeit das Gefühl der Wohlvertrautheit? Und warum will man das nicht sagen? Man möchte sagen: "Ich habe gar kein besonderes Gefühl der Vertrautheit, kein Gefühl, das meiner Vertrautheit mit ihm entspricht." Wenn ich sage, er sei mir äußerst wohl bekannt, da ich ihn unzählige Male gesehen und mit ihm gesprochen habe, so solle das kein *Gefühl* beschreiben. Und worin liegt es, daß dies kein Gefühl beschreibt? – Wenn etwa Einer behauptete, *er* habe so ein Gefühl die ganze Zeit, während er den ihm wohlvertrauten Gegenstand sieht – oder wenn er sagt, er *glaube*, er habe so ein Gefühl, – soll ich einfach sagen, ich glaubte ihm nicht? – Oder soll ich sagen, ich wisse nicht, was das für ein Gefühl sei?

rose with it, so the rose has teeth in the mouth of a beast. This is not absurd, because one wouldn't have any idea in advance, where to look for teeth in a rose. ((This hangs together somehow with the problem that the proposition "The earth has existed for more than 100,000 years" has a clearer sense than "The earth has existed for the last five minutes". For if you were to say that, I should ask you: "What observations are you referring to? What observations would go against your proposition? Whereas I probably know the thinking and observations to which the first proposition belongs.)) [Cf. P.I. p. 221h, g.]

118. "You see, this is what it's like when one remembers something." This? What? — Can one imagine someone saying: "I shall never forget this experience (namely of remembering)!"?

119. Is memory an experience? *What* do I experience? And is it an experience, when the word "bank" means one thing or the other to me?
Again: *What* do I experience? – One is inclined to answer: I saw this or that before me, I imagined it.
Well, do I merely *say* it? – that is, that this word meant this to me – and did *nothing* happen? It was mere words? – Not mere words; and it can also be said that something happened, which corresponded to them – but one cannot *explain* that it wasn't mere words by saying that something corresponding to them happened. For the two expressions mean the same thing.

120. The feeling of having been in just the same situation before. I have never had this feeling.
When I see someone I know well, his is a well-known face; it is far more intimately known to me, than when it merely 'strikes me as familiar'. But wherein consists this familiar knowledge? Have I the feeling of familiar knowledge the whole time when I am seeing him? And why does one not want to say that? One would like to say: "I have no special feeling of familiar knowledge, no feeling that corresponds to my familiarity with him." When I say that I know him extremely well, that I have seen him and talked with him countless times, that isn't meant to describe a *feeling*. And what shews that this does not describe a feeling? – If, say, someone were to assert that *he* had such a feeling the whole time he was seeing some intimately known object – or if he says he *believes* he has such a feeling, – should I say I don't believe him? – Or should I say I don't know what sort of feeling that is?

Ich sehe einen guten Bekannten, und jemand fragt mich, ob mir sein Gesicht bekannt vorkommt. Ich werde sagen: nein. Das Gesicht sei das eines Menschen, den ich tausendmal gesehen habe. "Und da hast du nicht das Erlebnis der Bekanntheit – wenn du es sogar bei einem dir kaum bekannten Gesicht hast?!

Wie zeigt es sich, daß ich kein Gefühl ausdrücke, wenn ich sage: freilich sei mir das Gesicht bekannt, ja so wohl bekannt wie nur möglich?

121. Warum ist es lächerlich, hier von einem fortwährenden Gefühl der Wohlvertrautheit zu reden? – "Nun, weil du keines spürst." Aber ist *das* die Antwort?

122. Ein Gefühl der Wohlvertrautheit, das wäre so etwas ähnliches, wie ein Gefühl des Wohlbehagens. Warum Scheint es richtig, hier von einem Gefühl zu reden, und nicht dort? – Da fällt mir der besondere Ausdruck des Wohlbehangens ein. Das Schnurren der Katze etwa.

123. Und kann ich mir nicht auch einen Fall vorstellen, in dem ich sagen würde, es hat Einer ein ständiges Gefühl der Wohlvertrautheit mit einem Objekt? Denke, es geht Einer in dem Zimmer umher, worin er lange nicht war, und genießt die Wohlvertrautheit aller der alten Gegenstände. Könnte man hier nicht von einem Gefühl der Wohlvertrautheit reden? Und warum? – Erkenne ich *in mir* dieses Gefühl? Finde ich *darum*, daß es hier Sinn hat von dem Gefühl zu reden?

124. Ich denke mir, daß alle seine Handlungen einen vertrauten Ton haben. – Aber wie werde ich das wissen? – Nun dadurch, daß er mir es sagt. Er muß also gewisse Worte gebrauchen, z.B. sagen "Alles fühlt sich so vertraut an", oder einen anderen, spezifischen, Ausdruck des Gefühls von sich geben.

125. Gefühl der Unwirklichkeit der Umgebung. Dies Gefühl habe ich einmal gehabt, und Viele haben es vor dem Ausbruch von Geisteskrankheiten. Alles scheint irgendwie nicht *real*; aber nicht, als *sähe* man die Dinge unklar, oder verschwommen; es sieht alles ganz so aus wie gewöhnlich. Und wie weiß ich, daß ein Andrer gefühlt hat, was ich gefühlt habe? Weil er die gleichen Worte gebraucht, die auch ich treffend finde.

Aber warum wähle ich gerade das Wort "Unwirklichkeit" zum Ausdruck? Wegen seines Klangs doch nicht. (Ein Wort mit sehr ähnlichem Klang aber anderer Bedeutung würde es nicht tun.) Ich wähle es wegen seiner Bedeutung. Aber ich habe doch nicht gelernt,

I see someone I know well, and someone asks me whether his face strikes me as familiar. I shall say: no. I shall say that the face is that of a human being I have seen thousands of times. "And do you not have the experience of familiarity – when you do have it with a face you hardly know?"!

How does it come out that I am not expressing a feeling, when I say: Of course his face is familiar to me, it is as familiar as can be?

121. Why is it ridiculous to speak of a continuous feeling of familiar acquaintance? – "Well, because you don't feel one." But is *that* the answer?

122. A feeling of familiar acquaintance; that would be something like a feeling of well-being. Why does it seem correct to speak of a feeling here, and not there? – Here there occurs to me the special expression of well-being. A cat's purr, say.

123. And can I not also imagine a case, in which I should say someone has a constant feeling of familiar acquaintance with an object? Think of someone going round a room in which he had not been for a long time, and enjoying his familiar acquaintance with all the old things? Could one not speak of a feeling of familiarity here? And why? – Do I know this feeling in *myself*? Is *that* why I find that here it makes sense to speak of the feeling?

124. I imagine that all his doings have a familiar feel to him. – But how shall I know this? – Well, by his saying it. So he must use certain words, he must, e.g., say "everything feels so familiar," or give some other specific expression of the feeling.

125. The feeling of the unreality of one's surroundings. This feeling I have had once, and many have it before the onset of mental illness. Everything seems somehow not *real*; but not as if one *saw* things unclear or blurred; everything looks quite as usual. And how do I know that another has felt what I have? Because he uses the same words as I find appropriate.

But why do I choose precisely the word "unreality" to express it? Surely not because of its sound. (A word of very like sound but different meaning would not do.) I choose it because of its meaning.

dies Wort in der Bedeutung *eines Gefühls* zu gebrauchen! Nein; aber ich habe es in einer bestimmten Bedeutung gelernt und nun verwende ich es spontan *so*. Man könnte sagen – obwohl das irreführen kann – : Wenn ich das Wort in seiner gewöhnlichen Bedeutung gelernt habe, so wähle ich *sie* nun zum Gleichnis für mein Gefühl. Aber es handelt sich hier natürlich nicht um ein Gleichnis, um einen Vergleich des Gefühls mit etwas anderem.

126. Die Tatsache ist einfach, daß ich ein Wort, den Träger einer anderen Technik, als Gefühlsausdruck gebrauche. In einer neuen Art gebrauche. Und worin besteht diese neue Art der Verwendung? Nun, eines ist, daß ich *sage*: ich habe ein 'Gefühl der Unwirklichkeit' – nachdem ich nämlich die Verwendung des Worts "Gefühl" auf die gewöhnliche Weise gelernt habe. Auch: das Gefühl ist ein Zustand.

127. Zorn. "Ich hasse . . ." ist offenbar der Ausdruck des Hasses, "Ich bin zornig" selten der Ausdruck des Zorns. Ist Zorn ein Gefühl? Und warum ist es keins? – Vor allem: Was tut Einer, wenn er zornig ist? Wie benimmt er sich? Mit andern Worten: Wann sagt man, Einer sei zornig? Nun und in solchen Fällen lernt er den Ausdruck gebrauchen: "Ich bin zornig". Ist es der Ausdruck eines Gefühls? – Und warum *sollte* es der Ausdruck eines Gefühls, oder von Gefühlen, sein?

128. So ist also der Zorn kein Erlebnis? – Ist es eins, wenn ich, sagen wir, meine Faust balle, oder einen Satz ausspreche, oder niederschreibe?

129. Nimm die verschiedenen psychologischen Phänomene: Denken, Schmerz, Zorn, Freude, Wunsch, Furcht, Absicht, Erinnerung, etc. – und vergleich das Benehmen, das jedem entspricht. – Aber was gehört hier zum Benehmen? Nur das Spiel des Gesichtsausdrucks und die Gebärden? oder auch die Umgebung, sozusagen der Anlaß dieses Ausdrucks? Und wenn man nun auch die Umgebung einbezieht, – wie ist dann das Verhalten beim Zorn und beim Erinnern, z.b., zu vergleichen?

130. Ist das nicht, als sagte man: "Vergleiche verschiedene Zustände des Wassers" – und meint damit seine Temperatur, die Geschwindigkeit, mit der es fließt, die Farbe etc.?

131. Zu dem Benehmen der Menschen gehört natürlich nicht nur, was sie tun, ohne je ein Benehmen gelernt zu haben, sondern auch, was sie tun (also z.b. *sagen*), nachdem sie eine Abrichtung erhalten haben. Und dies Benehmen hat seine Wichtigkeit im Bezug auf die

But I surely did not learn to use the word to mean: *a feeling*. No; but I learned to use it with a particular meaning and now I use it spontaneously like *this*. One might say – though it may mislead – : When I have learnt the word in its ordinary meaning, then I choose *that* meaning as a simile for my feeling. But of course what is in question here is not a simile, not a comparison of the feeling with something else.

126. The fact is simply that I use a word, the bearer of another technique, as the expression of a feeling. I use it in a new way. And wherein consists this new kind of use? Well, one thing is that I *say*: I have a 'feeling of unreality' – after I have, of course, learnt the use of the word "feeling" in the ordinary way. Also: the feeling is a state.

127. Anger. "I hate . . ." is obviously the expression of hate, "I am angry" seldom the expression of anger. Is anger a feeling? And why not? – First and foremost: what does someone do, if he is angry? How does he conduct himself? In other words: when does one say that someone is angry? In such cases he learns to use the expression "I am angry". It is the expression of a feeling? – And why *should* it be the expression of a feeling, or of feelings?

128. Then is anger not an experience? – Is clenching my fist, say, an experience, or pronouncing or writing down a sentence?

129. Take the various psychological phenomena: thinking, pain, anger, joy, wish, fear, intention, memory etc., – and compare the behaviour corresponding to each. – But what does behaviour include here? Only the play of facial expression and the gestures? Or also the surrounding, so to speak the occasion of this expression? And if one does include the surrounding as well, – how is the behaviour to be compared in the case of anger and in that of memory, for example?

130. Isn't this as if someone were to say: "Compare different states of water" – and by that he means its temperature, the speed with which it is flowing, its colour, etc.?

131. The behaviour of humans includes of course not only what they do without ever having learned the behaviour, but also what they do (and so, e.g. *say*) after having received a training. And this behaviour has its importance in relation to the special training. – If, e.g., some-

besondere Abrichtung. – Hat z.B. Einer gelernt – die Worte "ich freue mich" zu verwenden, wie ein Anderer die Worte "ich fürchte mich", so werden wir hier aus dem gleichen Benehmen ungleiche Schlüße ziehen.

132. "Aber kann er sich nicht fürchten, auch wenn er's *nie* äußert?" – Was bedeutet dieses "kann"? Soll es heißen: "Kommt es vor, daß Einer sich fürchtet, ohne es je zu sagen?" – Nein. Eher: "Hat es Sinn, z.B. diese Frage zu stellen?" – Oder: hat es Sinn, wenn uns ein Novellist erzählt, jemand habe sich gefürchtet, es aber nie geäußert? Nun, es hat Sinn. Aber welchen? Ich meine: – Wo und wie wird so ein Satz verwendet? Wenn ich frage "Welchen Sinn hat es?" – so will ich nicht, daß mir mit einem Bild, oder einer Reihe von Bildern geantwortet wird – sondern mit der Beschreibung von Situationen.

133. "Aber Depression ist doch ein *Gefühl*; du willst doch nicht sagen, daß du bedrückt bist und es nicht spürst? Und wo spürst du es?" Da kommt es drauf an, was man "spüren" nennt. Richte ich meine Aufmerksamkeit auf meine Körpergefühle, so merke ich einen sehr leichten Kopfschmerz, ein leichtes Unbehagen in der Magengegend; vielleicht eine gewisse Müdigkeit. Aber meine ich *das*, wenn ich sage, ich sei schwer bedrückt? – Und doch sage ich wieder: "Ich fühle ein Gewicht auf meiner Seele lasten." "Nun, ich kann es nicht anders ausdrücken!" – Aber wie merkwürdig, daß ich es so sage und nicht anders ausdrücken kann!

134. Meine Schwierigkeit ist ganz ähnlich der eines Menschen, der einen neuen Kalkül erfindet (die Differentialrechnung etwa) und einen Symbolismus sucht.

135. Die Depression ist kein Körpergefühl: Denn wir *lernen* den Ausdruck "ich fühle mich bedrückt" *nicht* unter den Umständen, die ein bestimmtes Körpergefühl kennzeichnen.

136. "Aber die Bedrückung, der Zorn, ist doch ein bestimmtes Gefühl!" – Was für ein Satz ist das? Wo wird er verwendet?

137. Die Unsicherheit: ob ein Mensch wirklich dies Gefühl hat, oder sich nur so stellt. Aber natürlich ist es auch unsicher, ob er sich nicht nur so stellt, als verstelle er sich. Nur ist diese Verstellung seltener und hat nicht so leicht verständliche Gründe. – Worin besteht aber diese Unsicherheit? Bin ich wirklich immer im Ungewissen darüber, ob Einer wirklich zornig, traurig, froh, etc. etc. ist? Nein. So wenig, wie darüber, daß ich ein Schreibbuch vor mir und eine Feder in der Hand

one has learnt to use the words "I am glad" as someone else has learnt to use the words "I am frightened", we shall draw unlike conclusions from like behaviour.

132. "But may he not be frightened, even though he *never* reveals it?" What does this "may" mean? Is it supposed to mean "Does it sometimes happen that someone is frightened without ever saying so?" – No. Rather: "Is there any sense in e.g. that question?" – Or: does it make sense, if a novelist narrates that someone was frightened but never revealed it? Well, it does make sense. But what sense? I mean: – Where and how will such a sentence be used? When I ask "What sense does it make?" – I want someone to answer me not with a picture or a series of pictures, but with the description of situations.

133. "But depression is surely a *feeling*; you surely don't want to say that you are depressed and don't feel it? And where do you feel it?" That depends on what you call "feeling it". If I direct my attention to my bodily feelings, I notice a very slight headache, a slight discomfort in the region of the stomach, perhaps a certain tiredness. But do I mean that, when I say I am severely depressed? – And yet I say again: "I feel a burden weighing on my soul." "Well, I can't express it any differently!" – But how remarkable that I say it that way and cannot express it differently!

134. My difficulty is altogether like that of a man who is inventing a new calculus (say the differential calculus) and is looking for a symbolism.

135. Depression is not a bodily feeling; for we do not *learn* the expression "I feel depressed" in the circumstances that are characteristic of a particular bodily feeling.

136. "But depression, anger, is surely a particular feeling!" – What sort of proposition is that? Where is it used?

137. Uncertainty: whether a man really has this feeling, or is merely putting up an appearance of it. But of course it is also uncertain whether he is not merely putting up an appearance of pretending. This pretence is merely rarer and does not have grounds that are so easily understood. – But what does this uncertainty consist in? Am I really always in some uncertainty whether someone is really angry, sad, glad etc. etc.? No. Any more than whether I have a notebook in

habe, oder darüber, daß das Buch fallen wird, wenn ich es auslasse, oder darüber, daß ich mich nicht verrechnet habe, wenn ich sage 25 × 25 sei 125. Aber das ist wahr: Ich kann nicht Kriterien angeben, die das Vorhandensein der Empfindung außer Zweifel setzen: und das heißt: es gibt solche Kriterien nicht. – Was ist *das* aber für eine Tatsache? Ist es eine *psychologische*, die Empfindungen betreffend? Man wird sagen wollen, es liege im Wesen der Empfindung, oder des Ausdrucks der Empfindung. Ich könnte sagen: es ist eine Eigentümlichkeit unseres Sprachspiels. – Aber wenn das auch wahr ist, so übergeht es doch eine Hauptsache: In *gewissen* Fällen bin ich in Unsicherheit darüber, ob der Andere Schmerzen hat oder nicht, ich ruhe z.b. nicht sicher in meinem Mitleid mit ihm, – und *keine* Äußerung kann diese Unsicherheit beheben. – Ich sage dann etwa: "Er könnte sich ja doch auch jetzt verstellen." Aber warum soll es notwendig sein, daß er sich verstellt; denn Verstellung ist ja nur ein ganz spezieller Fall davon, daß Einer Schmerz äußert und nicht fühlt. Ein bestimmtes Gift könnte ihn in einen Zustand versetzen, in welchem er 'als Automat handelt', sich nicht verstellt, aber nichts fühlt, obgleich er Gefühle äußert. Ich denke mir etwa, dies Gift bewirke es, daß er einige Zeit nach einer wirklichen Krankheit alle Handlungen seiner Krankheitszeit genau, der Reihe nach, wiederholt, während die objektive Krankheit, die Schmerzursachen z.B., aufgehört haben zu existieren. Wir haben dann mit ihm so wenig Mitleid, wie mit Einem unter Narkose. Wir sagen, er wiederhole alle Äußerungen des Schmerzes etc. rein automatisch, verstelle sich dabei natürlich nicht.

138. "Ich kann nie *wissen*, was in ihm vorgeht; *er* weiß es immer." Ja, wenn man philosophisch denkt, möchte man das sagen. Aber welcher Sachlage entspricht diese Aussage? Wir horen täglich, daß der Eine vom Andern sagt, er habe Schmerzen, sei traurig, lustig, etc., ohne die Spur des Zweifels; und verhältnismäßig selten, daß man nicht wisse, was in ihm vorgeht. So ist es also nicht so schlimm mit der Ungewißheit. Und es kommt auch vor, daß man sagt: "Ich weiß, daß du damals so gefühlt hast, auch wenn du's jetzt nicht wahr haben willst."

139. Das Bild "Er weiß es, – ich weiß es nicht" ist eins, das unsere Unwissenheit in einem besonders irritierenden Licht erscheinen läßt. Es ist ähnlich, wie wenn man einen Gegenstand in verschiedenen Laden sucht, und sich dabei sagt, Gott wisse die ganze Zeit, *wo* er wirklich ist, und daß wir ganz vergebens diese Lade durchsuchen.

140. "Jeder Mensch weiß, daß er Schmerzen hat" – und weiß er auch ganz genau, wie stark seine Schmerzen sind?

front of me and a pen in my hand, or whether this book will fall if I let go of it, or whether I have made a miscalculation when I say 25 × 25 is 625. The following, however, is true: I can't give criteria which put the presence of the sensation beyond doubt; that is to say: there are no such criteria. – But what sort of fact is *that*? A *psychological* one, concerning sensations? One will want to say it resides in the nature of sensation, or of the expression of sensation. I might say: it is a peculiarity of our language-game. – But even if that is true, it passes over a main point: In *certain* cases I am in some uncertainty whether someone else is in pain or not, I am not secure in my sympathy with him – and *no* expression on his part can remove this uncertainty. – In that case I say, e.g.: "He might be pretending this too." But why should he necessarily be pretending? For pretence is only one quite special case of someone's expressing pain and not feeling it. A particular drug might put him into a state in which he 'acts like an automaton', is not pretending, but feels nothing, though he expresses feelings. I am imagining, e.g., that the drug has the effect that some time after a real illness he repeats all the actions of his period of illness, while the objective illness, the causes of pain, for example, have ceased to exist. In this case we have as little sympathy with him as with someone under a narcotic. We say that he repeats all the expressions of pain, etc. purely automatically, but that of course he isn't pretending.

138. "I can never *know* what is going on in him; he always knows": When one thinks philosophically, one would like to say that. But what situation does this statement correspond to? Every day we hear one man saying of another that he is in pain, is sad, is merry, etc. without a trace of doubt, and we relatively seldom hear that he does not know what is going on in the other. In this way, then, the uncertainty is not so bad. And it also happens that one says "I know that you felt like this then, even if you won't admit it now".

139. The picture "He knows – I don't know" is one that makes our lack of knowledge appear in an especially irritating light. It is like when one looks for an object in various drawers, and tells oneself that God knows the whole time *where* it actually is, and that we are searching this drawer quite futilely.

140. "Any human knows he is in pain" – and does he also know exactly how severe his pain is?

141. Die Unsicherheit der Aussage "Er hat Schmerzen" könnte man eine konstitutionelle nennen.

142. Das Kind, das sprechen lernt, lernt den Gebrauch der Worte "Schmerzen haben" und lernt auch, daß man Schmerzen heucheln kann. Dies gehört zu dem Sprachspiel, das es lernt.
Oder auch: Es lernt nicht nur den Gebrauch von "Er hat Schmerzen", sondern auch von "Ich glaube, er hat Schmerzen" (Aber natürlich nicht von "Ich glaube, ich habe Schmerzen".)

143. "Er kann auch Schmerzen heucheln" – das heißt doch: er kann sich benehmen, als hätte er sie; ohne sie zu haben. Gewiß; und so ein Satz unterstreicht natürlich ein bestimmtes Bild; aber wird dadurch die Verwendung von "Er hat Schmerzen" beeinflußt?

144. Wie aber, wenn Einer sagen würde: "Schmerzen haben und Schmerzen heucheln sind von einander sehr verschiedene Seelenzustände, die den gleichen Ausdruck im Benehmen haben können"?

145. So hat also geheuchelter Schmerz und wahrer Schmerz den gleichen Ausdruck? Und wie unterscheidet man sie also? Wie weiß ich, daß das Kind, welches ich den Gebrauch des Wortes "Schmerz" lehre, mich nicht mißversteht und also immer das "Schmerz" nennt, was ich "geheuchelter Schmerz" nenne?

146. Angenommen, es erklärt Einer das Lehren des Gebrauchs des Wortes "Schmerz" in dieser Weise: Wenn das Kind sich bei bestimmten Anlässen so und so benimmt, denke ich, es fühle, was ich in solchen Fällen fühle; und wenn ich mich darin nicht irre, so assoziiert das Kind das Wort mit seinem Gefühl und gebraucht das Wort, wenn das Gefühl wieder auftritt. –
Diese Erklärung ist wohl richtig; aber *was* erklärt sie? Oder: Welche Art der Unwissenheit behebt sie? – Sie sagt uns z.B., daß der Mensch dies Wort *nicht* mit einem Benehmen, oder einem 'Anlaß' assoziiert. Wer also nicht wüßte, ob das Wort "Schmerz" ein Gefühl oder ein Benehmen bezeichnet, *den* würde die Erklärung belehren. Sie sagt auch, daß das Wort *nicht* einmal für das eine, einmal für das andere Gefühl verwendet wird, – wie es ja auch sein könnte. [Vgl. Z 545.]

147. Die Erklärung sagt, daß ich das Wort falsch gebrauche, wenn ich es später für ein *anderes* Gefühl gebrauche. Eine ganze Wolke von Philosophie kondensiert zu einem Tröpfchen symbolischer Praxis. [Vgl. PU, S. 222b.]

141. The uncertainty of the ascription "He's got a pain" might be called a constitutional certainty.

142. The child that is learning to speak learns the use of the words "having pain", and also learns that one can simulate pain. This belongs to the language-game that it learns.

Or again: It doesn't just learn the use of "He has pain" but also that of "I believe he has pain". (But naturally not of "I believe I have pain".)

143. "He can also simulate pain" – that is to say: he can behave as if he had pains without having them. Certainly; and such a proposition underlines a particular picture; but is the employment of "He has pain" influenced by this?

144. But how if someone were to say "Having pain and shamming pain are very different states of mind, which might have the same expression in behaviour"?

145. So do sham pain and true pain have the same expression? And in that case how does one distinguish them? How do I know that the child I teach the use of the word "pain" does not misunderstand me and so always call "pain" what I call "sham pain"?

146. Suppose someone explains the teaching of the word "pain" in this way: when a child behaves in such-and-such a way on particular occasions, I think it feels what I feel in such cases; and if I am not mistaken in this, then the child associates the word with the feeling and uses the word when the feeling reappears. –

This explanation is correct enough; but *what* does it explain? Or: what sort of ignorance does it remove? – It tells us, e.g., that the person does *not* associate the word with a behaviour or an 'occasion'. So if anyone did not know whether the word "pain" names a feeling or a behaviour, the explanation would be instructive to *him*. It also says that the word is *not* used now for this feeling now for that – as of course might also be the case. [Cf. Z 545.]

147. The explanation says that I use the word wrong if I later use it for a *different* feeling. A whole cloud of philosophy condensed into a droplet of symbolic practice. [Cf. P.I. p. 222b.]

148. Warum sollten die Worte "Ich glaube, er hat Schmerzen" nicht bloßer Wahnsinn sein? Etwa als sagte Einer "Ich glaube, meine Zähne sind in seinem Mund".

149. Ein Stamm: Die Leute verstellen sich oft, liegen auf einem Weg anscheinend krank und in Schmerzen; kommt man ihnen zu Hilfe, so fallen sie den Helfenden an. Für dies Verhalten hat der Stamm ein bestimmtes Wort.

150. Statt "Es ist unsicher, ob er Schmerzen hat" könnte man auch sagen: "Sei gegen seine Schmerzäußerungen mißtrauisch!" – Und wie macht man das?

151. Glauben, daß der Andere Schmerzen hat, zweifeln, ob er sie hat, sind so viele natürliche Arten des Verhaltens zu den andern Menschen; und unsere Sprache ist nur ein Hilfsmittel und ein weiterer Ausbau dieses Verhaltens. Ich meine: unser Sprachspiel ist ein Ausbau des primitiveren Benehmens. (Denn unser *Sprachspiel* ist Benehmen.) [Vgl. Z 545.]

152. "Ich bin nicht sicher, ob er Schmerzen hat." – Wenn sich nun Einer immer, wenn er dies sagt, mit einer Nadel stäche, um die Bedeutung des Wortes Schmerz lebhaft vor der Seele zu haben und zu wissen, *worüber* er beim Andern im Zweifel ist! Wäre nun der Sinn seiner Aussage gesichert, dadurch daß er sich Schmerz zufügt, während er sie macht? Er wüßte doch jetzt, *was* er beim Andern bezweifelt! – Aber wie wird er, was er nun fühlt, beim Andern bezweifeln? Wie wird er den Zweifel an sein Gefühl anknüpfen? Ja, was ist der Weg von seinem Schmerz zum Andern? Ja, kann er wirklich den Schmerz des Andern besser bezweifeln, wenn er selbst dabei Schmerz fühlt? Muß ich, um zweifeln zu können, ob Einer eine Kuh hat, selbst eine haben? [Vgl. Z 546.]

153. Er hat also den wahren Schmerz; und der Besitz *dessen* ist es, was er beim Andern bezweifelt. – Aber wie macht er das nur? – Es ist, als sagte ich Einem: "Hier hast du einen Sessel; siehst du ihn? Und nun übersetze ihn ins Französische!" [Vgl. Z 547.]

154. Er hat also den wahren Schmerz – und nun weiß er, was er beim Andern bezweifeln soll. Er hat den Gegenstand vor sich; und es ist *kein* 'Benehmen', oder dergleichen. (Aber jetzt!) Zum Bezweifeln, ob der Andere jetzt Schmerz fühlt, muß ich den *Begriff* des Schmerzes haben; nicht Schmerzen. Und es ist wohl wahr, daß man mir diesen Begriff mitteilen könnte, indem man mir Schmerz zufügt. [Vgl. Z 548.]

148. Why should the words "I believe he is in pain" not be mere lunacy? Somewhat as if someone were to say "I believe my teeth are in his mouth".

149. A tribe: the people often pretend, they lie in the road looking ill and in pain; if someone comes to their aid, they attack him. For this behaviour the tribe has a particular word.

150. Instead of "It is uncertain whether he is in pain" one might say "Be mistrustful in face of his manifestation of pain". – And how does one do that?

151. Believing that someone else is in pain, doubting whether he is, are so many natural kinds of behaviour towards other human beings; and our language is but an auxiliary to and extension of this behaviour. I mean: our language is an extension of the more primitive behaviour. (For our *language-game* is a piece of behaviour.) [Cf. Z 545.]

152. I am not certain whether he is in pain." – Suppose someone were to stick a pin into himself whenever he said this, in order to have the meaning of the word "pain" vividly before his mind and to know *what* he was in doubt *about*! Would the sense of his statement be assured by his providing himself with pain while he makes it? Surely he knows now *what* it is he doubts about the other? – But how will he doubt what he now feels, about the other? How will he attach the doubt to his feelings? For what is the route from his pain to the other? For can he really better doubt the pain of the other, if he himself feels pain at the time? Need I myself have a cow in order to be able to doubt whether someone else has one? [Cf. Z 546.]

153. So he has true pain; and what he doubts about another, is the possession of *this*. – But how does he do so? – It is as if I were to say to someone: "Here you have a chair; do you see it? Now translate it into French!" [Cf. Z 547.]

154. So he has true pain; – and now he knows what he is to doubt about the other. He has the object before him; and it isn't any such thing as 'behaviour'. (But now!) In order to doubt whether the other is feeling pain now, I need the concept of pain; not pain. And it is probably true that this concept might be imparted to me by providing me with pain. [Cf. Z 548.]

155. Es wäre eben so unrichtig, den Begriff des Verstehens der Bedeutung durch ein Erlebnis der Bedeutung zu erklären, wie den der Wirklichkeit und Unwirklichkeit durch das Erlebnis der Unwirklichkeit; oder den Begriff der Gegenwart eines Menschen durch das Gefühl einer Gegenwart. Eben so gut könnte man, was Schach ist, durch ein Schachgefühl erklären wollen.

156. ↓ "Aber man kann doch die Figur als Pfeil und als Vogelfuß sehen, auch wenn man es nie jemandem mitteilt." Und das wieder heißt: es hat *Sinn*, zu sagen: jemand sähe die Figur einmal so, einmal so, ohne es je jemandem mitzuteilen. – Ich will nicht sagen, es habe *keinen* Sinn, aber der Sinn ist nicht so ohne weiteres klar. – Ich weiß z.b., daß Leute von einem Gefühl der Unwirklichkeit reden, sie sagen es scheine ihnen alles unwirklich; und nun sagt man: es könnte den Menschen alles unwirklich vorkommen, auch wenn sie's nie jemand mitgeteilt hätten. Wie weiß man so ohne weiteres, daß es Sinn hat zu sagen "es kommt diesem Menschen vielleicht alles unwirklich vor, obwohl er nie davon spricht". Ich habe hier natürlich mit Absicht ein sehr seltenes Erlebnis gewählt. Denn weil es nicht eins von den alltäglichen Erlebnissen ist, sieht man schärfer auf den Gebrauch der Worte. – Ich möchte sagen: Es hat mit knapper Not Sinn, auszurufen "Es ist alles unwirklich!" – und schon weiß man, daß auch jene andere Aussage Sinn hat! – Oder auch so: Es sagt mir Einer "Mir erscheint alles unwirklich". Ich weiß kaum, was das heißt – und doch weiß ich schon, daß es Sinn hätte, zu sagen, etc. etc. Nun, das liegt natürlich daran, daß er ein Erlebnis mit dem Satz beschreibt; d.h., daß es eine psychologische Aussage ist.

157. D.h.: wenn Einer einen Seelenzustand äußert, so kann er ihn auch gehabt haben, ohne ihn zu äußern. Das ist eine Rede. Aber was ist der Zweck eines Satzes, der sagt, N. habe vielleicht das Erlebnis E. gehabt, aber er nie geäußert? Nun, eine Anwendung des Satzes kann man sich jedenfalls denken. Angenommen z.B. man fände eine Spur des Erlebnisses im Gehirn und sagt nun, es zeige sich, er habe vor seinem Tode noch das und das gedacht, oder gesehen, etc. Man könnte eine solche Anwendung für künstlich oder weithergeholt halten; es ist aber wichtig, daß sie *möglich* ist.

158. Wenn es eine Versuchung gibt, die Differentialrechnung als Kalkül mit unendlich kleinen Größen anzusehen, so ist es begreiflich, daß in einem andern Fall eine analoge Versuchung noch viel mächtiger sein kann, – wenn sie nämlich von unsern Sprachformen rund herum genährt wird; und man kann sich denken, daß sie unwiderstehlich wird.

155. It would be just as wrong to use an experience of meaning to explain the concept of understanding meaning as to explain reality and unreality by the experience of unreality, or the concept of the presence of a human being by the feeling of a presence. One might just as well try to explain what check is in chess by a check-feeling.

156. ↓ "But one can surely see the figure as an arrow and as a bird's food, even when one never tells anyone." And that in turn means: It makes *sense* to say: Someone saw the figure now this way, now that, without telling anyone. – I don't want to say it makes no sense, but the sense is not clear straight off. – I know, for example, that people talk of a feeling of unreality, they say everything seems unreal to them; and now one says: everything might strike people as unreal even if they had never told anyone. How does one know straight off that it makes sense to say "perhaps everything strikes this person as unreal, although he never speaks of it"?
   Of course I have here purposely chosen a very rare experience. For because it is not one of the everyday experiences, one looks more sharply at the use of the words. – I should like to say: In some pressing trouble it makes sense to cry out: "It's all unreal!" – and so one knows that that other statement makes sense too! – Or again: Someone says to me "Everything seems unreal to me". I hardly know what that means – and yet I know already, that it would make sense to say, etc. etc. Now this of course depends on his using this sentence to describe an experience, i.e. on its being a psychological statement.

157. That is to say: when someone manifests a state of mind, he might also have had that state of mind without manifesting it. That is a bit of talk. But what is the purpose of a sentence saying: perhaps N had the experience E but never gave any sign of it? Well, it is at any rate possible to think of an application for the sentence. Suppose, for example, that a trace of the experience were to be found in the brain, and then we say it has turned out that before his death he had thought or seen such and such etc. Such an application might be held to be artificial or far-fetched; but it is important that it is *possible*.

158. If there is such a thing as a temptation to regard the differential calculus as a calculus with infinitely small magnitudes, it's conceivable that in another case there may be an analogous temptation, a still more powerful one – when, that is, it gets nourishment on every side from the forms of language; and one can imagine it becoming irresistible.

159. "Ich habe Zahnschmerzen gehabt" – wenn ich das sage, so erinnere ich mich nicht an mein Benehmen, sondern an meinen Schmerz. Und wie geschieht das? Es schwebt einem wohl ein mattes Bild des Schmerzes vor? – Ist es also, als hätte man *sehr* schwache Schmerzen? "Nein; es ist eine andere Art von Bild; etwas spezifisches." Ist es also so, als hätte Einer nie ein gemaltes Bild gesehen, sondern immer nur Büsten, und man sagte ihm "Nein, ein Gemälde ist ganz anders als eine Büste, es ist eine ganz andere Art von Bild". Es wäre etwa möglich, daß man es weit schwieriger fände einem Blinden begreiflich zu machen, was ein Gemälde, als was eine Büste ist.

160. Aber das Wort "spezifisch" (oder ein analoges), das man hier gern verwenden möchte, hilft nicht. Es ist so wenig ein Auskunftsmittel, wie das Wort "undefinierbar", wenn Einer sagt, die Eigenschaft "gut" sei undefinierbar.

Was wir wissen, übersehen wollen, ist der Gebrauch des Wortes "gut", und ebenso der des Wortes "erinnern".

Denn man kann nicht sagen: "Du *kennst* doch das spezifische Erinnerungsbild." Ich *kenne* es nicht. – Ich kann freilich sagen: "Ich kann Herrn N. nicht beschreiben, aber ich kenne ihn"; aber das heißt, daß ich ihn wiedererkenne, nicht, daß ich ihn wiederzuerkennen *glaube*.

161. Daß es Sinn hat, zu sagen, Einer habe ein Gefühl gehabt, ohne es je mitzuteilen, hängt damit zusammen, daß es Sinn hat, zu sagen: "Ich habe damals das gefühlt; ich erinnere mich daran."

Den Zusammenhang könnte man so erklären: Man wird doch nicht sagen: "Wenn ich nie gesagt hätte, daß ich damals Schmerzen hatte, so hätte ich auch keine gehabt."

162. "Ich weiß doch, was es *heißt* 'Er hatte Schmerzen'." Heißt das, daß ich mir's *vorstellen* kann? Und worin läge die Wichtigkeit des Vorstellens?

Daß ich zur Erklärung dieses Satzes jeder Zeit zur Erinnerung an meine eigenen Schmerzen, oder dazu übergehen kann, in mir jetzt Schmerzen hervorzurufen, etc., ist allerdings wichtig.

163. Wie lernt Einer, ein Stück Zucker "Zucker" benennen? Wie, der Aufforderung "Gib mir ein Stück Zucker" folgen? Wie, die Worte "Bitte um ein Stück Zucker" – also den Ausdruck des Wunsches?! Wie, den Befehl "Wirf!" verstehen; und wie den Ausdruck der *Absicht* "Ich werde jetzt werfen"? Wohl, – die Erwachsenen mögen es dem Kind vormachen, das Wort aussprechen

159. "I had toothache" – when I say this I don't remember my behaviour, I remember my pain. And how does that happen? A faint copy of the pain comes into my mind? – So is it as if one were ever so slightly in pain? "No; it is another kind of copy; something specific." So is it as if one had never seen a painted picture but only busts, and one said "No, a painting is quite different from a bust, it is a quite different sort of copy". It might be, for example, that one would find it far harder to make it intelligible to a blind man what a painting is than what a bust is.

160. But the word "specific" (or an analogous one), which one would very much like to use here, does not help. It is as little of a resource as the word "indefinable" when one says that the word "good" is indefinable.

What we want to know, to get a bird's-eye view of, is the use of the word "good", and equally that of the word "remember".

For one can't say: "Afer all, you are *acquainted* with the specific thing, the memory-image." I am not *acquainted with it*. – To be sure I may say "I can't describe Mr. N., but I am acquainted with him"; but that means that I recognize him, not that I *believe* I recognize him.

161. Its making sense to say that someone had a feeling, without ever revealing it, hangs together with its making sense to say "I felt this then; I remember it".

The explanation might be as follows: After all, one isn't going to say: "If I had never said that I had pains at that time, then I wouldn't have had them."

162. "I surely know what this *means*: 'He was in pain'!" Does that mean that I can *imagine* it? What would make this imagining important?

It is indeed important that, in order to explain this propositioɪ I can turn to the memory of my own pains at any time, or to summoning pains up in myself, etc.

163. How does anyone learn to call a lump of sugar "sugar"? How, to obey the request "Give me a lump of sugar?" And how does he learn the words "A lump of sugar, please" – i.e. the expression of a wish?! How, to understand the order "Throw!"; and how, the expression of intention "Now I am going to throw"? Well – the grown-ups may perform before the child, may pronounce the word

und gleich darauf werfen, – aber nun muß das Kind *das* nachmachen. ("Aber das ist doch nur der Ausdruck der Absicht, wenn das Kind wirklich die Absicht im Geiste hat." – Aber wann sagt man denn, dies sei der Fall?) Und wie lernt es, den Ausdruck gebrauchen "Ich war damals im Begriffe zu werfen"? Und wie weiß man, daß es damals wirklich in jenem Seelenzustand war, den *ich* "im Begriffe sein . . ." nenne? Nachdem ihm die und die Sprachspiele beigebracht wurden, gebraucht es bei den und den Anlässen die Worte, die die Erwachsenen in solchen Fällen ausgesprochen haben, oder es gebraucht eine primitivere Ausdrucksweise, die die wesentlichen *Beziehungen* auf das früher Gelernte enthält, und die Erwachsenen ersetzen die primitivere durch die regelrechte Ausdrucksweise.

164. Das Neue (Spontane, 'Spezifische') ist ein Sprachspiel. [Vgl. PU, S. 224h.]

165. "Aber hat es denn alle diese Erscheinungen – des Schmerzes, des Wunsches, der Absicht, der Erinnerung, usf. – nicht gegeben, ehe es eine Sprache gab?" – Welches ist die *Erscheinung* des Schmerzes? – "Was ist ein Tisch?" – "Nun *das* z.B.!" Und das ist freilich eine Erklärung; aber was sie lehrt ist die Technik des Gebrauchs des Wortes "Tisch". Und nun ist die Frage: Welche Erklärung entspricht ihr im Falle einer 'Erscheinung' des Seelenlebens? Nun es gibt hier keine Erklärung, die man ohne weiteres als die homologe anerkennen kann.

166. Man kann fragen: Schwebt mir denn immer, wenn ich ein Wort verstehe, etwas bei dem Wort vor?! (Ähnlich ist: "Findet stets, wenn ich einen wohlbekannten Gegenstand ansehe, ein Wiedererkennen statt?")

167. Es gibt aber das Phänomen, daß ein außer jedem Zusammenhang gehörtes Wort – z.B. – für einen flüchtigen Augenblick die eine, gleich darauf aber die andere Bedeutung hat; daß, wenn man das Wort ein paar mal nacheinander ausspricht, es jede 'Bedeutung' verliert; und dergleichen. Und hier handelt sich's um ein *Vorschweben*.

168. Was würden wir von Menschen sagen, die die Worte "Ich sehe diese Figur jetzt als . . ., jetzt als . . ." nicht verstünden? Würde ihnen ein wichtiger Sinn fehlen; ist es ähnlich, als wären sie blind; oder farbenblind; oder ohne absolutes Gehör?

and straightway throw, – but now the child must imitate *that*. ("But that is the expression of intention only if the child really has the intention in its mind" – But then when does one say that that is the case?)

And how does it learn to use the expression "I was just about to throw"? And how does one know that it was then really in the state of mind that I call "being about to throw"? After such-and-such language games have been taught it, then on such-and-such occasions it uses the words that the grown-ups spoke in such cases, or it uses a more primitive form of expression, which contains the essential *relations* to what it has previously learnt, and the grown-ups substitute the regular form of expression for the more primitive one.

164. The new (spontaneous, 'specific' is a language-game). [Cf. P.I. p. 224h.]

165. "But weren't there all these appearances – of pain, of wishing, of intention, of memory etc., before there was any language?" What is the *appearance* of pain? – "What is a table?" – "Well, *that*, for example!" And that is of course an explanation, but what it teaches is the technique of the use of the word "table". And now the question is: What explanation corresponds to it in the case of an 'appearance' of mental life? Well, there is no such thing as an explanation which one can recognize straight away as the homologous explanation.

166. It may be asked: Does something always come into my head when I understand a word?! (The following question is similar: "When I look at a familiar object, does an act of recognition always take place?")

167. But there is the phenomenon that when a word is heard outside any context – for example – for a fleeting moment it has one meaning, and the next moment another; that if one pronounces the word over and over it loses all 'meaning'; and so on. And here it is a matter of something's *coming into one's head*.

168. What should we say about men who didn't understand the words "Now I'm seeing this figure as . . ., now as . . ."? Would they be lacking in an important sense; is it as if they were blind; or colour-blind; or without absolute pitch?

169. Nun, es ist leicht sich Menschen zu denken, die Zeichnungen nicht so und so 'phrasieren' können; aber würden sie nicht dennoch eine Zeichnung einmal für *das*, einmal für etwas anderes *halten*? Oder soll ich annehmen, daß sie in diesem Falle nicht sagen würden, das Gesichtsbild sei sich in einem wesentlichen Sinne gleich geblieben? Würden sie also, wenn ihnen die schematische Darstellung eines Würfels einmal so, einmal so erscheint, glauben, die Striche hätten ihre Lage verändert?

170. Denk dir jemanden, der eine Zeichnung, oder Photographie ungerne sähe, weil er sagt, daß ein farbloser Mensch häßlich sei. Oder es könnte jemand finden, daß winzige Menschen, Häuser, etc., wie sie auf Bildern sind, unheimlich oder lächerlich, etc. seien. Dies wäre gewiß ein sehr seltsames Verhalten. ('Du sollst dir kein Bild machen.')

Denk an unsere Reaktion gegen eine gute Photographie, gegen den Gesichtsausdruck der Photographie. Es könnte Menschen geben, die in einer Photographie höchstens eine Art von Diagram sähen, wie wir etwa eine Landkarte betrachten; wir können daraus verschiedenes über die Landschaft entnehmen, aber nicht, z.B., die Landschaft beim Ansehen der Karte bewundern, oder ausrufen "Welche herrliche Aussicht!"

Der 'Gestaltblinde' muß abnorm in *dieser* Art sein. [Vgl. PU, S. 205f.]

171. Wie kann das Ausbleiben eines Erlebnisses beim Hören des Wortes das *Rechnen* mit Worten hindern, oder beeinflußen?

172. Denk dir Leute, die nur laut denken und nur zeichnend vorstellen. Oder vielleicht wäre es richtiger, zu sagen: die dort zeichen, wo wir uns etwas vorstellen. Der Fall, wo ich mir meinen Freund N vorstelle, entspricht dann nicht dem, daß der Andere ihn zeichnet; sondern er muß ihn zeichnen und dazu sagen, oder schreiben, daß das sein Freund N ist. – Wenn er aber zwei Freunde hat, die einander ähnlich sind und den gleichen Namen haben? und ich frage ihn "Welchen hast du gemeint; den gescheiten, oder den dummen?" – Darauf könnte er nicht antworten. Wohl aber auf die Frage "Welchen von ihnen stellt das vor?" – In diesem Falle ist die Antwort einfach eine weitere Benützung des Bildes, nicht die Aussage über ein Erlebnis.

173. Vergleiche James's Idee, der Gedanke sei schon bei Beginn des Satzes fertig, mit der der Blitzesschnelligkeit des Gedankens und dem Begriff der *Absicht*, das und das zu sagen. Der Gedanke sei schon am

169. Well, it is easy to imagine men who could not 'phrase' drawings thus and so; but would they not all the same *take* a drawing now for this, now for something else? Or am I to assume that in this case they would not say that the optical picture has in an important sense stayed the same? Thus, when the schematic representation of a cube looked now this way now that to them, would they believe that the lines had altered their position?

170. Imagine someone who did not like to see a drawing or a photograph, because he says that a colourless human being is ugly. Or there might be someone who found that men, houses, etc. all tiny as they are in pictures, were uncanny or ridiculous. This would certainly be a very queer attitude. ('Thou shalt make thyself no image.')

Think of our reactions towards a good photograph, towards the facial expression in the photograph. There might be people who at most saw a kind of diagram in a photograph, as we consider a map; from it we can gather various things about the landscape; but we can't, e.g., admire the landscape in looking at the map, or exclaim "What a glorious view!"

The 'form-blind' man must be abnormal in *this* kind of way. [Cf. P.I. p. 205 f.]

171. How can the non-occurrence of an experience in hearing the word hinder our *calculating* with words, or influence it?

172. Imagine people who only think out loud and only imagine by drawing on paper. Or perhaps it would be better to say: who draw, where we imagine. Then the case where I imagine my friend N does not correspond to the case where someone else draws him; rather he must draw him and say or write that it is his friend N. – But suppose he has two friends who are like one another and have the same name? and I ask him "Which did you mean, the clever one or the stupid one?" – He could not answer this. But he *could* answer the question "Which of them does that present?" – In this case the answer is simply a further use of the picture, not a statement about an experience.

173. Compare James' idea that the thought is already complete at the beginning of the sentence, with the idea of the lightning speed of thought and the concept of the *intention* of saying such-and-such. That

Anfang des Satzes fertig (und warum nicht zu Anfang des hervorgehenden?) heißt dasselbe wie: Wenn Einer nach dem ersten Wort unterbrochen wird und du fragst ihn später "Was wolltest du damals sagen", so kann er – wenigstens oft – die Frage beantworten. Aber auch hier sagt James, was wie eine psychologische Aussage klingt und keine ist. Denn, ob der Gedanke schon zu Anfang des Satzes fertig war, das müßte doch durch die Erfahrung der einzelnen Menschen bewiesen werden. [Vgl. Z 1.]

174. Nun können wir aber auch oft die Frage nicht beantworten, was wir damals hatten sagen wollen. Aber in diesem Falle sagen wir, wir hätten es *vergessen*. Wäre es nun denkbar, daß Leute in solchen Fällen antworteten: "Ich habe nur *diese* Worte gesagt; wie soll ich wissen, was danach gekommen wäre?" –

175. Wer sagt "Als ich das Wort hörte, bedeutete es für mich . . .", bezieht sich damit *auf einen Zeitpunkt* und *auf eine Verwendung des Worts*. – Das Merkwürdige daran ist natürlich die Beziehung auf den Zeitpunkt.
Die würde der 'Bedeutungsblinde' verlieren. [Vgl. PU, S. 175a.]

176. Und wer sagt "Ich wollte damals fortsetzen: . . ." – der bezieht sich auf einen *Zeitpunkt* und auf eine *Handlung*. [Vgl. PU, S. 175b.]

177. Wenn ich von den wesentlichen *Bezügen* der Äußerung rede, so geschieht es, weil dadurch die unwesentlichen besondern Ausdrücke unserer Sprache in den Hintergrund treten. Und der Äußerung wesentlich sind die Bezüge, wenn sie uns veranlassen würde, einen uns im übrigen ungewohnten Ausdruck in den gebräuchlichen zu übersetzen. [Vgl. PU, S. 175c.]

178. Wie, wenn nun Einer nie sagte "Ich wollte damals dies tun" und man ihn auch nicht lehren könnte, so einen Ausdruck zu gebrauchen? Es ist doch klar, daß Einer viel denken kann, ohne *das* zu denken. Er kann ein großes Gebiet der Sprache beherrschen, ohne dies zu beherrschen. Ich meine nun: er erinnert sich an seine Äußerungen, auch etwa daran, das und das zu sich selbst gesagt zu haben. Er wird also z.B. sagen "Ich sagte zu mir selbst 'ich will dorthin gehen'", auch vielleicht "Ich stellte mir das Haus vor und ging den Weg, der dazu führt". Das Charakteristische ist hier, daß er seine Intentionen in der Form von Gedanken oder Bildern hat und sie daher immer ersetzbar wären durch das Aussprechen eines Satzes, oder Sehen eines Bildes. Die 'Blitzesschnelle' des Gedankens fehlt ihm.—Soll das aber nun heißen, daß er sich oft wie ein Automat bewegt; etwa auf der

the thought is already complete at the beginning of the sentence (and why not at the beginning of the previous one?) means the same as: If someone is interrupted after the first word and you ask him later on "What were you wanting to say then?", he can answer the question – at least, he often can. But here too James says something that sounds like a psychological statement and is not one. For, whether the thought was already complete at the beginning of the sentence would surely have to be proved by the experience of individuals. [Cf. Z 1.]

174. However, we also often cannot answer the question what we meant to say then. But in this case we say we have *forgotten* it. Would it be imaginable that in such cases people should reply: "I merely said *these* words; how am I to know what would have come after them?"

175. If you say "As I heard this word, it meant . . . for me" you refer *to a point of time* and *to an employment of the word.* – The remarkable thing about it is of course the relation to the point of time.
The 'meaning-blind' would lose that relation. [Cf. P.I. p. 175a.]

176. And if you say "I was wanting to go on . . ." – you refer to a *point of time* and to *an action.* [Cf. P.I. p. 175b.]

177. If I speak of the essential *references* of the utterance, that is because this pushes the inessential special expressions of our language into the background. The essential references are the ones that would lead us to translate an otherwise unaccustomed expression into the customary one. [Cf. P.I. p. 175c.]

178. Suppose someone never said "I was going to do this then" and could not be taught to use such an expression either? It is surely clear that a person can think a lot without thinking *that.* He can master a great area of language, without mastering this one. I mean: he remembers his expressions, including perhaps that he said such-and-such to himself. So he will say, e.g., "I said to myself 'I want to go there'" and perhaps also "I imagined the house and went on the path that led there". What is characteristic here is that he has his intentions in the form of thoughts or pictures and hence that they would always be replaceable by the speaking of a sentence or the seeing of a picture. The "lightning speed" of thought is missing in him.—But now, is that supposed to mean that he often moves like an automaton; walks in the street, perhaps, and makes purchases; but when one meets

Straße geht und Einkäufe macht; wenn man ihn aber trifft und fragt "Wohin gehst du?" – daß er einen dann anstarrt, als wäre er im Schlaf gegangen? – Er wird auch nicht antworten "Ich weiß nicht". Oder wird ihm, oder uns, sein Handeln planlos vorkommen? Ich sehe nicht ein, warum!

Wenn ich etwa zum Bäcker gehe, so sage ich mir vielleicht "Ich brauche Brot" und gehe den gewohnten Weg. Fragt man ihn "Wohin gehst du?", so will ich annehmen, er antwortet mit dem Ausdruck der Absicht, so wie wir. – Wird er aber auch sagen "Als ich vom Hause wegging, wollte ich zum Bäcker gehen, jetzt aber..."? Nein; aber sollen wir sagen, daß er deshalb gleichsam schlafwandelnd sich auf den Weg gemacht hat?

179. Ist es aber nicht sonderbar, daß wir solche Menschen dann nicht begegnen, bei der großen Varietät der Menschen? Oder finden sich diese Leute eben unter den Geistesschwachen; und es wird nur nicht genügend beobachtet, welcher Sprachspiele diese fähig sind und welcher nicht?

180. Plato sagt, das Denken sei ein Gespräch. Wäre es wirklich ein Gespräch, so könnte man nur die Worte des Gesprächs berichten und die äußern Umstände, unter denen es geführt wurde, aber nicht auch die Meinung, die diese Worte damals für den Sprecher hatten. Sagte Einer zu sich selbst (oder laut) "Ich hoffe bald den N zu sehen", so hätte es keinen Sinn zu fragen: "Und welchen Menschen dieses Namens hast du damals gemeint?" Er hat eben nur diese Worte gesagt.

Aber könnte ich mir nicht denken, daß er nun dennoch auf bestimmte Weise *fortsetzen* will; so daß ich ihn fragen kann "Und meinst du nun jemand mit diesem Namen, und wen?"

Und angenommen, er könnte nun für gewöhnlich fortsetzen, seine Worte erklären, – worin läge der Unterschied zwischen ihm und uns? – Er könnte jeden Gedanken wörtlich berichten. Wenn er also sagte "Ich habe gerade an N gedacht" und wir ihn fragten "*Wie* hast du an ihn gedacht?", so kann er das immer beantworten, es sei denn, er sagt, er habe es vergessen.

181. Jemand, der mir sagt "N hat mir geschrieben", kann ich doch fragen "Welchen N meinst du?" – und muß er, um mir antworten zu können, sich auf ein Erlebnis beziehen beim Aussprechen des Namens? – Und wenn er nun bloß den namen N ausspräche – vielleicht als Einleitung zu einer Aussage über N –, kann ich nicht ebenso fragen "Wen meinst du?" und er ebenso antworten?

him and asks "Where are you going?" – he stares at one as if he were sleep-walking? – He won't answer "I don't know" either. Or will his proceedings strike him, or us, as planless? I don't see why!

When I go to the baker, say, perhaps I say to myself "I need bread" and I go the usual way. If someone asks him "Where are you going?" I want to assume that he answers with the expression of intention just as we do. – But will he also say: "As I left the house, I was meaning to go to the baker, but now . . . ."? No; but ought we to say that on this account he set out on his way as it were sleep-walking?

179. But isn't it then remarkable that, in all the great variety of mankind we do not meet such people as this? Or are there such people among the mental defectives; and it is merely not sufficiently observed which language-games these are capable of and which not?

180. Plato says that thinking is a conversation. If it really were a conversation, then one could only report the words of the conversation and the external circumstances under which it was carried on, but not also the meaning (Meinung) that these words then had for the speaker. If someone said to himself (or out loud) "I hope to see N soon", it would make no sense to ask: "And which person of that name did you mean then?" For all that he did was say these words.

But could I not imagine that he, nevertheless, wants *to go on* in a particular way; so that I could ask him: "And do you now mean someone by this name, and whom?"

And suppose that usually he could go on now, could explain his words – where would be the difference between him and us? He could give a verbal report of any thought-process. So if he said "I just thought of N" and we asked him "*How* did you think of him?" he can always answer us, unless he says he has forgotten.

181. If someone says to me "N has written to me", I can ask him "which N do you mean? – and must he refer to an experience in speaking the name if he is to answer me? – And if he now simply pronounces the name N – perhaps as an introduction to a statement about N, – can't I equally well ask him "Whom do you mean?" and he equally well answer?

182. Man spricht ja wirklich oft bloß den Namen eines Menschen aus; etwa in einem Seufzer. Und der Andere fragt nun "Wen hast du gemeint?"

Und wie wird nun unser Bedeutungsblinder handeln? Wird er nicht so seufzen; oder nichts auf die Frage antworten können; oder antworten "Ich meine . . .", statt "Ich habe . . . gemeint"?

183. Stelle dir einen deiner Bekannten vor! Nun sag, wer es war! – Manchmal kommt das Bild zuerst und der Name später. Aber heißt das, daß ich den Namen nach der Ähnlichkeit des Bilds errate? – Und wenn nun der Name erst später folgt, soll ich sagen, die Vorstellung des Bekannten war schon mit dem Bild da, oder sie war erst mit dem Namen komplett? Ich habe ja auf den Namen nicht aus der Ähnlichkeit des Bildes geschlossen; und eben darum kann ich sagen, die Vorstellung wäre schon mit dem Bild da gewesen.

184. "Ich muß zur Bank gehen und Geld holen." – Wie hast du diesen Satz verstanden? Muß diese Frage etwas anderes heißen als: "Wie würdest du diesen Satz erklären, welche Handlung auf ihn erwarten, etc."? Wenn der Satz unter verschiedenen Umständen ausgesprochen wird, so daß das Wort "Bank" einmal offenbar *das*, einmal etwas anderes bedeutet, – muß da etwas besonderes beim Hören des Satzes vorgehen, damit du ihn verstehst? Werden hier nicht alle *Erlebnisse* des Verstehens vom Gebrauch, von der Praxis des Sprachspiels zugedeckt? Und das heißt nur: Solche Erlebnisse interessieren uns hier garnicht.

185. Wenn ich den Milchmann kommen sehe, hole ich meinen Krug und gehe ihm entgegen. Erlebe ich ein Beabsichtigen? Nicht daß ich wüßte. (So wenig vielleicht, wie ich *versuche* zu gehen, um zu gehen.) Wenn ich aber aufgehalten und gefragt würde "Wohin wolltest du mit dem Krug?", würde ich meine *Absicht* aussprechen.

186. Wenn ich nun z.B. sage "Ich bin aufgestanden, um zum Milchwagen zu gehen", – soll man das die Beschreibung eines Erlebnisses des Beabsichtigens nennen? Und *warum* ist das irreleitend? Darum, weil es hier keinen 'Ausdruck' eines Erlebnisses gab?

187. Wenn ich aber sage "Ich bin aufgestanden, um . . ., dann aber besann ich mich und . . ." – wo liegt hier das Erlebnis, und *wann* geschah es? War das Erlebnis nur das 'sich besinnen', 'sich anders entscheiden'?

182. One does actually often simply pronounce someone's name; perhaps in a sigh. And now someone else asks "Whom did you mean?"

And how will our meaning-blind man act? Will he not sigh like that; or not be able to answer anything to the question; or answer "I mean . . ." instead of "I meant . . ."?

183. Imagine one of your acquaintances. Now say who it was. – Sometimes the picture comes first and the name after. But does that mean that I guess the name according to whom the picture resembles? – And if the name only comes after, am I to say that the idea of the acquaintance was already there with the picture, or that it was only complete with the name? For I did not infer the name from the likeness of the picture; and that is the very reason why I can say that the idea had already been there with the picture.

184. "I must go to the bank and get some money." – How did you understand that . sentence? Need this question mean anything but "How would you explain this sentence, what action to expect when you hear it?" etc? If the sentence is uttered under different circumstances, so that the word "bank" obviously sometimes means *this*, sometimes something else – must something special go on in hearing the sentence if you are to understand it? Don't all *experiences* of understanding get covered up by the use, by the *practice* of the language-game? And that merely means: here such experiences aren't of the slightest interest to us.

185. When I see the milkman coming, I fetch my jug and go to meet him. Do I experience an intending? Not that I knew of. (Any more, perhaps, than I *try* to walk, in order to walk.) But if I were stopped and asked "Where are you going with that jug?" I should express my *intention*.

186. If now I say, e.g. "I got up to go to the milk van," – is this to be called the description of an experience of intending? And *why* is that misleading? Is it because there was here no 'expression' of an experience?

187. But if I say "I got up to . . ., but then I recollected myself and . . ." – where is the experience here, and *when* did it take place? Was the experience only the 'recollecting myself', 'changing my mind'?

188. Ich nehme den Milchkrug, gehe ein paar Schritte, dann sehe ich, daß er nicht rein ist, sage "Nein!" und gehe zur Wasserleitung. Dann beschreibe ich, was vorging, und nenne meine Absichten. *Hatte* ich sie nun nicht? Freilich! Aber nochmals: ist es nicht irreführend, sie "Erlebnisse" zu nennen? wenn man nämlich, was ich zu mir selbst sagte, mir vorstellte, etc. *auch* so nennt! (Es wäre eben auch irreführend, die Absicht ein "Gefühl" zu nennen.)

189. Und es fragt sich nun, ob, aus dem selben Grunde, es nicht gänzlich irreführend war, von 'Gestaltblindheit' oder 'Bedeutungsblindheit' zu reden (so als redete man von 'Willensblindheit', wenn Einer sich passiv verhält). Denn blind ist eben der, der eine *Empfindung* nicht hat. (Den Schwachsinnigen – z.B. – kann man nicht mit dem Blinden vergleichen.)

190. Als ich das erste $\cup$ zeichnete, war es die Hälfte eines Kreises, das zweite war die Hälfte einer S-Linie; das dritte war ein Ganzes.

191. "Ich zweifle nicht, daß das oft geschieht." – Wenn du das in einem Gespräch sagst, kannst du wirklich glauben, daß du beim Reden zwischen den Bedeutungen der Wörter 'daß' und 'das' unterscheidest?

192. Gegen die Fiktion von Menschen, die nur laut denken können, könnte man diesen Einwand machen wollen: Angenommen, so einer sagt "Als ich vom Hause wegging, sagte ich mir 'ich muß zum Bäcker gehen'" – könnte man ihn denn nicht fragen: "Hast du aber diese Worte wirklich *gemeint*? Du konntest sie ja auch als Sprachübung, oder als Zitat oder zum Spaß, oder um jemand irrezuführen gesagt haben." – Das ist wahr. Aber lag also, welches er tat, in dem Erlebnis, das die Worte begleitete? Was spricht für so eine Behauptung? Wohl, daß der Gefragte antworten kann "Ich habe den Satz *so* gemeint", ohne dies aus *äußern Umständen* zu schließen.

193. Man will freilich sagen, wer sich daran erinnert, diese Worte *gemeint* zu haben, erinnere sich an das Erlebnis einer gewissen *Tiefe*, einer Resonanz. (Hätte er's nicht gemeint, so hätte er diese Resonanz nicht gehabt.) Aber ist das nicht bloß eine Täuschung (ähnlich der, wenn Einer glaubt, er spüre das Denken im Kopf)? Man macht sich ein *Bild* der Vorgänge mittels ungeeigneter Begriffe. (Vergl. James.)

194. Mach *diesen* Versuch: Sag dir ein mehrdeutiges Wort ("sondern"). Wenn du es nun z.B. als Verbum erlebst, so versuch, dies

188. I take the milk-jug, go a few steps, then I see that it isn't clean, say "No!" and go the the water-tap. Then I describe what happened and name my intentions. Now *didn't* I have these? Of course! But once again: isn't it misleading to call them *experiences*? if, that is, one *also* calls by that name what I said to myself, imagined etc.! (It would also be misleading to call intention a "feeling".)

189. And now the question arises whether for the same reasons it wouldn't be totally misleading to speak of 'form-blindness' or 'meaning-blindness' (as though one were to talk of 'will-blindness', when someone behaves passively). For a blind man just is someone who does not have a *sense*. (The mental defective – e.g. – can't be compared to the blind man.)

190. When I drew the first ⌣ it was a half circle; the second was a half S; the third was a whole.

191. "I have no doubt that that often happens." – If you say this in a conversation, can you really believe that in speaking you distinguish between the meanings of the two words 'that'?

192. One might want to make the following objection against the fiction about people who only think out loud: Suppose such a one were to say "As I left the house, I said to myself 'I must go to the baker,'" couldn't he be asked "Did you really *mean* those words? For you might have said them as practice in elocution, or as a quotation, or as a joke, or in order to mislead someone." That is true. But was what he was doing a matter of the experience that accompanied the words? What speaks for such an assertion? Presumably, that the one who is asked may reply "I meant the sentence *like this*" without inferring this from external circumstances.

193. Of course one wants to say that if someone remembers having *meant* these words, he is remembering the experience of a certain *depth*, of a resonance. (If he had not meant it, he wouldn't have had this resonance.) But is that not simply an illusion (like that in which someone believes that he feels thinking in his head)? One uses inappropriate concepts to form the *picture* of the processes. (Cf. James.)

194. Make the following experiment: Say some ambiguous word to yourself ("till"); if you now experience it as a verb, try to hang on to

Erlebnis festzuhalten, daß es andauert. – Sagst du das Wort öfter vor dich hin, so verliert es seine Bedeutung für dich; und nun frag dich, ob, wenn du's im gewöhnlichen Sprechen als Verbum gebrauchst, das Wort sich nicht vielleicht so anfühlt, wie wenn es beim öftern Wiederholen seine Bedeutung verloren hat. – Aus der Erinnerung kannst du gewiß nicht das Gegenteil bezeugen. Sondern man findet nur, daß es a priori nicht anders sein könne.

195. Es ist ganz gleichgültig, ob man sagt, man projiziere erst später die Deutung von "sondern" in das Erlebnis während des Aussprechens. Denn es ist hier zwischen Projizieren und Beschreiben kein Unterschied.

196. Man kann eine Zeichnung für einen wirklichen Würfel halten; aber auch, im selben Sinne, ein Dreieck für liegend oder stehend? – "Als ich näher kam, sah ich, daß es nur eine Zeichnung war." Aber nicht: "Als ich genauer hinblickte, sah ich, daß *dies* die Grundlinie und *dies* die Spitze war."

197. Meine Worte, "Als du zu reden anfingst, dachte ich, du meintest..." knüpfen an den Anfang seiner Rede an und an eine Vorstellung, die ich dabei hatte. – Und es ist natürlich möglich, daß jemand so etwas nie tut. Ich nehme aber an, er könne am Ende die Frage "Von welchem N habe ich geredet?" beantworten. Und es ist natürlich möglich, daß er sie anders beantwortet hätte, wenn ich die Frage schon nach den ersten Worten meiner Erzählung gestellt hätte. Soll er also die Frage nicht verstehen: "Hast du gleich im Anfang gewußt, von wem ich redete?" – Und wenn er nun so eine Frage nicht versteht, – werden wir ihn nicht einfach für etwas geistesschwach halten? Ich meine: werden wir nicht einfach annehmen, daß sein Denken nicht recht *deutlich* sei, oder daß er sich an das, was er damals dachte, – wenn er überhaupt etwas dachte, – nicht mehr erinnere? Das heißt, wir werden hier für gewöhnlich ein anderes Bild gebrauchen, als das, welches ich vorschlage.

198. Aber es ist wahr: wir haben bei Geistesschwachen oft das Gefühl, als redeten sie mehr automatisch als wir. Und wenn Einer das wäre, was wir 'bedeutungsblind' nannten, so würden wir uns vorstellen, er müsse einen weniger lebendigen Eindruck machen als wir, mehr 'wie ein Automat' handeln. (Man sagt auch: "Weiß Gott, was in seinem Geist vorgeht!" und denkt an etwas Undeutliches, Unordentliches.)

this experience, so that it lasts. – If you say the word to yourself several times, it loses its meaning for you; and now ask yourself whether, when you are using it as a verb in ordinary speech, the word does not perhaps feel as it does when it has lost its meaning through being often repeated. – You certainly can't testify from your memory that the contrary is true. But one merely finds that *a priori* it can't be otherwise.

195. It is indifferent whether one says that the interpretation of the word 'till' is projected later into the experience had while pronouncing it. For here there is no difference between projecting and describing.

196. One may take a drawing for a real cube; can one also, in the same sense, take a triangle as lying down or standing up – "When I came nearer, I saw that it was only a drawing." But not: "When I looked closer I saw that *this* was the base line and *this* the apex."

197. My words "When you began to speak, I thought you meant . . ." tie up with the beginning of his speech and with an idea that I had then. – And it is of course possible for someone never to do anything like that. But I will assume that at the end he can answer the question "Which N was I speaking of?" And it is of course possible that he would have answered it differently if I had put the question after the very first words of my story. Isn't he then supposed to understand the question: "Did you know right at the beginning whom I was talking about?" – And now if he does not understand such a question – shall we not simply judge him to be mentally defective? I mean: shall we not simply assume that his thinking is not really *clear*, or that he no longer remembers what he was thinking then? That is to say, here we shall ordinarily use a different picture from the one which I was proposing.

198. But it is true: with mental defectives we often feel as if they talked more automatically than we do, and if someone were what we called 'meaning-blind', we should picture him as making a less lively impression than we do, behaving more 'like an automaton'. (One also says: "God knows what goes on in his mind", and one thinks of something ill-defined, disorderly.)

199. Es könnte sein, daß Menschen, wenn man ihnen ein isoliertes Wort sagt, gleich irgend einen Satz mit diesem Wort bildeten, und daß andere es nicht täten; daß jenes ein Zeichen von Intelligenz, dieses von Stumpfheit wäre.

200. Was läßt sich gegen den Ausdruck "spezifische psychologische Erscheinung", oder "unreduzierbares Phänomen" vorbringen? Sie sind irreführend; aber woher sind sie genommen? Man will sagen: "Wer süß, bitter, rot, grün, Töne und Schmerzen nicht kennte, dem kann man, was diese Worte bedeuten, nicht begreiflich machen." Wer dagegen noch keinen sauren Apfel gegessen hat, dem kann man, was gemeint ist, erklären. Rot ist eben *dies*, und bitter *dies*, und Schmerz *dies*. Aber wenn man das sagt, muß man nun wirklich vorführen, was diese Worte meinen; d.h. etwas rotes zeigen, etwas bitteres kosten, oder kosten lassen, sich oder dem Andern Schmerz zufügen, etc. Nicht denken, man könne privat in sich auf den Schmerz zeigen. Wie wird man aber dann, was "vorstellen", "erinnern", "beabsichtigen", "glauben" heißt, *vorführen*? Der Ausdruck "spezifische psychologische Erscheinung" entspricht aber dem der privaten hinweisenden Definition.

201. Ist das (am Ende) eine Täuschung, wenn ich glaubte, die Worte des Andern hätten damals diesen Sinn für mich gehabt? Freilich nicht! So wenig, wie es eine Täuschung ist zu glauben, daß man vor dem Aufwachen etwas geträumt habe!

202. Als ich den Fall eines 'Bedeutungsblinden' annahm, war es, weil das Erleben der Bedeutung im *Gebrauch* der Sprache keine Wichtigkeit zu haben scheint. Weil es also scheint, als könne dem Bedeutungsblinden nicht viel verloren gehen. Damit aber ist in Konflikt, daß wir manchmal äußern, in einer Mitteilung habe ein Wort für uns *eines* bedeutet, bis wir gesehen hätten, es bedeute etwas anderes. Erstens aber fühlen wir in diesem Falle nicht, das Erleben der Bedeutung habe beim *Hören des Wortes* stattgefunden. Zweitens könnte man hier eher von einem Erleben des Sinnes des Satzes reden, als von dem einer Wortbedeutung.

203. Das Bild, das man etwa mit dem Aussprechen des Satzes "die Bank ist weit weg" verbindet, ist nun eine Illustration zu *ihm* und nicht zu einem seiner Worte.

204. Wenn Einer fest darauf bestünde, er erlebe meist garnichts, wenn er einen Befehl, eine Mitteilung, usw. höre und verstehe, mindestens nichts, was für ihn den Sinn der Worte bestimme, —

199. It might be that when one pronounced a word to some people, they immediately formed some sentence or other with this word, and that others did not, that the former was a sign of intelligence, the latter of dullness.

200. What can be adduced against the expressions 'specific psychological phenomenon' or 'irreducible phenomenon'? They are misleading: but what is their source? One wants to say: "If someone is unacquainted with sweet, bitter, red, green, notes and colours, one cannot make the meaning of these words intelligible to him." On the other hand, if someone hasn't yet eaten a sour apple, what is meant can be explained to him. For red is *this*, and bitter *this* and pain *this*. And if one says that, one must now actually exhibit what these words mean; that is, one must point to something red; taste, or make the other taste, something bitter; give oneself or the other pain etc. Not think that one can privately point to pain within oneself. But how in that case will one exhibit what "imagining", "remembering", "intending", "believing" mean? The expression "specific psychological phenomenon" corresponds to that of the private ostensive definition.

201. Is it (in the end) an illusion, if I believed that the other's words had this sense for me at *that* time? Of course not! Any more than it is an illusion to believe that one has dreamed something before waking up.

202. When I supposed the case of a 'meaning-blind' man, this was because the experience of meaning seems to have no importance in the *use* of language. And so because it looks as if the meaning-blind could not lose much. But it conflicts with this, that we sometimes say that some word in a communication meant one thing to us until we saw that it meant something else. First, however, we don't feel in this case that the experience of the meaning took place while we *were hearing the word*. Secondly, here one might speak of an experience rather of the sense of the sentence, than of the meaning of a word.

203. The picture that one perhaps connects with the utterance of the sentence "The bank is far away", is an illustration of *it* and not of one of its words.

204. If someone insists that when he hears and understands an order, a piece of information etc., he mostly does not experience anything at all, at least not anything that determines the sense for him – might this

könnte dieser nicht doch, in irgend einer Form, sagen, die ersten Worte des Satzes hätte er *so* aufgefaßt und später seine Auffassung geändert? – Aber zu welchem *Zweck* würde er das sagen?? Es könnte eine bestimmte Reaktion seinerseits erklären. Er hörte z.b., N sei gestorben, und glaubte, sein Freund N sei gemeint; dann kommt er drauf, daß es nicht so ist. Er schaut erst bestürzt; dann erleichtert. – Und, was so eine Erklärung für ein Interesse haben kann, ist leicht zu sehen.

205. Was soll ich nun sagen: – daß der Bedeutungsblinde nicht im Stande ist, so zu reagieren? oder daß er bloß nicht behauptet, er hätte *damals* die Bedeutung erlebt, – daß er also nur ein besonderes Bild nicht gebraucht?

206. Ist der Bedeutungsblinde also der, der *nicht* sagt: "Der ganze Gedankengang stand mit einem Schlag vor mir"? Ist damit aber gesagt, daß er nicht sagen kann "Jetzt hab ich's!" –

207. "Es war dort kein Baum und kein Strauch" – wie funktioniert dieser Satz? Nun, "Baum" steht für ein Ding, das *so* ausschaut. Gewiß ja: so schaut ein Baum aus; aber ist die Idee der Vertretung des Dings durch das Wort wirklich so leicht zu verstehen? Wenn ich einen Garten plane, so kann ich einen Baum dort durch einen Pflock vertreten lassen. Wo der Pflock jetzt steht, wird später der Baum gesetzt werden. – Man könnte aber doch sagen, das Wort "Baum" im Satz verträte dort das Bild eines Baums (und als solches kann natürlich auch ein Baum verwendet werden). Denn an die Stelle des Wortes "Baum" könnte man in einer Bildersprache das Bild setzen, und das Wort "Baum" wird in jedem Fall durch die hinweisende Definition mit dem Bild verbunden. Dann ist es also die hinweisende Definition, die bestimmt, was das Wort 'vertritt'. Und nun wende dies auf das Wort "Schmerz", z.B., an. – Aber vertritt nicht auf einem Plan das Zeichen " ⌂ " ein Haus? Doch nur insofern, als ein Haus auch als *Zeichen* dienen könnte! Aber das Zeichen vertritt doch nicht das Haus, wofür es steht. – "Nun, es *entspricht* ihm." – Wenn ich also mit dem Plan in der Hand gehe und komme zu diesem Haus, zeige ich auf die Stelle im Plan und sage "*Das* ist das Haus". – "Das Zeichen vertritt das Haus" hieße: "weil ich das Haus nicht selbst in den Plan setzen kann, setze ich statt seiner dies Zeichen." Aber was täte denn das Haus selbst im Plan! Eine Vertretung ist etwas Vorläufiges, aber wenn das Zeichen dem Haus *entspricht*, so ist hier nichts Vorläufiges; es wird ja, wenn wir zum Haus kommen, nicht durch das Haus ersetzt. Und da das Zeichen nie durch seinen Träger

man not say nevertheless in some form or other that he had taken the first words of the sentence like *this* and later altered the way he took them? – But what would he say that *for*? It might explain a particular reaction on his part. He heard, e.g., that N was dead and believed that this meant his friend N; then he realizes that it is not so. At first he looks upset; then relieved. – And it is easy to see what kind of interest such an explanation may have.

205. What am I to say now – that the meaning-blind man is not in a position to react like that? Or that he merely does not assert that he *then* experienced the meaning – and so, that he merely does not use a particular picture?

206. Is the meaning-blind man then one who does *not* say: "The whole course of thought was before my mind in a flash"? But is that to say that he can't say "Now I've got it!" –

207. "In that place there was no tree, no shrub" – how does this sentence function? Well, "tree" stands for a thing that looks like *this*. Of course, that's what a tree looks like; but is the idea of a word's going proxy for a thing really so easy to understand? If I am planning a garden, I can have a peg go proxy for a tree here. Where the peg stands now, the tree will be set later. – But still, one might say that the word "tree" in a sentence goes proxy there for the picture of a tree (and of course even a tree can be used as that). For in a picture-language one might put the picture in the place of the word "tree", and the word "tree" will in any case be connected with the picture by means of the ostensive definition. In that case, then, it is the ostensive definition that determines what the word '*goes proxy for*'. And now apply this, e.g. to the word "pain". – But does not the sign " " in a map go proxy for a house? Surely only in so far as a house too might serve as a *sign*! But the sign surely does not go proxy for the house for which it stands. – "Well, it *corresponds* to it." – So when I walk with the map in my hand and come to this house, I point to the place on the map and say "*That's* the house". "The sign goes proxy for the house" would mean: "Because I can't place the house itself on the map, I put this sign instead of it." But what would the house itself be doing on the map anyway? Proxy is something provisional but if the sign *corresponds* to the house, there is nothing provisional here; for it isn't going to be replaced by the house when we get to the house.

ersetzt wird, könnte man fragen: Wie kann denn ein Tintenstrich ein Haus ersetzen?

Nein: der Pflock ersetzt den Baum, das Bild kann den Menschen ersetzen, wenn man lieber ihn sähe, aber mit dem Bild vorliebnehmen muß; aber schon das Zeichen auf der Landkarte ersetzt nicht den Gegenstand, den es bedeutet.

208. Fühle ich, während ich schreibe, etwas in der Hand, oder im Handgelenk? Im allgemeinen nicht. Würde es sich aber nicht doch anders anfühlen, wenn meine Hand anästhesiert wäre? Ja. Und ist das nun ein Beweis dafür, daß ich *dennoch* etwas spüre, wenn ich normalerweise die Hand bewege? Ich glaube: *nein*.

209. "Ich schenke dir mein volles Vertrauen." Wenn, der das sagt, nach dem Wort "dir" aussetzt, bin ich vielleicht im Stande fortzusetzen; die Situation ergibt, was er sagen will. Aber wenn er nun, zu meiner Überraschung, fortsetzt "eine goldene Uhr" und ich sage "Ich war auf etwas anderes gefaßt" – heißt das: ich habe während seiner ersten Worte etwas erlebt, was man jene Auffassung der Worte nennen kann?? Ich glaube, das kann man nicht sagen.

210. Oder denk dir dieses Gespräch: Er: "Ich schenke dir –" Ich: "Ich weiß. Aber in diesem Fall vertraust du mir *doch* nicht." – Ich habe ihn unterbrochen, weil ich wußte, was er sagen wollte. Aber habe ich mir die Fortsetzung notwendigerweise in Gedanken ergänzt? (Ergänze ich eine Skizze in der Vorstellung?)

211. "I found myself going ..."
　　　　　　　saying ..." etc.
Diese Beschreibung trifft nicht *immer* zu, wenn ich etwas sage, einen Weg mache, etc.

212. Introspektion kann nie zu einer Definition führen. Sie kann nur zu einer psychologischen Aussage über den führen, der introspiziert. Sagt z.B. Einer:" Ich glaube beim Hören eines Wortes, daß ich verstehe, immer etwas zu fühlen, was ich nicht fühle, wenn ich das Wort nicht verstehe" – so ist das eine Aussage über *seine* besondern Erlebnisse. Ein Anderer erlebt vielleicht etwas ganz anderes; und wenn Beide das Wort "verstehen" richtig gebrauchen, so liegt in diesem Gebrauch das Wesen des Verstehens, und nicht in dem, was sie über ihre Erfahrungen sagen können.

And as the sign never will be replaced by its bearer, one might ask: How can a house be replaced by an ink line?

No: the peg is a substitute for the tree; the picture may be a substitute for the person, when one would rather see him but must be content with the picture; but the sign on the map is not a substitute for the object that it means.

208. While I write, do I feel anything in my hand or in my wrist? Not generally. But still, wouldn't it feel different, if my hand were anaesthetized? Yes. And is that now a proof that I *nevertheless* do feel something when I move my hand in the normal way? No, I believe *not*.

209. "I give you my full confidence." If someone who is saying this pauses after the word "you", perhaps I am able to continue; the situation yields what he wants to say. But if to my surprise he now goes on: "a gold watch" and I say "I was prepared for something else" – does that mean: while he was saying the first words I experienced something that may be called that way of taking the words?? I believe that this can't be said.

210. Imagine this conversation: He: "I give you –." "I know. But in this case, all the same, you do *not* trust me." – I interrupted him because I knew what he was going to say. But did I necessarily fill out the continuation in thought? When I see a sketch, do I fill it out in my imagination?

211. "I found myself going . . ."
          saying . . ." etc.
This description does not *always* apply when I say something, take a path etc.

212. Introspection can never lead to a definition. It can only lead to a psychological statement about the introspector. If, e.g., someone says: "I believe that when I hear a word that I understand I always feel something that I don't feel when I don't understand the word" – that is a statement about *his* peculiar experiences. Someone else perhaps feels something quite different; and if both of them *make correct use of* the word "understand" the essence of understanding lies in this use, and not in what they may say about what they experience.

213. Wie müßte man denn den nennen, der den Begriff 'Gott' nicht verstehen kann, nicht sehen, wie ein vernünftiger Mensch dies Wort im Ernst gebrauchen kann? Sollen wir denn sagen, er leide an einer *Blindheit*?

214. Man versteht plötzlich, wiederholt plötzlich ein Wort, das der Andere gesagt hat. Er sagt mir "Es ist sieben Uhr"; ich reagiere zuerst nicht; plötzlich rufe ich "Sieben Uhr! Da bin ich ja schon zu spät. ..." Es kam mir erst zum Bewußtsein, was er gesagt hatte. Aber was geschah nun, als ich die Worte "Sieben Uhr" wiederholte? Darauf kann ich nichts antworten, was von Interesse wäre. Nur wieder: Ich hätte erst begriffen, was er gesagt hat, und dergleichen; und das bringt uns nicht weiter. Auf diesem "Nur wieder" beruht natürlich das Reden (die Idee) von einem 'spezifischen Vorgang'. (Der Zerstreute, der auf den Befehl "Rechtsum!" linksum macht. ...)

215. Geschieht etwas, wenn ich dies Wort verstehe, wenn ich das und das beabsichtige—geschieht nichts? Nicht darum handelt es sich; sondern darum: warum soll mich, was in dir geschieht, interessieren? (Seine Seele mag sieden, oder frieren, rot oder blau werden: was kümmert mich das?)

216. Ein Schwachsinniger wird gewiß *nicht* sagen: "Als du zu reden anfingst, dachte ich, du meintest. ..." – Nun wird man fragen: Ist das, weil er immer gleich richtig versteht? Oder weil er sich nie korrigiert? Oder geht in ihm vor, was auch in mir vorgeht, und er kann es nur nicht ausdrücken?

217. "Als du zu reden anfingst, dachte ich, du wolltest. ... Darum habe ich auch die Bewegung gemacht. ..." Man erklärt also, was man tat, mit dem Gedanken, den man damals hatte. Denke ich mir nun diese Erklärung wirklich erst im Nachhinein aus? Habe ich nicht wirklich diese Bewegung gemacht, weil ich dachte ...?—Was ist das für eine Frage? Das "weil" bezieht sich ja nicht auf eine Ursache.

218. "Ich werde dir erklären, warum ich aufgestanden bin; ich dachte nämlich, du meintest ..." – Ja, jetzt versteh ich's! – Aber worin liegt die Wichtigkeit dieses Verstehens? Nun, z.B.: Wäre die Erklärung eine andere gewesen, so müßte ich nun anders mit Worten, oder Handlungen reagieren. Sein Gedanke ist in sofern wie eine Handlung, oder ein Vorgang in seinem Körper. Der Bericht über seinen Gedanken, wie der über solche Vorgänge.—Welches Interesse haben die Worte "Ich dachte zuerst, du meintest ..."? Oft gar keins.

213. What must the man be called, who cannot understand the concept 'God', cannot see how a reasonable man may use this word seriously? Are we to say he suffers from some *blindness*?

214. One suddenly understands, suddenly repeats a word that the other has said. He tells me "It is seven o'clock"; at first I don't react; suddenly I cry out: "Seven o'clock! Then I'm already too late . . ." What he said had only just reached my consciousness. But now, what happened, when I repeated the words "Seven o'clock!"? I can give no answer to this that would be of any interest. Only, to repeat, I had just grasped what he had said, and so on; and that gets us no further. Of course the talk (the idea) of a 'specific process' is based on this "Only, to repeat". (The absent minded man who at the order "Right about turn!" turns left about. . . .)

215. Does something happen when I understand this word, intend this or that?—Does nothing happen? – That is not the point; but rather: why should what happens within you interest me? (His soul may boil or freeze, turn red or blue: what do I care?)

216. A mental defective will certainly *not* say: "When you began to speak, I thought you meant. . . ." – Now it will be asked: Is that because he always understands right at once? Or because he never corrects himself? Or does the same go on in him as in me, and he merely can't express it?

217. "When you began to speak, I thought you were going to. . . . That was why I made the movement . . . too." So one explains what one did by means of the thoughts that one had at the time. Now do I really think this explanation out only after the event? Didn't I really make this movement because I thought . . .?—What sort of question is that? Of course the "because" does not relate to a cause.

218. "I am going to explain to you why I stood up; it was because I thought you meant. . . ." – Yes, now I understand it! – But wherein lies the importance of this understanding? Well, for example: If the explanation had been another one, I should have had to react differently with words or actions. To that extent his thought is like an action, or a process in his body. The report about this thought is like one about such processes.—What interest have the words "At first I thought you meant . . ."? Often none. It may be said to disclose his

Man kann sagen, sie enthüllen uns seine Gedankenwelt. Aber wozu *das*? Warum ist diese Enthüllung nicht leeres Gerede, oder bloße Phantasterei?

219. Man könnte (natürlich) den Bericht über so eine Auffassung den Bericht über eine *Tendenz* nennen. (James.) Aber hier darf nun nicht das Erlebnis einer Tendenz unter dem Bild eines nicht ganz fertigen Erlebnisses sehen! Als gäben die Erlebnisse ein farbiges Bild, und gewisse Farben darauf wären in ihrer vollen Stärke aufgetragen, andere nur angedeutet, d.h. viel zarter hingesetzt.
An sich aber ist eine zarte Farbe nicht die Andeutung einer stärkeren.

220. Ein Ereignis läßt eine Spur im Gedächtnis: das denkt man sich manchmal, als bestünde es darin, daß es im Nervensystem eine Spur, einen Eindruck, eine Folge hinterläßt. So als könnte man sagen: auch die Nerven haben ein Gedächtnis. Aber wenn sich nun jemand an ein Ereignis erinnert, so müßte er es nun aus diesem Eindruck, dieser Spur, *erschließen*. Was immer das Ereignis im Organismus zurückläßt, es ist nicht die Erinnerung.
Der Organismus mit einer Diktaphonrolle verglichen; der Eindruck, die Spur, ist die Veränderung, die die Stimme auf der Rolle zurückläßt. Kann man sagen, das Diktaphon (oder die Rolle) erinnere sich wieder des gesprochenen wenn es das Aufgenommene wiedergibt?

221. Das Gefühl der Abhängigkeit. Wie kann man *fühlen*, man sei abhängig? Wie kann man *fühlen*: 'Es hängt nicht von mir ab'. Aber was ist das überhaupt für ein seltsamer Ausdruck eines Gefühls!
Aber wenn man z.B. jeden Morgen zuerst Schwierigkeiten hätte, gewisse Bewegungen zu machen, den Arm zu haben, u.dergl., und warten müßte, bis die Lähmung vergeht, und das brauchte manchmal lange, manchmal kurze Zeit, und man könnte es nicht vorhersehen und kein Mittel einnehmen, es zu beschleunigen, – würde uns das nicht eben ein Bewußtsein der Abhängigkeit geben? Ist es nicht das Ausbleiben des Regelmäßigen, oder die lebhafte Vorstellung davon, was dem Bewußtsein zu Grunde liegt?
Es ist doch das Bewußtsein: "Es müßte nicht so gehen!" Wenn ich von dem Sessel aufstehe, sage ich mir für gewöhnlich nicht "Also ich kann aufstehen." Ich sage es vielleicht nach einer Krankheit. Wer es sich aber für gewöhnlich sagte, oder wer danach sagte "Also es ist diesmal gegangen", von dem könnte man sagen, er habe eine besondere Einstellung zum Leben.

world of thoughts. But what purpose does *that* serve? Why isn't this disclosure empty talk, or mere fantasy?

219. One might (of course) call the report of such a conception the report of a *tendency*. (James.) But here the experience of a tendency must not be seen under the aspect of an experience which isn't quite complete! As if experiences yielded a coloured picture, and certain colours were laid on in full strength, others merely indicated, i.e. put on much more faintly.

In itself, however, a faint colour is not a hint at a stronger one.

220. An event leaves a trace in the memory: one sometimes imagines this as if it consisted in the event's having left a trace, an impression, a consequence, in the nervous system. As if one could say: even the nerves have a memory. But then when someone remembered an event, he would have to *infer* it from this impression, this trace. Whatever the event does leave behind in the organism, *it* isn't the memory.

The organism compared with a dictaphone spool; the impression, the trace, is the alteration in the spool that the voice leaves behind. Can one say that the dictaphone (or the spool) is remembering what was spoken all over again, when it reproduces what it took?

221. The feeling of dependence. How can one *feel* dependent? How can one *feel* 'It doesn't depend on me'? But what a queer expression of a feeling this is anyway!

But if, e.g., every morning one had difficulty in making certain movements at first, in raising one's arm and the like, and had to wait till the paralysis passed off, and that that sometimes took a long time, and sometimes happened quickly, and one could not foresee it or adopt any means of speeding it up – wouldn't that be the very thing to give us a consciousness of dependence? Isn't it the failure of the regular, or the vivid imagination of its failing, that lies at the bottom of this consciousness?

It is the consciousness: "It didn't have to go like that!" When I get up from a chair, I don't ordinarily tell myself "So I can get up". I say it after an illness, perhaps. But someone who did habitually say that to himself, or who said afterwards: "So it worked this time" – of him one might say he had a peculiar attitude to life.

222. Warum sagt man "Er weiß, was er meint"? Woher weiß man, daß er's *weiß*?

Wenn er es weiß, ich aber nicht *weiß*, was er meint, – wie wäre es, wenn ich's wüßte? Ja, wenn ich's wüßte und er nicht? Wie müßte sich Einer benehmen, damit wir sagen würden: "Er *weiß*, was der Andere erlebt"?

Muß es aber einen Fall geben, den wir, konsequenterweise, so beschreiben würden? Es ist nicht einmal klar, daß irgendeine Erscheinung mit den Worten beschrieben werden müßte "A hat Schmerzen im Körper des B".

D.h.: man kann zwar sagen "Wäre das nicht eine folgerechte Anwendung dieses Ausdrucks?" aber ich mag, oder mag nicht geneigt sein, sie folgerecht zu nennen.

223. Erinnere dich besonders des Ausdrucks in der Traumerzählung: "Und ich wußte, daß...." Man könnte denken: Es ist doch merkwürdig, daß man träumen kann, man habe *gewußt*. Man sagt auch: "und ich wußte im Traum, daß...."

224. Nicht alles, was ich tue, tue ich mit einer Absicht. (Ich pfeife vor mich hin, etc. etc.) Wenn ich aber jetzt aufstünde und aus dem Haus vorträte, dann wieder zurück käme, und auf die Frage "Warum hast du das getan" antwortete "Aus gar keinem besonderen Grund", oder "Nur so –", so fände man das seltsam und jemand, der oft so etwas täte ohne besondere Absicht, würde sehr von der Norm abweichen. Müßte er das sein, was man "geistesschwach" nennt?

225. Denke dir nun Einen, von dem man sagen würde: er könne sich nie an eine Absicht erinnern, außer dadurch, daß er sich an die Äußerung einer Absicht erinnert.

Einer könnte, was wir normalerweise 'mit bestimmter Absicht' tun, ohne eine solche tun, es erwiese sich aber dennoch nützlich. Und wir würden vielleicht in so einem Falle sagen, er habe mit *unbewußter* Absicht gehandelt.

Er steigt z.B. plötzlich auf einen Stuhl und dann wieder herunter. Auf die Frage "warum" hat er keine Antwort; dann aber berichtet er, er habe vom Stuhl aus das und das bemerkt, daß es scheint, als wäre er, um dies zu beobachten, hinaufgestiegen.

Könnte nun ein 'Bedeutungsblinder' sich nicht ähnlich verhalten?

226. "Als ich sagte 'Er ist ein Esel', meinte ich...." Was für eine Verbindung haben jene Laute mit diesem Menschen? – Gefragt, "Wen meinst du?", werde ich seinen Namen nennen, ihn beschreiben, seine Photographie zeigen, etc. Ist sonst noch eine

222. Why does one say "He knows what he means"? How does one know that he *knows* it?

If he knows it, but I don't *know* what he means – what would it be like, if I did know it? And suppose I knew it and he didn't? How would someone have to behave for us to say: "He *knows* what the other is experiencing"?

But must there be a case that we should describe in that way if we were consistent? It *isn't* clear that any appearance must be described by the words "A has pains in the body of B".

That is to say: one can indeed say: "Wouldn't that be a consequent application of this expression?" but I may or may not be inclined to call it consequent.

223. Remember especially the expression in a dream narrative: "And I knew that. . . ." One might think: 'It's surely remarkable that one can dream that one *knew*." One also says: "and in the dream I knew that. . . ."

224. Not all that I do, do I do with some intention. (I whistle as I go along etc. etc.) But if I were now to stand up and go out of the house, and then come back inside, and to the question "Why did you do that?" I answered: "For no particular reason" or "I just did" this would be found queer, and someone who often did this with nothing particular in mind would deviate very much from the norm. Would he have to be what is called "feeble minded"?

225. Imagine someone of whom one would say: he can never remember an intention except by remembering the expression of an intention.

What we normally do 'with a definite intention' someone might do without any, but it might nevertheless prove useful. And perhaps in such a case we should say that he acted with *unconscious* intention. E.g., he suddenly climbs on a chair and then gets down again. To the question "Why"? he has no answer; but then he reports having noticed this and that from the chair, and that it seems as if he climbed up in order to observe this.

Might a 'meaning-blind' person not behave likewise?

226. "When I said 'He is an ass' I was speaking of. . . ." What sort of connexion have these sounds with this man? – Asked, "Whom do you mean?" I shall mention his name, describe him, shew his photograph etc. Is there a further connexion here? One that held

Verbindung da? Eine, die insbesondere zur Zeit des Aussprechens bestand? Aber während des ganzen Satzes, oder nur während ich "er" sagte? Keine Antwort!

227. Das Erlebnis während jener Worte – möchte ich sagen – wächst natürlich zu dieser Erklärung heran.

228. Aber es ist doch so: Ich werde manchmal, im Gespräch etwa, sagen "Er ist ein Esel", und wenn man mich fragte "Hättest du etwas anderes während dieser Worte erlebt, wenn wir von N statt von M geredet hätten" werde ich zugeben müssen, dies müsse nicht der Fall sein. Anderseits aber scheint es mir manchmal, als hätte ich während des Aussprechens ein Erlebnis, das unzweideutig *ihm* angehört.

Die Erlebnisse beim Sprechen scheinen eindeutig mit *ihm* verbunden zu sein.

229. "Freilich dachte ich an ihn: Ich hab ihn vor mir gesehen!" – aber nicht nach seinem Bild *erkannt*.

230. Ich sage plötzlich "Er ist ein Esel". A: "Wen hast du gemeint?" Ich: "Den N." A: "Hast du an ihn gedacht, während du den Satz sagtest, oder erst, als du die Erklärung gabst?" – Ich könnte nun antworten, daß meine Worte das Ende eines längeren Gedankenzuges gewesen seien. Ich hätte schon die ganze Zeit an N gedacht. Und könnte ich nun sagen: die Worte selbst seien durch kein besonderes Erlebnis an ihn geknüpft gewesen, wohl aber der ganze Gedankengang? Ich hätte also mit jenen Worten wohl auch jemand andern meinen können, und auf wen sie sich bezogen, lag in dem, was ihnen vorausging.

Muß ich aber, um sagen zu können, ich hätte von ihm geredet, ihn gemeint, an ihn gedacht, – mich wirklich an ein Erlebnis erinnern können, das unbedingt mit ihm zusammenhängt? Könnte es mir also nicht vielleicht immer so vorkommen, als wäre während meiner Worte *nichts* geschehen, das sich nur auf ihn deuten ließe? Ich denke mir also, ich sei mir immer *bewußt*, daß meine Vorstellungsbilder vieldeutig sind. Dabei aber – so nehme ich an – sage ich dennoch "Ich habe den... gemeint". Aber ist dies nicht eine widersprechende Annahme? Nein; so verhält es sich ja wirklich. Ich sage "Ich habe den... gemeint"; *so* setze ich fort.

231. Ich sprach zu meinen Nachbarn über ihren Doktor; dabei schwebte mir ein Bild dieses Menschen vor – ich hatte ihn aber nie gesehen, kannte nur seinen Namen, und machte mir vielleicht nach

particularly at the time of the utterance? During the whole time of uttering the sentence, though, or only while I said "he"? No answer!

227. The experience during those words – I should like to say – grows naturally towards this explanation.

228. But it is surely like this: I shall sometimes say "He is an ass", in conversation perhaps; and if I were asked "Would you have experienced anything different during these words if we had been speaking of N instead of M?" I shall have to grant that this need not be the case. On the other hand it sometimes seems to me as if I had an experience, while pronouncing the words, that pertains unambiguously to *him*.

The experiences while speaking seems to be connected intimately with *him*.

229. "Of course I was thinking of him: I saw him before me!" – but I didn't *recognize* him from my picture of him.

230. I suddenly say "He is an ass". A: "Whom did you mean?" I: "N." A: "Did you think of him while you were saying the sentence, or only when you gave the explanation?" – I might now reply that my words had been the terminus of a rather long course of thought. I had already been thinking of N the whole time. And could I now say: the words themselves were not tied up with him through any special experience, but the whole course of thought was? Thus I might easily have meant someone else by those words, and who *was* their reference was a matter of what preceded them.

In order, however, to be able to say that I was speaking of him, meant him, thought of him, must I really be able to remember an experience that unconditionally ties up with him? So might it not perhaps always strike one as if *nothing* had happened while my words were going on, that could only point to him? So I am imagining that I am always *conscious* that my images are ambiguous. At the same time however – this is what I am assuming – I still say "I meant . . .". But is this not a contradictory assumption? No: for that really is how things are. I say "I meant . . .": *that* is how I go on.

231. I was speaking to my neighbours about their doctor; as I did so a picture of this man came into my mind – but I had never seen him, merely knew his name, and perhaps formed a picture of him from the

diesem ein Bild von ihm. Wie kann nun dieses Bild charakteristisch dafür sein, daß ich von *ihm* rede? – Und doch kam es mir so vor, bis ich mich daran erinnerte, daß ich garnicht weiß, wie dieser Mann ausschaut. Sein Bild repräsentiert ihn für mich also um kein Haar besser, als sein Name.

232. Wenn ich das Vorschweben der *Bedeutung* mit einem Traum vergleiche, so ist also unser Reden für gewöhnlich traumlos.
Der 'Bedeutungsblinde' wäre also einer, der immer traumlos reden würde.

233. Und man kann wirklich fragen: Was gehen mich seine Träume an? Warum muß mich interessieren, was er träumt und ob er träumt, während er zu mir spricht, oder mich hört? – Das heißt natürlich nicht, daß diese Träume mich nie interessieren können. Aber warum sollten sie das Wichtigste im sprachlichen Verkehr sein?

234. Die Verwendung des Begriffs 'Traum' hier ist nützlich; aber nur, wenn man sieht, daß sie noch einen Fehler in sich birgt.

235. "Ich habe die ganze Zeit gedacht, du redetest von . . ." – Wie *war* das nur?—Doch nicht anders, als wenn er wirklich von diesem Menschen geredet hätte. Daß ich später darauf komme, ihn falsch verstanden zu haben, ändert doch nichts an dem, was beim Verstehen geschah. –
Ist also der Satz "Ich glaubte damals, du meintest . . ." der Bericht eines 'Traumes', so heißt das, daß ich *immer* 'träume', wenn ich einen Satz verstehe.

236. Man sagt auch: "Ich habe angenommen, du redest von . . ." und das klingt schon weniger wie der Bericht eines Erlebnisses.

237. "Ich dachte, du redetest von . . . und habe mich gewundert, daß du von ihm sagst . . ." – Dieses Wundern ist wieder in einem ähnlichen Fall: Auch hier wieder das Gefühl, als hätte man mit dem *Aussprechen* dieses Gedankens das rudimentäre Erlebnis erst ergänzt.

238. Nun, es ist aber doch wahr! Denn manchmal, wenn ich sage "Ich dachte . . .", kann ich berichten, daß ich mir damals eben diese Worte laut oder im Stillen gesagt hätte; oder daß ich damals nicht diese, aber andere Worte gebraucht habe, wovon die gegenwärtigen eine sinngemäße Wiedergabe sind. *Das kommt doch manchmal vor!* Im Gegensatz dazu aber ist der Fall, in welchem mein gegenwärtiger Ausdruck nicht die *Wiedergabe* von etwas ist. Denn 'Wiedergabe' ist er nur, wenn er es nach Regeln der Abbildung ist.

name. How can this picture characterize my speaking of *him*? And yet this is how it struck me, till I recalled that I don't know at all what the man looks like. So his picture represents him for me not a whit better than does his name.

232. If I compare the coming of the *meaning* into one's mind to a dream, then our talk is ordinarily dreamless.

The 'meaning-blind' man would then be one who would always talk dreamlessly.

233. And one really can ask: What do his dreams matter to me? Why need I be interested in what he dreams and whether he dreams while he speaks to me or hears me? – Naturally that does not mean that these dreams can never interest me. But why should they be the most important thing in linguistic traffic?

234. The use of the word 'dream' here is useful, but only if one sees that it still conceals an error within itself.

235. "I thought the whole time that you were talking about. . . ." – Only how *was* it?—Surely not otherwise, than if he really had been speaking of that man. My later realization that I understood him wrong does not alter anything about what happened as I was understanding the words. –

If, then, the sentence "At that point I believed that you meant . . ." is the report of a 'dream', that means that I *always* 'dream' when I understand a sentence.

236. We also say "I assumed you were talking about . . ." and that sounds still less like the report of an experience.

237. "I thought you were speaking of . . . and wondered at your saying . . . of him." – This wondering in turn is in like case: Here too we again have the feeling as if it took the pronouncing of this thought to fill out the rudimentary experience.

238. Well, it is surely true! For sometimes, when I say "I thought . . ." I can report that I *did* say these words to myself out loud or silently; or that I used, not these but other words, of which the present ones reproduce the gist. *This does surely sometimes happen!* In contrast with this, however, is the case in which my present expression is not the *reproduction* of anything. For it is a 'reproduction' only if there are rules of projection making it one.

239. Wer nicht im Stande wäre, zu sagen: das Wort "sondern" könne ein Zeitwort und ein Bindewort sein, oder Sätze zu bilden, in denen es das eine oder das andere ist, der könnte einfache Schulübungen nicht bewältigen. Aber *das* wird von einem Schüler nicht verlangt: das Wort außerhalb einem Zusammenhang so und so aufzufassen, oder zu berichten, wie er's aufgefaßt hat. [Vgl. PU, S. 175b.]

240. Ich möchte sagen: das Gespräch, die Anwendung und Ausdeutung der Worte fließt dahin, und nur im Fluß hat das Wort seine Bedeutung. "Er ist abgereist." – "Warum?" Was meintest du, als du das Wort "warum" aussprachst? Woran *dachtest* du?

241. "Ich dachte, du meintest *den*" – Nun, das heißt nicht dasselbe, wie "Ich denke, du hast den gemeint". Laß dich den Vergleich mit einem andern Gebrauch der Vergangenheit nicht verwirren!

242. Wir spielen dieses Spiel: Es sind Bilder da und Worte werden ausgesprochen und wir müssen auf das Bild zeigen, das dem Wort entspricht. Unter den Worten sind auch mehrdeutige. Mir fällt bei dem Wort . . . erst *eine* Bedeutung ein und ich zeige auf ein Bild, später erst eine andere und ich zeige auf ein anderes. Wird der Bedeutungsblinde dies tun können? Freilich. – Aber wie ist es *damit*? Ein Wort wird genannt, mir fällt eine seiner Bedeutungen ein. Ich sage sie nicht, suche aber nach dem Bild. Ehe ich es gefunden habe, fällt mir noch eine Bedeutung des Worts ein; ich sage: "Mir ist gerade eine zweite Bedeutung eingefallen." Und dann erkläre ich: "Erst ist mir *diese* Bedeutung eingefallen, nachher *die*." Kann *das* der Bedeutungsblinde? – Kann er nicht sagen, er wisse die Bedeutung des Worts, sage sie aber nicht? Oder kann er nicht sagen, sie sei ihm jetzt *eingefallen*, er sage sie aber nicht? – Mir kommt vor, beides könne er sagen. Dann aber doch auch: "Als du das Wort sagtest, fiel mir *diese* Bedeutung ein." Und warum nun nicht: "Als ich das Wort sagte, meinte ich's zuerst in *dieser* Bedeutung"?

243. Es ist, als hätte das Wort, das ich verstehe, ein bestimmtes leichtes Aroma, das dem Verständnis entspricht. Als unterschieden sich zwei mir wohlbekannte Wörter nicht bloß durch ihren Klang, oder ihr Ansehen, sondern, auch wenn ich mir nichts bei ihnen *vorstelle*, noch durch eine Atmosphäre. – Aber erinnere dich daran, wie die Namen berühmter Dichter und Komponisten eine eigene Bedeutung in sich aufgezogen zu haben scheinen. So daß man also sagen kann: die Namen "Beethoven" und "Mozart" klingen nicht nur verschieden, sondern es begleitet sie auch ein anderer *Charakter*.

239. Someone who was unable to say: the word "till" may be a verb and a conjunction, or to frame sentences in which it is the one or the other – such a one could not master simple school exercises. But what a school child is not required to do is to take the word outside any context in this way and that, or to report how he has taken it. [Cf. P.I. p. 175b.]

240. I should like to say: conversation, the application and further interpretation of words flows on and only in this current does a word have its meaning. "He has left." – "Why?" What did you mean as you pronounced the word "Why"? What did you *think* of?

241. "I thought you were meaning *him*" – Now, that does not mean the same as "I think you meant him". Don't let the comparison with another use of the past tense confuse you.

242. We play this game: There are pictures here and words are pronounced and we have to point to the picture corresponding to the word. Among the words there are also ambiguous ones. At the word . . . only one meaning occurs to me and I point to a picture, later only another one and I point to another picture. Will the meaning-blind man be able to do this? Of course. – But how about *this*? A word is mentioned, one of its meanings occurs to me. I do not say it, but look for the picture. Before I have found it, I am struck by a further meaning of the word; I say: "A second meaning has just occurred to me." And then I explain: "First *this* meaning occurred to me, and afterwards that one." Can the meaning-blind do *that*? – Can't he say he knows the meaning of the word but isn't saying it? Or can't he say that it has just *occurred* to him but that he isn't saying it? – It strikes me that he can say both. But in that case surely also: "As you said the word, *this* meaning occurred to me." And now why not "When I said that word I meant it at first in *this* meaning."?

243. It's as if the word that I understand had a definite slight aroma that corresponds to my understanding of it. As if two familiar words were distinguished for me not merely by their sound or their appearance, but by an atmosphere as well, even when I don't *imagine* anything in connexion with them. – But remember how the names of famous poets and composers seem to have taken up a peculiar meaning into themselves. So that one can say: the names "Beethoven" and "Mozart" don't merely sound different; no, they are also accompanied by a different *character*. But if you had to describe this

Wenn du aber nun diesen Charakter näher beschreiben solltest, – würdest du ihre Bilder zeigen, oder ihre Musik? Und nun wieder der Bedeutungsblinde: Er würde nicht empfinden, daß die Namen sich beim Hören oder Ansehen durch ein unwägbares Etwas unterscheiden. Und was hätte er nun dadurch verloren? – Und doch, wenn er einen Namen hört, kann ihm erst *ein* Träger und später ein anderer einfallen. –

244. Ich sagte, die Worte "jetzt kann ich's!" drücken kein *Erlebnis* aus. Nun, so wenig, wie die: "Jetzt werde ich den Arm heben."—Warum aber drücken sie kein Erlebnis, kein Gefühl, aus? – Wie werden sie denn gebraucht? Beide, z.b., als Einleitung zu einer Handlung. Die Tatsache, daß eine Aussage auf einen Zeitpunkt Bezug nimmt, in welchem aber nichts in der Außenwelt geschieht, was sie meint, wovon sie spricht, zeigt uns nicht, daß sie von einem Erlebnis sprach.

245. Denk an das 'Aufzeigen' der Schüler, wenn sie eine Antwort wissen. Muß einer sich die Antwort im Stillen vorgesagt haben, um mit Sinn aufzeigen zu können? Und *was* muß in ihm dazu vorgegangen sein? – Nichts. Aber es ist wichtig, daß er für gewöhnlich eine Antwort *gebe*, wenn er aufgezeigt hat; und das ist das Kriterium dafür, daß er das Aufzeigen *versteht*. [Vgl. Z 136a.]

246. "Die Worte 'die Rose ist rot' sind sinnlos, wenn das Wort 'ist' die Bedeutung von 'ist gleich' hat." Wir haben die Idee, daß der, wer versuchte, die Worte "die Rose ist rot" mit diesen Bedeutungen der Worte auszusprechen, beim Denken steckenbleiben müßte. (Wie auch, daß man einen Widerspruch nicht denken kann, weil der Gedanke einem sozusagen zerbricht.)
Man möchte sagen: "Du kannst diese Worte nicht so meinen und noch einen Sinn mit dem Ganzen verbinden." [Vgl. PU, S. 175c.]

247. Könnte man sagen, die Bedeutungsblindheit würde sich darin äußern, daß man diesem Menschen nicht mit Erfolg sagen kann: "Du mußt das Wort als ... hören, dann wirst du den Satz richtig sprechen." Das ist die Anweisung, die man einem beim Spielen eines Musikstücks gibt. "Spiel das, als ob es die Antwort wäre" – und man macht etwa eine Gebärde dazu.
Aber wie übersetzt Einer nun diese Gebärde in das Spiel? Wenn er mich versteht, spielt er es nun meinem Wunsch gemäßer.
Aber könntest du so eine Anweisung nicht auch mit Hilfe von "stärker", "schwächer", "schneller", "langsamer", geben? Nein; ich könnte es nicht. Denn wenn er nun auch diesen Ton stärker, jenen

character more closely – would you point to their portraits, or to their music?

And now the meaning-blind man again: He would not feel that the names, when heard or seen, were distinguished by an imponderable Something. And what would he have lost by this? – And yet, when he hears a name, first *one* bearer of it, and then other, may occur to him.—

244. I said, the words "Now I can do it!" don't express an *experience*. Any more than these: "Now I am going to raise my arm."—But why don't they express any experience, any feeling – Well, how are they used? Both, e.g., are preliminary to an action. The fact that a statement makes reference to a point of time, at which time, however, nothing that it means, nothing of which it speaks, happens in the outer world, does not shew us that it spoke of an experience.

245. Think of children putting up their hands in class when they know the answer to a question. Must one of them have said the answer silently to himself, for putting up his hand to make sense? *What* must have gone on in him for this? – Nothing. But it is important that he ordinarily *gives* an answer when he has put up his hand; and that is the criterion for his *understanding* putting up one's hand. [Cf. Z 136a.]

246. "The words 'the rose is red' are senseless if the word 'is' has the meaning of 'is the same as'." We have the idea that if someone tried to pronounce the words "the rose is red" with these meanings for the words, he could not but get stuck in thinking it. (As also, that one cannot think a contradiction, because so to speak the thought collapses for one.)

One would like to say: "You can't mean these words like this and still connect a sense with the whole." [Cf. P.I. p. 175c.]

247. Could one say that a meaning-blind man would reveal himself in this: One can have no success in saying to such a man: "You must hear this word as . . ., then you will say the sentence properly." That is the direction one gives someone in playing a piece of music. "Play this as if it were the answer" – and one perhaps adds a gesture.

But how does anyone translate this gesture into playing? If he understands me, he now plays it more as I want him to.

But could you not give just such a direction but using the words "louder", "softer", "quicker", "slower"? No: I could not. For even if he *does* now play this note louder, that one more softly, I don't even

leiser spielt, so weiß ich's nicht einmal. So kann ich ihm auch sagen "Mach ein verschmitztes Gesicht" und wüßte, wenn er eins gemacht hat, ohne die geometrischen Veränderungen des Gesichts vorher, oder nachher, beschreiben zu können.

248. Wenn man fragt "Ist das Erleben einer Bedeutung analog dem Erleben eines Vorstellungsbildes", so meint man: ist der Unterscheid nicht einfach der eines andern *Inhalts*? Nun, welcher ist der Inhalt des Vorstellungserlebnisses? "Es ist *dieser*" – aber dabei muß ich auf ein Bild, oder eine Beschreibung zeigen. – "Man erlebt hier und dort" (möchte man sagen). "Nur etwas Anderes. Ein anderer Inhalt wird dem Bewußtsein dargeboten – steht vor ihm." Und das ist natürlich ein sehr irreführendes Bild. Denn es ist die Illustration zu einer Redewendung und sie erklärt nichts. Ebenso könnte man, um den chemischen Symbolismus einer Strukturformel zu erklären, Bilder entwerfen, in denen die Elemente als Menschen dargestellt wären, die sich die Hände reichen. (Illustrationen der Alchemisten.) [Vgl. PU, S. 175e.]

249. Wenn jemand sagt, er habe das Vorstellungsbild von einer gold-glänzenden Kugel gehabt, so werden wir das verstehen, aber nicht, wenn er sagt, diese Kugel sei hohl gewesen. Im Traum aber könnte man eine Kugel sehen und *wissen*, sie sei hohl.

250. Die Weisung "Wie aus weiter Ferne" bei Schumann.[1] Muß Jeder eine solche Weisung verstehen? Jeder, z.B., der die Weisung "Nicht zu geschwind" verstünde? Ist nicht die Fähigkeit, die dem Bedeutungsblinden abgehen soll, von dieser Art?

251. Kann man das Verstehen einer Bedeutung festhalten, so wie ein Vorstellungsbild? Wenn mir also plötzlich eine Bedeutung des Worts einfällt, – kann sie mir auch vor der Seele stehen bleiben? [Vgl. PU, S. 176b.]

252. "Der ganze Plan stand mir mit einem Schlage vor der Seele und blieb so eine Minute lang stehen." Da möchte man meinen, daß, was stehen blieb, nicht dasselbe sein könne, wie das, was aufblitzte. (Wie man einen Diphthong nicht dehnen kann.) [Vgl. PU, S. 176c.]

253. Geschah nämlich dies, daß ich sagte "Jetzt hab ich's!" (also das Aufzucken), so kann man freilich nicht davon reden, daß das stehen bleibt.

[1] Schumann: *Davidsbündlertänze. (Herausg.)*

realize it. In the same way I can also tell him "Make a crafty face", and I would know if he had made one, without being able to describe the geometrical alterations of the face beforehand, or afterwards.

248. When one asks "Is experiencing meaning analogous to experiencing a mental image?", one means: isn't the difference simply that of a different *content*? Now, what is the content of the experience of imagining? "It is *this*" – but here I must point to a picture or a description. – "In both of these cases one has an experience" (one would like to say) – "Only it's different. A different content is presented to consciousness – stands before it." And this is of course a very misleading picture. For it is the illustration of a turn of speech and it explains nothing. One might as well try to explain the chemical symbolism of a formula by drawing pictures in which the elements were represented as people who stretch out their hands to one another. (Illustrations of the alchemists.) [Cf. P.I. p. 175e.]

249. If someone says he has had an image of a shining gold ball, we shall understand him; but not if he says that the ball was hollow. But in a dream a man might see a ball and *know* it was hollow.

250. The direction: "Wie aus weiter Ferne"[1] in Schumann. Must everyone understand such a direction? Everyone, for example, who would understand the direction "Not too quick"? Isn't the capacity that is supposed to be absent in the meaning-blind one of this kind?

251. Can one keep hold of the understanding of a meaning, as one can keep hold of a mental image? So if a meaning of the word suddenly strikes me – can it also stand still before my mind? [Cf. P.I. p. 176b.]

252. "The whole plan came before my mind in a flash and stayed still like that for one minute." Here one would like to think that what stayed still can't be the same as what flashed upon one. (As one can't extend a diphthong.) [Cf. P.I. p. 176c.]

253. For if it happened that I said "Now I have it!" (i.e. a sudden start), of course one can't talk about this as staying still.

---

[1] Schumann: *Davidsbündlertänze. Eds.*

254. "Ja, ich weiß das Wort. Es liegt mir auf der Zunge. –" Hier drängt sich einem die Idee von dem Spalt (gap) auf, von dem James spricht, in welchen nur dieses Wort hineinpaßt usw. – Man erlebt irgendwie schon das Wort, obwohl es noch nicht da ist.—Man erlebt ein *wachsendes* Wort. – Und ich könnte natürlich auch sagen, ich erlebte eine wachsende Bedeutung, oder wachsende Erklärung der Bedeutung. – Seltsam ist es nur, daß wir nicht sagen wollen, es sei etwas da gewesen, was dann zu dieser Erklärung herangewachsen ist. Denn wenn du 'aufzeigst', sagst du, du wissest es schon. – Wohl; aber du könntest auch sagen "Jetzt kann ich's sagen" und ob sich das *Können* zu einem Sagen auswächst, das weißt du nicht. Und wie, wenn man nun sagte: "Das Sagen ist dann die Frucht *dieses* Könnens, wenn es aus diesem Können gewachsen ist."

255. Als ich es sagen *wollte*, sagen *konnte*, hab ich es ja nicht *gesagt*.

256. Natürlich ist auch an der Erklärung, die Bedeutung oder ihre Erklärung sei aus einem gewissen Keim erwachsen, etwas nicht in Ordnung. Tatsächlich nehmen wir auch so ein Wachsen nicht wahr; oder doch nur in ganz seltenen Fällen. Und diese Erklärung entspringt eben aus der Tendenz, zu erklären, statt bloß zu beschreiben.

257. Das bloße Beschreiben ist so schwer, weil man glaubt, zum Verständnis der Tatsachen diese ergänzen zu müssen. Es ist, als sähe man eine Leinwand mit verstreuten Farbflecken, und sagte: so wie sie da sind, sind sie unverständlich; sinnvoll werden sie erst, wenn man sie sich zu einer Gestalt ergänzt.—Während ich sagen will: Hier *ist* das Ganze. (Wenn du es ergänzt, verfälscht du es.)

258. Freilich ist mir die *Bedeutung damals* eingefallen! Nicht zu der Zeit, da ich es berichte, noch in der Zwischenzeit.

Das ist es eben, was man so nennt: das ist eben der Gebrauch der Worte "Mir ist die Bedeutung eingefallen" ("in this so called twentieth century").

259. "Die Bedeutung ist doch nicht etwas, was man *erleben* kann!" – Warum nicht? – Die Bedeutung ist kein Sinneseindruck. Aber was sind Sinneseindrücke? So etwas, wie ein Geruch, ein Geschmack, ein Schmerz, ein Klang, etc. etc. Aber was ist 'so etwas wie' alle diese Dinge? Was ist ihnen gemeinsam? Diese Frage ist natürlich nicht dadurch zu beantworten, daß man sich in diese Sinneseindrücke vertieft. Man könnte aber so fragen: "Unter was für Umständen

254. "Yes, I know the word. It's on the tip of my tongue. –" Here the idea forces itself on one, of the gap which James speaks of, which only this word will fit into, and so on. – One is somehow as it were already experiencing the word, although it is not yet there.—One experiences a *growing* word. — And I might of course also say that I experienced a growing meaning, or growing explanation of meaning. – Only it is queer that we don't want to say that there was something there, which then grew up into this explanation. For when you 'put your hand up' you say you already know it. – Very well; but you might also say "Now I can say it", and whether this *ability* grows into a *saying* is something you don't know. And what if it were now said "The saying is the fruit of this ability, if it grew out of this ability"?

255. When I *was going* to say it, *was able* to say it, I had not yet *said* it.

256. Of course there is something wrong too about the explanation that the meaning or its explanation has grown out of a certain germ. In fact we do not perceive such a growth; or at any rate only in very rare cases. And this explanation springs from the tendency to explain instead of merely describing.

257. Mere description is so difficult because one believes that one needs to fill out the facts in order to understand them. It is as if one saw a screen with scattered colour-patches, and said: the way they are here, they are unintelligible; they only make sense when one completes them into a shape.—Whereas I want to say: Here *is* the whole. (If you complete it, you falsify it.)

258. Of course the *meaning* occurred to me *then*! Not at the time when I reported it, nor in the interval.
    This just is what one calls it: This just is the way we use the words "The meaning occurred to me" ("in this so-called twentieth century"[1]).

259. "The meaning is surely not something that one can experience!" – Why not? – The meaning isn't a sense-impression. But what are sense-impressions? Something like a smell, a taste, a pain, a noise etc. But what is 'something like' all these things? What is common to them? This question cannot of course be answered by immersing oneself in these sense-impressions. But one might ask this: "In what

[1] Quoted in English. *Trans.*

würden wir sagen, jemand habe eine Art von Sinneseindrücken, die uns fehlen?" – Wir sagen z.b. von Tieren, sie hätten ein Organ, womit sie das und das wahrnehmen, und so ein Sinnesorgan muß nicht einem der unsern ähnlich sein.

260. Könnte man sich eine Sinneswahrnehmung denken, durch welche wir die Form eines soliden Körpers erfaßten, die *ganze* Form, nicht nur das, was sich von *einem* Standpunkt aus sehen ließe? So ein Mensch würde z.b. im Stande sein, einen Körper in Ton zu modellieren, ohne um ihn herumzugehen, oder zu greifen.

261. Ist es die Vielfältigkeit der möglichen Erklärungen einer Bedeutung, die am Grunde davon ist, daß man eine Bedeutung nicht 'im gleichen Sinne' erlebt, wie ein Gesichtsbild?

262. Was macht meine Vorstellung von ihm zu einer Vorstellung von *ihm?* – Was macht sein Portrait zu *seinem* Portrait? Die Intention des Malers? Und heißt das: sein Seelenzustand? – Und was macht eine Photographie zu *seinem* Bildnis? Die Absicht des Photographen? Und angenommen ein Maler hätte die Absicht den N nach dem Gedächtnis zu zeichnen, aber, geleitet von Kräften im Unbewußten, zeichnet er ein ausgezeichnetes Bildnis des M, – würden wir es nun ein schlechtes Bildnis des N nennen? Und denk dir Leute, die zum Zeichnen von Bildnissen abgerichtet wären, und 'mechanisch' den vor ihnen sitzenden Menschen abzeichnen. (Menschliche Lesemaschinen.)

Und nun, – was macht meine Vorstellung von ihm zu meiner Vorstellung von *ihm?* – Nichts von dem, was für das Portrait gilt, gilt von der Vorstellung. Die *Frage* macht einen Fehler. [Vgl. PU, S. 177.]

263. Wem die Bedeutung einfiel, und wer sie nicht wieder *vergaß*, kann nun das Wort in dieser Weise anwenden.

Wem die Bedeutung einfiel, der *weiß* sie nun, und der Einfall war einfach der Anfang des Wissens. Hier ist keine Analogie mit dem Erleben eines Vorstellungsbildes. [Vgl. PU, S. 176e.]

264. Wie ist es aber, wenn ich zu mir selbst sage, ich möchte *dies* (wobei ich etwa auf eine bestimmte Figur schaue) so und so ('x') nennen? Ich kann mir die hinweisende Definition "Das heißt 'x'" auch laut vorsagen. Aber ich muß sie doch auch selber verstehen! Ich muß also *wissen*, wie, welcher Technik gemäß, ich das Wort "x" zu gebrauchen gedenke. – Fragt man mich etwa "Weißt du auch, *wie* du das Wort gebrauchen wirst?", so werde ich antworten: ja.

circumstances shall we say that someone has a kind of sense-impression that we lack?" – We say for example of beasts, that they have an organ with which they perceive such-and-such, and such a sense-organ need not be similar to ours.

260. Could a kind of sense perception be imagined, through which we grasped the form of a solid body, the *whole* form, not just what can be seen from a certain point of view? Such a person would, e.g., be able to model a body in clay without walking round it or touching it.

261. Is it the multiplicity of the possible explanations of a meaning that lies at the bottom of our not experiencing a meaning 'in the same sense' as a visual image?

262. What makes my image of him into an image of *him*? – What makes this portrait into *his* portrait? The intention of the painter? And does that mean: his state of mind? – And what makes a photograph into a picture of *him*? The intention of the photographer? And suppose a painter had the intention of drawing N from memory, but, guided by forces in his unconscious, draws an excellent picture of M. – Would we now call it a bad picture of N? And imagine people trained in the drawing of likenesses who draw the person sitting in front of them 'mechanically'. (Human reading-machines.)

And now – what makes my image of him into an image of *him*? – Nothing of what holds for a portrait holds for the image. The *question* makes a mistake. [Cf. P.I. p. 177.]

263. If the meaning has struck you, and you have not *forgotten* it again, you can now use the word in this way.

If the meaning has occurred to you, you *know* it now, and its occurring to you was simply the beginning of knowing. Here there is no analogy with the experiencing of a mental image. [Cf. P.I. p. 176e.]

264. How is it, though, that when pointing to a particular figure I tell myself that I should like to call *this* such-and-such ('x')? I may even say the ostensive definition "'x' means this" out loud to myself. But I must surely also understand it myself! So I must *know* how, according to what technique, I think of using the sign "x". – If someone asks me, say, "Do you know *how* you are going to use the word?" I shall answer: yes.

265. Wie aber, wenn die Religion lehrt, die Seele könne bestehen, wenn der Leib zerfallen ist? Verstehe ich, was sie lehrt? Freilich versteh ich's—ich kann mir dabei manches vorstellen. (Man hat ja auch Bilder von diesen Dingen gemalt. Und warum sollte so ein Bild nur die unvollkommene Wiedergabe des ausgesprochenen Gedankens sein? Warum soll es nicht den *gleichen* Dienst tun, wie unsere Sätze? Und auf den Dienst kommt es an.) [Vgl. PU, S. 178e.]

266. Aber bist du kein Pragmatiker? Nein. Denn ich sage nicht, der Satz sei wahr, der nützlich ist.

Der Nutzen, d.h. Gebrauch, gibt dem Satz seinen besondern Sinn, das Sprachspiel gibt ihm ihn.

Und insofern, als eine Regel oft so gegeben wird, daß sie sich nützlich erweist, und mathematische Sätze ihrem Wesen nach mit Regeln verwandt sind, spiegelt sich in mathematischen Wahrheiten Nützlichkeit.

267. Der seelenvolle Gesichtsausdruck. Man muß sich eigens daran erinnern, daß man ein Gesicht mit seelenvollem Ausdruck *malen* kann, um zu glauben, daß es wirklich Farben und Formen sind, die diesen Eindruck machen. Es ist nicht zu glauben, daß es die bloßen *Augen* – Augapfel, Lider, Wimpern, etc. – eines Menschen sind, in deren Anblick man sich verlieren kann, in die man mit Staunen und Entzücken sehen kann. Und doch wirken eben die Augen eines Menschen so. "Woraus du sehen kannst. . . ."

268. *Glaube* ich an eine Seele im Andern, wenn ich mit Staunen und Entzücken in seine Augen schaue?

269. Der Satz "Wenn p, so q", wie z.b. "Wenn er kommt, wird er mir etwas mitbringen", ist nicht der gleiche wie "p ⊃ q". Denn der Satz "Wenn . . ., so . . ." läßt den Konjunktiv zu, der Satz "p ⊃ q" nicht. – Wer Einem auf den Satz "Wenn er kommt, . . ." antwortet "Das ist nicht wahr", der will nicht sagen: "Er kommt, und wird nichts mitbringen", sondern: "Er *mag* kommen und nichts mitbringen".

Aus "p ⊃ q" folgt nicht "Wenn p, so q"; denn ich kann sehr wohl den ersten Satz behaupten (ich weiß z.B., daß ~ p . ~ q der Fall ist) und den zweiten Satz leugnen.

270. Soll ich nun sagen, der Satz "Wenn . . ., so . . ." sei entweder wahr, oder falsch, oder unentschieden? (Das Gesetz vom ausgeschlossenen Dritten gelte also nicht?)

265. How about religion's teaching that the soul can exist when the body has disintegrated? Do I understand what it teaches? Of course I understand it—I can imagine a lot here. (Pictures of these things have been painted too. And why should such a picture be only the incomplete reproduction of the spoken thought? Why should it not perform the *same* service as what we say? And this service is the point.) [Cf. P.I. p. 178.]

266. But you aren't a pragmatist? No. For I am not saying that a proposition is true if it is useful.

The usefulness, i.e. the use, gives the proposition its special sense, the language-game gives it.

And in so far as a rule is often given in such a way that it proves useful, and mathematical propositions are essentially akin to rules, usefulness is reflected in mathematical truths.

267. The expression of soul in a face. One really needs to remember that a face with a soulful expression can be *painted*, in order to believe that it is merely shapes and colours that make this impression. It isn't to be believed, that it is merely the *eyes* – eyeball, lids, eyelashes etc. – of a human being, that one can be lost in the gaze of, into which one can look with astonishment and delight. And yet human eyes just do affect one like this. "From which you may see. . . ."

268. Do I *believe* in a soul in someone else, when I look into his eyes with astonishment and delight?

269. The proposition "if p, then q", as, e.g. "if he comes, he will bring something", is not the same as "p ⊃ q". For the proposition "if p then q" can go into the subjunctive, but the proposition "p ⊃ q" cannot. – If someone replies to the proposition 'If he comes, . . .'' with "that's not true", he doesn't mean to say "He will come and not bring anything" but rather: "He *may* come and not bring anything."

From "p ⊃ q" there does not follow: "if p then q"; for I can very well assert the former (I know, e.g. that ∼p.∼ q is the case) and deny the second proposition.

270. Am I now to say that the proposition "If . . . then . . ." is either true, or false, or undecided? (So the law of excluded middle is not valid?)

271. Man gibt auch auf die Aussage "Wenn er kommt, wird er etwas mitbringen" die Antwort "Nicht unbedingt". – Auch: "Das folgt nicht." – Man kann auch sagen: "Dieser Zusammenhang besteht nicht."—Russell sagte, wenn man behauptet "Wenn . . ., so . . .", so meine man für gewöhnlich nicht die materielle, sondern die formale Implikation; aber auch das ist nicht richtig. "Wenn . . ., so . . ." läßt sich nicht in Ausdrücken der Russellschen Logik wiedergeben.

272. Man kann sehr wohl sagen, der Satz "Wenn . . ., so . . ." sei entweder wahr, oder er sei falsch, oder unentschieden. – Aber bei welcher Gelegenheit wird man das sagen? Ich denke: als Einleitung zu einer weiteren Auseinandersetzung. Man bespricht die Sache unter diesen drei Gesichtspunkten. Ich teile das Feld der Möglichkeiten in drei Teile.

Man wird nun vielleicht sagen: ein *Satz* teile es in *zwei* Teile. Aber warum? Es sei denn, das gehöre zur Definition eines Satzes. Warum soll ich nicht auch etwas einen Satz nennen, was eine Dreiteilung macht?

273. Nimm nun eine Zweiteilung: Ich sage: "Entweder er kommt, oder er kommt nicht. – Kommt er, so . . . Kommt er nicht, so. . . ." *Kann* ich nun diese Betrachtungsart nicht auf den Satz "Wenn . . . und . . . sich treffen, wird es zu einer Explosion kommen" nicht anwenden? Hat Einer z.b. diese Behauptung gemacht, – kann ich nicht erwildern: "Entweder du hast darin recht, oder nicht: Ist es, wie du sagst, dann . . . ist es nicht so, dann . . ."?

274. Das Gesetz vom ausgeschlossenen Dritten sagt nicht, wie seine Form vorspiegelt: Es gibt nur die beiden Möglichkeiten Ja und Nein, und keine Dritte. Sondern: "Ja" und "Nein" teilen das Feld der Möglichkeiten in zwei Teile. – Und das muß natürlich nicht so sein. ("Hast du aufgehört, deine Frau zu schlagen?")

275. 'Der Wunsch ist ein Verhalten des Geistes, der Seele, zu einem Gegenstand.' 'Der Wunsch ist ein Seelenzustand, der sich auf einen Gegenstand bezieht.' Um sich das begreiflicher zu machen, denkt man etwa an die Sehnsucht und daran, daß der Gegenstand unserer Sehnsucht vor unsern Augen ist und wir ihn sehnend betrachten. Steht er nicht vor uns, so vertritt ihn etwa sein Bild, und ist kein Bild da, dann eine Vorstellung. Und der Wunsch ist also ein Verhalten der Seele zu einer Vorstellung. Aber man denkt eigentlich immer an ein Verhalten des Körpers zu einem Gegenstand. Das Verhalten der Seele zur Vorstellung ist ganz das, was man auf einem Bild zur Darstellung bringen könnte: Die Seele des Menschen, wie sie sich mit verlangen-

271. Another answer to the statement "If he comes, he will bring something" is: "Not necessarily." – Also: "That doesn't follow." – One may also say "There isn't that connexion."—Russell said that when one says "If . . . then . . ." one ordinarily means not material but formal implication; but that is not correct either. "If . . . then . . ." can't be reproduced in expressions belonging to Russellian logic.

272. One may, however, very well say that the proposition "If . . . then . . ." is either true, or false, or undecided. – But on what occasion will one say this? I think: as an introduction to a further exposition. One treats the matter under these three headings. I divide the field of possibilities into three parts.

It will perhaps now be said: a *proposition* divides it into *two* parts. But why? Unless that is part of the definition of a proposition. Why shouldn't I also call something a proposition that makes a three-fold division?

273. Now take a twofold division. I say: "Either he comes, or not. If he comes, then . . ., if he doesn't come, then . . ." *May* I not apply this treatment to the proposition "If . . . gets into contact with . . . there will be an explosion"? If someone has asserted this – may I not reply "Either you are right about that or not: if it is as you say, then . . .; if not, then . . ."?

274. The law of excluded middle does not say, as its form suggests: There are only these two possibilities, Yes and No, and no third one. But rather: "Yes" and "No" divide the field of possibilities into two parts. – And that of course need not be so. ("Have you stopped beating your wife?")

275. 'Wish is a stance of the mind, the soul, in relation to an object.' 'Wish is a state of mind that relates to an object.' In order to make this more intelligible, one thinks perhaps of yearning, and of the object of our yearning's being before our eyes and that we look at it longingly. If it is not there in front of us, perhaps its picture goes proxy for it, and if there is no picture there, then an image. And so the wish is a stance of the soul towards an image. But one really always thinks of the stance of the body towards an object. The stance of the soul to the image is just what one might represent in a picture: the man's soul, as

der Gebärde zu dem Bild (dem wirklichen Bild) eines Gegenstands hinneigt.

276. Und man könnte auf diese Weise freilich auch darstellen, wie ein Mensch in seiner Miene dem Wunsch keinerlei Ausdruck gibt, und doch seine Seele nach ihm verlangt.

277. "Der Satz 'Wenn er nur käme!' kann mit unserer Sehnsucht geladen sein." – Womit war er da geladen? Es ist, als ob ihm ein Gewicht von unserm Geiste aufgeladen würde. Ja, alles das möchte ich sagen. Und ist es denn gleichgültig, daß ich das sagen will?

278. Ist es denn gleichgültig, daß ich das sagen will? Ist es nicht wichtig? Ist es nicht wichtig, daß mir die Hoffnung *in der Brust* lebt? Ist das nicht ein Bild irgendeines wichtigen menschlichen Verhaltens? Warum glaubt ein Mensch, ein Gedanke komme ihm in den Kopf? – Oder richtiger: Er *glaubt* es nicht; er erlebt es. Denn er greift sich etwa dabei an den Kopf, schließt die Augen, um im Kopf mit sich allein zu sein. Lehnt den Kopf zurück und macht eine Handbewegung zum Zeichen, daß nichts den Vorgang im Kopfe stören soll. – Nun, sind das nicht wichtige Arten des Verhaltens?

279. Und wenn sich uns das Bild vom Gedanken im Kopf aufdrängen kann, wie dann nicht noch viel mehr das, vom Gedanken in der Seele. [Vgl. PU, S. 178f.]

280. Welches bessere Bild des Glaubens könnte es geben, als der Mensch, der mit dem Ausdruck des Glaubens sagt "Ich glaube ..."?

281. Der Mensch ist das beste Bild der menschlichen Seele. [Vgl. PU, S. 178g.]

282. Es is.· natürlich wichtig, daß man das Verlangen nach einem Apfel leicht bildlich darstellen kann, ohne dem verlangenden Worte in den Mund zu legen, – daß sich aber die Überzeugung, daß etwas so und so sei, nicht so darstellen läßt.
Wichtig, weil es den Unterschied, den Wesensunterschied, zwischen den psychologischen Erscheinungen zeigt, und die Art und Weise, wie er zu beschreiben ist.

283. Warum sagte ich "Wesensunterschied"? Ist es ein Unterschied, wie zwischen Kohlenstoff, Gravitation, Lichtgeschwindigkeit und ultravioletten Strahlen? Welches alles 'Gegenstände' sind, von denen die Naturwissenschaft handelt. –

it leans with gestures of longing towards the picture (an actual picture) of an object.

276. And in this way of course one might also represent someone in whose bearing there is no kind of expression of the wish, but whose soul has this longing.

277. "The sentence 'If only he would come' may be laden with our longing." – What was it laden with there? It is as if a weight were loaded on to it from our spirit. I should indeed like to say all of that. And doesn't it matter, that I want to say that?

278. Doesn't it matter that I want to say that? Isn't it important? Is it not important that for me hope lives in the *breast*? Isn't this a picture of one or another important bit of human behaviour? Why does a human being believe a thought comes into his head? Or, more correctly, he does not *believe* it; he lives it. For he clutches at his head; he shuts his eyes in order to be alone with himself in his head. He tilts his head back and makes a movement as a sign that nothing should disturb the process in the head. – Now are these not important kinds of behaviour?

279. And if the picture of the thought in the head can force itself upon us, why not much more that of thought in the soul? [Cf. P.I. p. 178f.]

280. What better picture of believing could there be, than the human being who, with the expression of belief, says "I believe . . ."?

281. The human being is the best picture of the human soul. [Cf. P.I. p. 178g.]

282. It is, of course, important that a man wanting an apple can easily be represented in a picture of desire without putting words of desire into his mouth – but that the conviction that something is thus and so cannot be so represented.
   Important, because it shews the difference, the essential difference, between psychological phenomena; and the kind of way this difference is to be described.

283. Why did I say "essential difference"? Is it a difference like that between carbon, gravitation, the velocity of light and ultra-violet rays? All of which are 'objects' treated of by natural science. –

284. Denke, wir reden von Erscheinungen beim Sprechen der Menschen. Es könnte uns interessieren: die Geschwindigkeit des Sprechens, der Wechsel der Intonation, die Gebärden, die Länge oder Kürze der Sätze, etc. etc. – Wenn man nun von einem Menschen sagt, er habe ein Seelenleben: er denke, wünsche, fürchte, glaube, zweifle, habe Vorstellungen, sei traurig, lustig etc., – ist das analog dem: er ißt, trinkt, spricht, schreibt, läuft, – oder analog dem: er bewegt sich bald schnell, bald langsam, bald auf ein Ziel zu, bald ohne Ziel, bald stetig, bald ruckweise?

285. Denk an das, was man den Charakter einer Linie nennen kann, und daran, was alles eine Beschreibung ihres Charakters genannt werden muß. Was kann man alles fragen, wenn man sich für den Charakter einer Linie interessiert?

286. Denk dir, wir beobachteten die Bewegung eines Punktes, etwa eines schwarzen Punktes auf einer weißen Papierfläche. Alle möglichen wichtigen Schlüße könnten aus dem Charakter dieser Bewegung gezogen werden. Aber was können wir alles beobachten? – Ob der Punkt sich gleichförmig, oder ungleichförmig bewegt; ob sich seine Geschwindigkeit periodisch ändert; ob sie sich stetig oder sprungweise ändert; ob der Punkt eine geschlossene Linie beschreibt; wie nahe sie einem Kreis kommt; ob der Punkt eine Wellenlinie beschreibt und welches ihre Amplitude und Wellenlänge ist; und unzähliges andere. Und jedes dieser Fakten könnte uns das allein interessierende sein. Es könnte uns z.b. alles an dieser Bewegung gleichgültig sein, außer die Zahl der Ecken der Bahn in einer bestimmten Zeit. Und das heißt, wenn uns nun nicht nur *eine* Eigenschaft dieser Bewegung interessiert, sondern viele, eine jede von ihnen uns einen besondern, von allen andern gänzlich verschiedenen Aufschluß geben kann. Und so ist es mit dem Benehmen der Menschen, mit den verschiedenen Charakteristiken dieses Benehmens, die wir beobachten. [Vgl. PU, S. 179a.]

287. So handelt die Psychologie (*etwa*) vom Benehmen, nicht von den Seelenzuständen des Menschen? Wer einen psychologischen Versuch macht – was wird der berichten? – Was das Subjekt sagt, was es tut, was ihm in der Vergangenheit geschehen ist und wie es darauf reagiert hat. – Und nicht: was das Subjekt denkt, was es sieht, fühlt, glaubt, empfindet?—Wer ein Gemälde beschreibt, beschreibt der die Anordnung der Pinselstriche auf der Leinwand – und *nicht*, was der Betrachter *sieht*?
Aber wie ist es nun damit: Der Beobachter im Experiment wird manchmal sagen: "Das Subjekt sagte "Ich empfinde . . .", und ich

284. Suppose we are talking of the phenomena we get in connection with human speech. We might be interested in: the speed of talk, the change of intonation, the gestures, the length or shortness of sentences etc. etc. – Now when one says of a human being that he has a mental life: he thinks, wishes, fears, believes, doubts, has images, is sad, merry etc., – is that analogous to: he eats, drinks, speaks, writes, runs, – or analogous to: he moves now fast, now slow, now towards a goal, now without any goal, now continuously, now in jerks?

285. Think of what may be called the character of a line, and of all that must be called a description of its character. What a lot of things one may ask, if one is interested in the character of a line!

286. Imagine we were observing the movement of a dot, say a black dot on a white paper surface. Important conclusions of every conceivable kind might be drawn from the character of the movements. But what a host of different things we might observe! – Whether the dot moves uniformly or non-uniformly; whether its velocity alters periodically; whether it alters continuously or in jerks; whether the dot describes a closed line; how close this gets to being a circle; whether the dot describes the line of a wave and what its amplitude and wave length are; and innumerable other things. And any of these might be the one thing that interested us. We might, e.g., be indifferent to everything about this movement except the number of angles of the path in a definite time. And that means that if what interests us is not just a single characteristic, but rather many, then any one of them may yield us special information quite different from all the rest. And that's how it is with the behaviour of human beings, with the various characteristics of this behaviour, which we observe. [Cf. P.I. p. 179a.]

287. So does psychology deal with behaviour (say), not with human states of mind? If someone does a psychological experiment – what will he report? – What the subject says, what he does, what has happened, to him in the past and how he has reacted to it. – And not: what the subject thinks, what he sees, feels, believes, experiences?—If you describe a painting, do you describe the arrangement of paint strokes on the canvas – and *not* what someone looking at it *sees*?

But now how about this: The observer in the experiment will sometimes say: "The subject said 'I feel . . .', and I had the impression

hatte den Eindruck, dies sei wahr." – Oder man sagt: "Das Subjekt schien ermüdet zu sein." Ist das nun eine Aussage über sein Benehmen? Man möchte vielleicht sagen: Freilich, was soll es denn sein?—Man kann auch berichten: "Das Subjekt sagte 'ich bin müde'" – aber für die Auswertung dieser Worte wird es sich darum handeln, ob sie glaubwürdig sind, ob sie einem Andern nachgesprochen wurden, ob sie eine Übersetzung aus dem Französischen waren, etc.

Denke nun daran: Ich erzähle "Er machte einen verstimmten Eindruck". Man fragt mich: "Was war es, daß dir diesen Eindruck gemacht hat?" Ich sage "Ich weiß es nicht." – Kann man nun sagen, ich habe sein Benehmen beschrieben?? Kann man denn nicht sagen, ich hätte sein Gesicht beschrieben, wenn ich sage "Er machte ein trauriges Gesicht"? Auch wenn ich nicht angeben kann, welche räumlichen Veränderungen im Gesicht diesen Eindruck machten?

Man wird vielleicht erwidern: "Hättest du genauer zugesehen, so könntest du die charakteristischen Farben—und Ortsveränderungen beschreiben." Aber wer sagt das, daß ich, oder irgend Einer es könnte? [Vgl. PU, S. 179b.]

288. Noch einmal: Wenn ich berichte "Er war verstimmt", berichte ich ein Benehmen, oder einen Seelenzustand? (Wenn ich sage "Der Himmel sieht drohend aus", rede ich von der Gegenwart, oder der Zukunft?) Beides; aber nicht nebeneinander; sondern in einem Sinne eines, in einem andern das andere. Was aber heißt das? (Ist das nicht Mythologie? Nein.) [Vgl. PU, S. 179c.]

289. Es ist hier ganz wie mit dem Reden über physikalische Gegenstände und Sinneseindrücke. Wir haben hier *zwei* Sprachspiele, und ihre Beziehungen zueinander sind kompliziert. Will man diese Beziehungen in einfacher Weise beschreiben, so geht man fehl. [Vgl. PU, S. 180c.]

290. Denke, ich beschreibe ein psychologisches Experiment: den Apparat, die Fragen des Experimentators, die Antworten und Handlungen des Subjekts. Und dann sage ich: das alles sei eine Szene in dem und dem Theaterstück. Nun hat sich alles geändert. Man wird also sagen: Wenn in einem Buch über Psychologie dieses Experiment in gleicher Weise beschrieben wäre, so würde eben die Beschreibung des Benehmens des Subjekts als Ausdruck des Seelenzustandes verstanden, weil man *voraussetzt*, das Subjekt rede die Wahrheit, halte uns nicht zum Besten, habe die Antworten nicht auswendig gelernt. – Wir machen also eine Voraussetzung? [Vgl. PU, S. 180a.]

that this was true." – Or he says: "The subject seemed tired." Is that a statement about his behaviour? One would perhaps like to say: Of course, what else should it be? – It may also be reported: "The subject said 'I am tired'" – but the cash value of these words will depend on whether they are plausible, whether they were repeating what someone else said, whether they were a translation from French, etc.

Now think of this: I recount: "He made a dejected impression." I am asked: "What was it that made this impression on you?" I say: "I don't know." – Can it now be said that I described his behaviour? Well, can one not say I have described his face if I say "His face changed to sadness"? Even though I cannot say what spatial alterations in the face made this impression?

It will perhaps be replied: "If you had looked closer, you would have been able to describe the characteristic changes of colour and position." But who says that I or anyone could do this? [Cf. P.I. p. 179b.]

288. Once more: When I report "He was put out", am I reporting a behaviour or a state of mind? (When I say "The sky looks threatening", am I talking about the present or the future?) Both. But not side by side; rather one in one sense, the other in another. But what does that mean? (Is this not mythology? No.) [Cf. P.I. p. 179c.]

289. It is here quite as it is with talk of physical objects and sense-impressions. We have *two* language-games, and their mutual relations are complicated. If one tries to describe these relations in a simple fashion, one goes wrong. [Cf. P.I. p. 180c.]

290. Suppose I describe a psychological experiment: the apparatus, the questions of the experimenter, the answers and actions of the subject. And then I say: all that is a scene in such-and-such a play. Now all is altered. So it will be said: If this experiment were described in the same way in a book on psychology, in that case the description of the behaviour of the subject would be understood as expression of the state of mind, because one *presupposes* that the subject is speaking the truth, is not pulling our legs, has not learnt the answers by heart. – So we make an assumption? [Cf. P.I. p. 180a.]

291. Die Krankenschwester sagt dem Arzt "Er stöhnt" – einmal will sie sagen "Er hat starke Schmerzen"; einmal "Er stöhnt – obwohl ihm nichts fehlt"; einmal "Er stöhnt; ob er Schmerzen hat, oder bloß diesen Laut von sich gibt, weiß ich nicht."

Wir machen eine Voraussetzung? – Wir *benützen* die Aussage jedesmal anders.

292. "Freilich berichtet der Psychologe die Worte, das Benehmen des Subjekts, aber doch nur als Zeichen seelischer Vorgänge." – Das ist richtig. Wenn die Worte und das Benehmen, z.B., eingelernt sind, so interessieren sie den Psychologen nicht. Und doch ist der Ausdruck "als Zeichen seelischer Vorgänge" irreführend, weil wir gewöhnt sind, von der Gesichtsfarbe als Zeichen des Fiebers zu reden. Und jede schlechte Analogie wird nun mit einer weiteren schlechten erklärt, sodaß wir aus den Unstimmigkeiten nur endlich durch die Ermüdung erlöst werden.

293. Denk dir, man sagte: jedes uns wohlbekannte Wort habe schon einen Dunstkreis, einen 'Hof' schwach angedeuteter Verwendungen um sich. So, als hätte man auf einem Gemälde die Hauptfiguren umgeben mit zarten, nebelhaften Bildern von Vorgängen, an denen diese Figuren einen Anteil haben. – Nun, machen wir nur Ernst mit dieser Annahme! – Da zeigt es sich, daß sie die *Intention* nicht zu erklären vermag.

Wenn es nämlich so ist, daß die Möglichkeiten der Verwendung eines Ausdrucks uns beim Hören oder Sprechen in Halbtönen vorschweben, – wenn es so ist, so gilt das also für *uns*. Aber wir verständigen uns mit Andern, ohne sie je gefragt zu haben, ob auch sie diese Erlebnisse haben. [Vgl. PU, S. 181a.]

294. Und wie ist es nun mit dem fortwährenden Werden und Vergehen im Bereich unseres Bewußtseins? Nun, wie ist es: ist das eine Erfahrung, oder kann man sich's anders garnicht vorstellen? Hier ist eine Unklarheit.

295. Ich kenne mich in einem Zimmer aus: d.h., ich kann, ohne einen Augenblick nachsinnen zu müssen, die Tür finden, sie öffnen und schließen, jedes Möbelstück gebrauchen, ich muß den Tisch, die Bücher, die Laden nicht suchen und nicht nachdenken, was man mit ihnen machen kann. Daß ich mich auskenne, wird sich in der Freiheit zeigen, mit welcher ich mich im Zimmer bewege. Es wird sich auch in einer Abwesenheit des Staunens und Zweifelns äußern. Was soll ich nun auf die Frage antworten: ob dies mich-in-diesem-Zimmer-auskennen ein Zustand meiner Seele sei?

291. The nurse says to the doctor "He's groaning" – one time she means to say "He is in severe pain"; another "He's groaning – although there's nothing wrong"; another "He's groaning; I don't know whether he is in pain or is merely making this noise."

We form a presupposition? – We *use* the statement differently each time.

292. "Of course the psychologist reports the words, the behaviour, of the subject, but surely only as signs of mental processes." – That is correct. If the words and the behaviour are, for example, learned by heart, they do not interest the psychologist. And yet the expression "as signs of mental processes" is misleading, because we are accustomed to speak of the colour of the face as a sign of fever. And now each bad analogy gets explained by another bad one, so that in the end only weariness releases us from these ineptitudes.

293. Imagine someone saying: any familiar word already has an aura, a 'corona' of faintly indicated uses surrounding it. Much as if the principal figures in a painting were surrounded with faint, misty pictures of proceedings in which these figures play a part. – Now, let's just take this assumption seriously! – Then it comes out that it's inadequate to explain *intention*.

For if it is like this, that the possibilities of employment of an expression come before our minds in half shades as we hear it or say it – if it is like this, then that holds for *us*. But we communicate with others, without ever having asked them whether they have these experiences too. [Cf. P.I. p. 181a.]

294. And what about the continuous coming to be and passing away in the domain of our consciousness? Well, how is it: is that experienced, or can it not be imagined otherwise at all? Here is an unclarity.

295. I know my way about in a room: that is, without needing a moment's reflection, I can find the door, open and shut it, use any piece of furniture, I don't have to look for the table, the books, the chest of drawers or think what can be done with them. That I know my way around will come out in the freedom with which I move about in the room. It will also be manifested in an absence of astonishment or doubt. Now what answer am I to make to the question: whether this knowing-one's-way-around-in-this-room is a state of mind?

296. Ich bin im Stande, auf die Frage "Wozu dient ein Thermometer" *sogleich* und ohne jede Schwierigkeit mit einer langen Reihe von Sätzen zu antworten. Und ebenso kann ich der Aufforderung folgen: "Erkläre die Anwendung des Wortes 'Buch'."

297. Man kann das Sich-auskennen ein Erlebnis nennen, und auch wieder nicht.

298. Die Verwendung gewisser Wörter dem Satzrhythmus zuliebe. Dieser könnte uns *viel* wichtiger sein, als er uns tatsächlich ist.

299. "Was für eine Art von Erlebnis ist . . .?" Man wird nicht fragen "Wie ist es, wenn DU's hast?" – denn darauf könnte der Eine so, der Andere so antworten. Man wird sie nicht nach einer Beschreibung des Erlebnisses fragen, sondern zusehen, wie und bei welchen Gelegenheiten die Menschen das Erlebnis erwähnen, von ihm reden, *ohne* es beschreiben zu wollen.

300. Ich sage das Wort "Baum", dann sag ich ein Unsinnwort. Sie fühlen sich verschieden an. In wiefern? – Mir werden zwei Gegenstände gezeigt: der eine ist ein Buch, der andere ein mir unbekanntes Ding von sonderbarer Form. Ich sage: sie schauen nicht bloß verschieden aus, sondern ich habe auch ein anderes Gefühl bei ihrem Anblick. Das eine Ding 'verstehe' ich, das andere verstehe ich nicht. "Ja, aber es ist nicht nur der Unterschied zwischen Wohlbekanntheit und Fremdheit." Nun, ist nicht auch ein Unterschied zwischen Arten der Wohlbekanntheit und Fremdheit? Ein fremder Mensch tritt in mein Zimmer, aber es ist ein Mensch, das sehe ich sofort. Etwas Vermumtes tritt in mein Zimmer, ich weiß nicht, ist es Mensch oder Tier. Ich sehe einen mir unbekannten Gegenstand auf meinem Tisch, einen gewöhnlichen Feldstein, aber ich habe ihn nie auf meinem Tisch gesehen. Ich sehe einen Stein am Weg; ich bin nicht erstaunt, obgleich ich mich nicht erinnere, gerade ihn schon gesehen zu haben. Ich sehe ein seltsam geformtes Objekt von mir unbekanntem Zweck auf meinem Tisch und bin *nicht* überrascht: es ist schon immer dort gelegen, ich habe nie gewußt, *was* es ist und mich nie dafür interessiert, es ist mir wohlvertraut.

301. "Nun, hast du das Wort 'Baum' nicht verstanden, wie du's gehört hast?—Dann ist eben etwas in dir vorgegangen!" – Und zwar was? – Daß ich's *verstand*. – Die Frage ist nur: Soll ich vom Verstehen sagen, es sei in mir vorgegangen? Dagegen wehrt sich etwas; und das kann nur bedeuten, daß wir durch diesen Ausdruck das Verstehen mit andern Erscheinungen zusammenstellen und einen Unterschied

296. The question "What's a thermometer for?" I am in a position to answer *at once*, without any difficulty, with a long string of sentences. And equally I can meet the request: "Explain the application of the word 'book'."

297. Knowing one's way about can be called an experience, and again, also, not.

298. The employment of certain words for the sake of the rhythm of a sentence. This might be *far* more important to us that it actually is.

299. "What kind of experience is . . .?" One won't ask "What's it like when YOU have it?" – for this might be answered by one person this way, by another that. One won't ask them for a description of the experience, but will rather look to see how and on what occasions people mention the experience, speak of it, *without* trying to describe it.

300. I say the word "tree", then I say a nonsense-word. They feel different. To what extent? – Two objects are shewn me: One is a book, the other a thing unknown to me with a peculiar shape. I say: they not merely look different, but I also have a different feeling on looking at them. The first thing I 'understand', the other I don't understand. "Yes, but it is not only the difference between familiarity and strangeness." Well, is there not also a difference between kinds of familiarity and strangeness? A stranger walks into my room, but it is a human being, so much I see at once. Some swathed thing walks into my room. I don't know if it is man or beast. I see an unfamiliar object on my table, an ordinary pebble, but I never saw it before on my table. I see a stone on the path; I am not astonished, although I do not remember having seen just that stone before. I see on my table a queer-shaped object whose function is unknown to me and am *not* surprised: it was always there, I never knew *what* it was and was never interested to know, it is thoroughly familiar to me.

301. "Didn't you understand the word 'tree' when you heard it?—In that case something did go on in you!" – And what? – I *understood* it. – Only the question is: Am I to say about understanding, that it went on in me? Something goes against this; and that can only mean that by means of this expression we put understanding together with other

verwischen, den wir betonen wollen. Aber welchen Unterschied? – In welchen Fällen weigern wir uns denn *nicht*, zu sagen: es sei etwas beim Hören des Worts in uns vorgegangen?

302. Was müßten wir denn Einem sagen, der uns mitteilte, bei *ihm sei* das Verstehen ein innerer Vorgang?—Was würden wir ihm erwidern, wenn er sagte bei ihm sei Schachspielen-können ein innerer Vorgang? – Etwa, daß nichts, was in ihm vorgeht, uns interessiert, wenn wir wissen wollen, ob er Schach spielen kann. Und wenn er nun darauf antwortet, es interessiere uns eben doch, was in ihm vorgehe, nämlich: ob er Schach spielen könne – so könnten wir ihm nur widersprechen, indem wir ihn an die *Kriterien* erinnerten, die uns seine Fähigkeit beweisen würden.[Vgl. PU, S. 181b.]

303. Um dich in einer Umgebung auszukennen, mußt du nicht nur den richtigen Weg von einer Ortschaft zur andern kennen, sondern auch wissen, wohin du gerietest, wenn du diese falsche Wendung nähmst. Dies zeigt, wie ähnlich unsere Betrachtungen Wanderungen in einer Landschaft sind, zum Zweck des Anlegens einer Karte. Und es ist nicht unmöglich, daß eine solche für die Gebiete, die wir begehen, einmal angelegt werden wird.

304. Angenommen, du hast eine besondere Erfahrung beim Verstehen, wie kannst du wissen, daß es die ist, die wir "verstehen" nennen? – Nun, wie weißt denn du, daß die Erfahrung, die du hast, die ist, die wir "Schmerz" nennen? – Das ist etwas anderes—ich weiß es, weil mein spontanes Benehmen in gewissen Situationen das ist, was man den Ausdruck des Schmerzes nennt.

305. Wenn man das Wort "Schmerz" gebrauchen lernt, so geschieht es nicht dadurch, daß man errät, für welchen der inneren Vorgänge, beim Hinfallen z.B., dies Wort gebraucht wird.
Es könnte ja dann auch das Problem entstehen: *welcher* meiner Empfindungen wegen ich schreie, wenn ich mich verletze.
Und dabei denke ich mir, daß man nach innen zeigt und sich fragt: "Ist es nun *diese* Empfindung, oder *diese*?"

306. "Gleichgültig, ob ich der Empfindung den *richtigen* Namen beigelegt habe, – ich habe ihr eben *einen* Namen beigelegt!" – Aber wie legt man denn etwas, z.B. einer Empfindung, einen Namen bei? Kann man *in sich* einer Empfindung einen Namen beilegen? Was geschieht da; und was ist das Resultat dieser Handlung? ((Vergl.

phenomena and elide a difference which we want to emphasize. But what difference? – Well, in what cases do we *not* resist saying: something went on in us as we heard the word?

302. What would we need to say to someone who told us that in *his* case understanding was an inner process?—What retort should we make to him, if he said that with him being able to play chess was an inner process? – Some such thing as, that we aren't interested in anything that goes on in him when we want to know whether he can play chess. And if he now replies that we *are* interested in what goes on in him after all, namely: in whether he can play chess – then we could contradict him by reminding him of the *criteria* which would prove his capacity to us. [Cf. P.I. p. 181b.]

303. In order to know your way about an environment, you do not merely need to be acquainted with the right path from one district to another; you need also to know where you'd get to if you took this wrong turning. This shews how similar our considerations are to travelling in a landscape with a view to constructing a map. And it is not impossible that such a map will sometimes get constructed for the regions that we are moving in.

304. Suppose you do have a peculiar experience when you understand, how can you know that it is the one we call "understanding"? – Well, how do *you* know, then, that the experience that you have is the one we call "pain"? – That is different – I know that, because my spontaneous behaviour in certain situations is what is called the expression of pain.

305. When one learns to use the word "pain", that does not happen through guessing which of the inner processes connected with falling down etc. this word is used for.

For in that case this problem might arise as well: on account of *which* of my sensations do I cry out when I damage myself?

And here I imagine one's pointing inside and asking himself: "Is it *this* sensation, or *this* one?"

306. It doesn't matter whether I have attached the *right* name to the sensation – I just have attached *a* name to it!" – But now, how does one attach a name to something, e.g. to a sensation? Can one *within oneself* attach a name to a sensation? What happens here; and what is the result of this action? ((Cf. Remark on attaching a name-tag to

Bemerkung über das Anhängen einer Namenstafel.[1])) Wenn man im Geiste eine Tür zuschließt, ist sie dann zugeschlossen? Und welche Konsequenz hat es? Kann dann, im Geiste, niemand herein?

307. "Wie weißt denn du, daß die Erfahrung, die du hast, dasjenige ist, was wir 'Schmerz' nennen?" – Die Erfahrung, die ich habe? Welche? Wie spezifiziere ich sie: für mich, und (für) einen Andern?

308. Denke, wir könnten lernen, was man eine Empfindung, etwa einen 'Schmerz', nennt, und dann lehrte man uns, diese Empfindung *auszudrücken*. Was für eine Verbindung müßte diese Tätigkeit mit der Empfindung haben, um ihr 'Ausdruck' heißen zu können?!

309. Denke, Einer wüßte, erriete, daß ein Kind Empfindungen hätte, aber keinerlei Ausdruck für sie. Und nun wollte er das Kind lehren, die Empfindungen auszudrücken. Wie muß er eine Handlung mit einer Empfindung verbinden, damit sie ihr Ausdruck wird?

310. Kann er das Kind lehren: "Siehst du, so drückt man etwas aus – *das* ist z.B. ein Ausdruck von *dem* – und nun drück deinen Schmerz aus!"

311. "Verstehen" wird eben nicht so gebraucht, wie ein Empfindungswort.

312. Das verwirrende Bild ist dies: daß wir eine Substanz beobachten, – ihre Veränderungen, Zustände, Bewegungen; gleich Einem, der die Veränderungen und Bewegungen in einem Schmelzofen beobachtet. Während wir das Verhalten und Benehmen der Menschen beobachten und vergleichen.

313. Das primitive Schmerzbenehmen ist ein Empfindungsbenehmen; es wird ersetzt durch einen sprachlichen Ausdruck. "Das Wort 'Schmerz' bezeichnet eine Empfindung" heißt so viel wie: "'Ich habe Schmerzen' ist eine Empfindungsäußerung."

314. Formen des Benehmens können unvergleichbar sein. Und das Wort "Benehmen", wie ich es gebrauche, ist überhaupt irreführend, denn es schließt in seiner Bedeutung auch die äußern Umstände – des Benehmens im engern Sinne – ein.

[1] S. *Philosophische Untersuchungen* I, §§15 und 26. (*Herausg.*)

something.[1])) if one shuts a door in one's mind, is it then shut? And what are the consequences? That, in one's mind, now no one can get in?

307. "How do *you* know, then, that the experience which you have is the one that we call 'pain'?" The experience that I have? Which experience? How do I specify it: for myself, and for another?

308. Suppose we could learn what it is that people call a sensation, say a 'pain', and then someone taught us to *express* this sensation. What kind of connexion with the sensation would this activity need to have, for us to be able to call it the 'expression' of that sensation?

309. Suppose someone knew, guessed, that a child had sensations but no expression of any kind for them. And now he wanted to teach the child to express the sensations. How must he connect an action with a sensation, so that it becomes the expression of the sensation?

310. Can he teach the child: "Look, this is how one expresses something – *this*, for example, is an expression of *this* – and now you express your pain!"

311. "Understand" just is not used like a word for a sensation.

312. The confusing picture is this: that we observe a substance – its changes, states, motions; like someone observing the changes and motions in a blast furnace. Whereas we observe and compare the attitudes and behaviour of human beings.

313. Primitive pain-behaviour is a sensation-behaviour; it gets replaced by a linguistic expression. "The word 'pain' is the name of a sensation" is equivalent to "'I've got a pain' is an expression of sensation".

314. Forms of behaviour may be incommensurable. And the word "behaviour", as I am using it, is altogether misleading, for it includes in its meaning the external circumstances – of the behaviour in a narrower sense.

[1] *Philosophical Investigations* I, 15 and 26. (*Eds.*)

Kann ich denn von einem Benehmen des Zorns, z.B., und von einem andern der Hoffnung reden? (Es ist leicht, sich einen Orang Utan zornig vorzustellen – aber hoffend? Und warum ist es so?) [Vgl. PU, S. 174a.]

315.

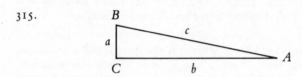

Wenn mir jemand sagt "Ich sehe jetzt *diesen* Punkt als Spitze des Dreiecks", so verstehe ich ihn. Aber was mache ich mit diesem Verständnis? Nun, ich kann ihm, z.B., sagen: "Kommt dir das Dreieck jetzt vor, als wäre es umgefallen, als stünde es normalerweise auf der Grundlinie a? Oder erscheint es dir jetzt als Berg mit B als Spitze? Oder als Keil? Oder als 'schiefe Ebene'? Oder als Kegel?

Du kannst nun fragen "Worin *besteht* es: die Figur *so* sehen?" – und sozusagen Hypothesen über das machen, was dabei vorgeht. Z.B., Augenbewegungen, oder Vorstellungen, mit denen man das Gesehene supplementiert – man stellt sich etwa einen Körper vor, der auf der schiefen Ebene heruntergleitet – etc. Alles das *kann* geschehen, muß aber nicht geschehen; und wenn mir jemand mitteilt, er sehe das Dreieck als Keil, z.B., so sagt er mir *nicht*, wie sich seine Augen bewegt haben, etc. – Nein; nicht, *was da geschieht*, ist die Frage, sondern: wie man jene Aussage verwenden kann. Wozu mir z.B. das Verstehen der Mitteilung verhilft.

Eine Anwendung wäre die: Man kann Einem sagen "Schau das Dreieck als Keil an; dann wirst du dich über ... nicht mehr wundern." Und er sagt darauf vielleicht: "Ja, *so* kommt es mir natürlicher vor." – Ich habe ihn also durch meine Erklärung beruhigt; oder ihm dazu verholfen, daß er nun eine Aufgabe schneller lösen kann.

316. Die Ähnlichkeit eines Gesichts mit einem andern sehen, die Analogie einer mathematischen Form mit einer andern, eine menschliche Gestalt in den Linien eines Vexierbildes, eine Raumform in einer schematischen Zeichnung, "pas" in "ne ... pas" in der Bedeutung von "Schritt" hören oder aussprechen—alle diese Erscheinungen sind irgendwie ähnlich, aber doch auch wieder sehr verschieden. (Eine Gesichtswahrnehmung, eine Gehörswahrnehmung, eine Geruchswahrnehmung, eine Bewegungswahrnehmung.)

Can I then speak of one behaviour of anger, for example, and of another of hope? (It is easy to imagine an orang-utan angry – but hopeful? And why is it like this?) [Cf. P.I. p. 174a.]

315.

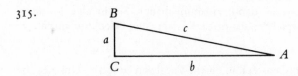

If someone tells me: "Now I am seeing *this* point as the apex of the triangle" I understand him. But what do I do with this under-standing? Well, I can, e.g., say to him "Does the triangle strike you now as if it had fallen over, as if it normally stood on the base line *a*? Or does it now appear to you as a mountain with *B* as its peak? Or as a wedge? Or as an 'inclined plane'? Or as a cone?"

You may now ask "What does it *consist* in: to see the figure like *this*?" – and you may, so to speak, form hypotheses about what goes on here. E.g., eye movements, or images, with which one supplements the seen – one imagines a body, say, that slides down the inclined plane – etc. All this *may* happen but need not; and when someone tells me he sees the triangle as a wedge etc. he is *not* telling me how his eyes have been moving etc. – No, the question is not *what happens here*, it is: how one may use that statement. E.g. what my understanding of the information does for me.

One application would be this: One may tell someone: "Look at the triangle as a wedge, and then you won't wonder at . . . any more." And at this perhaps he says "Yes, like that it strikes me as more natural". – So I have removed some disquiet with my explanation; or helped him to do an exercise more quickly.

316. Seeing the resemblance of one face to another, the analogy of one mathematical form with another, a human form in the lines of a puzzle picture, a three-dimensional shape in a schematic drawing, hearing or pronouncing "pas" in "ne . . . pas" with the meaning "step" – all these phenomena are somehow similar, and yet again very different. (A visual perception, an auditory perception, an olfactory perception, a perception of movement.)

317. In allen jenen Fällen kann man sagen, man erlebe einen *Vergleich*. Denn der Ausdruck des Erlebnisses ist, daß wir zu einem Vergleich geneigt sind. Zu einer Paraphrase.

Es ist ein Erlebnis, dessen Ausdruck ein Vergleich ist. Aber warum ein 'Erlebnis'? Nun, unser Ausdruck *ist* ein Erlebnisausdruck. – Weil wir sagen "ich sehe es als...", "ich höre es als..."? Nein; obwohl diese Ausdrucksweise damit zusammenhängt. Sie ist aber *berechtigt*, weil das Sprachspiel den Ausdruck zu dem eines Erlebnisses macht.

318. Ein Erlebnis, das sich in einem Vergleich äußert. – Um z.B. "je ne sais pas" auf die bewußte Art zu hören, muß Einer andere Ausdrücke, wie "not a thing", kennen.

Der Ausdruck des Erlebnisses durch den Vergleich ist eben *der* Ausdruck, der unmittelbare Ausdruck. Ja, das Phänomen, das wir beobachten und das uns interessiert.

319. Wenn nun Einer "pas" nicht so hören, erleben, könnte, wenn er nicht verstünde, was wir meinen, wenn wir von einem 'so-hören' reden, – würde der uns auch nicht verstehen, wenn wir ihm erklären, daß "pas" auch in der Verneinung so viel wie "Schritt" geheißen habe, und wenn wir sagen, es sei analog dem Wort "bißchen", "bit", "thing" etc.? Aber was sieht der ein, der einsieht, der Gebrauch des Wortes... sei dem des Wortes... *analog*?

320. Nun, wozu zeige ich Einem so eine Analogie? Was erwarte ich mir davon? Welche Wirkung hat es? – Es scheint doch eine Erklärung zu sein. Es *ist eine* Art der Erklärung. Man sagt ja auch: "Ja, jetzt versteh ich den Gebrauch dieses Wortes." Man sagt aber auch: "Ich weiß, was du meinst, aber ich kann es nicht so *hören*."

321. "So, wie wir auch heute noch..., so haben diese Leute..."

Wir können *diesen* Gebrauch im Lichte *jenes* betrachten. Dies kann, z.B., als heuristisches Prinzip dienen.

322. Jedes Wort – möchte man sagen – kann zwar in verschiedenen Zusammenhängen verschiedenen Charakter haben, aber es hat doch immer *einen* Charakter – ein Gesicht. Es schaut uns doch an.—Man könnte sich ja wirklich denken, jedes Wort sei ein kleines Gesicht, das Schriftzeichen könnte ein Gesicht sein. Und man könnte sich auch denken, daß der ganze Satz eine Art Gruppenbild wäre, so daß der Blick der Gesichter eine Beziehung zwischen ihnen hervorbrächte und das Ganze also eine *sinnvolle* Gruppe gäbe. – Aber worin besteht die Erfahrung, daß eine Gruppe sinnvoll ist? Und wäre es zum

317. In all these cases one may be said to experience a *comparison*. For the expression of the experience is that we are inclined towards a comparison. Inclined to make a paraphrase.

It is an experience whose expression is a comparison. But why an 'experience'? Well, our expression *is* an experience-expression. – Because we say "I see it as . . .", "I hear it as . . ."? No; though this form of expression hangs together with that. But it is *justified*, because the language-game makes the expression into expression of an experience.

318. An experience that is manifested in a comparison. – In order, e.g., to hear "Je ne sais pas" in that conscious way one has to be acquainted with other expressions like "not a thing".

The expression of the experience by means of the comparison precisely is *the* expression of it, the immediate expression. It is the very phenomenon that we observe and that interests us.

319. If now someone couldn't hear "pas" like this, couldn't experience it; if he didn't understand what we mean by speaking of 'hearing as' – would he also fail to understand us when we explain that even in the negation "pas" did once mean the same as "step", and if we said it was analogous to the word "bit", "thing", bißchen" etc? But what is the insight into, by which someone perceives that the use of the word . . . is *analogous* to that of the word . . .?

320. Well, what do I shew someone such an analogy for? What do I expect from doing so? What effect has it? – It surely has the appearance of an explanation. It *is one* kind of explanation. For one does say: "Yes, now I understand the use of this word." But one also says: "I know what you mean, but I can't *hear* it as that."

321. "Just as we still . . . at the present day, so these people. . . ."

We are able to look at *this* custom in the light of *that* one. This may serve, e.g. as a heuristic principle.

322. While any word – one would like to say – may have a different character in different contexts, all the same there is *one* character – a face – that it always has. It looks at us.——For one might actually think that each word was a little face; the written sign might be a face. And one might also imagine that the whole proposition was a kind of group-picture, so that the gaze of the faces all together produced a relationship among them and so the whole made a *significant group*. But what constitutes the experience of a group's being significant?

Verwenden des Satzes notwendig, daß man ihn so als sinnvoll empfindet? [PU, S. 181d.]

323. Ist es denn auch gewiß, daß ein Jeder, der unsere Sprache versteht, geneigt wäre, zu sagen, jedes Wort habe ein *Gesicht*? Und – das Wichtigste – zu welcher allgemeinen Tendenz in uns gehört diese Neigung?

324. Erstens ist klar, daß die Tendenz, das Wort als etwas intimes, seelenvolles, zu betrachten, nicht immer da ist, oder im gleichen Maße da ist. Das Gegenteil des seelenvollen aber ist das maschinenhafte. Wer einen Robot darstellen will, – wie weicht sein Benehmen von unserm gewöhnlichen ab? Dadurch, z.B., daß unsere gewöhnlichen Bewegungen sich nicht, auch nur annähernd, mittels geometrischer Begriffe beschreiben lassen.

325. Würde man z.B. von Sätzen im Telegrammstil auch den Eindruck des Gruppenbildes erhalten?

326. Der Gefangene hat eine Nummer als Namen. Von ihr würde niemand sagen, was Goethe von Personennamen sagt.

327. Man hat die Idee, es sei der Sinn des Satzes, zusammengesetzt aus den Bedeutungen seiner Wörter. (Gruppenbild.) Wie ist z.B. der Sinn "Ich habe ihn noch immer nicht gesehen" aus den Bedeutungen der Wörter zusammengesetzt?

328. Auch das Wort "habe" hat ein Gesicht; denn das Wort "die Habe" hat jedenfalls ein *anderes* Gesicht. Es fühlt sich anders an; also mußte sich "habe" auch irgendwie anfühlen. – Aber *muß* sich "Habe" anders 'anfühlen' als "habe"? Wie, wenn jemand mich versicherte, ihm fühlten sich *diese* beiden Wörter ganz gleich an? Er sagt z.B.: Ja, das Bindewort und das Zeitwort "sondern", die fühlen sich verschieden an; aber nicht "Habe" und "habe". Dürften wir ihm das nicht glauben?

Was wie eine ganz selbstverständliche Äußerung erschien, die an das Verstehen der Worte gebunden ist, (das) erscheint hier im Licht eines rein persönlichen Gefühlsausdrucks. Nicht anders, als sagte Einer, die Vokale a und e haben für ihn dieselbe Farbe. Kann ich dem nun sagen: "Du spielst unser Spiel nicht"?

329. Wird hier von dem Feinfühligen angenommen, er fühle in allen Zusammenhängen die beiden Wörter "sondern" verschieden? Nein. Nur wenn man sie, experimentell, ausspricht, erwartet man das.

And would it be necessary, if one is to use the proposition, that one feel it as significant in this way? [Cf. P.I. p. 181d.]

323. For is it even certain that anyone who understands our language would be inclined to say that each word has a *face*? And – the most important thing – what general tendency in us is this inclination part of?

324. First of all it is clear that the tendency to regard the word as something intimate, full of soul, is not always there, or not always in the same measure. But the opposite of being full of soul is being mechanical. If you want to act like a robot – how does your behaviour deviate from our ordinary behaviour? By the fact that our ordinary movements cannot even approximately be described by means of geometrical concepts.

325. Would one also get an impression of a group-picture from sentences written in telegraphic style?

326. A convict has a number for a name. No one would say of it what Goethe says about people's names.

327. One has the idea that the sense of a sentence is composed of the meanings of its individual words. (The group-picture.) How is, e.g. the sense "I still haven't seen him yet", composed of the meanings of the words?

328. Even the word "state" has a face, for at any rate "the State" has a *different* face. It feels different; and so "state" would also have to feel somehow or other!: – But *must* "state" feel different from "State"? Suppose someone were to assure me that to him *these* two words felt just the same? He says, e.g. I feel the connective and the verb "still" differently all right, but not "State" and "state". Would we have the right to disbelieve him?
   What looked like a quite matter-of-course expression, which is tied up with the understanding of the words, appears here in the light of a purely personal expression of feeling. No different from someone's saying that for him the vowels a and e are the same colour. Can I now say to this man: "You aren't playing our game"?

329. If you have fine perceptions, will you assume that you feel the two words "still" differently in all contexts? No. One expects that only when one pronounces them experimentally.

330. Denk dir Menschen, die mit 'äußerst komplizierten' Zahlzeichen rechnen. Diese stellen sich aber dar als Figuren, welche entstehen, wenn man unsere Zahlzeichen aufeinander schreibt. Sie schreiben z.b. π bis zur fünften Stelle so:

Wer ihnen zusähe, fände es schwer, zu erraten, was sie tun. Und sie könnten es vielleicht selbst nicht erklären. Es kann ja dieses Zahlzeichen, in etwas anderer Schrift geschrieben, seine Erscheinung (für uns) zur Unkenntlichkeit ändern. Und was die Leute täten, erschiene uns rein intuitiv. [Vgl. Z 699.]

331. Ich sage also: man schätzt das psychologische Interesse der Wenn-Empfindung falsch ein, wenn man sie als selbstverständliches Korrelat der Bedeutung des Wortes ansieht; sie muß viel mehr in einem anderen Zusammenhang gesehen werden, im Zusammenhang der speziellen Umstände, unter welchen sie auftritt. [Vgl. PU, S. 182c.]

332. Sag: "Es ist schwer, die beiden Dinge zu sondern" und sprich das letzte Wort mit dem Gefühl des Bindeworts aus! Üb dich etwa darin im gewöhnlichen Sprechen, ein Wort mit doppelter Bedeutung mit dem unpassenden Gefühl auszusprechen! (Wenn es nicht mit einem unpassenden Ausdruck der Stimme verbunden ist, so schadet es der Verständigung nicht.)

333. Jetzt sag dir: das Bindewort "sondern" sei eigentlich dasselbe wie das Zeitwort (so wie weg = Weg und trotz = Trotz) und sprich den Satz "Es ist nicht besser, sondern schlechter geworden" mit "sondern" in der Bedeutung des Zeitworts aus!

334. Bist du auch sicher, daß es *ein* Wenn-Gefühl gibt? Nicht vielleicht mehrere? Hast du versucht, das Wort in sehr verschiedenen Zusammenhängen auszusprechen? (Wenn es z.b. den Hauptton des Satzes trägt, und wenn ihn das nächste Wort trägt.) [Vgl. PU, S. 181e.]

335. Hat Einer die Wenn-Empfindung je, wenn er das Wort "wenn" nicht ausspricht? Es wäre doch jedenfalls merkwürdig, wenn nur *diese* Ursache die Empfindung hervorrufen sollte. Hat sich James einmal gefragt, ob, und wo, man sie sonst noch hat? – Und so ist es überhaupt mit der 'Atmosphäre' eines Worts: – warum sieht man es

330. Imagine human beings who calculate with 'extremely complicated' numerals. These, however, get represented as figures that arise
when one writes our numerals one on top of the other. They write π,
for example, up to the fifth decimal place like this:

Anyone who watched them would find it difficult to guess what they
were up to. And they might themselves not be able to explain. For
this numerical sign may alter its appearance (for us) up to the point of
unrecognizability when it is written in a somewhat different script.
And what the people were doing would appear to us as purely
intuitive. [Cf. Z. 699.]

331. Thus I am saying: one makes a false estimate of the psychological
interest of the if-feeling if one looks at it as the matter-of-course
correlate of the meaning of the word; it must rather be seen in a
different context, in the context of the special circumstances under
which it occurs. [Cf. P.I. p. 182c.]

332. Say "It is hard to still one's fears" and pronounce the fifth word
with the feeling of a connective! In the course of ordinary
conversation, practise pronouncing a word which has two meanings
with the inappropriate feeling. (If it is not connected with a wrong
tone of voice, it doesn't impede communication.)

333. Now say to yourself: the connective "still" is really the same as
the verb "still" just as "away" = "a-way" and "despite" (noun) =
"despite" (preposition) and pronounce the sentence "Bad as things
are, still they might be worse", with "still" in the meaning of the
verb!

334. Are you even sure that there is a *single* if-feeling? and not perhaps
several? Have you tried to pronounce the word in very different
contexts? (When, e.g., it bears the main emphasis of the sentence, and
when the word next to it does.) [Cf. P.I. p. 181e.]

335. Does anyone ever have the if-feeling when he is not pronouncing the word "if"? It would surely be at any rate remarkable, if only
this cause was supposed to call up the sensation. Did James ever ask
himself whether, and where, one has it otherwise? — And that's how it
is with the 'atmosphere' of a word: — why does one regard it as so

als so selbstverständlich an, daß nur *dies* Wort diese Atmosphäre hat? [Vgl. PU, S. 182d.]

336. Der Namenszug Goethes mutet mich goetheisch an. Insofern ist er wie ein Gesicht, denn vom Gesicht Goethes könnte ich dasselbe sagen.
Es ist wie eine *Spiegelung*. Gehört dieses Phänomen zu *dem*: "ich war schon einmal in derselben Situation"?
Oder '*identifiziere*' ich die Unterschrift mit der Person, indem ich, z.b., die Unterschrift des geliebten Menschen anzuschauen liebe, oder die Unterschrift des Bewunderten eingerahmt auf meinen Schreibtisch stelle? (Magie, die mit Bildern, Haaren, etc. getrieben wird.)

337. Die vom Ding *untrennbare* Atmosphäre, – sie ist also keine Atmosphäre.
Was mit einander innig assoziiert ist, assoziiert *wurde*, das scheint zusammenzupassen. Aber wie scheint es das? wie äußert sich's, daß es zu passen scheint? Etwa so: Wir können uns nicht denken daß der Mann, der so geheißen, so ausgeschaut, sich so unterschrieben hat, nicht *diese* Werke, sondern etwa ganz andere (die eines andern großen Mannes) hervorgebracht hat?
Wir können uns das nicht denken? Versuchen wir's denn? – [Vgl. PU, S. 183c.]

338. Es könnte *so* sein: Denk dir, ein Maler wollte ein Bild entwerfen: "Beethoven beim Schreiben der neunten Symphonie". Ich könnte mir leicht vorstellen, was etwa auf so einem Bild zu sehen wäre. Aber wie, wenn Einer darstellen wollte, wie Goethe ausgesehen hätte beim Schreiben der neunten Symphonie? Da wüßte ich mir nichts vorzustellen, was nicht höchst unpassend und lächerlich wäre. [Vgl. PU, S. 183d.]

339. Schau ein altbekanntes Möbelstück, am alten Platz, in deinem Zimmer an! "Es ist ein Teil eines Organismus" möchtest du sagen. Oder: "Nimm es heraus, und es ist garnicht mehr das, was es war" und dergleichen. Und natürlich denkt man da an keine *Kausale* Abhängigkeit eines der Teile von den ubrigen. Eher ist es *so*: ich könnte diesem Ding einen Namen geben und von ihm etwa aussagen, daß es von seiner Stelle gerückt ist, einen Fleck hat, staubig ist, etc., wollte ich es aber *ganz* aus seinen jetzigen Zusammenhang nehmen, so würde ich sagen, es habe aufgehört zu existieren, und ein Anderes sei an seine Stelle getreten.
Ja, man könnte auch so fühlen: "Es gehört alles zu allem." (Interne und externe Relation.) Verrücke ein Stück und es ist nicht mehr, was es war. Dieser Tisch ist dieser Tisch nur in dieser Umgebung. Alles gehört zu allem. Hier haben wir die untrennbare Atmosphäre. Und

much a matter of course that only *this* word has *this* atmosphere? [Cf. P.I. p. 182d.]

336. Goethe's signature intimates something Goethian to me. To that extent it is like a face, for I might say the same of his face.

It is like a *mirroring*. Does this phenomenon belong with this other one: "I have been in this situation before"?

Or do I *identify* the signature with the person in that, e.g. I love to look at the signature of a beloved human being, or I frame the signature of someone I admire and put it on my desk? (Magic that is done with pictures, hair etc.)

337. The atmosphere is *inseparable* from the thing. – So it is not an atmosphere.

What are inwardly associated *got* associated, they seem to fit one another. But how do they seem to do that? What is the expression of their seeming to fit? Is it like this: we can't imagine that the man who was called this, looked like this, had this signature, produced, not *these* works, but maybe quite different ones (those of another great man)?

We can't imagine that? Do we try? [Cf. P.I. p. 183c.]

338. It might be like *this*: Imagine a painter wanting to sketch a picture "Beethoven writing the ninth symphony". I could easily imagine what one might see in such a picture. But suppose someone wanted to depict how Goethe would have looked writing the ninth symphony? Here I should not know how to imagine anything that would not be extremely incongruous and ridiculous. [Cf. P.I. p. 183d.]

339. Look at a long familiar piece of furniture in its old place in your room. You would like to say: "It is part of an organism." Or "Take it outside, and it's no longer at all the same as it was", and similar things. And naturally one isn't thinking of any *causal* dependence of one part on the rest. Rather it's like *this*: I could give this thing a name and say that it is shifted from its place, has a stain, is dusty; but if I tried taking it *quite* out of its present context, I should say that it had ceased to exist and another had got into its place.

One might even feel like this: "Everything is part and parcel of everything else" (internal and external relations). Displace a piece and it is no longer what it was. Only in this surrounding is this table this table. Everything is part of everything. Here we have the inseparable atmosphere. And what is anyone saying, who says this? What sort of method of representation is he proposing? – Isn't it that

was sagt, der das sagt? Was für eine Darstellungsweise schlägt er vor? – Ist es nicht die des gemalten Bildes? – Wenn z.B. der Tisch sich verschoben hat, malst du ein neues Bild vom Tisch *mit* seiner Umgebung.

340. "Ein ganz bestimmter Ausdruck" – dazu gehört auch, daß, wenn man das Kleinste an dem Gesicht ändert, sich sogleich der Ausdruck ändert.

341. Sein Name scheint auf seine Werke zu passen. – *Wie scheint* er zu passen? Nun, ich äußere mich etwa so, – aber ist das alles? – Es ist, als bildete der Name mit diesen Werken ein solides Ganzes. Sehen wir ihn, so kommen uns die Werke in den Sinn, und denken wir an die Werke, so der Name. Wir sprechen den Namen mit Ehrfurcht aus. Der Name wird zu einer Geste; zu einer architektonischen Form.

342. Wer das nicht verstünde, den würden wir etwa als 'prosaisch' bezeichnen wollen. Und ist *das*, was der 'Bedeutungsblinde' wäre?

343. Jede andere Zusammenstellung würde uns unrichtig erscheinen. Durch unsere Gewohnheit werden diese Formen zu einem Paradigma; sie erhalten sozusagen Gesetzeskraft ('die Macht der Gewohnheit'?).

344. Wer die Worte "das Zeichen als Pfeil *sehen*" nicht verstehen und gebrauchen lernen kann, den nenne ich "bedeutungsblind".
  Es wird keinen Sinn haben, ihm zu sagen "Du mußt versuchen, es als Pfeil zu *sehen*" und man wird ihm *so* nicht helfen können.

345. Wie ist es aber mit *so* einem Ausdruck: "Als du es sagtest, verstand ich es in meinem Herzen"? Dabei deutet man auch auf's Herz. Und *meint* man diese Gebärde etwa nicht?! Freilich meint man sie. Oder ist man sich bewußt, *nur* ein Bild zu gebrauchen? Gewiß nicht! [Vgl. PU, S. 178h.]

346. Wenn das Kind sprechen lernt, wann entwickelt es da das 'Bedeutungsgefühl'? Interessieren sich die Leute dafür, wenn sie es sprechen lehren, seine Fortschritte im Sprechen beobachten?

347. Man kann auch, wenn man ein Tier beobachtet, z.B. einen Affen, der einen Gegenstand untersucht und zerpflückt, sagen: "Man sieht, es geht etwas in ihm vor." Wie merkwürdig ist das! Aber nicht merkwürdiger, als daß wir sagen: die Liebe, die Überzeugung sei in unserm Herzen!

of the painted picture? If, for example, the table has moved, you paint a new picture of the table *with* its surrounding.

340. "A quite particular expression" – it is part of this that if one makes the slightest alteration in the face, the expression changes at once.

341. His name seems to fit his works. – *How* does it *seem* to fit? Well, I express myself in some such way. – But is that *all*? – It is as if the name together with these works, formed a solid whole. If we see the name, the works come to mind, and if we think of the works, so does the name. We utter the name with reverence.

The name turns into a gesture; into an architectonic form.

342. If anyone didn't understand this, we should want to designate him as, say, 'prosaic'. And is that what the 'meaning-blind' would be?

343. Any other arrangement would strike us as incorrect. Through custom these forms become a paradigm; they acquire so to speak the force of law. ('The power of custom'?)

344. Anyone who cannot understand and learn to use the words "to *see* the sign as an arrow" – that's whom I call "meaning-blind".

It will make no sense to tell him "You must try to *see* it as an arrow" and one won't be able to help him in *that* way.

345. But what about such an expression as *this*: "As you said it, in my heart I understood it"? At the same time one points to one's heart. And doesn't one *mean* this gesture?! Of course one means it. Or is one conscious of only using a picture? Certainly not! [Cf. P.I. p. 178h.]

346. When the child learns to talk, when does it develop the "feeling of meaning"? Are people interested in this, when they teach it to talk and observe its progress in talking?

347. Again, observing an animal, e.g. an ape that investigates an object and tears it to pieces, one may say: "You see that something is going on in him." How remarkable that is! But not more remarkable than that we say: love, conviction, are in our hearts!

348. Wann und womit fängt es also an, daß der Mensch Bedeutungsgefühle äußert? In welchen Spielen wird es sich zeigen?

349. Ist nicht die Neigung, einen *Bedeutungskörper* zu denken ähnlich der, einen Ort des Denkens zu denken? – *Müßte* jeder Mensch die Neigung haben, zu sagen, er denke im Kopf? – Es wird ihm dieser Ausdruck als Kind beigebracht. ("Kopfrechnen".) Aber daraus entwickelt sich jedenfalls die *Neigung* (oder aus ihr entstand der Ausdruck). Jedenfalls – die neigung ist dann vorhanden. Und so auch die, von einem Bedeutungskörper zu reden (oder dergl.), *wie immer* sie entstanden ist.

350. Reden wir nun auch von einem '*Gefühl*' des Denkens im Kopf? Wäre dies nicht ähnlich, wie das 'Bedeutungsgefühl'? Auch: Kann der nicht denken, der dies Gefühl nicht hätte? Ja; wer philosophiert oder psychologiert wird vielleicht sagen: "Ich fühle, ich denke im Kopf." Aber was das nun heißt, das wird er nicht sagen können. Er wird nämlich nicht sagen können, *was* das nun für ein Gefühl ist; sondern einfach den Ausdruck gebrauchen: er 'fühle'; als sagte er nämlich "*Ich* fühle diesen Stich *hier*". Er ist sich also nicht bewußt, daß hier noch zu untersuchen ist, was sein Ausdruck "ich fühle" hier bedeutet, d.h., welche Konsequenzen wir aus dieser Äußerung ziehen dürfen. Ob z.b. die, die wir aus der Äußerung "Ich fühle den Stich hier" ziehen würden.

351. Man könnte nämlich auch sagen: "*Ich* fühle das Steigen der Preise im Kopf." Und ist das *Unsinn*? In welches Kapitel der Psychologie aber gehörte dieses Gefühl? Nicht in das von den Sinnesempfindungen, – es sei denn, Einer sagte "Wenn ich diesen Schmerz im Kopf spüre, steigen immer die Preise".

352. Könnte nicht Einer sagen: "Ich habe ein Gefühl des Ortes beim Denken. Ich kann z.b. den Gedanken . . . einmal im Kopf und einmal im Herzen denken." – Und würde das zeigen, daß ein Gedanke einen Ort hat? Ich meine: würde es das Erlebnis des Denkens näher beschreiben? Nicht viel mehr ein *neues* Erlebnis? "Ich möchte sagen: 'ich habe im Kopf gedacht'."

353. Man kann den Befehl befolgen "Denk an gar nichts!", "make your mind a blank!"

354. So wie man die Redensart "im Kopf", in Verbindung mit dem Denken, gelernt hat, so auch die: "das Wort hat diese ('eine')

348. When and how does a human being begin to manifest feelings of meaning? In what games will it be revealed?

349. Isn't the inclination to think of a meaning-body like the inclination to think of a seat of thought? – *Must* everyone be inclined to say he thinks in his head? – This expression is taught him as a child. ("Doing sums in one's head.") But at any rate the *inclination* develops from this (or the expression developed from it). In any case – the inclination is then present. And so is the inclination to speak of a meaning-body (or the like) *how ever* it arose.

350. Do we also speak of a '*feeling*' of thinking in the head? Wouldn't this be like the 'feeling of meaning'?

Again: Suppose someone who wouldn't have this feeling. Is he unable to think?

Indeed, someone who does philosophy or psychology will perhaps say "*I* feel that I think in my head". But what that means he won't be able to say. For he will not be able to say *what* kind of feeling that is; but merely to use the expression that he 'feels'; as if he were saying "*I* feel this stitch *here*". Thus he is unaware that it remains to be investigated what his expression "I feel" means here, that is to say: what consequences we are permitted to draw from this utterance. Whether we may draw the same ones as we would from the utterance "I feel a stitch here".

351. For one might also say "I feel the rise in prices in my head". And is that *nonsense*? But under what heading in psychology should we put this feeling? It doesn't belong under 'sensation' – unless someone were to say "When I feel this pain in my head, there is always a rise in prices".

352. Might not someone say: "I have a feeling of a place when I think. I may, for example, think the thought . . . now in my head, now in my heart." – And would that shew that a thought has a place? I mean: would it describe the experience of thinking more closely? Wouldn't it rather describe a *new* experience?

"I should like to say: 'I thought in my head'."

353. One can obey the order "Think of nothing at all", "make your mind a blank".

354. Just as we have learnt the phrase "in the head" in connexion with thinking, so too we have learnt "the word has this ('one')

Bedeutung", und alle Phrasen, die damit verwandt sind. Auch die Ausdrucksweise: "diese beiden Wörter klingen nur gleich, haben aber sonst nichts mit einander zu tun" und viele ähnliche. Und das Bedeutungserlebnis folgt eigentlich genau diesen Redewendungen. (Die doch auch eine gänzlich andere Form haben könnten – das französische "vouloir dire" z.B.)

355. Ist also das Bedeutungserlebnis nur eine Einbildung? Nun, wenn es auch eine Einbildung ist, so ist das Erlebnis dieser Einbildung dadurch nicht *weniger* interessant.

356. Es ist übrigens auffallend, daß das Wort "Assoziation" in meinen Betrachtungen eine so geringe Rolle spielt. – Ich glaube, daß dieses Wort in äußerst vager, verschwommener Weise verwendet wird, und für ganz unähnliche Erscheinungen.

357. Über einen feinen ästhetischen Unterschied läßt sich *Vieles* sagen – das ist sehr wichtig. D.h., die erste Äußerung ist freilich bloß "*Dies* Wort paßt, *dies* nicht", oder dergleichen; aber nun können noch alle weit verzweigten Zusammenhänge erörtert werden, die jedes dieser Wörter schlägt. Das heißt, es ist eben *nicht* mit jenem ersten Urteil abgetan, sondern es ist das *Feld* jedes Wortes, worauf's ankommt. [Vgl. PU, S. 219b.]

358. Warum soll denn das Bedeutungserlebnis wichtig sein?! Er sagt das Wort, sagt, er habe es jetzt in dieser Bedeutung gesagt; dann in jener. *Ich* sage das Gleiche. Mit dem gewöhnlichen und wichtigen Gebrauch des Ausdrucks "Ich habe mit dem Wort *das* gemeint" hat das offenbar nichts zu tun. Was ist also das Merkwürdige? Daß wir so etwas sagen? Das ist natürlich interessant. Aber das Interesse liegt hier nicht auf dem Begriff der 'Bedeutung' eines Wortes, sondern auf der Reihe ähnlicher psychologischer Erscheinungen, die, im allgemeinen, mit Wortbedeutung nichts zu tun haben.

359. Es sagt jemand, etwa im Sprachunterricht, "Reden wir über das Wort 'Weiche'". Ich frage: "Meinst du das Zeitwort, das Eigenschaftswort, oder das Hauptwort?" – Er: "Ich meine das Hauptwort." – Muß er da, oder muß ich, ein Bedeutungserlebnis gehabt haben? Nein. Aber, daß uns Vorstellungen bei diesem Gespräch vorgeschwebt haben, ist wahrscheinlich. Sie würden etwa die Rolle spielen, wie ein Kritzeln während des Sprechens. Wer etwa gewöhnt wäre, beim Gespräch auf einem Papier zu kritzeln, der würde vielleicht einmal eine Weiche zeichnen, einmal ein Ei, einmal das Wort "Weiche!" schreiben.

meaning" and all the phrases that are akin to it. And also the form of expression: "these two words only sound the same, but otherwise they have nothing to do with each other" and many similar ones. And the experience of meaning really follows these turns of speech exactly. (Though they might have a completely different form – the French "vouloir dire" for example.)

355. So is the experience of meaning a mere fancy? Well, even if it is a fancy, that does not make the experience of this fancy any *less* interesting.

356. Incidentally, it is striking that the word "association" plays so small a part in my considerations. I believe that this word is used in an extremely vague, blurred kind of way, and for quite dissimilar phenomena.

357. *Much* can be said about a fine aesthetic difference – this is very important. That is to say, the first utterance is of course merely "*This* word fits, *this* one does not" or the like; but then there may be discussion of all the widely ramified connexions made by each of these words. That is to say, it is *not* all over once that first judgment has been made; rather what it depends on is the *field* of each word. [Cf. P.I. p. 219b.]

358. Why should the experience of meaning be important? He says the word, says he said it now in this meaning; then, in that one. *I* say the same. This obviously has nothing to do with the ordinary and important use of the expression "*That's* what I meant by this word". So what is the remarkable thing? That we say something of that sort? Naturally that is of interest. But the interest here does not depend on the concept of the 'meaning' of a word, but on the range of similar psychological phenomena which in general have nothing to do with word-meaning.

359. Someone says, perhaps in a language lesson, "Let us talk about the word 'still'". I ask: "Do you mean the noun, the adjective, or the verb?" – He: "I mean the noun." Need he, or I, have had an experience of meaning here? No. Though it is likely that images have come into our minds during this exchange. They will, e.g., play the same part as scribbling while one speaks. If someone were accustomed to scribble on paper during a conversation, he would perhaps one time draw a still, another time a lake, another time the word "Still!"

Und wenn von einer Weiche die Rede wäre und er zeichnete dabei ein Ei, so könnte ihn das vom Gespräch abziehen; zeichnet er aber Schienen, so bleibe er bei der Sache.

360. Inwiefern kann man 'kritzeln' mit dem Spiel der Vorstellungen vergleichen? – Denk dir Menschen, die von Kind auf bei allen Gelegenheiten, wo wir sagen würden, sie stellen sich etwas vor, Zeichnungen ausführen. Gibt man ihnen dann einen Stift in die Hand, so zeichnen sie mit großer Geschwindigkeit.
Aber tut denn der gewöhnliche Mensch nicht etwas ganz Ähnliches? Er zeichnet zwar nicht, aber 'beschreibt seine Vorstellung', d.h., statt zu zeichnen, *spricht* er. Oder er gebraucht Gebärden, um z.B. einen Menschen, den er sich vorstellt, darzustellen! Muß ich denn annehmen, daß er diese Beschreibung, diese Gebärde von etwas *abliest*?! Was spricht dafür? – Nun, er *sagt* etwa "Ich sehe ihn vor mir!" und dann stellt er ihn dar. Aber hätte ich ihn, statt diesen Ausdruck, zu sagen gelehrt "Jetzt weiß ich, wie er aussieht", oder "Jetzt kann ich sagen, wie er aussieht", oder "Jetzt werde ich dir sagen, wie er aussieht", – so wäre das gefährliche Bild eliminiert. (Tennis ohne Ball.)

361. Um in die Tiefe zu steigen, braucht man nicht weit zu reisen; ja, du brauchst dazu nicht deine nächste und gewöhnliche Umgebung verlassen.

362. Wie finde ich das 'richtige' Wort? Wie wähle ich unter den Worten? Es ist allerdings, als verglich ich sie nach feinen Unterschieden des Geschmacks. *Dies* ist zu sehr . . ., *dies* zu sehr . . .; *das* ist das Richtige.
Aber ich muß nicht immer beurteilen, erklären, warum dies oder dies Wort nicht stimmt. Es *stimmt* einfach noch nicht. Ich suche eben weiter, bin nicht befriedigt. Endlich komme ich zur Ruhe, bin befriedigt. *So* schaut eben das Suchen aus; und *so* das Finden. [Vgl. PU, S. 218h.]

363. "*Ich entwickle, was in ihm steckt.*" – Wie weiß ich, daß das *in* ihm war? – So ist es nicht. Man kann auch nicht fragen: "Wie weiß ich, daß ich das *wirklich* geträumt habe?" – Es steckt in ihm, weil ich *sage*, daß es in ihm steckt. Oder besser: weil ich geneigt bin, zu sagen. . . . – Und was ist das für ein seltsames Erlebnis: geneigt sein, zu sagen . . .? Gar keins.

364. Wenn ich aber gestorben wäre, noch ehe ich das Alles entwickeln konnte, – wäre es dann *nicht* in meinem Erlebnis enthalten

And if the talk were of a still and he were to draw a lake, this might distract him from the conversation; but if he draws pipes, then he'd be staying with the thing.

360. To what extent can doodling be compared to the play of images? – Imagine human beings who, from childhood up, make drawings on all occasions where we should say they are imagining something. If one puts a pencil in their hand then they draw at high speed.

But doesn't the ordinary human being do something quite similar? He doesn't draw indeed, but he 'describes his image', i.e., instead of drawing, he *speaks*. Or again, he uses gestures in order to represent, e.g. someone whom he is imagining. Must I assume that he *reads off* this description, these gestures, from something? What is there to be said for this? – Well, perhaps he *says* "I see him before me!" and then he represents him. But if, instead of this expression, I had taught him to say "Now I know what he looks like" or "Now I can say what he looks like" or "Now I'll tell you what he looks like" – then the dangerous picture would be eliminated. (Tennis without a ball.)

361. In order to climb into the depths one does not need to travel very far; no, for that you do not need to abandon your immediate and accustomed environment.

362. How do I find the 'right' word? How do I choose among words? It is indeed as if I compared words according to fine discriminations of taste. *This* is too . . . *this* too . . . – that's the right one.

But I don't need always to judge, to explain, why this or that isn't the right word. It simply *isn't right* yet. I go on searching, am not satisfied. *This* is just what it looks like to search, and *this* is what it looks like, to find. [Cf. P.I. p. 218h.]

363. "*I am developing what there is in it.*" How do I know that this was *in* it? – That's not how it is. Nor can one ask "How do I know that this is what I actually dreamt?" – It is there in it because I *say* it is. Or better: because I am inclined to say . . . – And what sort of queer experience is that: being inclined to say . . .? Not an experience at all.

364. If, however, I had died before I could develop all this – in that case would it *not* have been contained within my experience? – The

gewesen? – Die Antwort "Nein" auf diese Frage ist falsch; die Antwort "Ja" muß es auch sein.

"Nein" würde heißen: Wenn Einer einen Traum nicht erzählt, ist es falsch zu sagen, er habe ihn gehabt. Es wäre unrichtig zu sagen: "Ich weiß nicht, ob er geträumt hat; er hat nichts darüber gesagt." "Ja" würde heißen: Er mag wohl geträumt haben, auch wenn er es nicht berichtet. Aber das soll doch keine *psychologische* Aussage sein! Also, eine logische.

365. "Kann Einer nicht träumen, und es doch niemandem mitteilen?" – Gewiß: er kann ja träumen *und* es jemandem mitteilen.

366. Wir lesen in einer Erzählung, jemand habe einen Traum gehabt und ihn niemandem mitgeteilt. Wir fragen nicht, wie der Autor das erfahren konnte. – *Verstehen* wir es nicht, wenn Strachey Vermutungen darüber anstellt, was die Königin Viktoria knapp vor ihrem Tode vor sich gesehen haben mag? Freilich – aber *verstanden* Leute nicht auch die Frage, wieviele Seelen auf einer Nadelspitze Platz hätten? D.h.: die Frage, ob man das nicht versteht, hilft uns hier nicht; wir müssen fragen, *was* wir mit einem solchen Satz anfangen können. – *Daß* wir den Satz verwenden, ist klar; *wie* wir ihn verwenden, ist die Frage.

367. *Daß* wir den Satz verwenden, sagt uns noch nichts, weil wir die gewaltigen Verschiedenheiten der Verwendung erkennen. Wir sehen also das Problem im *Wie*.

368. Nun noch einmal: – Menschen teilen uns nach dem Erwachen eine Erzählung mit; wir lehren sie darauf den Ausdruck "Mir hat geträumt..." und nun folgt die Erzählung. Ich frage sie dann manchmal: "Hast du heute nacht etwas geträumt?" und erhalte manchmal eine bejahende, manchmal eine verneinende Antwort, manchmal eine Traumerzählung, manchmal keine. Das ist das Sprachspiel. (Ich habe jetzt angenommen, daß ich selbst nicht träume. Aber ich habe ja auch keine Gefühle einer unsichtbaren Gegenwart und Andere haben es, und ich kann sie über ihre Erfahrungen befragen.)

Muß ich nun in diesem Falle eine Annahme darüber machen, ob diese Leute ihr Gedächtnis getäuscht hat, oder nicht; ob sie *wirklich* während des Schlafs diese Bilder vor sich gesehen haben, oder ob es ihnen nur nach dem Erwachen so vorkommt? Und welchen Sinn hat diese Frage? – Und welches Interesse?! Fragen wir uns das je, wenn uns Einer einen Traum erzählt und wenn nicht, – ist es, weil wir

answer "No" to this question is wrong; the answer "Yes" must be wrong too.

"No" would mean: If someone does not tell a dream, it is false to say he had it. It would be incorrect to say: "I don't know whether he had a dream; he said nothing about it."

"Yes" would mean: He may well have had a dream even when he doesn't report it. But that isn't supposed to be a *psychological* statement! A logical one, then.

365. May someone not dream and yet not tell anyone? Certainly: for he may dream *and* tell someone.

366. We read in a story that someone had a dream and did not tell it to anyone. We don't ask how the author could learn it. – Don't we *understand* it, when Strachey makes surmises about what Queen Victoria may have seen in her mind's eye just before her death? Of course – but didn't people also *understand* the question how many souls there was room for on the point of a needle? That is to say: the question whether one understands this does not help us here; we must ask *what* we can do with such a sentence. – *That* we use the sentence is clear; *how* we use it is the question.

367. *That* we use the sentence doesn't yet tell us anything, because we know the enormous variety of use. Thus we see the problem in *How*.

368. Once more: people narrate something to us after waking up; we thereupon teach them the expression "I dreamt . . ." followed by the narrative. I then sometimes ask them: "Did you dream anything last night?" and sometimes get an affirmative, sometimes a negative answer, sometimes a dream narrative, sometimes none. That is the language-game. (I have assumed now that I myself do not dream. But neither do I have the feeling of an invisible presence and other people do have it, and I can ask them about their experiences.)

Now must I make an assumption in this case about whether these people's memory has deceived them or not; whether they *actually* saw these pictures before them during their sleep or whether it's merely that that's how it seems to them after waking up? And what is the sense of this question? – And what interest has it?! Do we ever ask ourselves that, when someone tells us a dream and if not, – is it because we are sure that his memory won't have deceived him? (And

sicher sind, sein Gedächtnis werde ihn nicht getäuscht haben? (Und angenommen, er wäre ein Mensch mit ganz besonders schlechtem Gedächtnis!) [Vgl. PU, S. 184a.]

369. Und heißt das nun, es sei *unsinnig*, je die Frage zu stellen: ob in der Nacht wirklich der *Traum* vor sich gegangen sei, oder ob der Traum ein Gedächtnisphänomen des Erwachten sei? Es kommt darauf an, *was* wir damit meinen, d.h.: *welche* Verwendung wir von dieser Frage machen. Denn machen wir uns dies Bild vom Traum: daß vor des Schlafenden Seele ein Bild schwebt (wie es etwa auf einem Gemälde dargestellt wäre), dann hat es natürlich Sinn, diese Frage zu stellen. Man fragt damit: Ist es *so*, oder *so*—und jedem "so" entspricht ein anderes Bild. [Vgl. PU, S. 184b.]

370. (Denke, jemand fragte: Ist die Struktur des Wassers $O{<}^H_H$ oder H—O—H?
Hat es Sinn? – Wenn du ihm Sinn gibst, hat es Sinn.)

371. Zurück zu dem Sprachspiel von der Traumerzählung: Einer sagt mir einmal "Was ich heute nacht geträumt habe, werde ich niemandem erzählen." Nun, hat das Sinn? Warum nicht?! Soll ich, nach dem, was ich über den Ursprung des Sprachspiels mitgeteilt habe, sagen, es habe *keinen* Sinn – da ja das ursprüngliche Phänomen eben die Traum-*Erzählung* war? Durchaus nicht!

372. Eine Eisenbahnstation mit allen ihren Einrichtungen, Telegraphenstangen und Telegraphendraht, bedeutet für uns ein weitverzweigtes Verkehrssystem. Aber auf dem Mars findet sich dieses Gebäude mit allem Drum und Dran, auch mit einem Stück Geleise, und bedeutet dort nichts dergleichen.

373. "Es scheint, der Geist kann dem Wort Bedeutung geben" – ist das nicht, als sagte ich: "Es scheint, daß im Benzol die C-Atome an den Ecken eines Sechsecks liegen"? Das ist doch kein *Schein*; es ist ein *Bild*. [Vgl. PU, S. 184c.]

374. Ich will freilich nicht eine *Definition* des Worts "Traum" geben, aber doch etwas tun, was dem ähnlich ist: den Gebrauch des Wortes beschreiben. Meine Frage lautet also ungefähr so: "Wenn ich zu einem fremden Stamm mit mir unbekannter Sprache käme, und die Leute hätten einen Ausdruck, der unserm "ich träume", "er träumt", etc. entspricht, – wie fände ich heraus, daß es so ist; *wie* wüßte ich,

suppose he was a man with a quite specially bad memory!) [CF. P.I. p. 184a.]

369. And does that mean that it is *nonsense* ever to raise the question whether the *dream* really when on in the night, or whether the dream is a memory-phenomenon of the awakened? That depends on *what* we intend, i.e. *what* use we are making of this question. For if we form the picture of dreaming, that a picture comes before the mind of the sleeper (as it would be represented in a painting) then naturally it makes sense to ask this question. One is asking: Is it like *this*, or like *this*—and to each "this" there corresponds a different picture. [Cf. P.I. p. 184b.]

370. (Suppose someone were to ask: Is the structure of water $O\!<^H_H$ or H—O—H?

Does it make sense? – If you give it a sense, it does make sense.)

371. Back to the language-game of telling dreams: Someone says to me one day: "What I dreamt last night I will tell no one." Now does that make sense? Why not? Am I supposed to say, after what I have said about the origin of the language-game, that it makes *no* sense – as the original phenomenon just was the dream *narrative*? Absolutely not!

372. To us, a railway station, with all its equipment, telegraph poles and telegraph wires, means an extensively ramified system of traffic. But on Mars there is to be found this structure with all its whys and wherefores, even with a bit of railway track, and there it means nothing of the kind.

373. "The mind seems able to give the word meaning" – isn't this as if I were to say: "The carbon atoms in benzene seem to lie at the corners of a hexagon."? But that is not something that seems to be so: it is a *picture*. [Cf. P.I. p. 184c.]

374. Of course I don't want to give a *definition* of the word "dream"; but still I want to do something like it: to describe the use of the word. My question then runs roughly like this: If I were to come to a strange tribe with a language I didn't know, and the people had an expression corresponding to our "I dream", "He dreams" etc. – how should I find out that this was so; *how* should I know which

welche Ausdrücke ihrer Sprache ich in diese Ausdrücke der unsern übersetzen soll?

Denn *dies* Herausfinden ist ja eben ähnlich dem, herauszufinden, welches ihrer Worte ich in unser Wort "Tisch" übersetzen soll.

Ich frage mich da freilich nicht "Wie nennen sie *DIES*?", indem ich auf etwas zeige. Obwohl ich auch das fragen könnte und dabei etwa auch eine symbolische Darstellung des Traumes, oder eines Träumenden deuten könnte.

375. Auch das ist zu sagen: daß das Kind nicht unbedingt *so* den Gebrauch des Worts "träumen" lernen muß, daß es zuerst bloß eine Begebenheit beim Erwachen berichtet und wir ihm dann die Worte "Mir hat geträumt" beibringen. Es ist ja auch so möglich, daß das Kind den Erwachsenen sagen hört, er habe geträumt und nun von sich das Gleiche sage und einen Traum erzählt. Ich sage *nicht*: daß das Kind *errät*, was der Erwachsene meint; genug: es gebraucht eines Tages das Wort und gebraucht es unter den Umständen, unter denen wir's gebrauchen.

376. Die Frage ist also eigentlich nicht: "wie lernt er die Verwendung des Worts" – sondern "Wie zeigt sich's, daß er es verwendet, wie wir?"

377. "Ewiges Düstre steigt herunter."[1] – Kann man sagen: "Nun, es *scheint*, als ob es heruntersteige"? Haben wir denn eine Halluzination von etwas Düstrem etc.? – Was macht also diese Worte *treffend*? – "Wir verstehen sie." Wir sagen, z.B.: "Ja, ich weiß genau, wie das ist" und nun können wir unsere Gefühle und unser Benehmen beschreiben.

378. "Wenn du vom Traum, vom Denken, von der Empfindung redest, – scheinen nicht alle diese Dinge das Geheimnisvolle zu verlieren, was ihr wesentliches Merkmal zu sein scheint?" Warum soll der Traum geheimnisvoller sein als der Tisch. Warum sollen sie nicht beide gleich geheimnisvoll sein?

379. "Das Phänomen |▶ als Pfeil, oder anders zu sehen, ist doch ein wahrhaftes visuelles Phänomen; auch wenn es nicht so handgreiflich ist wie das der Form und Farbe." Wie sollte es kein visuelles Phänomen sein?! – Wer, der davon spricht (außer wenn er Philosophie oder Psychologie treibt), zweifelt daran? Fragen wir

---

[1] Goethe: *Faust*, Zweiter Teil, V. Akt, Mitternacht. (*Herausg.*)

expressions of their language I am to translate into these expressions of ours?

For finding *this* out is like finding out which of their words I am to translate into our word "table".

Here of course I don't ask "What do they call THIS?" while I point at something. Although I might ask even that, and might point to a symbolic representation of a dream or a dreamer.

375. There is also this to say: the child does not absolutely have to learn the use of the word "to dream" by first merely reporting an occurrence on waking up, and our then teaching it the words "I dreamt". For it is also possible that the child hears the grown-up say he has dreamt and now says the same thing of itself and tells a dream. I am *not* saying: the child *guesses* what the grown-up means. Suffice it that one day it uses the word, and uses it under the circumstances under which we use it.

376. So the proper question is not: "How does he learn the use of the word?" but rather "How does it come out that he does use it as we do?"

377. "Black is the beauty of the brightest day"[1] – Can one say 'Well, it *seems* as if it were black?" Have we then an hallucination of something black? – So what makes these words *apt*? – "We understand them." We say, e.g. "Yes, I know exactly what that's like!" and now we can describe our feelings and our behaviour.

378. "When you are talking about dreaming, about thinking, about sensation, – don't all these things seem to lose the mysteriousness which seems to be their essential characteristic?" Why should dreaming be more mysterious than the table? Why should they not both be equally mysterious?

379. "The phenomenon of seeing |▶ as an arrow or otherwise is surely a true visual phenomenon; even though it is not so tangible as that of form and colour." How should it not be a visual phenomenon?! – Does anyone that speaks of it ever doubt that it is (except when he is doing philosophy or psychology)? Don't we ask a

[1] I have substituted Marlowe's line for Wittgenstein's example from Goethe, *Faust*, Part II. V. (*Trans.*)

nicht einen Menschen danach und erzählen ihm davon, wie von jedem andern Gesichtsphänomen? Ich will sagen: Reden wir davon etwa mehr zaghaft, mit dem Verdacht, was wir sagen, habe vielleicht keinen klaren Sinn? Gewiß nicht. Aber nun sind dennoch Unterschiede vorhanden. Die, welche wir durch den Ausdruck "weniger handgreiflich" andeuten.

Nur ist es so: Wenn ich Einem zwei Substanzen vorlege, so kann ich sagen: "Fühl diese hier an! Findest du nicht auch, daß sie sich weicher angreift?" Und bejaht er es, so sage ich etwa: "Ja, das fühle ich auch. Es *ist* also ein Unterschied zwischen ihnen." (D.h.: ich habe es mir nicht bloß eingebildet.) – *Anders* ist es aber mit den psychologischen Phänomenen. Wenn ich sage: "Dies ist weniger handgreiflich als jenes" – nämlich als zeitloser Satz – so beruht dies nicht auf einem Koncensus der Urteile, *nicht* darauf, daß wir Alle das auch fühlen (wenn wir das Erlebnis '*betrachten*').

380. Steck das Phänomen nicht in die falsche Lade. In *ihr* schaut es geisterhaft, ungreifbar, befremdend aus. Richtig betrachtet, kommt uns seine 'Ungreifbarkeit' so wenig zum Bewußtsein, wie die der Zeit, wenn wir hören: "Es ist Zeit zum Mittagessen." (Die Beunruhigung der schlechtsitzenden Einteilung.)

381. "Dieser Kaffee hat *gar keinen* Geschmack." "Dies Gesicht hat *gar keinen* Ausdruck." – Der Gegensatz dazu ist "Es hat einen ganz bestimmten Ausdruck" (obwohl ich nicht sagen könnte, welchen). An einen *starken* Ausdruck könnte sich z.B. gleich eine Geschichte knüpfen. Oder das Suchen nach einer Geschichte. Wenn man vom rätselhaften Lächeln der Mona Lisa spricht, so heißt das doch wohl, daß man sich fragt: In welcher Situation, in welcher Geschichte, könnte man so lächeln? Und es wäre also denkbar, daß jemand eine Lösung fände; daß er eine Geschichte erzählte, und wir uns sagten, "Ja, *das* ist der Ausdruck, den *dieser* Charakter hier angenommen hätte".

382. Sich an ein bestimmtes kinästhetisches Gefühl erinnern – sich an das Gesichtsbild einer Bewegung erinnern. – Mach die gleiche Bewegung mit dem rechten und dem linken Daumen, und urteile, ob die kinästhetischen Empfindungen dieselben sind! – Hast du ein Erinnerungsbild der K.-Empfindung beim Gehen? – Wenn du müde bist, oder Schmerzen hast, Muskelschmerzen, oder ein Brennen der Haut, – sind die Empfindungen beim Bewegen des Gliedes die gleichen, wie in einem andern Zustand? Aber bist du dann manchmal im Zweifel, ob du jetzt wirklich das Bein gehoben hast, weil das Gefühl so ganz anders ist? – Empfindest du die Bewegung wirklich in den Gelenken?

man about it and tell him of it, like any other visual phenomenon? I mean: Do we talk of it more hesitantly, with the suspicion that what we say may have no clear sense? Certainly not. But there are differences in it, all the same. The ones that we indicate when we say "more intangible."

Only it is like this: If I put two substances in front of someone, I may say: Feel this one here. Don't you find that it feels softer?" And if he answers yes, I say, e.g. "Yes, I feel that too. So there *is* a difference between them." (I.e.: I have not merely fancied it.) – But it is *otherwise* with psychological phenomena. When I say "This is more intangible than that" – as, that is, a tenseless proposition – this does not rest upon a consensus of judgements, *not* upon our all feeling that too (when we '*contemplate*' the experience).

380. Don't put the phenomenon in the wrong drawer. *There* it looks ghostly, intangible, uncanny. Looking at it rightly, we no more think of its intangibility than we do of time's intangibility when we hear: "It's time for dinner." (Disquiet from an ill-fitting classification.)

381. "This coffee has *no* taste *at all*." "This face has *no* expression *at all*." – The opposite of this is "It has a quite particular expression" (though I could not say what). A *strong* expression I could easily connect with a story for example. Or with looking for a story. When we speak of the enigmatic smile of the Mona Lisa, that may well mean that we ask ourselves: In what situation, in what story, might one smile like that? And so it would be conceivable for someone to find a solution; he tells a story and we say to ourselves "Yes, *that* is the expression which *this* character would have assumed here".

382. Remembering a particular kinaesthetic sensation – remembering the visual image of a movement. – Make the same movement with the right and left thumb, and judge whether the kinaesthetic sensations are the same. – Have you a memory-image of the K-sensation in walking? – If you are tired, or suffering pain, muscular pain or a burning skin – are the sensations in moving a limb the same as in a different condition? But are you then sometimes in doubt whether you now really have raised your leg, because the feeling is so totally different? Do you actually feel the movement in the joint?

383. Du hörst manchmal Einen sagen "Ich stell mir seine Haltung lebhaft vor", oder "seine Stimme"—aber jemals: "Ich stelle mir die K.-Empfindung bei dieser Handbewegung lebhaft vor"?! Und *warum* nicht?

Stellt man sich's vor und sagt's nur nicht?

384. Was sollen wir antworten, wenn uns jemand entgegnet: "Wenn du einem Menschen bei einer Bewegung die Hand (z.B.) führst, so zeigst du ihm eben damit ein bestimmtes K-Gefühl, welches er dann reproduziert, wenn er die Bewegung nun auf Befehl wiederholt"? Und kann man sagen, daß er wohl von dem Gesichtsbild der Bewegung in dieser Weise geleitet werden könne – aber nicht von einem K-Bild?

385. Wie wichtig *ist* es, daß es eine bildliche Darstellung der visuellen Bewegung gibt und nichts ihr entsprechendes für die 'kinästhetische Bewegung'?

"Mach eine Bewegung, die *so* ausschaut!" – "Mach eine Bewegung, die *diesen* Klang erzeugt!" – Mach eine Bewegung, die *dieses* K-Gefühl erzeugt!" Das K-Gefühl richtig kopieren, würde in diesem Fall heißen, die Bewegung dem *Augenschein* nach richtig wiederholen.

386. Denk dir die Bewegung *sehr* schmerzhaft, so daß der Schmerz jede andere leise Empfindung an dieser Stelle übertäubte. [Vgl. PU, S. 186d.]

387. Mach eine Bewegung (etwa wie beim Klavierspielen) mit den Fingern; wiederhole sie, aber mit geringerem Ausschlag. Erinnerst du dich, welche der beiden Gefühle du gestern bei der ersten Bewegung hattest?

Man sagt etwa: "Nein, diese Bewegung hat gestern etwas anders ausgesehen" – aber auch: "Die Bewegung ist nicht ganz die gleiche – ich hatte nicht genau dieses K-Gefühl"?

388. Denn wir haben natürlich Bewegungsgefühle und wir *können* sie auch reproduzieren. Besonders, wenn wir eine Bewegung unter den gleichen Umständen, nach nur kurzen Pausen, wiederholen. Man lokalisiert auch die Empfindungen, aber beinahe nie in den Gedanken, zumeist in der Haut. (Blase die Backen auf! wo *tust* du's, und wo spürst du's?)

389. Man könnte das Wachstum der Analyse mit dem Wachsen eines Keims vergleichen. Und in diesem Falle zu sagen "Es steckte schon

383. You sometimes hear someone saying "I am imagining his bearing quite vividly"; or "his voice". But do you ever hear "I am imagining the K.-sensation in connexion with this movement of the hand"?! And *why* not?

Does one imagine it and merely not say so?

384. What are we to answer if someone counters us: "If you guide someone's hand in a movement, by doing so you *are* shewing him a particular K.-sensation, which he then reproduces if he now repeats the movement when ordered to"? And can one say that obviously he may be guided in this way by the visual image of the movement – but not by a K.-image?

385. How important *is* it that there is such a thing as a pictorial representation of the visual movement and nothing corresponding to it for the 'kinaesthetic movement'?

Make a movement that looks like *this* – "Make a movement that produces *this* noise". – "Make a movement that produces *this* K.-sensation." Copying the K.-sensation correctly would in this case mean repeating the movement correctly according to the *appearance to the eye*.

386. Imagine the movement's being *very* painful, so that the pain drowns out any other slight sensation. [Cf. P.I. p. 186d.]

387. Make a movement with your fingers (such as you make in piano playing, say); repeat it, but with a lighter touch. Do you remember which of the two feelings you had yesterday in connexion with the first movement.?

We say perhaps: "No, yesterday this movement looked rather different" – but do we also say "The movement is not quite the same – I did not have exactly this K.-sensation"?

388. For of course we have feelings of movement and we *can* also reproduce them. Especially when we repeat a movement under the same circumstances after only a brief pause. One also localizes the sensations, but hardly ever in the joint, mostly in the skin. (Blow your cheeks out. Where do you *do* it, and where do you feel it?)

389. The growth of analysis might be compared with the growth of a seed. And in this case to say "It was all already contained in

alles in der Empfindung", oder "es wuchs aus ihr wie aus einem Keim heraus", kommt auf's selbe hinaus. Wieviel ist nun (wahr) daran, daß man zwar eine Armbewegung (z.b.) manchmal nach einem Gesichtsbild reproduziert, aber nicht nach einem kinästhetischen Bild?

390. Lenkt man den Arm wirklich manchmal nach einer Gesichtsvorstellung? Ich kann nur sagen: Wenn ich nicht *sähe*, daß mein Arm sich bewegt hat, nachdem ich, bei abgewandtem Gesicht, überzeugt war, ihn bewegt zu haben, wäre ich verwirrt und würde wohl meinen *Augen* trauen. Das Sehen kann mich jedenfalls lehren, ob ich die intendierte Bewegung genau ausgeführt habe, z.b., die Stellung erreicht habe, die ich erreichen wollte; das *Gefühl* konnte das nicht. Ich fühle wohl, daß ich mich bewege, kann auch ungefähr nach dem Gefühl urteilen, *wie*, – aber ich *weiß* einfach, welche Bewegung ich gemacht habe, ohne daß man von einem *Sinnesdatum* der Bewegung reden könnte, von einem unmittelbaren innern Bild der Bewegung. Und wenn ich sage "Ich *weiß* einfach . . .", so heißt hier "wissen" so etwas wie "sagen können" und ist nicht etwa wieder eine Art inneres Abbild.

391. "Um sagen zu können, das Gefühl lehre mich, wo jetzt mein Arm steht, oder wie weit ich ihn bewege, müßte man Gefühle und Bewegungen einander zugeordnet haben. Man müßte sagen können: 'Wenn ich das Gefühl . . . habe, dann steht mein Arm erfahrungsgemäß *dort*.' Oder auch: Man müßte ein Kriterium der Identität der Gefühle haben, noch *außer* demjenigen der ausgeführten Bewegung." Aber ist diese Bedingung, wenn sie überhaupt Sinn hat, für das *Sehen* erfüllt? Nun, man kann ein Gesichtsbild, z.b., zeichnerisch darstellen. Aber Einem, oder sich selbst, das Gefühl geben, das für's Beugen des Arms um 30° charakteristisch sein soll, ohne eben den Arm zu beugen, das kann man nicht.

Beuge den Arm ein wenig! Was spürst du? – Eine Spannung, oder dergleichen, hier und dort, und hauptsächlich das Reiben meines Ärmels. – Tu's noch einmal! War das Gefühl das Gleiche? *Ungefähr*. Ungefähr an den gleichen Stellen. Begleitet *dieses* Gefühl immer diese Bewegung, kannst du's sagen? Nein. Und doch paßt mir an diesem Argument etwas noch nicht.

392. Denk dir, gewisse Bewegungen erzeugten Töne und man sagte nun, wir erkennen, wie weit wir den Arm bewegt haben, am Ton, der erklingt. Das wäre doch möglich. (Spielen einer Skale am Klavier.) Aber was für Voraussetzungen müssen dazu erfüllt sein? Es würde z.b. dazu nicht genügen, daß Töne die Bewegungen begleiten; auch nicht, daß sie oft für ähnliche Bewegungen ähnlich

the sensation" or "it grew out of it as from a seed" come to the same thing. Now how much is there (true) in this, that one sometimes reproduces an arm movement (say) according to a visual picture, but not according to a kinaesthetic picture?

390. Does one actually sometimes go by a visual image in bending one's arm? I can only say: If I did not *see* that my arm has moved after being convinced I had moved it with my face turned away, I should become confused and should presumably trust my *eyes*. Seeing can at any rate tell me whether I have carried out my intended movement exactly, e.g. have reached the position that I wanted to reach; the *feeling* wasn't able to do that. I feel that I am moving all right, and I can also judge roughly *how* by the feeling – but I simply *know* what movement I have made, although you couldn't speak of any *sense-datum* of the movement, of any immediate inner picture of the movement. And when I say "I simply *know* . . ." "knowing" here means something like "being able to say" and is not in turn, say, some kind of inner picture.

391. "In order to be able to say the feeling tells me where my arm now is, or how far I am moving it, one would need to have correlated feelings and movements. It should be possible to say: 'When I have the feeling . . . then in my experience my arm is over *there*'. Or: you would need to have a criterion of identity of the feelings *besides* that of the movement you've made." But even if this condition makes sense at all, is it fulfilled for *seeing*? Well, one can represent a visual picture by drawing. But as for giving someone, or oneself, the feeling that is characteristic of the arm's being bent at an angle of 30°, I mean without bending the arm – that one can't do.

Bend your arm a little. What do you feel? – A tension or suchlike here and there, and principally the rubbing of my sleeve. – Do it again. Was the feeling the same? *Roughly*. Roughly in the same places. Does *this* feeling always accompany this movement, can you say so? No. And yet I find there is still something about this argument that doesn't fit.

392. Imagine that certain movements produced notes and now it was said that we recognize how far the arm has moved from the note that strikes. That would surely be possible. (Playing a scale on the piano.) But what sort of presuppositions must be satisfied for it to be so? It would not be enough, e.g. that notes accompany the movements; nor that they are often like for like movements. Nor would it suffice to

sind. Es wäre auch nicht genügend, zu sagen: der Ton *müsse* eben doch für gleiche Bewegungen *eine* gleiche Qualität haben, da er das einzige Sinnesdatum sei, woran wir die Größe der Bewegung erkennen *können*.

393. Aber gibt es für Bewegungsgefühle und dergleichen nicht doch eine Art private hinweisende Definition? Ich beuge z.b. einen Finger, und merke mir die Empfindung. Jemand sagt mir nun "Ich werde in deinem Finger auf die und die Weise, aber ohne daß er sich bewegt, gewisse Empfindungen hervorrufen, sag mir, wenn es *die* ist, die du jetzt beim Beugen des Fingers hast." Könnte ich nun nicht, für meinen eigenen Gebrauch, diese Empfindung "E" nennen, als Kriterium der Identität mein Gedächtnis gebrauchen und nun sagen "Ja, das ist wieder E" etc.?

394. Es wäre dann auch denkbar, daß ich die Empfindung wiedererkennte, und daß sie aufträte *ohne* die Begleitung der Überzeugung: die Bewegung habe stattgefunden – ohne den Bewegungssinn.

395. Ich kann gewiß, z.b., mein Knie mehrere Male hintereinander heben und sagen, ich habe jedesmal die gleiche Empfindung dabei gehabt: Nicht, als hätte ich diese Empfindung *immer*, wenn ich das Knie hebe, noch auch, als könne ich die Bewegung an der Empfindung erkennen, sondern bloß: Ich habe in dieser Reihe von Kniebewegungen dreimal die gleiche, durch die Bewegung hervorgerufene, Empfindung gehabt.
Gleich sein heißt natürlich hier dasselbe, wie gleich scheinen.

396. "Ich habe dreimal die gleiche Empfindung gehabt", das beschreibt einen Vorgang in meiner privaten Welt. Aber wie weiß der Andere, was ich meine? Was ich in so einem Falle als "gleich" bezeichne? Er verläßt sich darauf, daß ich das Wort hier so wie immer gebrauche? Aber was ist in diesem Falle der, dem gewöhnlichen, *analoge* Gebrauch? Nein, diese Schwierigkeit ist nicht eine Künstelei; er weiß *wirklich* nicht, kann nicht wissen, was in diesem Falle gleiche Gegenstände sind.

397. Das Beispiel von der Motorwalze mit dem Motor in der Walze ist wirklich noch viel besser und tiefer, als ich erklärt habe. Denn, als mir jemand die Konstruktion vorlegte, sah ich wohl gleich, daß sie nicht funktionieren konnte, da man ja die Walze von außen her rollen konnte, auch wenn der 'Motor' nicht in Tätigkeit war; aber *das* sah ich nicht, daß es eine starre Konstruktion und überhaupt keine

say: the note just *must* have a single identical quality for identical movements, as it is the only sense datum in which we *can* recognize the amplitude of the movement.

393. But isn't there such a thing as a kind of private ostensive definition for feelings of movement and the like? E.g. I crook a finger and note the sensation. Now someone says to me: "I am going to produce certain sensations in your finger in such and such a way, without its moving; you tell me when it is *that* one that you have now in crooking your finger." Mightn't I now, for my own private use, call this sensation "S", use my memory as criterion of identity and then say "Yes, that's S again" etc.

394. It would then also be conceivable that I should recognize the sensation and that it should occur *without* being accompanied by the conviction of the movement's having taken place – without the sense of movement.

395. I can certainly, e.g., raise my knee several times in succession and say I have had the same sensation every time: Not as if I *always* had this sensation when I raise my knee, nor as if I can recognize the movement in the sensation, but merely: In this series of knee-movements I three times had the same sensation, produced by the movement.

Being the same here of course means the same thing as seeming the same.

396. "I had the same sensation three times": that describes a process in my private world. But how does someone else know what I mean? What I call "same" in such a case? He relies upon it that I am using the word here in the same way as usual? But what in this case is the use that is *analogous* to the usual one? No, this difficulty is not a piece of over-refinement; he *really* does not know, cannot know, which objects are the same in this case.

397. The example of the motor roller with the motor in the cylinder is actually far better and deeper than I have explained. For when someone shewed me the construction I saw at once that it could not function, since one could roll the cylinder from outside even when the 'motor' was not running; but *this* I did not see, that it was a rigid construction and not a machine at all. And here there is a close

Maschine war. Und hier ist nun eine enge Analogie mit dem Fall der privaten hinweisenden Definition. Denn auch da gibt es, sozusagen, einen direkten und einen indirekten Weg, die Unmöglichkeit einzusehen. [Vgl. Z 248.]

398. Ich benannte diese Bewegungsempfindung mit "E". Für den Andern ist sie nun die, welche ich bei dieser Bewegung gehabt habe. Aber für mich? Bedeutet "E" nun etwas anderes? – Nun, für mich bedeutet es *diese* Empfindung. – Aber welche ist dies? denn ich habe vor einer Minute auf meine Empfindung gezeigt, – wie kann ich jetzt wieder auf *sie* zeigen?

399. Aber nimm doch den Fall an, Einer machte eine Reihe von Armbewegungen und sagte dabei: "Die Empfindung, die ich jetzt im Bein habe, nenne ich 'E$_1$'" u.s.f. Später bei verschiedenen Anläßen sagt er: "Jetzt habe ich E$_3$." U.s.f. – Solche Äußerungen könnten wichtig sein; wenn wir z.b. gewisse physiologische Korrelate zu den Empfindungen beobachten und so aus seinen Äußerungen Schlüße ziehen können.

400. Wenn das wahr ist, daß wir die Art und Größe der Bewegung eines Glieds nicht durch das *Gefühl* beurteilen, – wie würde sich ein Mensch von uns unterscheiden, bei dem es doch der Fall wäre? Nun, *das* ließe sich leicht vorstellen, daß Einer etwa bei verschiedenen Bewegungen verschieden starke, oder verschiedenartige, Schmerzempfindungen hätte. Er würde also etwa sagen: "Dieses Stechen empfinde ich, wenn ich den Arm um circa 90° beuge."

401. Denk dir Einen, der mit der Wünschelrute, und zwar nach dem Zug, den sie ausübt, die Tiefe einer Quelle bestimmen kann. Er hat das *so* gelernt: Er ist über Quellen verschiedener Tiefe gegangen und hat sich den Zug *gemerkt*. (Dies hätte man etwa an einer Federwage feststellen können.) Er hat den Zug mit der Tiefe assoziiert und schließt nun vom Zug auf die Tiefe. Das könnte so geschehen, daß er den Zug – etwa in kg – angibt und dann auf die Tiefe übergeht, vielleicht sogar nach einer Tabelle. Es kann aber auch sein, daß er kein anderes Maß des Zuges kennt, als die Tiefe der Quelle. Nach einigem Üben kann er die Tiefe richtig ansagen. Übt man auf die Rute, etwa durch Gewichte, einen Zug aus, so wird er nun auch sagen "Das zieht, wie eine so und so tiefe Quelle".

402. Es könnte nun aber doch sein, daß er zwar im Stande wäre, die Tiefe einer Quelle durch den Zug der Rute *richtig* anzugeben, nicht

analogy with the private ostensive definition. For here too there is, so to speak, a direct and an indirect way of gaining insight into the impossibility. [See Z 248.]

398. I named this sensation of movement "S". Now, for others it is the sensation I had when I made this movement. But for me? Does "S" now mean something else? – Well, for me it means *this* sensation. – But which is this? for I pointed to my sensation a minute ago, – how can I now point to *it* again?

399. But suppose the case where someone made a series of arm-movements and said: "The sensation that I now have in my leg, I call 'S₁'" and so on. Later, on various occasions, he says "Now I have S₃". And so on. Such utterances might be important, if we observe certain physiological correlates, for example, and in this way are able to draw conclusions from his utterances.

400. If it is true that we do not estimate the kind and magnitude of the movement of a limb by the *feeling* – how would a human being differ from us, with whom that *was* the case? Well, *this* could quite easily be imagined: that someone felt pain-sensations varying in strength or kind with difference of movements. Thus he would say, e.g. "I feel this pricking when I bend my arm through an angle of about 90°"

401. Imagine someone who by means of a dowsing rod, and going by the tug which it gives, can determine the depth of a water course. He learned this in the following way: He walked over water courses of various depths and *noted* the tug. (This might perhaps have been established with a spring balance.) He associated the tug with the depth and now draws conclusions from the tug to the depth. This might happen in such a way that he states the tug – say in pounds – and makes a transition to the depth, perhaps using a table. However, it may also be the case that he knows no other measure of the tug than the depth of the water-course. After a certain amount of practice he can give the depth right. If one exerts a tug on the rod, say by using weights, he will say "That tugs like a water-course of such and such a depth".

402. However, it might be that, while he was able to give the depth of a water course *right* by means of the tug of the rod, yet he was not

aber, den Zug der Rute richtig abzuschätzen. Ich meine das so: Es könnte sein, daß Wasser in verschiedenen Tiefen unter verschiedenen Umständen gleich stark zieht; und dieser Rutengänger sagt nun z.b.: "Diese Quelle ist tiefer als die vorige, sie zieht schwächer" – und er hat recht: die Quelle liegt wirklich tiefer, aber der Zug, gemessen mit der Federwage, war der gleiche und er hatte sich *ihn* nicht richtig gemerkt.—Soll ich nun in diesem Fall sagen, er beurteile die Tiefe nach dem Zug?

403. Er wird vielleicht sagen: "Dieser Zug ist der einer Quelle in der Tiefe . . .", indem er diesen Zug gleichsam studiert – wie man ein Gewicht auf der Hand abwägt. Vielleicht aber sagt er "Den Zug kann ich nicht beurteilen – das Wasser ist in der Tiefe . . .". In diesem (letzteren) Fall wird man nicht sagen, er beurteile die Tiefe nach dem Zug. (Wenigstens nicht 'bewußt'.)

404. Angenommen nun, es sagte Einer, er beurteile, wie weit er seinen Arm gebogen habe, an der Stärke einer Druckempfindung im Ellbogen. Das heißt doch: Wenn sie eine gewisse Stärke erreicht, so erkennt er daran, daß der Arm bis zu *dem* Grad gebogen ist. Oder was soll es sonst heißen: er beurteile den Grad der Beugung nach dem der Druckempfindung?

405. Ich will sagen: Wie weiß Einer, daß er etwas nach *diesem*Gefühl beurteilt? – Ist es dazu genug, daß er beim Schätzen seine Aufmerksamkeit auf das Gefühl richtet?

406. Wenn du nun sagst, es ist dafür notwendig, daß Einer angeben könne: "Wenn der Druck *so* stark ist, dann ist mein Arm um 90° gebeugt" – dann muß sich das '*So*' der Stärke angeben lassen. Andernfalls heißt, daß man die Beugung nach der Druckempfindung beurteilt, höchstens, daß man die Beugung *nicht* beurteilen kann, wenn man *keine* (oder nur eine ungemein schwache) Druckempfindung spürt. (Also etwa, wenn man anästhesiert ist.)

407. Es gibt also verschiedene Fälle. Es kann Einer *sagen*, er beurteile die Beugung nach der Druck– oder Schmerzempfindung, und dabei sozusagen auf diese Empfindung hinhorchen; aber im Übrigen den Grad der Empfindung in keiner Weise angeben können. – Oder es kann zwei unabhängige Angaben des Grades der Empfindung und der Beugung geben.

408. "Wenn ich den Druck *so* stark spüre, dann. . . ." – Hat denn das keinen Sinn? Es könnte sogar jemand sagen, er habe eine ganze Skala

able to give a correct estimate of the tug of the rod. I mean this as follows: It might be that water gives an equal tug at different depths in different circumstances; and this dowser now says, e.g.: "This water-course is deeper than the former one, it tugs more weakly" – and he is right: the water-course actually does lie deeper, but the tug measured by the spring balance was the same and he had not noted *it* correctly.—Am I to say in such a case: he judges the depth by the tug?

403. He will perhaps say: "This tug is that of a water-course at depth . . ." while he as it were studies this tug – as one hefts a weight in one's hand. But perhaps he says: "I can't judge the tug – the water is at the depth. . . ." In this (latter) case one will not say he judges the depth by the tug. (At least not 'consciously'.)

404. Suppose now someone were to say he judged how far he has bent his arm by the strength of a sensation of pressure in the elbow. That surely means: When it reaches a certain strength he knows from that that the arm is bent to *this* degree. Or what else should it mean, that he judges the degree of the bending by the sensation of pressure?

405. I want to say: How does anyone know that he judges something by *this* feeling – Does it suffice if he directs his attention to the feeling in making his estimate?

406. If you say that for this someone must be able to say: "When the pressure is as strong as *this*, my arm is bent 90°" – then the 'this' must be capable of being specified. Otherwise that someone judges the bending by the strength of the sensations of pressure would at most mean that one *cannot* judge the bending when one has *no* sensation of pressure (or only an uncommonly weak one). (And so, e.g. when one is anaesthetized.)

407. Thus there is a variety of cases. Someone may *say* he judges the bending by the sensation of pressure or pain, and may in doing this so to speak hearken to this sensation; but for the rest be quite unable to give the degree of the sensation in any form. – Or there may be two independent specifications: of the degree of the sensation and of the degree of bending.

408. "When I feel the pressure as hard as *this*, then. . . ." Doesn't that make sense? Someone might even say he had a whole scale of

von Druckempfindungen. Ich kann mir das wohl denken. Nur wäre das so wenig eine wirkliche Skala, wie das Bild eines Thermometers ein Thermometer ist. Obwohl es doch in mancher Beziehung große Ähnlichkeit mit ihm hat.

409. Ich gebe die Regeln eines Spiels. Der Andere macht, diesen Regeln ganz entsprechend, einen Zug, dessen Möglichkeit ich nicht vorausgesehen hatte, und der das Spiel stört, so wie ich's nämlich wollte. Ich muß nun sagen: "Ich habe schlechte Regeln gegeben"; ich muß meine Regeln ändern, oder vielleicht ergänzen. So habe ich also schon zum Voraus ein Bild des Spiels? In gewissem Sinne: ja! Es war doch z.b. möglich, daß ich nicht voraussah, daß eine quadratische Gleichung nicht reelle Lösungen haben muß.
Die Regel führt mich also zu etwas, wovon ich sage: "dieses Bild hatte ich nicht erwartet; ich stellte mir eine Lösung immer so vor: ...". [Vgl. Z 293.]

410. Wie wäre es, wenn man sagte: "Nicht jedes System von Regeln bestimmt einen Kalkül." Als Beispiel gäbe man die Division durch o.
Denken wir uns nämlich eine Arithmetik, in der sie erlaubt wäre und daher bewiesen werden könnte, jede Zahl sei gleich der andern.

411. Wenn Kinder Eisenbahn spielen, – soll ich sagen, ein Kind, das die Lokomotive nachahmt, werde von einem Andern als Lokomotive gesehen? Es wird im Spiel als Lokomotive *aufgefaßt*.
Denk dir, ich hätte einen Erwachsenen die Form [ ] gezeigt,

und gefragt "Woran erinnert sie dich", und er hätte geantwortet "An eine Lokomotive" – heißt das, er hat sie als Lokomotive *gesehen*?
Ich nehme nämlich das als das typische Spiel des "Etwas als Etwas sehen" an, wenn jemand sagt "Jetzt sehe ich es als dies, jetzt als das". Wenn er also verschiedene Aspekte kennt und zwar *unabhängig* von irgend einer Verwendung des Angeschauten.
Ich möchte also so sagen: ich sehe keine Verwendung des Bilds als Zeichen dafür an, daß es so, oder so *gesehen* wird.

412. Verstünde ein Kind, was es heißt, den Tisch 'als Tisch' sehen? Es lernt: "Dies ist ein Tisch, dies eine Bank" etc., und es beherrscht vollkommen ein Sprachspiel, ohne eine Andeutung davon, daß es sich dabei um einen Aspekt handelt.

sensations of pressure. I can well imagine that. Only that would no more be an *actual* scale than the picture of a thermometer is a thermometer. Although in many respects it has a great similarity to a thermometer.

409. I give the rules of a game. Quite in accordance with these rules, the other makes a move whose possibility I had not foreseen, and which spoils the game, at least as I meant it. I must now say: "I gave bad rules," I must change or perhaps add to my rules.

So did I in this way already have a picture of the game? In a certain sense: yes.

I might, for example, not have foreseen that a quadratic equation need not have real numbers as a solution.

The rule, then, leads me to something of which I say: "I had not expected this picture; I always pictured the solution like *this*. . . ." [Cf. Z 293.]

410. How would it be if one said: "Not every system of rules determines a calculus." One would give dividing through by 0 as an example. For let us imagine an arithmetic in which it was allowed and in consequence it could be proved that any number was equal to any other.

411. When children play at trains – ought I to say that a child who is imitating a steam engine is seen by another as a steam engine? He is *taken as* a steam engine in the game.

Suppose I had shewn a grown-up the shape ⌐▢ and asked "What does that remind you of?" and he had replied "A steam engine" – does that mean that he *saw* it as a steam engine?

For I take it as the typical game of "seeing something as something", when someone says "Now I see it as this, now as that". When, that is, he is acquainted with different aspects, and that *independently* of his making any application of what he sees.

So I should like to say this: I do not see any application of the picture as a sign that the picture is *seen* this way or that.

412. Would a child understand what it means to see the table 'as a table'? It learns: "This is a table, that's a bench" etc., and it completely masters a language game without any hint of there being an aspect involved in the business.

I-412

413. "Ja, ein Kind analysiert eben nicht, was es tut." – Nochmals: von einer Analyse dessen, was geschieht, ist hier nicht die Rede. Bloß von einer Analyse – und dieses Wort ist sehr irreführend – unserer Begriffe. Und unsere Begriffe sind komplizierter als die des Kindes; insofern nämlich, als unsere Worte eine kompliziertere Verwendung haben als die seinen.

414. "Ich sehe es aber doch *so*, auch während ich's nicht ausdrücke." Das würde heißen, was ich sehe ändert sich nicht, wenn ich's ausdrücke. Wenn man fragte: "Hat der Körper dies Gewicht nur so lange er gewogen wird?" – so hieße das: "Ändert sich sein Gewicht, wenn wir ihn auf die Wage legen?" Und das ist es natürlich garnicht, was wir fragen möchten.

415. Erst durch das Phänomen des Wechsels des Aspekts scheint der Aspekt vom übrigen Sehen abgelöst zu werden. Es ist, als könnte man nach der Erfahrung des Aspektwechsels sagen: "Es gab also da einen Aspekt!"

416. Wenn man den *Anstrich* eines Dings abkratzt, kann man sagen "Es war also da ein Anstrich".—Wenn aber die Farbe eines Körpers wechselt, – kann ich sagen "Er hatte also eine *Farbe*!" – als wäre mir dies erst jetzt aufgefallen?

Kann man das sagen: Es kam mir erst zum Bewußtsein, daß das Ding eine Farbe hatte, als sich die Farbe änderte?

417. Denk nicht, daß es etwas *Seltsames* ist, daß du ein Bild an der Wand räumlich siehst. Es ist – möchte ich sagen – so gewöhnlich wie es scheint. (Und dies könnte ich zu vielem sagen.)

418. Denk dir, die Dinge in unserer Umgebung – Tisch, Bücher, Stühle etc., – wechselten periodisch sprungweise ihre Farben; ihre Formen blieben gleich. Könnte man da sagen, daß wir uns so erst der Farbe und Form als besonderer Bestandteile bewußt würden?

419. Wenn ich Feld- und Gartenblumen miteinander vergleiche, so kann ich mir des Unterschieds des *Charakters* bewußt werden; aber das sagt nicht, daß ich auch schon früher außer der Blume ihren Charakter wahrgenommen habe, oder daß ich sie doch in irgendeinem Charakter habe wahrnehmen müssen.

420. Muß ich denn wissen, daß ich mit zwei Augen sehe? Gewiß nicht. Habe ich etwa *zwei* Gesichtseindrücke beim gewöhnlichen Sehen, so daß ich merke, mein dreidimensionaler Gesichtseindruck

413. "Yes, it's just that the child doesn't analyse what it does." Once more: what is in question here is not an analysis of what happens. Only an analysis – and this word is very misleading – of our concepts. And our concepts are more complicated than those of the child; in so far, that is, as our words have a more complicated employment than its words do.

414. "I surely see it like *this*, even if I don't express it." That would mean that what I see doesn't alter when I express it. If one were to ask "Has the body this weight only so long as it is being weighed?" – that would mean "Does the weight change when we put it on the weighing machine?" And naturally that is not at all the thing that we should like to ask.

415. Only through the phenomenon of change of aspect does the aspect seem to be detached from the rest of the seeing. It is as if, after the experience of change of aspect, one could say "So there was an aspect there!"

416. When one scrapes a coating off a thing one can say "So there was a coating there".—But if the colour of a body changes – can I say "So it had a *colour!*" as if this had only just struck me?
   Can one say: I only became aware that the thing had a colour, when its colour changed?

417. Do not think that it is something *queer* for you to see a picture on the wall three-dimensionally. It is – I should like to say – as ordinary as it seems. (And I might say this about a lot of things.)

418. Imagine that the things that surround us – table, books, chairs etc. – underwent abrupt periodic colour changes; their shapes remain the same. Might one say here that this was how we first became conscious of colour and shape as special constituents of our visual experience?

419. When I compare wild flowers and garden flowers, this may make me conscious of the difference of *character*; but that is not to say that I must already earlier on have perceived their character as well as the flowers themselves, or that I must after all have perceived them as having some character or other.

420. Must I know that I see with two eyes? Certainly not. Do I perhaps have two visual impressions in ordinary seeing, so that I notice that my three-dimensional visual impression is compounded of

setze sich aus zwei Gesichtsbildern zusammen? Gewiß nicht. – Ich kann also die Dreidimensionalität nicht vom Sehen trennen.

421. Wenn ich Einen frage "In welcher Richtung schaut für dich ein 'F' und in welcher ein 'J'?" und er antwortet, ein F schaue für ihn immer nach rechts, ein J nach links, – so heißt das natürlich nicht, daß er beim Anblick eines F immer eine Empfindung der Richtung hat. Das wird klarer, wenn man so fragt: "Wo würdest du einem F ein Aug und eine Nase malen?" – Wenn man aber nun sagte: "So schaut es also für dich nur so lange in dieser Richtung, als du dies denkst, oder sagst" – ist das nicht, als fragte man: "Würdest du dem F die Nase nur dann dorthin malen, wenn du sie malst?" –

422. Sehe ich ein Gesicht immer 'als Gesicht'? Ich habe hier Bücher vor mir: Sehe ich sie die ganze Zeit 'als Bücher'? Ich meine: Sehe ich sie die ganze Zeit als Bücher, wenn ich sie nicht gerade als etwas anderes sehe? Oder sehe ich oft, oder für gewöhnlich, nur Farben und Formen, ohne besondern Aspekt? (offenbar nein!) Wir sagen Einem: "Wenn *das* die Grundlinie ist, so ist *das* die Spitze und *das* die Höhe." Oder er muß die Frage beantworten: "Welches ist die Höhe des Dreiecks, wenn *dies* die Grundlinie ist?" Aber wir dringen nicht drauf, daß er das Dreieck so und so *sehe*. – Man sagt wohl manchmal "Denk es dir umgelegt!" (oder dergleichen) und man könnte auch sagen "Sieh es umgelegt" und diese Bemerkung könnte helfen; so nämlich, wie auch eine zeichnerische Ergänzung des Bildes helfen könnte, die diesen Aspekt nahelegt.

423. Kann ich z.B. sagen: ich sehe den Sessel als *Gegenstand*, als *Einheit*? So wie ich sage, ich sehe jetzt das schwarze Kreuz auf weißem Grund, jetzt aber das weiße Kreuz auf schwarzem?
Wenn man mich fragt "Was hast du da vor dir?" werde ich freilich antworten "Einen Sessel", werde ihn also als Einheit behandeln. Aber kann man nun sagen, ich *sähe* ihn *als Einheit*?
Und kann ich die Kreuzfigur anschauen, *ohne* sie *so oder so* zu sehen?

424. Wenn ich Einen frage "Was siehst du vor dir?" und er sagt "Was ich vor mir habe, sieht *so* aus", und nun zeichnet er die Kreuzfigur, – *muß* er sie in irgend einem Aspekt gesehen haben? Hat er sie nicht gesehen, wenn er sie nur zeichnerisch beschreiben kann?

425. Kann ein Kind dir mitteilen, es sehe dreidimensional?
Und denk dir, es würde dir sagen "Ich sehe alles eben", – was würde dir das sagen? Es könnte ja alles *eben* sehen, und durch eine Intuition wissen, daß es nicht eben *ist*, und sich dementsprechend benehmen!

two visual pictures? Certainly not. – So I can't separate three-dimensionality from seeing.

421. If I ask someone "Which direction would you say an 'F' looks in and which a 'J'?" and he answeres that for him an F always looks to the right, a J to the left – of course that does not mean that whenever he looks at an F he always has a sensation of direction. This becomes clearer if one puts the question like *this*: "Where would you paint an eye and a nose onto an F?" – But if it were now said: "So it looks in this direction for you only as long as you are thinking this or saying it" – isn't that as if one were to ask "Would you paint the nose there on an F, only at the time that you are actually painting it?" –

422. Do I always see a face '*as a face*'? I have books here in front of me: Do I see them the whole time '*as books*'? I mean: Do I see them the whole time as books, if I don't precisely see them as anything else? Or do I often, or ordinarily, see only colours and shapes, without any special aspect? (Obviously not!) We tell someone: "If *that* is the base then *that* is the apex and *that* the altitude." Or he has to answer the question: "What is the altitude of the triangle, when *this* is the base?" But we don't insist on his *seeing* the triangle in this or that way. – One may well sometimes say: "Imagine it turned round" (or the like) and one might also say "See it turned round", and this remark might help; in the way, that is, in which some drawn lines completing the picture might help if they suggested this aspect.

423. Can I, e.g., say: I see the chair as *object*, as *unit*? In the same way as I say I see now the black cross on a white ground, and now the white cross on a black ground?

If someone asks me "What have you there in front of you?" I shall of course answer "A chair"; so I shall treat it as a unit. But can one now say I *see* it *as a unit*?

And can I see the cross-figure *without* seeing it *this way or that*?

424. When I ask someone "What do you see in front of you" and he says "What I have in front of me looks *like this*" and now he draws the cross-figure – *must* he have seen it in some aspect or other? Has he not seen it, if he can only describe it by drawing?

425. Can a child inform you that it sees three-dimensionally?

And imagine its saying to you "I see everything flat" – what would that tell you? It might see everything flat and know through intuition that it *isn't* flat, and behave correspondingly!

426. Wenn das Kind dieses Bild für das und das *hält* und ich folgere nun "Also *sieht* es das Bild *so*" – was für eine Folgerung ziehe ich? Was *sagt* mir diese Folgerung? Man würde etwa sagen, ich schließe auf die Art des Sinnesdatums, oder Gesichtsbilds; so, als lautete der Schluß: "Also ist das Bild in seinem Geiste *so*"; und nun müßte man es etwa plastisch darstellen.

427. Ist es denn *so*: "Ich habe das Zeichen 'Σ' immer als ein Sigma gelesen; nun sagt mir Einer, es könnte auch ein umgelegtes M sein, und ich kann es jetzt auch *so* sehen; – *daher* habe ich es also früher immer als Sigma *gesehen*"? Ich habe also, hieße das, nicht nur die Figur Σ gesehen und sie *so* gelesen, sondern ich habe sie auch als *das gesehen*!

428. "Aber wie konnte ich wissen, daß ich so reagiert hätte, wenn du mich gefragt hättest?" – Wie? Es gibt kein Wie. Aber es gibt Anzeichen dafür, daß ich darin recht habe, es zu sagen.

429. Ich will beschreiben, was ich sehe, ich fertige dazu ein Transparent an. Aber nun fragt man mich noch "Ist *dies* vorn und *dies* hinten?" Also beschreibe ich durch Worte, oder durch ein Modell, was ich vorn, was hinten sehe. Und nun fragt man mich noch "Und siehst du *diesen* Punkt als Spitze des Dreiecks?" und ich muß auch das noch beantworten. – Aber muß ich darauf eine Antwort haben? – Nimm an, obwohl es nicht wahr ist, daß die Blickrichtung den Aspekt bestimmt. Und in *einem* Fall ist mein Blick stets auf dem gleichen Punkt des Bilds gerichtet, in einem andern Fall bewegt er sich regelmäßig nach einem einfachen Gesetz, in einem dritten wandert er regellos über das Objekt hin und her. Wenn wir nun statt einer Beschreibung des Aspekts die der Blickrichtung setzen, wäre es keine Beschreibung, zu sagen, die Blickrichtung sei regellos, oder unbestimmt? Und das könnte sogar der gewöhnliche Fall sein. – Auf die Frage also "Sahst du diesen Punkt als Spitze des Dreiecks?" kann die Antwort sein: "Ich kann keinen bestimmten Aspekt nennen", oder etwa "Ich hab es jedenfalls nicht *so* gesehen".

430. Was tat übrigens die Hypothese von der Wichtigkeit der Blickrichtung für uns? – Sie lieferte uns ein Bild von bestimmter Mannigfaltigkeit.

431. Eigentlich aber ist so eine Theorie die Konstruktion eines psychologischen Modells einer psychologischen Erscheinung. Und daher eines physiologischen Modells.

426. If the child takes this picture for such-and-such and now I conclude: "So it *sees* the picture in this way" – what sort of conclusion am I drawing? What does this conclusion *say* to me? It would perhaps be said that I was inferring the kind of sense-datum or visual picture the child had: as if the conclusion ran: "So the picture in its mind is like *this*"; and now one would have to give (say) a plastic representation of it.

427. Then is it like *this*: "I have always read the sign 'Σ' as a sigma; now someone tells me it could also be an M turned round, and now I can see it like that too: *so* I have always *seen it as* a sigma before"? That would mean that I have not merely seen the figure Σ and read it like *this*, but I have also *seen* it as *this*!

428. "But how could I know that I should have reacted like this if you had asked me?" – How? There is no How. But there are indications that I am right in saying it.

429. I want to describe what I see; for this purpose I prepare a transparency. But now I am further asked "Is *this* in front and *this* behind?" So, by means of words or a model, I describe what I see in front and what behind. And then I am further asked "And do you see *this* point as the apex of the triangle?" and now I must answer this as well. – But must I have an answer to it? – Assume, though it is not true, that the direction of one's glance determines the aspect. And in one case my gaze is continuously directed on to the same point in the picture, in another it moves in a regular fashion according to a simple law, in a third it wanders randomly back and forth over the object. If we now replaced a description of the aspect by that of the direction of glance, would it not be a description to say that the direction of glance was random, or indeterminate? And that might be just the ordinary case. – To the question "Did you see this point as the apex of the triangle?", then, the answer might be "I can't mention any particular aspect" or perhaps "At any rate I didn't see it like *this*".

430. What, however, did the hypothesis of the importance of the direction of glance do for us? – It offered us a picture of definite multiplicity.

431. But such a theory is really the construction of a psychological model of a psychological phenomenon. And hence of a physiological model.

Die Theorie sagt eigentlich: "Es könnte *so* sein: ...." Und der Nutzen der Theorie ist, daß sie einen Begriff illustriert. Sie kann ihn aber besser und schlechter illustrieren; mehr, oder weniger zutreffend. Die Theorie ist also sozusagen eine Notation für diese Art der psychologischen Erscheinung.

432. Wenn wir also die 'Erklärung fallen lassen' – wenn wir sagen, daß uns ja schließlich die *Erklärung* gleichgültig ist – so bleibt eine grammatische Feststellung übrig. Sie betrifft den Gebrauch der Aussage "Ich sehe nun einen bestimmten Gesichtsausdruck im Bild".

433. Weist das Thema auf nichts außer sich? Oh ja! Das heißt aber: – Der Eindruck, den es mir macht, hängt mit Dingen in seiner Umgebung zusammen – z.B. mit der Existenz unserer Sprache und ihrer Intonation, das heißt aber, mit dem ganzen Feld unserer Sprachspiele. Wenn ich z.B. sage: Es ıst, als ob hier ein Schluß gezogen würde, oder, als ob hier etwas bekräftigt würde, oder, als ob *dies* eine Antwort auf das Frühere wäre, – so setzt mein Verständnis eben die Vertrautheit mit Schlüssen, Bekräftigungen, Antworten, voraus. [Vgl. Z 175.]

434. Ein Thema hat nicht weniger einen Gesichtsausdruck, als ein Gesicht. [*Vermischte Bemerkungen*, 2. Ausgabe, S. 101.]

435. "Die Wiederholung ist *notwendig*." In wiefern ist sie notwendig? Nun, singe es, so wirst du sehen, daß ihm erst die Wiederholung seine große Kraft gibt. – Ist es uns denn nicht, also müsse hier eine Vorlage für das Thema in der Wirklichkeit existieren, und das Thema käme ihr nur dann nahe, entspräche ihr nur, wenn dieser Teil wiederholt würde? Oder soll ich die Dummheit sagen: "Es klingt eben schöner mit der Wiederholung"? Und doch *ist* da eben kein Paradigma außerhalb des Themas. Und doch *ist* auch wieder ein Paradigma außerhalb des Themas: nämlich der Rhythmus unserer Sprache, unseres Denkens und Empfindens. Und das Thema ist auch wieder ein *neuer* Teil unserer Sprache, es wird in sie einverleibt; wir lernen eine neue *Gebärde*. [VB, S. 101–102.]

436. Das Thema ist in Wechselwirkung mit der Sprache. [VB, S. 102.]

437. "Eine ganze Welt des Schmerzes liegt in diesen Worten."
Wie *kann* sie in ihnen liegen? – Sie hängt mit ihnen zusammen. Die Worte sind wie die Eichel, aus der ein *Eichbaum* wachsen kann. Aber wo ist das Gesetz niedergelegt, wonach aus der Eichel der

The theory really says "It could be like this: . . . ." And the usefulness of the theory is that it illustrates a concept.

It may illustrate it better and worse; more, and less, appropriately. The theory is thus so to speak a notation for this kind of psychological phenomenon.

432. Thus if we 'leave explanation' – if we say that after all we don't mind about the *explanation* – what is left over is a grammatical stipulation. It concerns the use of the statement "I am now seeing a particular facial expression in the picture".

433. Doesn't the theme point to something outside itself? Oh, yes! But that means: – The impression that it makes on me hangs together with things in its surroundings – e.g. with the existence of our language and its intonation; but that means: with the whole field of our language-games.

When I say, e.g.: It is as if a conclusion were being drawn here, or as if here something were being confirmed, or, as if *this* were the answer to what went before, – in this way my understanding presupposes familiarity with conclusions, confirmations, answers.

434. A theme has a facial expression just as much as a face does. [*Vermischte Bermerkungen/Culture and Value*, 2nd ed. p. 101.]

435. "The repetition is *necessary*." To what extent is it necessary? Well, sing it, and you will see that it takes the repetition to give it its great strength. – Doesn't it seem to us as if there had to be a text for the theme existing in reality, and the theme would approximate to it, would correspond to it, only if this part was repeated? Or am I to utter the stupidity "It sounds finer with the repetition"? And surely there just is no paradigm there outside the theme. And yet after all there *is* a paradigm outside the theme: namely the rhythm of our language, of our thinking and feeling. And the theme is also in its turn a *new* bit of our language, it is incorporated in it; we learn a new gesture. [*Ibid.*, p. 101–2.]

436. The theme and the language are in reciprocal action. [*Ibid.*, p. 102.]

437. "A whole world of pain lies in these words." How *can* it lie in them? – It hangs together with them. The words are like an acorn from which an *oak-tree* can grow.

But where is the law laid down, according to which the tree grows

Baum wächst? Nun, das Bild ist durch die Erfahrung unserem Denken einverleibt. [Vgl. VB, S. 102.]

438. "Wo spürst du den Kummer?" – In der Seele.—Und wenn ich hier einen Ort angeben müßte, würde ich in die Magengegend zeigen. Bei der Liebe auf die Brust und bei einem Einfall auf den Kopf.

439. "Wo spürst du den Kummer?" – In der Seele.—Was heißt das nur?—Was für Konsequenzen ziehen wir aus dieser Ortsangabe? Eine ist, daß wir *nicht* von einem körperlichen Ort des Kummers reden. Aber wir deuten *doch* auf unsern Leib, als wäre der Kummer in ihm. Ist das, weil wir ein körperliches Unbehagen spüren? Ich weiß die Ursache nicht. Aber warum soll ich annehmen, sie sei ein leibliches Unbehagen? [Vgl. Z 497.]

440. Denke dir folgende Frage: Kann man sich einen Schmerz, etwa von der Qualität des rheumatischen Schmerzes, denken, aber *ohne* Örtlichkeit? Kann man sich ihn *vorstellen*?

Wenn du anfängst, darüber nachzudenken, so siehst du, wie sehr du das Wissen um den Ort des Schmerzes in ein Merkmal des *Gefühlten* verwandeln möchtest, in ein Merkmal eines Sinnesdatums, des privaten Objekts, das vor meiner Seele steht. [Vgl. Z 498.]

441. Ich sage, dem Kummervollen scheine die ganze Welt grau. – Aber was vor seiner Seele stünde, wäre dann nicht Kummer, sondern eine graue Welt; gleichsam die Ursache des Kummers.

442. Etwas als Farbverschiedenheit – und anderseits als Schatten bei gleicher Farbe wahrnehmen. Ich frage "Hast du die Farbe des Tisches vor dir wahrgenommen, den du die ganze Zeit anschaust?" Er sagt "Ja". Aber er hätte den Tisch als "braun" beschrieben, und hat nicht bemerkt, daß sich in seiner glänzenden Platte der grüne Vorhang spiegelt. – Hat er nun nicht den grünen Gesichtseindruck gehabt? "Ist die Wand vor dir gleichmäßig gelb?" – "Ja". Aber sie ist teils beschattet und schaut beinahe grau aus.

Was sah nun der, der die Wand anschaute? Soll ich sagen, eine gleichmäßig gelbe Fläche, die freilich unregelmäßig beschattet ist? Oder: gelbe und graue Flecken?

443. Es ist eine merkwürdige Tatsache, daß wir uns so gut wie nie der Undeutlichkeit der Peripherie unseres Gesichtsfeldes bewußt sind. Wenn Leute z.B. vom Gesichtsbild reden, denken sie zumeist *nicht*

out of the acorn? Well, experience has incorporated the picture into our thought. [Cf. *Ibid.*, p. 102.]

438. "Where do you feel grief?" – In my mind.—And if I had to give a place here, I should point in the region of the stomach. For love, to the breast and for a flash of thought, to the head.

439. "Where do feel your grief?" In my mind.—Only what does that mean?—What kind of consequences do we infer from this place-assignment? One is, that we do *not* speak of a physical place of grief. But *all the same* we do point to our body, as if the grief were in it. Is that because we feel a physical discomfort? I do not know the cause. But why should I assume it is a bodily discomfort? [Cf. Zettel, 497.]

440. Think of the following question: Can one imagine a pain, with, say, the quality of rheumatic pain, but *without* locality? Can one *imagine* it?

When you begin to think this over, you see how much you would like to change the knowledge of the place of pain into a characteristic of what is *felt*, into a characteristic of the sense-datum, of the private object that is there before my mind. [Cf. Zettel, 498.]

441. I say that to the grief-stricken the whole world looks grey. But what was before my mind would in that case not be grief, but a grey world: as it were the cause of grief.

442. Seeing something as difference of colour – and on the other hand as shadow, the colour being the same. I ask "Have you perceived the colour of the table in front of you, which you've been looking at the whole time?" He says "Yes". But he would have described the colour of the table as "brown" and has not noticed that the green curtains are reflected in its shining surface. Now has he not had the green sense-impression?

"Is the wall in front of you uniformly yellow?" "Yes." But is is partly in shadow and looks almost grey.

Now what did he see, when he looked at the wall? Am I to say, a uniformly yellow surface, which admittedly is irregularly shadowed? Or: yellow and grey patches?

443. It is a remarkable fact that we are hardly ever conscious of the unclarity of the periphery of the visual field. If people, e.g., talk about the visual field, they mostly do *not* think of that; and when one speaks

daran; und wenn man von einer Darstellung des Gesichtseindrucks durch ein Bild redet, so sieht man hierin keine Schwierigkeit. Das ist *sehr* wichtig.

444. "Was ich wahrnehme, ist *DIES* – " und nun folgt eine Form der *BESCHREIBUNG*. Dies könnte man auch so erklären: Denken wir uns eine direkte Übertragung des Erlebnisses! – Aber was ist nun unser Kriterium dafür, daß das Erlebnis wirklich übertragen wurde? "Nun, er hat einfach dasselbe, was ich habe." – Aber wie '*hat*' er es? [Vgl. Z 433.]

445. Denk an die Mannigfaltigkeit der physikalischen Experimente. Wir messen z.b. die Temperatur; aber nur in einer bestimmten allgemeinen Technik ist *dieses* Experiment eine Messung der Temperatur. – Interessierte uns also die Mannigfaltigkeit der (physikalischen) Messungen, ich meine der Messungsarten, so interessierte uns die Mannigfaltigkeit der Methoden, der Begriffe.

446. Wie kannst du den Kummer *betrachten*? Indem du kummervoll *bist*? Indem du dich durch nichts in deinem Kummer zerstreuen läßt? Beobachtest du also das Gefühl, indem du es *hast*? Und wenn du jede Ablenkung fern hältst, – beobachtest du dann eben *diesen* Zustand? oder den andern, in dem du *vor* der Beobachtung warst. Beobachtest du also dein Beobachten?

447. Denk, jemand fragte "Was wird alles in der Physik gemessen?" Nun könnte man aufzählen: Längen, Zeiten, Lichtstärken, Gewichte, etc.

Aber könnte man nicht sagen: Du erfährst mehr, wenn du fragst "Wie wird gemessen?", statt "Was wird gemessen?"

Tut man *dies*, mißt man *so*, so mißt man die Temperatur, – tut man jenes, mißt man *so*: eine Stromstärke.

448. Aber besteht nicht der Kummer aus allerlei Gefühlen? Ist er nicht ein Konglomerat von Gefühlen? Könnte man also sagen, er besteht aus den Gefühlen A, B, C, etc. – wie die Granit aus Feldspat, Glimmer und Quarz? – So sage ich also von dem, er sei kummervoll, der die Gefühle . . . hat? Und wie weiß ich, daß er sie hat? Teilt er sie uns mit?

449. Der Kummer ist doch ein seelisches Erlebnis. Man sagt, man erlebe Kummer, Freude, Enttäuschung. Und dann scheinen diese Erlebnisse wirklich zusammengesetzt und über den ganzen Körper verteilt.

of a representation of the visual impression by means of a picture, one sees no difficulty in this. This is very important.

444. "What I perceive is THIS − " and now follows a form of DESCRIPTION. One might also explain this in this way: Let us imagine a direct transfer of the experience. − But now, what is our criterion for the experience's really having been transferred? "Well he simply has the same as I have" − But how does *he* '*have*' it? [Cf. Zettel, 433.]

445. Think of the variety of physical experiments. We measure, e.g. temperature; but only within a certain general technique is *this* experiment a measuring of temperature. − So if we were interested in the multiplicity of (physical) measurements, I mean kinds of measurement, we'd be interested in the same way in the multiplicity of methods, of concepts.

446. How can you *look at* your grief? By being grief-stricken? By not letting anything distract you from your grief? So are you observing the feeling by *having* it? And if you are holding every distraction at a distance, does that mean you are observing *this* condition? or the other one, in which you were *before* the observation? So do you observe your own observing?

447. Suppose someone were to ask "What are all the things measured in physics?" Now one might retail them: lengths, times, brightness of light, weights etc.

But might one not say: You learn more if you ask "How is measuring done?" instead of "What is measured?"

If one does *this*, if one measures like *this*, then one is measuring temperature − if one does *that*, measures like *that*: the strength of a current.

448. But doesn't grief consist of all sorts of feelings? Is it not a congeries of feelings? Then would one say it consists of feelings A, B, C, etc. − like granite out of feldspar, mica and quartz? − So do I say of someone who has the feelings . . . that he is grief-stricken? And how do I know that he has them? Does he tell us?

449. But grief is a mental experience. One says that one experiences grief, joy, disappointment. And then these experiences seem to be really composite and distributed over the whole body.

Das Hochaufatmen der Freude, das Lachen, Jubeln, die Gedanken an das Glück, – ist nicht das Erleben alles dessen die Freude? Weiß ich also, daß er sich freut, weil er mir mitteilt, er fühle sein Lachen, fühle und höre sein Jubeln, etc. – oder weil er lacht und jubelt? Sage *ich* "Ich bin glücklich", weil ich alles das fühle?

450. Die Worte "Ich bin glücklich" sind ein Freude-Benehmen.

451. Und wie kommt es, daß ich – wie James sagt – eine Freude-Empfindung habe, wenn ich bloß ein freudiges Gesicht mache; eine Gramempfindung, wenn ein grämliches? Daß ich also diese Empfindungen hervorrufen kann, indem ich ihren äußern Ausdruck nachahme? Zeigt das, daß die Muskelempfindungen der Gram, oder ein Teil des Grams sind?

452. Denk, Einer sagte: "Heb deinen Arm, und du wirst fühlen, daß du deinen Arm hebst." Ist das ein Satz der Erfahrung? Und ist es einer, wenn man sagt "Mach ein trauriges Gesicht und du wirst dich traurig fühlen"?
Oder wollte es heißen: "Fühle, daß du ein trauriges Gesicht machst und du wirst Traurigkeit fühlen"? und ist das ein Pläonasmus?

453. Denk, ich sage: "Ja, es ist wahr: wenn ich ein freundlicheres Gesicht mache, fühle ich mich gleich besser." – Ist das, weil die Gefühle im Gesicht angenehmer sind? oder weil es Folgen hat, dies Gesicht zu machen? (man sagt "Kopf hoch!")

454. Sagt man: "Ich fühle mich jetzt viel besser: das Gefühl in den Gesichtsmuskeln und um die Mundwinkel herum ist gut"? Und warum klingt das lächerlich, außer etwa, wenn man früher Schmerzen in diesen Teilen hatte?

455. Vergleicht man auf die gleiche Weise mein Gefühl in den Mundwinkeln und seines – und meinen Gemütszustand und seinen?
Wie vergleiche ich z.B. meine Druckempfindungen mit den seinen? Wie *lerne* ich sie vergleichen? Wie vergleiche ich unsere kinästhetischen Empfindungen, wie setze ich sie zueinander in Beziehung? Und wie die Gefühle der Trauer, Freude, etc.?

456. Nun zugegeben – obwohl es höchst zweifelhaft ist – daß das Muskelgefühl des Lächelns ein Bestandteil des Glücksgefühls ist; – aber wo sind die übrigen Komponenten? – Nun, in der Brust, im

The gasp of joy, laughter, jubilation, the thoughts of happiness – is not the experience of all this: joy? Do I know, then, that he is joyful because he tells me he feels his laughter, feels and hears his jubilation etc. – or because he laughs and is jubilant? Do *I* say "I am happy" because I feel all that?

450. The words "I am happy" are a bit of the behaviour of joy.

451. And how does it come about that – as James says – I have a feeling of joy if I merely make a joyful face; a feeling of sadness, if I make a sad one? That, therefore, I can produce these feelings by imitating their expression? Does that shew that muscular sensations are sadness, or part of sadness?

452. Suppose someone were to say: "Raise your arm, and you will feel that you are raising your arm." Is that an empirical proposition? And is it one if it is said: "Make a sad face, and you will feel sad"?
Or was that meant to say: "Feel that you are making a sorrowful face, and you will feel sorrow"? and is that a pleonasm?

453. Suppose I say: "Yes, it's true: if I adopt a more friendly expression, I feel better at once." – Is that because the feelings in the face are pleasanter? or because adopting this expression has consequences? (One says "Chin up!")

454. Does one say: "Now I feel much better: the feeling in my facial muscles and round about the corners of my mouth is good"? And why does that sound laughable, except, say, when one had, felt pain in these parts before?

455. Is my feeling at the corners of the mouth compared with his – in the same way as my mood is compared with this?
How, for example, do I compare my sensations of pressure with his? How do I *learn* to compare them? How do I compare our kinaesthetic sensations, how do I correlate them with one another? And how the feelings of sorrow, joy etc.?

456. Now granted – although it is extremely doubtful – that the muscular feeling of a smile is a constituent part of feeling glad; – where are the other components? Well, in the breast and belly etc.! –

Bauch, etc.! – Aber fühlst du sie wirklich, oder schließt du nur, sie *müssen* dort sein? Bist du dir wirklich dieser lokalisierten Gefühle bewußt? – Und wenn nicht, – warum sollen sie dann überhaupt da sein? Warum sollst du *sie* meinen, wenn du sagst, du fühlst dich glücklich?

457. Was erst durch einen Akt des *Schauens* festgestellt werden müßte, das hast du jedenfalls nicht gemeint.
So wird eben "Trauer", "Freude", etc. *nicht* verwendet.

458. Warum klingt es seltsam: "Er fühlte für eine Sekunde tiefen Kummer"? Weil das so selten vorkommt? Und wie, wenn wir uns Leute dächten, die dieses Erlebnis oft haben? Oder solche, die oft stundenlang abwechselnd für eine Sekunde schweren Kummer und inniges Glück empfinden. [Vgl. PU, S. 174c.]

459. "Fühlst du nicht *jetzt* den Kummer ..." – ist das, als fragte man: "Spielst du nicht *jetzt* Schach?" Eigentlich aber war die Frage eine persönliche und zeitliche, keine philosophische. [Vgl. PU, S. 174d.]

460. "'Ich hoffe ...' – die Beschreibung meines Seelenzustands": Das klingt, als schaute ich meine Seele an und beschriebe sie (wie man eine Landschaft beschreibt). Wenn ich nun sage: "Ich hoffe immer wieder, er werde noch zu mir kommen" – ist das ein Hoffnungsbenehmen? Ist es nicht ebensowenig ein Hoffnungsbenehmen, wie die Worte: "Ich hoffte damals, er werde kommen"? – Soll ich also nicht sagen, es gebe zwei Arten des Präsens von "hoffen"? Die eine, gleichsam, der Ausruf, die andere der Bericht?

461. Aber wenn ich nun jemandem sage "Ich hoffe sehr, er wird zu unserer Versammlung kommen" – fragt er mich: "Was war das: ein Bericht, oder ein Ausruf?" – Versteht er mich nicht, wenn er das nicht weiß? Und doch ist es eines, zu sagen "Ich hoffe, er wird kommen" und ein anderes, zu sagen: "Ich verliere die Hoffnung nicht, daß er kommen wird."
Oder denke an diesen Ausdruck: "Ich hoffe und bete, daß er kommen möge."

462. "Ich hoffe, er wird kommen" – könnte man sagen – bedeutet manchmal so viel wie der Ausruf "Er wird kommen!", in hoffnungsvollem Ton gesprochen. Aber von diesem Ausruf muß es kein Perfektum geben. Könnte man sich nicht eine Sprache denken, in der

But do you really feel them, or do you merely conclude that they *must* be there? Are you really conscious of these localized feelings? – And if not – why are they supposed to be there at all? Why are you supposed to mean *them*, when you say you feel happy?

457. Something that could only be established through an act of *looking* – that's at any rate not what you meant.
For "sorrow", "joy" etc. just are not used like that.

458. Why does it sound so queer to say "He felt deep grief for one second"? Because it so seldom happens? Then what if we were to imagine people who often have this exprience? Or such as often for hours together alternate between second-long feelings of deep grief and inner joy? [Cf. P.I. p. 174c.]

459. "Don't you feel grief *now* . . ." – is that not as if one were to ask "Aren't you playing chess *now*?" Really, though, the question was a personal and temporal one, not a philosophical question. [Cf. p. 174d.]

460. "'I'm hoping . . .' – the description of my state of mind": That sounds as if I looked into my mind and described it (as one describes a landscape). If now I say: "I keep on hoping that he will yet come to me" – is that a piece of hoping behaviour? Isn't it as little a piece of hoping behaviour as the words "At that time I was hoping he would come"? So should I not say that there are two kinds of present of "hope"? One, as it were the exclamation, the other the report?

461. But now when I say to someone "I very much hope that he will come to our gathering" – does he ask me: "What was that, a report or an exclamation?" – Does he fail to understand me, if he doesn't know that? And yet it is one thing to say "I hope he'll come" and another to say: "I don't lose hope that he will come."
Or think of this expression "I hope and pray that he may come".

462. "I hope he'll come" – one might say – is sometimes equivalent in meaning to "He'll be coming!" said in a hopeful voice. But this exclamation need not have any perfect tense. Couldn't a language be imagined in which, while there was an equivalent of this expression

es wohl ein "Äquivalent dieses Ausrufs der Hoffnung gibt, aber nicht die übrigen Formen des Verbums? In der die Menschen, wenn sie doch von der vergangenen Hoffnung reden wollen, sich selbst zitieren; etwa sagen: "Ich sagte 'Er wird gewiß kommen!'."

463. Man könnte sagen: *Die* Aussage sagt etwas über den Geisteszustand, aus der ich auf den Geisteszustand schließen kann. (Das klingt dümmer, als es ist.) Wenn es *so* ist, dann sagt der Ausdruck des Wunsches "Gib mir diesen Apfel!!" etwas über meinen Geisteszustand. Und ist dieser Satz also eine Beschreibung dieses Zustands? Das wird man nicht sagen wollen. ("Off with his head!")

464. Ist der Ruf "Hilfe!" eine Beschreibung meines Geisteszustands? Und ist er *nicht* der Ausdruck eines Wunsches? Ist er es nicht so sehr, wie irgend einer?

465. Ich sage zu mir selbst: "Ich hoffe und hoffe immer noch, obwohl..." – dabei schüttle ich gleichsam über mich selbst den Kopf. Das heißt etwas ganz anderes als einfach "Ich hoffe...!" (Der Unterschied im Englischen zwischen "I am hoping" und "I hope".)

466. Und was beobachtet, der die eigene Hoffnung beobachtet? Was würde er *berichten*? Verschiedenes. "Ich hoffte täglich,... Ich stellte mir vor.... Ich sagte mir jeden Tag.... Ich seufzte.... Ich ging jeden Tag diesen Weg, in der Hoffnung...."

467. Das Wort "beobachten" ist hier schlecht angebracht. Ich versuche mich an dies und das zu erinnern.

468. Wer sich seiner Hoffnung erinnert, erinnert sich übrigens deshalb nicht an ein Benehmen, auch nicht notwendigerweise an Gedanken. Er sagt – er weiß – er habe damals gehofft.

469. Der Satz "Ich wünsche Wein zu trinken" hat ungefähr den gleichen Sinn wie "Wein her!" Niemand wird *dies* eine Beschreibung nennen; ich kann daraus aber entnehmen, daß, der es sagt, darauf erpicht ist, Wein zu trinken, daß er jeden Augenblick zu Tätlichkeiten übergehen kann, wenn man ihm seinen Wunsch verweigert – und dies wird man einen Schluß auf seinen Seelenzustand nennen.

470. Ist "Ich glaube..." eine Beschreibung meines Seelenzustands? – Nun, was *ist* eine solche Beschreibung? Etwa: "Ich bin traurig", "Ich bin guter Stimmung", vielleicht "Ich habe Schmerzen".

of hope, still there were not the remaining forms of the verb? In which the people quoted themselves when they did want to speak of past hope – saying, e.g. "I said: 'He'll surely come!'"

463. It might be said: An assertion says something about the state of mind, given that I can make inferences from it about the state of mind. (That sounds more stupid than it is.) If *that's* how it is, then the expression of a wish "Give me that apple" says something about my state of mine. And is this proposition then a description of this state? *That* one won't want to say. ("Off with his head!")

464. If I call out "Help!" is that a description of my state of mind? And is it *not* the expression of a wish? Is it not as much that as any other cry is?

465. I say to myself "I still keep on and on hoping, although . . ." and in saying it I as it were shake my head over myself. That means something quite other than simply "I hope . . .!" (The difference in English between "I am hoping" and "I hope".)

466. And what is observed by observing your own hope? What would you *report*? Various things. "I hope every day. . . . I imagined. . . . Every day I said to myself. . . . I sighed. . . . Every day I took this route in the hope. . . ."

467. The word "observe" is badly applied here. I try to remember this and that.

468. If someone remembers his hope, on the whole he is not therefore remembering his behaviour, nor even necessarily his thoughts. He says – he knows – that at that time he hoped.

469. The sentence "I want some wine to drink" has roughly the same sense as "Wine over here!" No one will call *that* a description; but I can gather from it that the one who says it is keen to drink wine, that at any moment he may take action if his wish is refused – and this will be called a conclusion as to his state of mind.

470. Is "I believe . . ." a description of my mental state? – Well, what *is* such a description? "I am sad", for example, "I am in a good mood", perhaps "I am in pain".

471. Es wäre verhängnisvoll das Moore'sche Paradox für etwas zu halten, was nur im Bereich des Seelischen vorkommen kann.

472. Ich will zuerst sagen, daß man mit der Behauptung "Es wird regnen" dem Glauben daran ebenso ausdrückt, wie den Wunsch, Wein zu kriegen, mit den Worten "Wein her!" Man könnte auch so sagen: "Ich glaube, p" heißt ungefähr dasselbe wie "p"; und daß im ersten Satz das Verbum "glaube" und das Pronomen "Ich" stehen, darf uns nicht irren. Wir sehen daraus nur klar, daß die Grammatik von "Ich glaube" sehr verschieden ist von der von "Ich schreibe".

Aber wenn ich das sage, sage ich damit nicht, daß hier nicht auch große Ähnlichkeiten bestehen können; und ich sage nicht, welcher *Art* die Verschiedenheiten sind. ((Reelle und imaginäre Einheit.))

Bedenk nämlich, daß es sich um Ähnlichkeiten und Verschiedenheiten von Begriffen, nicht von den Phänomenen handelt.

473. Man kann das Seltsame sagen: "Ich glaube, es wird regnen" heißt etwas ähnliches, wie "Es wird regnen", aber "Ich glaubte damals, es werde regnen" nicht etwas ähnliches wie "Es hat damals geregnet".

Aber was heißt das nun, der erste Satz habe ungefähr den gleichen Sinn wie der zweite? Heißt es, die beiden brächten in meinem Geist den gleichen Gedanken hervor? (das gleiche *Gefühl?*) – [Vgl. PU, S. 190d.]

474. "Ich will *so* denken, und nicht *so*." Und '*so*' und '*das*' sind, so seltsam das klingen mag, nicht scharf voneinander geschieden.

475. Wie du das Wort "Gott" verwendest, zeigt nicht, *wen* du meinst, sondern was du meinst. [VB, S. 99.]

476. "Aber es muß doch 'Ich glaubte' eben *das* in der Vergangenheit heißen, was 'Ich glaube' in der Gegenwart heißt!" Es muß doch $\sqrt{-1}$ eben das für -1 bedeuten, was $\sqrt{1}$ für 1 bedeutet! Das heißt garnichts. [Vgl. PU, S. 190d.]

477. Was heißt es: "Ich glaube, p" sage ungefähr dasselbe, wie "p"? Wenn Einer den ersten und zweiten Satz sagt, reagieren wir ungefähr in der gleichen Weise; wenn ich den ersten Satz sage und Einer verstünde die Worte "Ich glaube" nicht, würde ich den Satz in der zweiten Form wiederholen, usf. Wie ich auch "Ich wünsche, daß du dort hingehst" mit "Geh dort hin!" erklären würde.

471. It would be asking for trouble to take Moore's paradox for something that can only occur in the mental sphere.

472. I want to say first of all that with the assertion "Its going to rain" one expresses belief in that just as one expresses the wish to have wine with the words "Wine over here!" One might also put it like this: "I believe p" means roughly the same as "p" and it ought not to mislead us that the verb "believe" and the pronoun "I" come in the first proposition. We merely see clearly from this that the grammar of "I believe", is very different from that of "I write".

But when I say this, I don't mean that there may not also be big similarities here; and I am not saying what *kind* of differences there are. ((Real and imaginary unit.))

For remember that what is in question here are similarities and differences of concepts, not phenomena.

473. One may say the following queer thing: "I believe it's going to rain" means something like: "It's going to rain", but "I believed then that it was going to rain" doesn't mean anything like "It rained then".

But now, what does it mean to say that the first sentence has roughly the same sense as the second? Does it mean that both produce the same thought in my mind (the same *feeling?*) – [Cf. P.I. p. 190d.]

474. "I want to think *thus* and not *thus*." And however queer it sounds '*thus*' and '*this*' aren't sharply distinct from one another.

475. The way you use the word "God" shews, not *whom* you mean, but what you mean. [V.B./C. & V., p. 99]

476. "But surely 'I believed' must mean just *that*, for the past, which 'I believe' means for the present!" $\sqrt{-1}$ must mean just the same for -1, $\sqrt{1}$ does for 1. That means nothing at all. [Cf. P. I. p. 190d.]

477. What does it mean to say that "I believe p" says roughly the same as "p"? We react in roughly the same way when anyone says the first and when he says the second; if I said the first, and someone didn't understand the words "I believe", I should repeat the sentence in the second form and so on. As I'd also explain the words "I wish you'd go away" by means of the words "Go away".

478. Moore's Paradox kann man *so* aussprechen: "Ich glaube p" sagt ungefähr dasselbe wie "⊢p"; aber "Angenommen, ich glaube p . . ." sagt nicht ungefähr dasselbe wie "Angenommen p . . .". Kann man die Annahme, ich wünsche etwas, verstehen, ehe man die Äußerung des Wunsches versteht? – Das Kind lernt zuerst, den Wunsch äußern, und später erst, annehmen, es wünsche das und das.

479. "Angenommen, ich habe Schmerzen . . ." – das ist keine Schmerzäußerung und also kein Schmerzbenehmen.

Das Kind, das das Wort "Schmerz" als Ausruf lernt, das dann anfängt von einem vergangenen Schmerz zu erzählen, – es kann eines schönen Tages erzählen "Wenn ich Schmerzen habe, kommt der Arzt". Hat nun in diesem Prozess des Lernens das Wort "Schmerz" seine Bedeutung geändert? Es hat seine Verwendung geändert; aber man muß sich sehr hüten davor, diesen Wechsel zu deuten als einen Wechsel des Gegenstands, der nun dem Wort entspricht.

480. Denk dir, "Ich glaube . . ." durch eine Malerei dargestellt. Wie könnte ich mir das vorstellen? Das Bild würde etwa mich zeigen und irgendein Bild in meinem Kopf. Es kommt nicht darauf an, welchen Symbolismus es verwendet. Das Bild dessen, *was* ich glaube, z.b., daß es regnet – wird darin vorkommen. Meine Seele wird vielleicht dieses Bild ergreifen, festhalten, und dergleichen. – Und nun nehmen wir an, dieses Bild würde als die Behauptung "Es regnet" verwendet. Nun, darin ist noch nichts Seltsames. Soll ich sagen, es sei nun viel an dem Bild *überflüssig*? Das möchte ich nicht sagen.

481. "Im Grunde genommen beschreibe ich mit diesen Worten den eigenen Geisteszustand, – aber diese Beschreibung ist hier indirekt eine Behauptung des geglaubten Tatbestandes selbst."—Wie ich, unter Umständen, eine Photographie beschreibe, um so das zu beschreiben, wovon die Photographie eine Aufnahme ist. [Vgl. PU, S. 190e.]

482. Aber wenn diese Analogie Stich hielte, müßte ich noch sagen können, daß diese Photographie (der Eindruck auf meinen Geist) verläßlich ist. Ich müßte also sagen können: "Ich glaube daß es regnet, und mein Glaube ist verläßlich, also verlasse ich mich auf ihn." So, als wäre mein Glaube eine Art Sinneseindruck. [Vgl. PU, S. 190e.]

483. Sagst du etwa: "Ich glaube es, und da ich zuverlässig bin, wird es wohl so sein"? Das wäre, als sagte man: "Ich glaube es – also glaub ich's."

478. Moore's Paradox may be expressed like *this*: "I believe p" says roughly the same as "⊢p"; but "Suppose I believe that p . . ." does not say roughly the same as "Suppose p . . .".

Can one understand the supposition that I wish for something before understanding the expression of a wish? – The child learns first to express a wish, and only later to make the supposition that it wished for such-and-such.

479. "Suppose I have a pain . . ." – that is not an expression of pain and so it is not a piece of pain-behaviour.

The child who learns the word "pain" as a cry, and who then learns to tell of a past pain – one fine day this child may declare: "If I have a pain, the doctors comes." Now has the meaning of the word "pain" changed in this process of learning the word? It has altered its employment; but one must guard carefully against interpreting this change as a change of object corresponding to the word.

480. Imagine "I believe . . ." represented in a painting. How might I imagine this? The picture would perhaps shew *me* with some picture or other inside my head. The point is not what symbolism it employs. The picture of *what* I believe, e.g. that it is raining, will come into it. My mind will perhaps lay hold of this picture, hold on to it and so on. – And now let us suppose that this picture got used as the assertion "Its raining". Well, so far there is nothing odd about that. Am I now to say that there is a lot that is *redundant* about the picture? That I should not like to say.

481. "Basically, with these words I describe my own state of mind – but *here* this description is indirectly an assertion of the state of affairs that is believed."—As, in certain circumstances I describe a photograph in order to describe what the photograph is a shot of. [Cf. P.I. p. 190e.]

482. But if this analogy held good, then I should further have to be able to say that this photograph (the impression on my mind) is trustworthy. So I should have to be able to say: "I believe that it's raining, and my belief is trustworthy, so I trust it." As if my belief were a kind of sense-impression. [Cf. P.I. p. 190e.]

483. Do you say, e.g. "I believe it, and as I am reliable, it will presumably be so"? That would be like saying: "I believe it – therefore I believe it."

484. Wie man durch die gleiche Tätigkeit bald die Länge des Tisches messen, bald den Maßstab nachprüfen, bald den Messenden auf seine Genauigkeit beim Messen prüfen kann, so kann eine Behauptung mir dazu dienen, mich über ihren Inhalt zu informieren, oder über den Charakter, oder den Seelenzustand des Behauptenden.

485. Man könnte wohl sagen: "Er kommt, aber ich kann es noch immer nicht glauben!" – "Er kommt! Ich kann's nicht glauben!"

486. Denk dir einen Ausrufer in einer Station, der plangemäß einen Zug ankündigt, aber – vielleicht ohne Grund – überzeugt ist, daß er nicht eintreffen wird. Er könnte ankündigen: "Der Zug No. . . . wird um . . . Uhr einfahren. Ich persönlich glaube es nicht."

487. Wie wäre es, wenn ein Soldat militärische Meldungen machte, die auf Grund der Beobachtungen berechtigt wären; er fügt ihnen aber bei, er glaube, sie seien unrichtig. – Fragen wir uns nicht, was im Geiste dessen, der so spricht, vor sich gehen kann, sondern, ob Andere etwas mit dieser Meldung anfangen können, und was.

488. Die Meldung ist ein Sprachspiel mit diesen Worten. Es würde Verwirrung erzeugen, wenn wir sagten: Die Worte der Meldung, der gemeldete Satz habe einen bestimmten Sinn, und das Melden, die 'Behauptung', füge diesem noch einen hinzu. So, als ob der Satz, von einem Grammophon ausgesprochen, der reinen Logik angehörte, als ob er hier den rein logischen Sinn hätte, als ob wir hier den Gegenstand vor uns hätten, den Logiker in die Hand nehmen und betrachten, – während der behauptete, gemeldete Satz das Ding *im Handel* ist. Wie man sagen kann: Der Botaniker betrachtet eine Rose *als Pflanze*, nicht als Schmuck des Kleides, oder Zimmers, oder als zarte Aufmerksamkeit. Der Satz, will ich sagen, hat keinen Sinn außerhalb des Sprachspiels. Das hängt damit zusammen, daß er nicht eine Art *Name* ist. So daß man sagen könnte: "'Ich glaube . . .' – das ist *so*" wobei man (in sich etwa) auf das deutet, was dem Satz seine Bedeutung gibt.

489. Ist es eine Tautologie, zu melden: "Die Reiter werden sofort eintreffen; und ich glaube es"?

490. Das Paradox ist dies: Die *Annahme* kann man so ausdrücken: "Angenommen, es ginge *das in* mir und *das* außerhalb mir vor—die *Behauptung* aber, es gehe *das in* mir vor, behauptet: es gehe das

484. Just as one may use the same procedure, now to measure the length of the table, now to check the yardstick, now to test the measurer's accuracy in making measurements, in the same way an assertion may serve one as information as to its content, or about the character or the state of mind of the asserter.

485. One might very well say: "He's coming, but I still can't believe it!" – "He's coming! I can't believe it!"

486. Imagine an announcer in a railway station, who announces a train according to schedule, but – perhaps groundlessly – is convinced that it won't arrive. He might announce: "Train No. . . . will arrive at . . . o'clock. Personally I don't believe it."

487. How would it be, if a soldier produced military communiqués which were justified on grounds of observation; but he adds that he believes they are incorrect. – Let us ask ourselves, not what may be going on in the mind of one who speaks in this way, but rather whether others can do anything with this report, and what they can do.

488. The communiqué is a language-game with these words. It would produce confusion if we were to say: the words of the communiqué – the proposition communicated – have a definite sense, and the giving of it, the 'assertion' supplies something additional. As if the sentence, spoken by a gramophone, belonged to pure logic; as if here it had the pure logical sense; as if here we had before us the object which logicians get hold of and consider – while the sentence as asserted, communicated, is what it is in *business*. As one may say: the botanist considers a rose *as a plant*, not as an ornament for a dress or room or as a delicate attention. The sentence, I want to say, has no sense outside the language-game. This hangs together with its not being a kind of *name*. As though one might say "'I believe . . .' – *that's* how it is" pointing (as it were inwardly) at what gives the sentence its meaning.

489. Is it a tautology to give the communiqué: "The cavalry will arrive immediately, and I believe it"?

490. The paradox is this: the *supposition* may be expressed as follows: "Suppose *this* went on inside me and *that* outside"—but the *assertion*

außerhalb mir vor. In der *Annahme* sind die beiden Sätze über das Innere und das Äußere ganz unabhängig, in der Behauptung aber nicht.

491. Liegt nun das im Wesen des Begriffs "glauben"? Gewiß.

492. Denk dir, Einer sagte "Ich wünsche, – will aber nicht, daß mein Wunsch befriedigt werde. – (Lessing: "Wenn Gott in seiner Rechten...")[1] Kann man also Gott bitten, den Wunsch zu geben, und ihn *nicht* zu erfüllen?

493. Da scheint es ja also, als wäre die Behauptung "Ich glaube..." nicht die Behauptung dessen, was die Annahme "ich glaube" annimmt! [Vgl. PU, S. 190c.]

494. Sieh's nicht als selbstverständlich an, sondern als etwas sehr Bemerkenswertes, daß die Verben "glauben", "hoffen", "wünschen", "beabsichtigen" u.s.w., alle grammatischen Formen aufweisen, die "essen", "reden", "schneiden" auch haben. [Vgl. PU, S. 190h.]

495. Denk, ich wäre das Zwitterwesen, das aussprechen könnte "Ich glaube nicht, daß es regnet; und es regnet". – Aber wozu dienen nun diese Worte? Welche Verwendung denke ich mir von ihnen gemacht?
"Er kommt. Ich persönlich glaube es nicht, aber laß dich das nicht beirren." – "Er kommt, verlaß dich drauf. *Ich* glaube es nicht; aber laß dich das nicht beirren." Das klingt, als ob zwei Personen aus mir sprächen; oder als ob eine Instanz in mir dem Andern die Mitteilung machte, er komme, und diese Instanz wünscht, der Andere solle dementsprechend handeln, – während eine andere Instanz im gewissen Sinne mein eigenes Verhalten ankündigt. Es ist so, als sagte man: "Ich weiß, daß diese Handlungsweise falsch ist, weiß aber, daß ich so handeln werde."
"Er kommt, aber ich glaube es nicht", kann also in einem Sprachspiel vorkommen. Oder besser: Es läßt sich ein Sprachspiel ausdenken, worin diese Worte uns nicht absurd vorkämen.

---

[1] "Wenn Gott in seiner Rechten alle Wahrheit und in seiner Linken den einzigen immer regen Trieb nach Wahrheit, obschon mit dem Zusatze, mich immer und ewig zu irren, verschlossen hielte und spräche zu mir: 'Wähle!' ich fiele ihm mit Demut in seine Linke und sagte: 'Vater, gib! die reine Wahrheit ist ja doch nur für dich allein!'"

that *this* is going on *inside* me asserts: this is going on outside me. As *suppositions* the two propositions about the inside and the outside are quite independent, but not as assertions.

491. Does this lie in the nature of the concept "believe"? Certainly.

492. Suppose someone said "I wish – but I don't want my wish to be fulfilled". – (Lessing: "If God in his right hand. . . ."[1]) Can one then ask God to give the wish, and *not* to fulfil it?

493. So it looks as if the assertion "I believe . . ." were not the assertion of what the supposition "I believe" supposes! [Cf. P.I. p. 190c.]

494. Don't see it as a matter of course, but as something very worthy of note, that the verbs "believe", "hope", "wish", "intend" and so on, exhibit all the grammatical forms that are also possessed by "eat", "talk", "cut". [Cf. P.I. p. 190h.]

495. Imagine I were the hybrid being that might pronounce "I don't believe it is raining; and it is raining". – But what purpose do these words now serve? What employment am I imagining being given to them?

"He's coming. I personally don't believe it, but don't let that mislead you." – "He's coming, rely upon it. *I* don't believe it, but don't let that mislead you." This sounds as if two persons were speaking out of me; or as if one court within me gave the other person the information that so and so was coming, and this court wished that the person should take appropriate action – while another court in a certain sense reported my own attitude. It is as if one were to say "I know that this is the wrong procedure, but I know that that's what I shall do".

"He's coming, but I don't believe it" may, then, occur in a language-game. Or better: It is possible to think out a language-game in which these words would not strike us as absurd.

---

[1] "If God held enclosed in his right hand all truth, and in his left simply the unremitting impulse towards truth, although with the condition that I should eternally err, and said to me 'Choose!' I should humbly fall before his left hand, and say: 'Father, give! Pure truth is for thee alone'."

496. Ein Voltmeter, statt die Spannung durch Zeiger und Zifferblatt anzuzeigen, könnte sie mit Hilfe einer Grammophonplatte *aussprechen.* Das Instrument sagt etwa, wenn man einen Knopf drückt (es befragt) "Die Spannung beträgt . . .". Könnte es nun auch Sinn haben, das Voltmeter sagen zu lassen: "Ich glaube, die Spannung beträgt . . ."? – So einen Fall kann man sich schon denken.

Soll ich nun sagen, das Instrument sage etwas über sich selbst aus, – oder über die Spannung? Soll ich sagen, das Instrument sage *immer* etwas über sich selbst aus? Und wenn es z.B. eine höhere Ablesung der Spannung wiederholen kann: es habe *geglaubt*, die Spannung sei . . . gewesen?

497. Oder sagen wir's so: Soll ich sagen, ein Voltmeter zeigt etwas über sich selbst an, oder die Spannung? Kann ich nicht beides sagen? Nämlich jedes unter verschiedenen Umständen?

498. Haben "Hilfe!" und "Ich brauche Hilfe" verschiedenen Sinn; ist es nur eine Rohheit unserer Auffassung, daß wir sie als gleichbedeutend betrachten? Heißt es immer, etwas zu sagen: "Genau genommen war, was ich meinte, nicht 'Hilfe!', sondern 'Ich wünsche Hilfe'."

Der schlimmste Feind unseres Verständnisses ist hier die Idee, das Bild, eines 'Sinnes' dessen, was wir reden, in unserm Geiste.

499. Die Behauptung "Er wird kommen" spielt nicht auf den Behauptenden an. Aber auch nicht auf die Worte der Behauptung, während "'er wird kommen' ist ein wahrer Satz" auf die Worte anspielt und den gleichen Sinn hat wie der Satz, der dies nicht tut.

500. Könnte man von dem Sinn der Worte "daß er kommen wird" reden? Denn diese Worte sind recht eigentlich die Frege'sche 'Annahme'. Nun, könnte ich Einem nicht erklären, was dieser Wortausdruck bedeutet? Doch wohl, in dem ich ihm erkläre, oder zeige, wie er verwendet wird.

501. Die Schwierigkeit wird unüberwindlich, wenn du denkst, der Satz "Ich glaube . . ." sage etwas über den Zustand meiner Seele aus. Wäre es so, so müßte man das Moore'sche Paradox reproduzieren können, wenn man statt über den Zustand der eigenen Seele, etwas über den Zustand des Gehirns etwa aussagte. Der Witz ist aber eben, daß keine Behauptung über den Zustand meines Gehirns (oder wessen immer) der Behauptung, die ich glaube – "Er wird kommen" z.B. – gleichkommt.

496. A voltmeter might *pronounce* the voltage by means of a gramo-phone record instead of by dial and pointer. When one presses a button (asks the question) the instrument says, e.g. "The voltage amounts to . . .". Could it make sense to have the voltmeter say: "I believe the voltage amounts to . . ."? One can imagine such a case.

Am I now to say that the instrument is stating something about it-self – or about the voltage? Am I to say that the instrument *always* states something about itself? And if, e.g., on repetition it may give a higher reading for the voltage: am I to say that it had *believed* the voltage was . . .?

497. Or let us put it like this: Am I to say a voltmeter says something about itself, or about the voltage? May I not say both? Each, that is, under different circumstances?

498. Have "Help!" and "I need help" different senses; is it merely a crudity in our conception that we regard them as equivalent? Does it always mean something to say "Strictly speaking, what I meant was not 'Help!' but 'I need help'".

The worst enemy of our understanding is here the idea, the picture, of a 'sense' of what we say, in our mind.

499. The assertion "He will come" makes no allusion to the maker of the assertion. But neither does it allude to the words of the assertion, whereas "'He will come' is a true proposition" does allude to the words and has the same sense as the proposition that does not do so.

500. Might one speak of the sense of the words "that he will come"? For these words are precisely the Fregean 'assumption'. Well, couldn't I explain to someone what this verbal expression means? Yes I can, by explaining to him, or shewing him, how it is employed.

501. The difficulty becomes insurmountable if you think the sentence "I believe . . ." states something about the state of my mind. If it were so, then Moore's Paradox would have to be reproducible if, instead of saying something about the state of one's own mind, one were making some statement about the state of one's own brain. But the point is that no assertion about the state of my (or anyone's) brain is equivalent to the assertion which I believe – for example, "He will come".

502. Fassen wir aber nun dennoch die Behauptung "Er glaubt p" als Aussage über seinen *Zustand* auf, aus der jedenfalls hervorgeht, wie er sich unter gegebenen Umständen verhalten wird! Gibt es denn nun zu so einer Aussage keine *erste Person des Präsens*? Kann ich denn also nicht von mir selbst aussagen, ich sei jetzt in einem Zustand, in welchem die und die sprachlichen, und anderen, Reaktionen wahrscheinlich sind? Ähnlich ist es jedenfalls, wenn ich sage, "Ich bin jetzt sehr irritabel". Ähnlich könnte ich auch sagen "Ich glaube jetzt jede schlimme Nachricht sehr leicht".

503. Würde nun ein Satz, welcher aussagt, ich – oder mein Gehirn – sei jetzt in einem so gearteten Zustand, daß ich auf die Frage "Wird er kommen" mit "Ja" antworte, und die und die anderen Reaktionen aufweise, – würde so ein Satz der Behauptung gleich kommen "Er wird kommen"?

Man könnte hier fragen: "Wie denkst du dir denn, daß ich über diesen meinen Zustand unterrichtet bin? – Durch Erfahrung etwa? Will ich also, aus der Erfahrung, voraussagen, ich werde jetzt so eine Frage immer *so* beantworten, etc.?"

Ist es so und mache ich in diesem Sinne die Aussage "ich glaube, er wird kommen" und füge hinzu "und er wird nicht kommen", so ist das nur insofern ein Widerspruch wie etwa dies einer ist: "Ich kann kein viersilbiges Wort aussprechen", oder dies: "Ich kann keinen einzigen deutschen Satz sagen."

Wenn die letztere eine Art Widerspruch ist, so ist es doch nicht die Annahme: "Angenommen ich könnte keinen einzigen deutschen Satz sagen."

504. Daß er das und das glaubt, ergibt sich für uns aus der Beobachtung seiner Person, aber die Aussage "Ich glaube . . ." macht er nicht auf Grund der Selbstbeobachtung. Und *darum* kann "Ich glaube p" äquivalent sein der Behauptung von "p". Darum auch die Frage "Ist es so?" dem Satz "Ich möchte wissen, ob es so ist".

505. "Dies Gesicht hat einen ganz bestimmten Charakter –" heißt eigentlich: es ließe sich *viel* darüber sagen. – Wann sagt man dies? Was berechtigt einen dazu? Ist es eine bestimmte Erfahrung? Weiß man schon, was man sagen wird; hat man sich's schon im Stillen vorgesagt? Ist die Situation nicht ähnlich wie die: "Jetzt weiß ich weiter!"

506. Wir kennen Alle den Vorgang des momentanen Wechsels des Aspekts; – aber wie, wenn man nun fragte: "Hat A den Aspekt a nun fortwährend vor Augen – wenn nämlich kein Aspektwechsel

502. But now, we do nevertheless take the assertion "He believes p" as a statement about his *state*; from this indeed there results his way of going on in given circumstances. Then is there no *first person present* corresponding to such an ascription? But then, may I not ascribe a state to myself now in which such-and-such linguistic and other reactions are probable? It is like this, at any rate, when I say "I'm very irritable at present". Similarly I might also say "I believe any bad news very readily at present".

503. Now would a proposition ascribing to myself – or to my brain – such a condition that I reply "Yes" to the question "Will he come?" and also exhibit such-and-such other reactions – would such a proposition amount to the assertion "He will come"?

Here one might ask "How do you imagine I have been instructed about this state of mind? – By experience, say? Do I then want to predict from experience that I will now always answer such a question like *this*, etc.?" If that's how it is, and I make the statement "I believe he will come" in this sense, and I add "and he isn't going to come", then that is a contradiction only to the same extent as "I'm incapable of pronouncing any word with four syllables"; or "I can't speak a word of English". If this latter is a kind of contradiction; still the assumption "Suppose I couldn't speak a word of English" is not.

504. That he believes such-and-such, *we* gather from observation of his person, but *he* does not make the statement "I believe..." on grounds of observation of himself. And *that* is why "I believe p" may be equivalent to the assertion of "p". And the question "Is it so?" to "I'd like to know if it is so."

505. "This face has a quite particular character – " really means: *much* could be said about it. When does one say this? What justifies one in it? Is it a particular experience? Does one already know what one will say: has one already said it silently? Isn't it a situation like: "Now I know how to go on!"

506. We all know the process of sudden change of aspect; – but what if someone asked: "Does A have the aspect *a* continuously before his eyes – when, that is, no change of aspect has taken place?" May not

eingetreten ist?" Kann der *Aspekt* nicht, so zu sagen, *frischer* oder *unbestimmter* werden? – Und wie seltsam, daß ich das *frage*!

507. Es gibt so etwas, wie ein Aufflackern des Aspekts. So, wie man etwas mit intensiverem und weniger intensivem Ausdruck spielen kann. Mit stärkerer Betonung des Rhythmus und der Struktur, oder weniger starker.

508. *Das* als eine Variante von *dem* sehen, hören. Da ist also der Moment, wo ich beim Anblick von A an B *denke*, wo dieses Sehen, so zu sagen, akut ist, und dann die Zeit, in der es chronisch ist.

509. Das psychologische Phänomen *nicht* erklären, sondern *hinnehmen*, ist das schwere. –

510. "F" als Variation verschiedener Figuren.
Wenn ich mir denke, daß in meinem Geist das Paradigma, als dessen Variante ich das Objekt sehe, irgendwie beim Sehen gegenwärtig ist, dann könnte es (doch) bald deutlicher, bald undeutlicher gegenwärtig sein, und es könnte auch ganz verschwinden.

511. Denk dir zwei Leute: der eine hat in der Jugend das "F" so gelernt "Ⅎ" – der Andere, wie wir, " F ". Wenn nun die Beiden das Wort "Figur" lesen, – muß ich sagen, habe ich Grund zu sagen, sie sähen Jeder das "F" anders? Offenbar nein. Und könnte es nicht doch sein, daß der Eine von ihnen, wenn er hört, wie der Andere diesen Buchstaben schreiben und lesen gelernt hat, sagt: "*So* hab ich ihn nie angesehen, sondern immer *so*"?
Und ferner wird es wohl Situationen geben, in denen ich, was einer dieser Leute tut, oder sagt, *so* erklären werde: "Er betrachtet nämlich diesen Buchstaben als Variante von. . . ."

512. *Das* ist sicher, daß man sagen kann: "Ich habe das noch nie so gesehen". Hier ist das "nie" unzweifelhaft. – Sagst du aber "Ich habe das *immer* so gesehen", so ist dies "immer" nicht gleichermaßen sicher. Und daran ist natürlich garnichts merkwürdiges, wenn man statt "gesehen" "aufgefaßt" sagt.

513. Denke, du wüßtest, daß das Zeichen **Ŧ** eine Kombination eines **Ŧ** mit einem **ꞅ** ist.—Das erinnert an das Traumphänomen, das man in einer Traumerzählung mit den Worten

the *aspect* become, so to speak, *fresher*, or *more indefinite*? – And how queer it is that I *ask* this!

507. There is such a thing as the flaring up of an aspect. In the same way as one may play something with more intense and with less intense expression. With stronger emphasis of the rhythm and the structure, or less strong.

508. Seeing, hearing *this* as a variant of *that*. Here there is the moment at which I *think* of B at the sight of A, where this seeing is, so to speak, acute, and then again the time in which it is chronic.

509. *Not* to explain, but to *accept* the psychological phenomenon – that is what is difficult.

510. "F" as a variation of different figures.
If I imagine that the paradigm, as a variant on which I see the object, is somehow present in my mind as I see, then it might after all be present now more clearly, now less, and it might disappear altogether.

511. Imagine two people: one has learnt "F" like this in his youth: " ꓛ " – the other, as we do: " F ". If now both read the word "Figure", – must I say, have I reason to say, that they each see the "F" differently? Obviously not. And yet might it not still happen, that the one, on hearing how the other learned to write and read this letter, says: "I've never seen it like *that*, but always like *this*"?
And further, there will probably be situations in which I shall explain what one of these people does or says like *this*: "The thing is, he regards this letter as a variant of. . . ."

512. *This* is certain, that one may say: "I've never seen this in that way before." Here there is no doubt about the "never". – But if you say "I have *always* seen this like that", this "always" is not equally certain. And there is of course nothing at all remarkable about this, if instead of "seen" one says "taken".

513. Suppose you knew that the sign ꓝ was a combination of a ꓔ with a r .—This recalls the dream phenomenon, which, in

beschreibt: "und ich wußte, daß . . .". Und es hat auch Ähnlichkeit mit dem, was man "Halluzination" nennt.

514. Es ist, als wäre in meinem Geist ein Paradigma, eine Vorlage gegenwärtig, wenn ich das Zeichen sehe. Aber was für eine Vorlage?? wie sieht sie aus? Doch nicht eben, wie das Zeichen selbst! – Also wie das Zeichen, *so* gesehen? – Aber *wie* gesehen? Wie soll ich den Aspekt notieren? Nun, wie notieren wir ihn denn; wie verständigen wir uns über ihn? Ich sage etwa: "Das Zeichen, wie ich's sehe, schaut nach rechts." Ich könnte sogar von einer Art visuellen Schwerpunkt reden, – sagen: Der Schwerpunkt des Zeichens F befindet sich *hier*. Kann ich erklären, was ich damit meine? Nein. – Aber diese meine Reaktion kann ich mit Reaktionen Anderer vergleichen.

515. Bin ich mir stets der Verschwommenheit der Ränder meines Gesichtsfelds bewußt? Soll ich sagen: "Fast nie", oder "Nie"?

516. In einem andern Gedankenraum – möchte man sagen – schaut das Ding anders aus.

517. Man könnte sich in der Musik eine Variation auf ein Thema denken, die, etwa ein wenig anders phrasiert, als eine ganz andere Art der Variation des Themas aufgefaßt werden kann. (Im Rhythmus gibt es solche Mehrdeutigkeiten.) Ja, was ich meine, findet sich wahrscheinlich überhaupt immer, wenn eine Wiederholung das Thema in ganz anderem Licht erscheinen läßt.

518. Kein Aspekt, der nicht (auch) Auffassung ist.

519. Angenommen Einer sagte mir: "Es hat sich jetzt etwas an dem *Bild* verändert – ich kann's nicht anders ausdrücken – obwohl die Form die gleiche ist wie früher. Ich kann nur sagen: früher war es eine Art F , jetzt ist es eine art Ⅎ ". Wenn er *das* sagte, könnte ich nicht doch mißtrauisch sein und bezweifeln, daß er die Figur immer, ununterbrochen, so *gesehen* und sie nicht nur nie anders aufgefaßt hat?

520. Denk dir, das Kind, wenn es den Buchstaben "R" gelernt hat, sagt uns: "Ich sehe es immer als ein 'R'." Was könnte uns das mitteilen?? – Ja, auch wenn es uns sagte, "Ich sehe es immer als ein 'P' mit einer schiefen Stütze", würde uns das nur sagen: so faßt das Kind es auf, so erklärt es sich den Buchstaben, und dergleichen. Erst wenn es vom Wechseln des Aspekts spräche, würden wir sagen, nun sei es jenes Phänomen. . . .

telling a dream, one describes with the words: "and I knew that . . .".
And it also has some similarity to what is called "hallucination".

514. It is as if when I see the written character there were a paradigm,
a pattern, present in my mind. But what sort of pattern?? What does
it look like? Surely at any rate not like the character itself! – Well,
like the character seen in *this* way then? But seen in *what* way? What
notation can I use for the aspect? Well, what notation do we use; how
do we communicate about it? I say, for example: "The sign, as I see it,
looks to the right." I might positively speak of a kind of visual centre
of gravity, – might say: The centre of gravity of the sign F is *here*.
Can I explain what I mean by this? No. – But I can compare this
reaction of mine with other people's reactions.

515. Am I continually conscious that the edges of my visual field are
blurred? Ought I to say: "Hardly ever", or "never"?

516. In a different thought-space – one would like to say – the thing
looks different.

517. In music a variation on a theme could be imagined, which,
phrased a bit differently, say, can be conceived as a completely
different kind of variation of the theme. (In rhythm there are such
ambiguities.) Indeed what I mean is probably to be found absolutely
always, when a repetition makes the theme appear in a quite different
light.

518. No aspect that is not (also) conception.

519. Suppose someone said to me: "Something has changed about the
picture now – I can't put it in any other way – although the shape is
the same as before. I can only say: before, it was a kind of F , now
it's a kind of $\daleth$." If he were to say *that*, might I not all the same be
suspicious and doubt that he had always, uninterruptedly, *seen* the
figure in that way, and not merely never conceived it otherwise?

520. Imagine that a child, when it has learnt the letter "R", were to
say to us "I always see it as an 'R'". What could that tell us?? – For
that matter, even if it were to say "I always see it as a 'P' with a skew
support" that would only tell us: the child conceives it so, that's how
it explains the letter to itself, and such like. Only if it were to speak of
a change of the aspect should we say: now it is that phenomenon. . . .

521. Sagt Einer "Ich sehe es immer *so*", so muß er das "*So*" angeben. Angenommen, er täte das, indem er den Strichen der Figur in einer bestimmten Reihenfolge, oder in einem bestimmten Rhythmus nachführe. Das wäre *ähnlich*, als sagte er uns: "Ich folge der Figur mit den Augen immer *so*". Und da *könnte* es natürlich sein, daß ihn sein Gedächtnis täuscht.

522. Sagt er "Ich sehe (jetzt) die Figur *so*" und fährt ihr in bestimmter Weise nach, – so müßte das nicht sowohl eine Beschreibung sein, als, sozusagen, dies Sehen selbst. Sagt er aber "Ich *habe* sie immer so gesehen", so heißt das, er habe sie nie *anders* gesehen, und da mag er sich täuschen.

523. Nein, das Paradigma schwebte mir nicht ständig vor—aber wenn ich den Wechsel des Aspekts beschreibe, dann geschieht das mit Hilfe der Paradigmen.

524. "Ich habe es immer *so* gesehen" – damit will man eigentlich sagen: "Ich habe es immer *so* aufgefaßt, und *dieser* Wechsel des Aspekts hat nie stattgefunden."

525. "Ich habe es nie *so* gesehen, sondern immer *so*." Nur ist das *allein* noch kein Satz. Das Feld fehlt ihm noch.

526. "Ich habe es immer mit *diesem* Gesicht gesehen." "Aber du mußt noch sagen, mit *welchem*. Und sowie du *das* dazu sagst, ist es nicht mehr als hättest du's *immer* getan.

"Ich habe diesen Buchstaben immer mit einem grämlichen Gesicht gesehen." Da kann man fragen: "Bist du sicher, daß es *immer* war?" D.h.: ist dir die Grämlichkeit *immer* aufgefallen?

527. Und wie ist es mit dem 'Auffallen'? Findet das in einem Moment statt, oder dauert es an?

528. "Wenn ich ihn ansehe, sehe ich immer das Gesicht seines Vaters." Immer? – Aber doch nicht nur auf *Augenblicke*! Dieser Aspekt kann andauern.

529. Denk dir, man sagte: "Ich sehe es jetzt immer in *diesem* Zusammenhang." –

530. Absolutes und relatives Gehör. Hier ist etwas Ähnliches: Ich höre den Übergang von einem Ton zum andern. Aber nach kurzer Zeit kann ich einen Ton nicht mehr als den höheren oder tieferen

521. If someone says "I always see it *this* way", he must say how. Suppose he did this by tracing the lines of the figure in a definite order or in a particular rhythm. That would be something *like* his telling us "I always follow the figure with my eyes in *this* way". And here it might of course be that his memory deceives him.

522. If he says "I see the figure (now) like *this*" and follows it in a definite way – this need not be so much a description as, so to speak, the seeing itself. But if he says "I *have* always seen it like that" this means that he has never seen it *differently*, and here he may be deceiving himself.

523. No, I didn't have the paradigm continuously before my mind— but when I describe the change of aspect, I use the paradigms in describing it.

524. "I've always seen it *this* way" – here one really means to say: "I have always conceived it *this* way, and *this* change of aspect has never taken place."

525. "I've never seen it *this* way, always *that*." Only this doesn't make a proposition by itself. It lacks a field.

526. "I have always seen it with *this* face." But you still have to say *what* face. And as soon as you add *that*, it's no longer as if you had *always* done it.
   "I have always seen this letter as having a peevish face." Here one can ask: "Are you sure it was *always*?" That is to say: did the peevishness *always* strike you?

527. And what about something's 'striking' one? Does that take place in a moment, or does it last?

528. "When I look at him, I always see his father's face." Always? – But surely not just *momentarily*! This aspect may endure.

529. Imagine its being said: "Now I always see it in *this* context." –

530. Absolute and relative pitch: Here is something similar: I hear the transition from one note to the other. But after a short time I can no longer recognize a note as the higher or lower of those two. And it

jener beiden erkennen. Und es müßte auch keinen Sinn haben, von einem solchen "Erkennen" zu reden; wenn es nämlich kein Kriterium des *richtigen* Erkennens gäbe.

531. Es ist beinahe, als ob das '*Sehen* des Zeichens in *diesem* Zusammenhang' ein Nachhallen eines Gedankens wäre. [Vgl. PU, S. 212b.]

532. Von einem wirklichen oder gemalten Gesicht zu sagen "Ich habe es *immer* als Gesicht gesehen", wäre seltsam; aber nicht: "Es war für mich immer ein Gesicht, und ich habe es nie *als etwas anderes* gesehen."

533. Wenn ich z.B. das $\digamma$ einmal als ein T mit einem hinzuge-fügten Strich sehe, so ist es, als ob die *Gruppierung* sich änderte. Fragt man mich aber: "Du hast also früher diese Figur immer mit der Gruppierung eines $\digamma$ gesehen?" so könnte ich nicht sagen, es sei so.

534. Wenn Einer sagt: "Ich rede von einem visuellen Phänomen, in welchem sich wirklich das Gesichtsbild, nämlich seine Organisation ändert, obwohl Formen und Farben die gleichen bleiben" – dann kann ich ihm antworten: "Ich weiß, wovon du redest; ich *möchte auch das sagen*, was du sagst." – Ich sage also nicht: "Ja, das Phäno-men, wovon wir beide reden, ist wirklich ein Wechsel der Organisation . . .", sondern "Ja, dies Reden von dem Wechsel der Organisation, etc. ist die Äußerung des Erlebnisses, das auch ich meine".

535. "Die Organisation des Gesichtsbilds ändert sich." – "Ja, das möchte ich auch sagen."
    Das ist analog dem, wenn Einer sagte, "Alles um mich kommt mir unwirklich vor" – und ein Anderer erwidert: "Ja, ich kenne dieses Phänomen. Ganz so möchte ich's auch ausdrücken."

536. "Die Organisation des Gesichtsbilds ändert sich" hat eben nicht die gleiche Art der Anwendung, wie: "Die Organisation dieses Vereins ändert sich." *Hier* kann ich beschreiben, *wie das ist*, wenn sich die Organisation unseres Vereins ändert.

537. "Es ist mir nie aufgefallen, daß man die Figur *so* sehen kann": folgt daraus, daß es mir aufgefallen ist, oder daß ich wußte, daß man sie *so* sehen konnte, wie ich sie immer gesehen habe?

doesn't even have to make sense to speak of any such "recognition"; when, that is, there is no criterion for *correct* recognition.

531. It is almost as if the '*seeing* of the sign in *this* context' were an echo of a thought. [Cf. P.I. p. 212b.]

532. To say of a real face, or of a face in a painting: "I've *always* seen it as a face" would be queer; but not "It has always been a face for me, and I have never seen it *as something else*".

533. If, e.g., for once I see the 𝘍 as a T with an additional stroke, it is as if the grouping changed. But if I am asked: "So formerly you always saw this figure with the grouping of an 𝘍 ?" I could not say it was so.

534. If someone says: "I am talking of a visual phenomenon, in which the visual picture, that is its organization, does change, although shapes and colours remain the same" – then I may answer him: "I know what you are talking about: I *too should like to say* what you say." – So I am not saying "Yes, the phenomenon we are both talking about is actually a change of organization . . ." but rather "Yes, this talk of the change of organization etc. is an expression of the experience which I mean too".

535. "The organization of the visual image changes." – "Yes, that's what I'd like to say too."
   This is analogous to the case of someone saying "Everything around me strikes me as unreal" – and someone else replies: "Yes, I know this phenomenon. That's just how I'd put it myself."

536. "The organization of the visual image changes" has not the same kind of application as: "The organization of this company is changing." *Here* I can describe *how it is*, if the organization of our company changes.

537. "It never occurred to me that one can see the figure *this* way": does it follow that it did occur to me, or that I knew, that one could see it the way I always have seen it?

538. Ich höre einen Ton – höre ich also nicht, wie laut er ist?—Ist es richtig, zu sagen: wenn ich den Ton höre, müsse ich mir des Grades seiner Lautheit bewußt sein? – Anders ist es, wenn seine Stärke sich ändert.

539. Es würde auf den ersten Blick *so* erscheinen: Jemand kommt darauf, daß man ein Ⅎ auch als T mit einem Anhängsel sehen kann; er sagt "Jetzt sehe ich's als T, etc., jetzt wieder als F". Daraus scheint zu folgen, daß er's das zweite mal so sieht, wie er es vor seiner Entdeckung *immer* gesehen hat. – Daß also, wenn es Sinn hatte zu sagen, "Jetzt sehe ich's wieder als F", es auch Sinn gehabt hätte *vor* dem Wechsel des Aspekts zu sagen "Ich sehe den Buchstaben Ⅎ immer als F".

540. Wenn ich einen Satz immer in einem und demselben Tonfall gehört hätte (und oft gehört hätte), wäre es richtig, zu sagen, ich müsse mir natürlich des Tonfalls bewußt gewesen sein? Wenn das eben dasselbe heißt wie, ich habe ihn in diesem Tonfall gehört und spreche ihn auch immer in diesem Tonfall nach, – dann bin ich mir des Tonfalls bewußt. Ich muß aber wissen, daß es so etwas gibt, wie einen 'Tonfall', der Tonfall braucht mir nie *aufgefallen* zu sein, ich brauche nie *auf ihn gelauscht* zu haben.
  Der Begriff Tonfall mag mir ganz unbekannt sein. Die *'Trennung'* des Tonfalls vom Satz braucht sich für mich nicht vollzogen zu haben.
  Ich habe also kein Sprachspiel mit dem Wort "Tonfall" gelernt.

541. Wenn das Kind die Buchstaben lernt, lernt es ja nicht, sie *so* und nicht anders sehen. Soll ich nun sagen, der Mensch komme später beim Wechsel des Aspekts drauf, daß er einen Buchstaben, z.B. ein R, immer in der gleichen Weise gesehen habe? – Nun, so *könnte* es sein, ist aber nicht so. Nein, *das sagen wir nicht.* Sogar, wenn Einer so etwas sagte wie, für ihn habe der Buchstabe . . . immer das und das Gesicht gehabt, würde er zugeben, daß er in vielen Fällen beim Anblick des Buchstabens nicht an ein Gesicht 'gedacht' habe.

542. Soll ich nun sagen: eine 'Art des Sehens' assoziiere sich für uns mit einem Buchstaben? Gewiß nicht; außer es heißt etwas ähnliches wie: ein Gesicht assoziiere sich mit einem Buchstaben.

543. Denk an den Begriff "Schreibweise". Man kann sagen "Das ist eine interessante Schreibweise des Buchstabens . . ." – aber versteht also jeder, was "Schreibweise" heißt, der einen Buchstaben schreiben gelernt hat? Ich meine: Kann Einer die Schreibweise des S beachten,

538. I hear a note – so don't I hear how loud it is?—Is it correct to say: if I hear the note, I must be conscious of its degree of loudness? – It's different if its strength alters.

539. At first sight it would appear to be like *this*: Someone notices that one can see an *F* also as a T with a little appendix; he says "Now I see it as a T etc., now as an F". From this it seems to follow that he sees it the second time as he *always* saw it before his discovery. – And so, that if it makes sense to say "Now I see it as an F again", it also made sense to say, before the change of aspect, "I always see the letter *F* as an F".

540. If I had always heard a sentence in one and the same intonation (and often heard it) would it be right to say that I must, of course, have been conscious of the intonation? If that just means that I have heard it in this intonation and also pronounce it accordingly – then I am conscious of the intonation. But I need not know that there is such a thing as an 'intonation'; the intonation need never have *struck* me, I need never have *hearkened to it*.

The concept intonation may be quite unknown to me. The '*separation*' of intonation from sentence need not have been effected for me.

I have not learned any language-game with the word "intonation"!

541. For when a child learns its letters, it doesn't learn to see them *this* way and not otherwise. Am I to say, now, that at the change of aspect the man realizes that he has always seen a letter, say an R, in the same way? – Well, it *might* be so, but it isn't so. No, *that's not what we say*. Rather, when someone says something like: for him the letter . . . has always had such-and-such a face, he would admit that in many cases he has not 'thought' of a face when he saw the letter.

542. Am I now to say: a 'kind of seeing' is associated with a letter for us? Certainly not; unless it means something like: a face gets associated with a letter.

543. Think of the concept "style of handwriting" one may say "That's an interesting style that the letter . . . is written in" – but does everyone who has learnt how to write a letter of the alphabet understand what "style" means? I mean: Can someone understand the style

der garnicht weiß, daß es verschiedene Schreibweisen eines Buchstabens gibt? – Oder spiele ich hier nur mit Worten?

Du darfst nur nicht einen zu engen Begriff des 'Erlebens' haben.

Frag dich etwa: Kann *der* eine Aussprache als *vulgär* empfinden, der
etwa nie andere Beispiele vor sich hatte?

544. "Diese Schrift ist mir unsympathisch." Kann dem, der gerade
lesen und schreiben lernt, eine Schrift 'unsympathisch' sein? – Sie
kann ihn vielleicht in irgend einem Sinne abstoßen. Nur von dem hat
es Sinn zu sagen, eine Schrift sei ihm unsympathisch, der sich bereits
allerlei Gedanken über eine Schrift machen kann.

545. Wäre es denkbar, daß über zwei identischen Abschnitten eines
Musikstücks Anweisungen stünden, die uns aufforderten, es beim
ersten mal *so*, beim zweiten mal *so zu hören*, ohne daß dies auf den
Vortrag irgendeinen Einfluß ausüben sollte. Es wäre etwa das
Musikstück für eine Spieluhr geschrieben und die beiden gleichen
Abschnitte wären in der gleichen Stärke und dem gleichen Tempo zu
spielen – nur jedesmal anders *aufzufassen*.

Nun, wenn auch ein Komponist so eine Anweisung noch nie
geschrieben hat, könnte nicht ein Kritiker sie schreiben? Wäre so eine
Anweisung nicht vergleichbar mit einer Überschrift der Pro-
grammusik ("Tanz der Landleute")?

546. Nur freilich, wenn ich Einem sage "Höre es *so*", so muß er nun
sagen können: "Ja, jetzt versteh ich's; jetzt hat es wirklich Sinn!"
(Etwas muß einschnappen.)

547. Welchen Begriff von der Gleichheit, Identität, haben wir? Du
kennst die Verwendungen des Wortes "gleich", wenn es sich im
gleiche Farben, gleiche Klänge, gleiche Formen, gleiche Längen,
gleiche Gefühle handelt, und du entscheidest, ob nun der und der
Fall in diese Familie aufgenommen werden soll, oder nicht.

548. Was ist an der Idee abstoßend, daß wir den Gebrauch eines
Wortes studieren, Fehler in der Beschreibung dieses Gebrauchs
aufzeigen, u.s.w.? Vor allem fragt man sich: Wie könnte *das* uns so
wichtig sein? Es kommt drauf an, ob man 'falsche Beschreibung' die
nennt, die nicht mit dem sanktionierten Sprachgebrauch übercin-
stimmt, – oder die, die nicht mit der Praxis des Beschreibenden
übereinstimmt. Nur im zweiten Fall entsteht ein philosophischer
Konflikt.

of the letter S who doesn't know at all that there is such a thing as different styles for a letter? – Or am I merely playing with words here?

You just must not have too narrow a concept of 'experiencing'.

Ask yourself, e.g.: The man who has never had other examples before him – can *he* perceive a pronunciation as *vulgar*?

544. "I find this handwriting unattractive." If someone has only just learnt to read and write, can he find a handwriting 'unattractive'? – It may perhaps in some sense put him off. It makes sense to say that someone finds a handwriting unattractive, only if he is already capable of forming all sorts of thoughts about a handwriting.

545. Would it be imaginable, given two identical bits of a piece of music, to have directions placed above them, bidding us hear it like *this* the first time, and like *this* the second, without this exerting any influence on the performance? The piece would perhaps be written for a chiming clock and the two bits would be meant to be played equally loud and in the same tempo – only *taken* differently each time.

And, even if a composer has never yet written such a direction, might not a critic write it? Would not such a direction be comparable to a title to Programme music ("Dance of the Peasants")?

546. Only of course, if I say to someone "Hear it like *this*", he must now be able to say: "Yes, now I understand it; now it really makes sense!" (Something must click.)

547. What concept have we of sameness, of identity? You are familiar with the uses of the word "same" when what is in question is same colours, same sounds, same shapes, same lengths, same feelings, and now you decide whether this case and that should be included in this family or not.

548. What is it that is repulsive in the idea that we study the use of a word, point to mistakes in the description of this use and so on? First and foremost one asks oneself: How could *that* be so important to us? It depends on whether what one calls a 'wrong description' is a description that does not accord with established usage – or one which does not accord with the practice of the person giving the description. Only in the second case does a philosophical conflict arise.

549. Weniger abstoßend ist die Idee: wir machen uns, vom Denken z.B., *ein falsches Bild*. Denn hier sagt man sich: wir haben es doch mindestens mit dem Denken, nicht mit dem Worte "denken", zu tun.

Also, wir machen uns vom Denken ein falsches Bild. – Aber *wovon* machen wir uns ein falsches Bild; wie weiß ich, z.B., daß du dir von *dem* ein falsches Bild machst, wovon auch ich mir ein falsches Bild mache?

Nehmen wir an, unser Bild des Denkens wäre ein Mensch, der den Kopf in die Hand stützt und zu sich selber redet. Unsere Frage ist nicht "Ist das ein richtiges Bild?" sondern: "Wie wird dies Bild als Bild des *Denkens* verwendet?"

Nicht: "Wir haben uns ein falsches Bild gemacht" – sondern: "Wir kennen uns im Gebrauch unseres Bildes, oder unserer Bilder, nicht aus!" Und also nicht im Gebrauch unseres Wortes.

550. Wohl, – aber dies Wort ist doch nur insofern interessant, als es tatsächlich für uns einen ganz bestimmten Gebrauch besitzt, also sich bereits auf eine gewisse Erscheinung bezieht! – Das ist wahr. Und das heißt: wir haben es nicht mit einer Verbesserung der grammatischen Konventionen zu tun. – Aber was heißt das: "Wir wissen Alle, auf welche Erscheinung sich das Wort 'denken' bezieht"? Heißt es nicht eben: wir können Alle das Sprachspiel mit dem Wort "denken" spielen? Nur erzeugt es Unklarheit, das Denken eine 'Erscheinung' zu nennen; und weitere Unklarheit, zu sagen "wir machen uns von dieser Erscheinung ein falsches Bild". ("Einen falschen Begriff" könnte man schon eher sagen.)

551. Haben wir es mit dem Gebrauch des Wortes "fünf" zu tun, so haben wir es, in gewissem Sinne, mit dem zu tun, was dem Worte 'entspricht'; nur ist *diese* Ausdrucksweise primitiv, setzt eine primitive Auffassung vom Gebrauch eines Wortes voraus.

552. Ein 'Sprachspiel': Man läßt Einen ein Aroma, z.B. das des Kaffees nach einer Zeichnung wählen. Man sagt ihm: "Kaffee riecht

so: " und nun befiehlt man ihm diejenige Flüssigkeit zu

bringen, die *so* riecht. – Ich nehme nun an, er brächte wirklich die richtige. Ich hätte also ein Mittel, durch etwas *Zeichenartiges* einem Menschen Befehle zu erteilen. ((Zusammenhang mit dem Wesen der Regel, der Technik, der Mathematik, – der reellen Zahlen z.B.)) Dies hängt auch damit zusammen: ("Die Henne 'ruft' die Küchlein zu sich.")

549. Less repulsive is the idea that we form *a wrong picture* for ourselves, say of thinking. For here one says to oneself: at least we have to do with thinking, not with the word "thinking".

So we form a wrong picture of thinking. – But *of what* do we form a wrong picture; how do I know, e.g., that you are forming a wrong picture of *that*, of which I too am forming a wrong picture?

Let us suppose that our picture of thinking was a human being, leaning his head on his hand while he talks to himself. Our question is not "Is that a correct picture?" but "How is this picture employed as a picture of thinking?"

Say, not: "We have formed a wrong picture of thinking" – but: "We don't know our way about in the use of our picture, or of our pictures." And hence we don't know our way about in the use of our word.

550. Very well, – but this word is surely interesting to us only insofar as it actually possesses for us a quite particular use, and so already relates to a particular phenomenon! – That's true. And that means: our concern is not with improving grammatical conventions. – But what does it mean to say "We all know what phenomenon the word 'thinking' refers" to? Doesn't it simply mean: we can all play the language-game with the word "think"? Only it produces unclarity to call thinking a 'phenomenon', and further unclarity to say "we form a wrong picture of this phenomenon". (One might really rather say "a wrong concept".)

551. If we are dealing with the use of the word "five", then we are dealing in a certain sense with what "corresponds' to the word; only *this* way of speaking is primitive, it presupposes a primitive conception of the use of a word.

552. A 'language game': We get someone to choose an aroma according to a drawing, e.g. the aroma of coffee. We say to him

"Coffee smells like this: ⟨⟩   " and now we tell him to bring the

liquid that smells like that – Now I will assume that he would actually bring the right one. So I would have a means of imparting orders to a human being by *graphical* means. ((Connexion with the nature of a rule, a technique, of mathematics, – that of the real numbers for example.)) This also hangs together with this: ("The mother hen 'calls' the chickens to her").

553. "Man kann das Aroma des Kaffees nicht beschreiben." Aber könnte man sich nicht denken, daß man's könnte? Und *was* muß man sich dazu vorstellen?

Wer sagt "Man kann das Aroma nicht beschreiben", den kann man fragen: "*Womit* willst du's beschreiben? Mit Hilfe welcher *Elemente?*"

554. Wir sind auf die Aufgabe garnicht *gefaßt*, den Gebrauch des Wortes "Denken", z.B., zu beschreiben. (Und warum sollten wir's sein? Wozu ist so eine Beschreibung nütze?)

Und die naive Vorstellung, die man sich von ihm macht, entspricht garnicht der Wirklichkeit. Wir erwarten uns eine glatte, regelmäßige Kontour, und kriegen eine zerfetzte zu sehen. Hier könnte man wirklich sagen, wir hätten uns ein falsches Bild gemacht. Es ist das beinahe, als gäbe es ein Substantiv, sagen wir "Riese", mit Hilfe dessen man all das ausdrückt, was wir mit dem Adjektiv "groß" sagen. Das Bild, das uns beim Worte "Riese" in den Sinn käme, wäre das eines Riesen. Und nun sollte man unsere seltsame Verwendung des Wortes "groß", mit diesem Bild vor unsern Augen, beschreiben. [Vgl. Z 111.]

555. Macaulay sagt, die Dichtkunst sei eine "nachahmende Kunst" und gerät natürlich sogleich in die größten Schwierigkeiten mit diesem Begriff. Er will beschreiben; aber jedes Bild, das sich ihm darbietet, ist unzutreffend, so offenbar richtig es auch auf den ersten Blick scheint; und so seltsam es auch scheint, daß man nicht sollte beschreiben können, was man so genau versteht.

Hier sagt man sich: "Es *muß* eben so sein! – auch wenn ich nicht gleich alle Einwände beiseite schieben kann."

556. Es wäre doch sehr wohl denkbar, daß Einer sich genau in einer Stadt auskennt, d.h., von jedem Ort der Stadt zu jedem andern mit Sicherheit den kürzesten Weg fände, – und dennoch ganz außer Stande wäre, einen Plan der Stadt zu zeichnen. Daß er, sobald er es versucht, nur gänzlich Falsches hervorbringt. (Unser Begriff vom 'Instinkt'.) [Vgl. Z 121.]

557. Vor allem fehlt dem, der die Beschreibung versucht, nun jedes System. Die Systeme, die ihm in den Sinn kommen, sind unzureichend; und er scheint plötzlich in einer Wildnis zu befinden, statt in dem wohlangelegten Garten, den er so gut kannte.

Es kommen ihm wohl Regeln in den Sinn, aber die Wirklichkeit zeigt nichts als Ausnahmen.

553. "One can't describe the aroma of coffee." But couldn't one imagine being able to do so? And *what* does one have to imagine for this?

If someone says: "One can't describe the aroma," one may ask him: "What *means* of description do you want to use? What *elements*?"

554. We are not *prepared* for the task of describing the use of the word "think", for example. (And why should we have been? What use is such a description?)

And the naïve conception that one forms of it does not correspond to the reality at all. We expect a smooth regular contour and get to see a ragged one. Here one might really say that we had formed a wrong picture. It is like this: suppose there were a substantive, let's say "giant", used to express all that we say by means of the word "big". The picture that would come to our minds in connexion with the word "giant" would be that of a giant. And now suppose that our queer employment of the word "big", with this picture before our eyes, had to be described. [Cf. Z 111.]

555. Macaulay says that the art of fiction is an "imitative art", and naturally gets straight away into the greatest difficulties with this concept. He wants to give a description: but any picture that suggests itself to him is inappropriate, however right it seems at first sight; and however queer it seems that one should be unable to describe what one so exactly understands.

Here one tells oneself: "It *must* be like this! – even if I cannot immediately get rid of all the objections."

556. It is very easy to imagine someone knowing his way about a city quite accurately, i.e. he finds the shortest way from one part of the city to another quite surely – and yet that he should be perfectly incapable of drawing a map of the city. That, as soon as he tries, he only produces something completely wrong. (Our concept of 'instinct'.) [Z, 121.]

557. Above all, someone attempting the description lacks any system. The systems that occur to him are inadequate, and he seems suddenly to find himself in a wilderness instead of in the well laid out garden that he knew so well.

Rules occur to him, no doubt, but the reality shews nothing but exceptions.

558. Und die Regeln des Vordergrunds machen es uns unmöglich, die Regeln im Hintergrund zu erkennen. Denn, wenn wir ihn mit dem Vordergrund zusammenhalten, sehen wir nur widerliche Ausnahmen, also *Unregelmäßigkeit*.

559. Sagen wir, es denke *jeder*, der sinnvoll spricht? Z.B. der Bauende im Sprachspiel No. 2?[1] Könnten wir uns nicht das Bauen und Rufen der Wörter, etc., in einer Umgebung denken, in der wir es mit einem Denken nicht in Zusammenhang brächten? Denn "denken" ist *verwandt* mit "überlegen". [Vgl. Z 98.]

560. "Eine Multiplikation mechanisch ausführen" (ob nun auf dem Papier oder im Kopfe) sagen wir wohl—aber "sich etwas mechanisch überlegen", das enthält für uns einen Widerspruch.

561. Der Ausdruck, das Benehmen, des Überlegens. Wovon sagen wir: Es überlege sich etwas? Vom Menschen, manchmal vom Tier. (Nicht vom Baum, oder vom Stein.) *Ein* Zeichen des Überlegens ist ein Zögern im Handeln (Köhler). (Nicht *jedes* Zögern.)

562. Denke vom 'Überlegen' an das 'Versuchen'. An das 'Untersuchen', an den Ausdruck des Staunens; des Mißlingens und Gelingens.

563. Was muß der Mensch nicht alles tun, damit wir sagen, er *denke*!

564. Er kann nicht *wissen*, ob ich denke, aber ich weiß es. Was weiß ich? Daß das, was ich jetzt tue, *denken* ist? Und womit vergleich ich's, um das zu wissen? Und kann ich mich darin nicht irren? Also bleibt nur übrig: ich wisse, daß ich tue, was ich tue. –

565. Aber es hat doch Sinn, zu sagen "Er weiß nicht, was ich dachte, denn ich habe es ihm nicht gesagt"!
Ist ein Gedanke auch dann 'privat', wenn ich ihn laut im Selbstgespräch äußere, wenn mich niemand hört?
"Meine Gedanken kenne nur ich allein." Das heißt doch ungefähr: "Ich *kann* sie beschreiben, ausdrücken, *wenn* ich will."

---

[1] S. Philosophische Untersuchungen, §2. (*Herausg.*)

558. And the rules of the foreground make it impossible for us to recognize the rules in the background. For when we keep the background together with the foreground, we see only jarring exceptions, in other words *irregularity*.

559. Do we say that *anyone* who talks sense is thinking? E.g. the builder in language-game (2)?[1] Might we not imagine the building and the calling out of the words etc. in a surrounding in which we should not connect them up with any thinking?

For "thinking" is *akin* to "considering". [Cf. Z, 98.]

560. "Carrying out a multiplication mechanically" (whether on paper or in the head): that is something we do say—but "considering something mechanically": for us, that contains a contradiction.

561. The expression, the behaviour, of considering. Of what do we say: It is considering something? Of a human being, sometimes of a beast. (Not of a tree or a stone.) *One* sign of considering is hesitating in what you do (Köhler). (Not just *any* hesitation.)

562. Think of the 'considering' in 'trying'. In 'investigating'; in the expression of astonishment; of failure and of success.

563. What a lot of things a man must do in order for us to say he *thinks*!

564. He cannot *know* whether I am thinking, but I know it. What do I know? That what I am doing now is *thinking*? And what do I compare it with in order to know that? And may I not be mistaken about it? So all that is left is: I know that I am doing what I am doing.

565. But it surely makes sense to say. "He does not know what I thought, for I did not tell him!"

Is a thought also 'private' in the case where I utter it out loud in talking to myself, if no one hears me?

"My thoughts are known to myself alone."

But what that means is, roughly: "I *can* describe them, can express them *if* I want to."

[1] See P.I. Part I, §2. (*Eds.*)

566. "Meine Gedanken kenne nur ich allein." – Woher weißt du das? Erfahrung hat es dich nicht gelehrt. – Was teilst du uns dadurch mit? – Du mußt dich schlecht ausdrücken. "Nicht doch! Ich denke mir jetzt etwas; sag mir, was es ist!" So war es also doch ein Erfahrungssatz? Nein; denn sagte ich dir, was du dir denkst, so hätte ich's doch nur *erraten*. Ob ich's richtig erraten habe, wie läßt sich das entscheiden? Durch dein Wort, und gewisse Umstände: Also vergleiche ich dieses Sprachspiel mit einem *andern*, bei welchem die Mittel der Entscheidung (Verifikation) anders aussehen.

567. "Ich kann hier nicht...." – Wo *kann* ich denn? In einem andern Spiel. (Ich kann hier – im Tennis nämlich – den Ball nicht durch's Tor schießen.)

568. Aber ist nicht ein Zusammenhang zwischen dem grammatischen 'privat sein' der Gedanken und der Tatsache, daß wir im allgemeinen die Gedanken des Andern nicht erraten können, ehe er sie ausspricht. Es gibt doch ein Gedankenerraten in dem Sinne, daß Einer mir sagt: "Ich weiß, was du jetzt gedacht hast" (oder "woran du jetzt gedacht hast") und ich zugeben muß, er habe meine Gedanken richtig erraten. Und dies kommt doch tatsächlich sehr selten vor. Ich sitze oft, ohne zu reden, mehrere Minuten lang in meiner Klasse, und Gedanken gehen mir durch den Kopf; aber keiner meiner Hörer könnte wohl erraten, was ich bei mir gedacht habe. Es wäre aber doch auch möglich, daß sie Einer erriete und aufschriebe, so als hätte ich sie ausgesprochen. Und zeigte er mir das Geschriebene, so müßte ich sagen "Ja, ganz das habe ich mir gedacht". – Und hier wäre z.B. die Frage unentscheidbar: ob ich mich auch nicht irre; ob ich wirklich das gedacht hatte, oder nur, von seiner Niederschrift beeinflußt, mir nun fest *einbilde*, gerade dies gedacht zu haben.

Und das Wort "unentscheidbar" gehört zur Beschreibung des Sprachspiels.

569. Und wäre nicht auch *dies* denkbar: Ich sage Einem "Du hast dir jetzt gedacht..." – Er verneint es. Aber ich bleibe fest bei meiner Behauptung, und endlich sagt er: "Ich glaube, du hast recht; ich werde mir das gedacht haben; mein Gedächtnis wird mich täuschen."

Und denke nun, daß dies ein ganz gewöhnliches Vorkommnis wäre!

570. "Gedanken und Gefühle sind privat" heißt ungefähr das gleiche wie "Es gibt Verstellung", oder "Man kann seine Gedanken und Gefühle verbergen; ja lügen und sich verstellen". Und es ist die Frage, was dieses "Es gibt" und "Man kann" bedeutet.

566. "Only I know my thoughts." – How do you know that? Experience did not teach you it. – What do you tell us by saying so? You must be expressing yourself badly.

"Not so! I am now thinking something to myself; tell me what it is!" So was it after all an empirical proposition? No; for, if I were to tell you what you are thinking to yourself, I would only be *guessing* it. How is it to be decided whether I have guessed right? By your word, and by certain circumstances: So I am comparing this language-game with *another* one, in which the means of deciding (verification) look different.

567. "Here I cannot...." – Well, where *can* I? In another game. (Here – that is in tennis – I cannot shoot the ball into goal.)

568. But isn't there a connexion between the grammatical 'privacy' of thoughts and the fact that we generally cannot guess the thoughts of someone else before he utters them? But there is such a thing as guessing thoughts in the sense that someone says to me: "I know what you have just thought" (or "What you just thought of") and I have to admit that he has guessed my thoughts right. But in fact this happens very seldom. I often sit without talking for several minutes in my class, and thoughts go through my head; but surely none of my audience could guess what I have been thinking to myself. Yet it would also be possible that someone should guess them and write them down just as if I had uttered them out loud. And if he shewed me what he had written, I should have to say "Yes, I thought just that to myself." – And here, e.g., this question would be undecidable: whether I am not making a mistake; whether I really thought that, or, influenced by his writing, I am firmly *imagining* myself to have thought precisely that.

And the word "undecidable" belongs to the description of the language-game.

569. And wouldn't *this* too be conceivable: I tell someone "You have just thought ... to yourself" – He denies it. But I stick to my assertion, and in the end he says: "I believe you are right; I must have thought that to myself; my memory must be deceiving me."

And now imagine this being a quite ordinary episode!

570. "Thoughts and feelings are private" means roughly the same as "There is pretending", or "One can hide one's thoughts and feelings; can even lie and dissimulate". And the question is, what is the import of this "There is ..." and "One can".

571. Unter welchen Umständen, bei welchen Anlässen, sagt man denn: "Meine Gedanken kenne nur ich"? – Wenn man auch hätte sagen können: "Meine Gedanken werde ich dir nicht sagen", oder "Meine Gedanken halte ich geheim", oder "Meine Gedanken könnt ihr nicht erraten".

572. Wovon sagt man denn, man *kenne* es? und in wiefern kenne ich meine Gedanken?
Sagt man nicht von dem, man kenne es, was man richtig beschreiben kann? Und kann man das von den eigenen Gedanken sagen?
Wenn Einer die Worte die "Beschreibung" des Gedankens nennen will, statt den "Ausdruck" des Gedankens, frage er sich, wie man einen Tisch beschreiben, und wie man die eigenen Gedanken beschreiben lernt. Und das heißt nur: er sehe zu, wie man die Beschreibung eines Tisches, und wie man die Beschreibung der Gedanken als richtig oder falsch beurteilt; er möge also diese Sprachspiele in allen ihren Situationen ins Auge fassen.

573. "Die Tatsache ist doch, daß der Mensch nur seine eigenen Gedanken kennt." ("Die Tatsache ist doch, daß von meinem eigenen Denken nur ich weiß.")
"Und auch ich nicht" könnte man sagen.

574. "Dem Menschen hat es die Natur gegeben, daß er im Geheimen denken kann." Denk dir, man sagt: "Die Natur hat es dem Menschen gegeben, daß er hörbar, aber auch unhörbar, in seinem Geiste, reden kann." Er kann also, heißt das, dasselbe auf zwei Arten tun. (Als könnte er sichtbar verdauen und unsichtbar verdauen.) Nur ist beim Reden im Geiste das Reden besser verborgen, als ein Vorgang im Innern des Körpers sein kann. – Wie wäre es aber, wenn ich redete und alle Andern taub wären? Wäre da mein Reden nicht ebensogut verborgen?
"Im tiefsten Geheimnis des Geistes geht es vor sich."

575. Wer mir *sagt*, was er gedacht hat, – hat mir der wirklich gesagt: was er *gedacht* hat? Mußte nicht das eigentliche geistige Ereignis unbeschrieben bleiben?—War nicht *er* das Geheime, – wovon ich in der Rede dem Andern nur ein Bild gebe?

576. Wenn ich Einem *sage*, was ich *denke*, – kenne ich da meinen Gedanken besser, als meine Worte ihn darstellen? Ist es, als kennte ich einen *Körper* und zeigte dem Andern nur eine Photographie?

571. Under what circumstances, on what occasions, then, does one say: "Only I know my thoughts"? – When one might also have said: "I am not going to tell you my thoughts" or "I am keeping my thoughts secret", or "You people could not guess my thoughts".

572. Of what does one say that one is *acquainted* with it? and to what extent am I acquainted with my thoughts?

Don't we say that one is acquainted with what one can give a correct description of? And can one say that of one's own thoughts?

If someone wants to call the words the "description" of the thought instead of the "expression" of the thought, let him ask himself how anyone learns to describe a table and how he learns to describe his own thoughts. And that only means: let him look and see how one judges the description of a table as right or wrong, and how the description of thoughts: so let him keep in view these language-games in all their situations.

573. "But the fact is that a human being knows only his *own* thoughts." ("But the fact is that only I know of my own thinking.")

"And I don't either," one might say.

574. "Nature has given it to man to be able to think in secret." Imagine its being said; "Nature has given it to man to be able to talk audibly, but also to be able to talk inaudibly, within his mind." So, that means, he can do the same thing in two ways. (As if he could digest visibly and also digest invisibly.) Only with speaking within one's mind the speaking is hidden better than any process within one's body can possibly be. – But how would it be if I were to speak, and everyone else were deaf? Wouldn't my speaking be equally well hidden?

"It all goes on in the deepest secrecy of the mind."

575. If someone *says* to me what he has thought – has he really said: what he *thought*? Would not the actual mental event have to remain undescribed?—Was *it* not the secret thing, – of which I give another a mere picture in speech?

576. If I *say* what I *think* to someone, – do I know my thought here better than my words represent it? Is it as if I were acquainted with a *body* and shewed the other a mere photograph?

577. "Dem Menschen ist es gegeben in voller Abgeschlossenheit mit sich selbst zu reden; in einer Absonderung, die weit vollkommener ist, als die eines Einsiedlers." Wie weiß ich, daß dem N. dies gegeben ist? – Weil er's sagt und zuverläßig ist? –

Und doch sagen wir: "Ich wüßte gerne, was er jetzt bei sich denkt"; ganz so, wie wir sagen könnten: "Ich wüßte gerne, was er jetzt in sein Notizbuch schreibt." Ja, man könnte eben *das* sagen und es, sozusagen, als selbstverständlich ansehen, daß er bei sich das denkt, was er ins Notizbuch einträgt.

578. Würden nun Leute, die *regelmäßig* – etwa durch Beobachten des Kehlkopfs eines Menschen – seine Gedanken 'lesen' könnten, – würden die auch von der gänzlichen Einsamkeit des Geistes mit sich selbst zu sprechen geneigt sein? – Oder: Wären auch sie geneigt, *das Bild* von der 'gänzlichen Abgeschlossenheit' zu gebrauchen?

579. "Ich möchte wissen, worauf er sinnt!" Aber nun stell dir diese – scheinbar irrelevante – Frage: "Was ist daran überhaupt Interessantes, was 'in ihm', in seinem Geiste, vorgeht – angenommen, daß etwas vorgeht?" (Hol's der Teufel, was in ihm vorgeht!)

580. Der Vergleich des Denkens mit einem Vorgang in der Verborgenheit ist, in der Philosophie, irreführend.

So irreführend etwa, wie der Vergleich des Suchens nach dem treffenden Ausdruck mit den Bemühungen dessen, der eine nur ihm sichtbare Linie genau nachzeichnen will.

581. Was uns verwirrt, ist, daß die Gedanken des Andern zu kennen, von *einer* Seite besehen, logisch unmöglich, und von einer andern besehen, psychologisch und physiologisch unmöglich ist.

582. Ist es nun richtig, zu sagen: daß diese beiden 'Unmöglichkeiten' so miteinander zusammenhängen, daß die psychologische Unmöglichkeit (hier) das Bild liefert, das uns (dann) zum Abzeichen des Begriffs 'denken' wird?

583. Man kann nicht sagen: das Schreiben in's Notizbuch, oder das monologische Sprechen, sei dem stummen Denken '*ähnlich*'; wohl aber kann der eine Vorgang den andern (das Rechnen im Kopf das schriftliche Rechnen, z.B.) für gewisse Zwecke *ersetzen*.

584. Könnte es Leute geben, die beim Denken immer zu sich selbst murmeln, deren Denken also für Andere zugänglich ist? – "Ja, aber wir könnten doch nicht wissen, ob sie nicht, außerdem, stumm bei

577. "Man has the gift of speaking with himself in total seclusion; in a seclusion far more complete than that of a hermit." How do I know that N. has this gift? – Because he says so and is trustworthy? –

And yet we do say: "I'd like to know what he is thinking to himself now," quite as we might say: "I'd like to know what he's writing in his notebook now." Indeed, one might say *that* and so to speak see it as obvious that he is thinking to himself what he enters in his notebook.

578. If there were people who could *regularly* read a man's thoughts – say by observation of his larynx – would they too be inclined to speak of the total solitude of the spirit within itself? – Or: Would they too be inclined to use *that picture* of 'total seclusion'?

579. "I'd like to know what he's thinking of." But now ask yourself this – apparently irrelevant – question: "Why does what is going on in him, in his mind, interest me at all, supposing that something is going on?" (The devil take what's going on inside him!)

580. In philosophy, the comparison of thinking to a process that goes on in secret is a misleading one.

As misleading as, e.g., the comparison of searching for the appropriate expression to the efforts of someone who is trying to make an exact copy of a line that only he can see.

581. What confuses us is that knowing the thoughts of another from one angle is logically impossible, and from another it is psychologically and physiologically impossible.

582. Is it right to say: these two 'impossibilities' connect up with each other in such a way that the psychological impossibility (here) supplies us with the picture that (then) becomes for us the mark of the concept 'thinking'?

583. One cannot say: writing in one's notebook or speaking in monologue is '*like*' silent thinking; but for certain purposes the one process can *replace* the other (e.g. calculating in the head can replace calculating on paper).

584. Might there be people who always mutter to themselves as they think, so that their thinking is accessible to others? – "Yes, but we still could not know whether they don't think silently to themselves as

sich selber denken!" – Könnte es denn aber nicht sein, daß, dies anzunehmen, ebenso sinnlos wäre, wie anzunehmen, die Haare dieser Leute dächten, oder ein Stein dächte?

Müßten wir, heißt das, wenn dies so wäre, auch nur auf den Gedanken kommen, Einer dächte, hätte Gedanken, in seinem Geist verborgen?

585. "Ich weiß nicht, was du dir denkst. Sag, was du dir denkst!" – Das heißt etwa: "Rede!"

586. Ist es also irreführend, von der Seele des Menschen, oder von seinem Geist zu reden? *So* wenig, daß es ganz verständlich ist, wenn ich sage: "Meine seele ist müde, nicht bloß mein Verstand." Aber sagst du nicht doch, daß alles, was man durch das Wort "Seele" ausdrücken kann, irgendwie auch durch Worte für Körperliches sich ausdrücken läßt? Ich sage es nicht. Aber wenn es auch so wäre, – was würde es besagen? Die Worte, so wie auch das, worauf wir bei ihrer Erklärung weisen, sind ja nur die Instrumente, und nun kommt's auf ihren Gebrauch an.

587. Unsere Kenntnis verschiedener Sprachen läßt uns die Philosophie, die in den Formen einer jeden niedergelegt sind, nicht recht ernst nehmen. Dabei sind wir aber blind dafür, daß wir (selbst) starke Vorurteile für, wie gegen, gewisse Ausdrucksformen haben; . daß eben auch diese Übereinanderlagerung mehrerer Sprachen für uns ein besonderes Bild ergibt. Daß wir, sozusagen, nicht beliebig die *eine* Form durch eine andere überdecken. [Vgl. Z 323.]

588. Du mußt bedenken, daß es ein Sprachspiel geben kann, 'eine Reihe von Ziffern fortsetzen', in dem keine Regel, kein Regelausdruck je gegeben wird, sondern das Lernen nur durch Beispiele geschieht. So daß die Idee, jeder Schritt sei durch ein Etwas – eine Art Vorbild – in unserm Geiste zu rechtfertigen, diesen Leuten gänzlich fremd wäre. [Vgl. Z 295.]

589. Beispiel von den Namen, die nur in Begleitung ihrer Träger Bedeutung haben, d.h. nur so verwendet werden. Sie dienen also nur zur Vermeidung des steten Zeigens. Das Beispiel, das mir immer wieder vorschwebt, ist die Bezeichnung von Linien, Punkten, Winkeln, in geometrischen Figuren, mit A, B, C, . . . a, b . . . etc.

well." – But then might it not be that it was just as senseless to suppose this as to suppose that these people's hairs were thinking, or a stone was thinking? That is to say: if this were so, need it so much as occur to us that someone thought, that he had thoughts, hidden in his mind?

585. "I don't know what you are thinking to yourself. Say what you are thinking." – That means something like "Talk!"

586. Then is it misleading to speak of man's soul, or of his spirit? So little misleading, that it is quite intelligible if I say "My soul is tired, not just my mind". But don't you at least say that everything that can be expressed by means of the word "soul", can also be expressed somehow by means of words for the corporeal? I do not say that. But if it were so – what would it amount to? For the words, and also what we point to in explaining them, are nothing but instruments, and everything depends on their use.

587. Our knowledge of different languages prevents us from really taking seriously the philosophy laid down in the forms of each of them. But at the same time we are blind to our own strong prejudices for, as against, certain forms of expression; to the fact that just this piling up of several languages results in a special picture. That, so to speak, it is not optional for us which form we cover up with which.

588. You must remember the possibility of a language-game of 'continuing a series of figures', in which no rule, no expression of a rule is ever given, but the learning is done *only* by means of examples. So that the idea that each step can be justified by a somewhat – a kind of model – in our mind would be entirely alien to these people. [Cf. Z 295.]

589. Example of the names that have meaning only when accompanied by their bearers, i.e. that is the only way they are used. So they serve merely to avoid continual pointing. The example that always comes to my mind is the designation of lines, points, angles by A, B, C . . . a, b . . . etc., in geometrical figures.

590. Beim Lesen: Sehen des Wortbilds: "Ich habe das Wort flüchtig gesehen" – das ist ein besonderes Erlebnis, läßt sich nicht durch einen Film darstellen.

591. Denk dir eine Geisteskrankheit, in welcher man Namen nur in Anwesenheit ihrer Träger gebrauchen und verstehen kann. [Vgl. Z 714.]

592. Es könnte von Zeichen ein Gebrauch gemacht werden solcher Art, daß die Zeichen nutzlos würden (daß man sie vielleicht vernichtete), sobald der Träger aufhörte zu existieren.

In diesem Sprachspiel müßte sozusagen der Name den Gegenstand an einer Schnur haben; und hört der Gegenstand auf zu existieren, so kann man den Namen, der mit ihm zusammen gearbeitet hat, wegwerfen. [Vgl. Z 715.]

593. "Ich beabsichtige dorthin zu gehen": *Beschreibung* eines Seelenzustands, oder *Äußerung?* – Wenn man sich ein Modell der Seele vorstellt, so könnte der Satz eine Beschreibung des Modells im gegenwärtigen Zustand sein. Der Mensch schaut seine Seele an und sagt: ... Ist es ein gutes, oder ein schlechtes Modell? – wie wäre das zu entscheiden? Die Frage ist: Wie würde es als Zeichen *verwendet?*

594. "Ich beabsichtige ..." *könnte* man als Aussage verwenden: "Ich tue etwas, was dieser Absicht gemäß ist" z.b.: ich packe für die Reise, bereite mich so oder so, durch Überlegungen oder Handlungen, auf die Reise vor. So *könnte* man ein Verbum verwenden. Etwa entsprechend dem Ausdruck "Ich handle in der Absicht...."

595. Beschreibung meiner Seelenzustände: des Wechsels von Furcht und Hoffnung z.b. "Am Vormittag war ich voller Hoffnung, dann...". Jeder würde das eine Beschreibung nennen. Aber es ist charakteristisch dafür, daß dieser Beschreibung parallel eine meines Benehmens gehen könnte.

596. Vergleiche den Ausdruck der Furcht und Hoffnung mit dem des 'Glaubens', das und das werde geschehen. – Man nennt darum auch Hoffnung und Furcht "Gemütsbewegungen", den Glauben (oder *das* Glauben) aber nicht.

597. Wenn ich sage: "Die Absicht, es zu tun, wurde von Stunde zu Stunde stärker" – dies wird man Beschreibung nennen. Aber dann doch auch *dies*: "Ich beabsichtigte die ganze Zeit...."

590. In reading: seeing the picture of the word: "I saw the word fleetingly" – that is a special experience, it cannot be portrayed on film.

591. Imagine a mental illness, in which one can use and understand names only in the presence of their bearers. [Cf. Z 714.]

592. There could be a use made of signs, of such a kind that the signs became useless (that one perhaps destroyed them) as soon as the bearers ceased to exist.

In this language-game the name would have to have the object as it were on a lead; and when the object ceases to exist, one can throw away the name which has worked in connexion with it. [Cf. Z 715.]

593. "I intend to go there": is the state of mind being *described* or *voiced*? – If one imagines a model of the mind, then the sentence might be a description of the model in its present state. The human being looks at his mind and says: . . . Is it a good model or a bad one? – How should that be decided? The question is: How would it be *employed* as a sign?

594. "I intend . . ." *might* be used as an assertion: "I am doing something that is in accordance with this intention", e.g.: I am packing for the journey, getting myself ready for the journey in this way or that, by means of considerations or actions. One *might* use a verb in that way. Perhaps corresponding to the expression: "I am acting with the intent. . . ."

595. Description of my state of mind: the alternation of fear and hope, e.g. "In the morning I was full of hope, and then . . .". Anyone would call that a description. But it is characteristic of it, that this description could run parallel to a description of my behaviour.

596. Compare the expression of fear and hope with that of 'belief' that such-and-such will happen. – That is why hope and fear are counted among the emotions; belief (or believing, however, is not.

597. If I say: "The intention to do it grew stronger every hour," this will be called a description. But in that case so surely will *this* as well: "I intended the whole time. . . ."

Vergleiche nun "Ich glaubte die ganze Zeit an's Gravitations-
gesetz" mit "Ich glaubte die ganze Zeit, ein leises Flüstern zu hören".
Im ersten Fall ist "Glauben" ähnlich verwendet, wie "Wissen".
(*Hätte* man mich gefragt, so *hätte* ich gesagt. . . .') Im zweiten Fall
haben wir eine Tätigkeit, ein Vermuten, Lauschen, Zweifeln, etc.
Und *bezeichnet* auch "glauben" nicht diese Tätigkeit, so ist es doch sie,
die uns sagen läßt, wir *beschrieben* hier einen Seelenzustand oder eine
seelische Tätigkeit. – Wir könnten das auch so sagen: Wir machen
uns ein Bild des Menschen, der die ganze Zeit glaubt, ein leises
Geräusch zu hören. Aber nicht eines des Menschen, der an die
Richtigkeit des Gravitationsgesetzes glaubt.

598. Ich beabsichtige (könnte man sagen) heißt nicht: "Ich bin dabei,
zu beabsichtigen", oder "Ich bin beim Beabsichtigen" (wie man sagt,
ich bin beim Zeitungslesen). Wohl aber: "Ich bin dabei, meine Reise
zu planen" etc.
   Wir haben kein einzelnes Verbum, könnten es aber haben (und
vielleicht existiert es wirklich in einer wenig bekannten Sprache), das
ausdrückt: "in der und der Absicht handeln und denken."

599. "Ich beabsichtige . . ." ist *nie* eine Beschreibung, aber unter
gewissen Umständen läßt sich eine Beschreibung daraus entnehmen.

600. Zu sich selbst reden. "Was geschieht da?" Falsche Frage! Nicht
nur kann man nicht sagen, was geschieht – auch nicht: man wisse
nicht, was geschieht – auch nicht, man wisse nur das und das darüber!
Aber auch das ist falsch zu sagen: Es ist eben ein spezifischer Vorgang,
der sich durch nichts beschreiben läßt, als eben mit diesen Worten. –
Die Begriffe 'Beschreibung' und 'Bericht'. Man sagt: Einer berichtet,
er habe zu sich selbst gesagt. . . . In wiefern ist das zu vergleichen dem
'Bericht', er habe z.B. gesagt . . .? Vergegenwärtigen wir uns, daß
Beschreiben ein sehr spezielles *Sprachspiel* ist. – Wir müssen diese harte
Unterlage unserer Begriffe umgraben.

601. Begriffe *können* einen Unfug erleichtern, oder erschweren;
begünstigen, oder hemmen. [VB, S. 108.]

602. Es ist ganz richtig: man kann nicht eine Erklärung von 'rot',
oder 'Farbe' vorstellen. Aber nicht, weil das Erlebte etwas
Spezifisches ist, sondern weil das Sprachspiel es ist.

603. "Man kann einem Menschen nicht erklären, was *Rot* ist." –
Wenn man es nun dennoch könnte, – ist es dann nicht, was wir "rot"
nennen?

Now compare: "The whole time, I believed in the law of gravity" with "The whole time, I believed I heard a low whisper." In the first case "believe" is used similarly to "know". (*'Had* anyone asked me, I *would have* said . . .') In the second case we have activity, surmising, listening, doubt etc. And even if "believe" does not *designate* these activities, still they are surely what makes us say that here we are *describing* a state of mind or a mental activity. We may also put it like this: we form a picture of the man who believes the whole time that he is hearing a low rustle. But not of the man who believes in the correctness of the law of gravity.

598. I intend (it might be said) doesn't mean: "What I am at, is intending," or "I am engaged in intending" (as one says, I am engaged in reading the newspaper). On the other hand: "I am engaged in planning my journey" etc.

We have not, but might have, a single verb (and perhaps it actually exists in some little-known language) which expresses: "to act and think with such-and-such an intention."

599. "I intend . . ." is *never* a description, but in certain circumstances a description can be derived from it.

600. Talking to oneself. "What happens here?" Wrong questions! It's not just that one can't say what happens – one can't say either that one doesn't know what happens, and one can't even say that one only knows this and that about it! But even this is wrong to say: It just is a specific process, which can't be described except in just these words. – The concepts 'description' and 'report'. One says: Someone reported that he had said to himself. . . . How far is that comparable to the 'report' that he had, e.g. said . . .? Let us make ourselves realize that *describing* is a very special *language-game*. – We have to dig around this hard substratum of our concepts.

601. Concepts *may* mitigate or aggravate a mischief; favour it, or hamper it. [V.B./C. & V., p. 108.]

602. Quite right: one can't imagine any explanation of "red" or of "colour". Not, however, because what is experienced is something specific, but rather because the language-game is so.

603. "One can't explain what *red* is to anyone." But suppose one could – is it in that case not what we call "red"?

Denken wir uns Menschen, die eine Zwischenfarbe, von Rot und Gelb z.B., durch eine Art binären Dezimalbruch *so* ausdrücken: R,LLRL u. dergl., wo auf der rechten Seite z.b. Gelb steht, auf der linken Rot. – Diese Leute lernen schon im Kindergarten, Farbtöne in dieser Weise beschreiben, nach solchen Beschreibungen Farben auszuwählen, zu mischen, etc. Sie verhielten sich zu uns ungefähr, wie Leute mit absolutem Gehör zu Leuten, denen dies fehlt. *Sie können tun*, was wir nicht können. [Vgl. Z 368.]

604. Und hier möchte man sagen: "Ist das denn aber auch vorstellbar? Ja, das *Benehmen* wohl! aber auch der innere Vorgang, das Farberlebnis?" Und was man auf so eine Frage sagen soll, ist schwer zu sehen. Wenn uns Leute mit absolutem Gehör noch nicht begegnet wären, würde uns die Existenz solcher Leute doch sehr wahrschein-lich vorkommen? [Vgl. Z 369.]

605. Wenn Einer sagte "Rot ist zusammengesetzt" – so könnten wir nicht erraten, worauf er damit anspielt, was er mit diesem Satz wird anfangen wollen. Sagt er aber: "Dieser Sessel ist zusammengesetzt", so mögen wir zwar nicht gleich wissen, von welcher Zusammen-setzung er spricht, können aber gleich an mehr als einen Sinn für seine Aussage denken.

Was für eine Art von Faktum ist nun dies, worauf ich aufmerksam machte?

Jedenfalls ist es ein *wichtiges* Faktum. – Uns ist keine Technik geläufig, auf die dieser Satz anspielen könnte. [Vgl. Z 338.]

606. Wir beschreiben hier ein Sprachspiel, welches wir *nicht lernen können.* [Vgl. Z 339.]

607. "Dann muß etwas ganz anderes in ihm vorgehen, etwas, was wir nicht kennen." – *Das zeigt uns*, wonach wir bestimmen, ob 'im Andern' etwas anderes als, oder dasselbe wie, in uns stattfindet. Das zeigt uns, *wonach* wir die inneren Vorgänge beurteilen. [Vgl. Z 340.]

608. "Rot ist nicht zusammengesetzt" – und was ist Rot?! – Da möchten wir einfach auf etwas Rotes zeigen; und wir vergessen, daß, wenn jene Aussage einen Sinn haben soll, uns mehr gegeben sein muß, als die hinweisende Definition. Wir verstehen noch garnicht, was der Sinn eines Satzes von der Form "X ist nicht zusam-mengesetzt" ist, wenn für X ein Wort gesetzt wird, welches den Gebrauch unserer Farbwörter hat.

Let us imagine men who express an intermediate colour, between red and yellow, e.g., by means of a kind of binary decimal fraction like this: R,LLRL and the like, where, e.g., yellow stands to the right, and red to the left. – Already in their nursery schools these people learn how to describe shades of colour in this way: they learn how to choose colours according to such descriptions, and they learn to mix them etc. They would stand to us roughly in the relation of people with absolute pitch to people in whom this is wanting. *They can do what we can't.* [Cf. Z 368.]

604. And here we feel like saying: "Now, is that even imaginable? The *behaviour*, to be sure! But the inner process, the colour experience, as well?" And it is difficult to see what one should say to such a question. If we had not yet encountered people with absolute pitch, would the existence of such people strike us as very probable? [Cf. Z 369.]

605. If someone were to say "Red is composite" – we should not be able to guess what he was alluding to, what he will be trying to do with this sentence. But if he says: "This chair is composite" – although we may not know what kind of composition he is speaking of, still we can at once think of more than one sense for his assertion.

Now what kind of fact is this, that I am drawing attention to here?

At any rate it is an *important* fact. – We are not familiar with any technique, to which that sentence might be alluding. [Cf. Z. 338.]

606. Here we describe a language-game that we *cannot learn.* [Z 339.]

607. "In that case something quite different must be going on in him, something that we are not acquainted with." – *This shews us* what we go by in determining whether something different from or the same as what goes on in us is going on 'in someone else'. This shews us *what* we *go by* in judging of inner processes. [Cf. Z 340.]

608. "Red is not composite!" And what is red? – Here we should like simply to point to something red; and we forget that if that statement is to make sense we must be given more than the ostensive definition. We don't yet understand at all what is the sense of a sentence of the form "X is not composite", if X is replaced by a word having the use of our colour words.

609. Es ist Tatsache: "Rot" *wird* einem nicht durch Worte ohne Bezug auf ein Farbmuster erklärt. Sollte das nicht wichtig sein?

610. "Wie könnte man Rot Einem erklären wollen, da es doch ein bestimmter Sinneseindruck ist, und nur der ihn kennt, der ihn hat (oder gehabt hat) – und erklären nur heißen kann: ihn im Andern *erzeugen!*" –

611. "Wer absolutes Gehör hat, muß ein anderes Tonerlebnis haben, als ich." – Und Jeder, der absolutes Gehör hat, das gleiche? Und wenn das nicht, – warum muß es ein anderes sein, als das meine?

612. Denk dir, um Einem 'Rot' zu erklären, zeigen wir ihm ein etwas rötliches Schwarzbraun, und sagen: "Diese Farbe besteht aus Gelb (wir zeigen reines Gelb), Schwarz (wir zeigen es) und noch einer Farbe, die "rot" heißt." Darauf sei er nun imstande, aus einer Anzahl von Farbmustern das reine Rot auszuwählen.

613. Und merke wohl: man zeigt nicht auf Rot, sondern auf etwas Rotes. D.h. natürlich: der Begriff 'Rot' ist durch's Zeigen nicht bestimmt, und es ist nicht nur möglich "Rot" nun als Namen einer Form, z.B. zu deuten, sondern auch als Begriffswort, das einem Farbwort *viel näher* steht.

614. *Verwendung* eines Wortes ist nicht: etwas zu *bezeichnen*.

615. Kanst *du* dir vorstellen, was der rot-grün Blinde sieht? Kannst du das Bild des Zimmers malen, wie er es sieht? [Vgl. Z 341.]

616. "Wer alles nur grau, schwarz und weiß sähe, dem müßte etwas *gegeben* werden, damit er wüßte, was Rot, Grün, etc. ist." Und was müßte ihm gegeben werden? Nun, die Farben. Also z.B. *dies*, und *dies*, und *dies*. (Denk dir, z.B., daß farbige Vorbilder in sein Gehirn eingeführt werden müßten, zu den bloß grauen und schwarzen.) Aber müßte das geschehen als Mittel zum Zweck des künftigen Handelns? Oder schließt eben dies Handeln diese Vorbilder ein? Will ich sagen: "Es müßte ihm etwas gegeben werden, denn es ist klar, er könnte sonst nicht ..." – oder: Sein sehendes Benehmen *enthält* neue Bestandteile?

Auch: was würden wir eine "Erklärung des Sehens" *nennen*? Soll man sagen: Nun, du weißt doch sonst, was "Erklärung" heißt; verwende diesen Begriff also auch hier! [Vgl. Z 342, 343.]

609. It is a fact: "Red" does not *get* explained to anyone by means of words without reference to a sample of the colour. Shouldn't that be important?

610. "How could one explain red to someone, since it is after all a particular sense-impression, known only to him who has it (or has had it) – and explaining can only mean: *producing* it in the other person." –

611. "Someone who has absolute pitch must have a different experience of notes from what I have." And must everyone who has absolute pitch have the same experience? And if not, then why must it be a different one from mine?

612. Imagine that, in order to explain 'red' to someone, we shew him a reddish dark brown, and say: "This colour consists of yellow (we shew pure yellow) black (se shew it), and one more colour which is called 'red'." Thereupon let him be competent to pick pure red out of a number of colour samples.

613. And note this: one doesn't point to red, but to something red. That is of course to say: the concept 'red' is not determined by pointing, and now it is possible not only to interpret "red" as, e.g. the name of a shape, but also as a concept-word that comes *much closer* to a colour word than that.

614. The *employment* of a word is not: to *designate* something.

615. Can you imagine what a red-green colour-blind man sees? Can you paint a picture of the room as he sees it? [Cf. Z 341.]

616. "If someone saw everything only black, white and grey, he would have to be *given* something, in order to know what red, green etc. are." And what would he have to be given? Well, the colours. And so, e.g. *this* and *this* and *this*. (Imagine, e.g., that coloured patterns had to be introduced into his brain, in addition to merely grey and black ones.) But would that have to happen as a means to the end of future action? Or are these patterns actually involved in this action? Do I want to say; "Something would have to be given him, for it is clear that otherwise he could not . . ." – or: His seeing behaviour *includes* new components?

Again what would we *call* an "explanation of seeing"? Is one to say: Well, you know what explanation means otherwise; so apply this concept here too? [Cf. Z 342–3.]

617. Kann ich sagen: "Schau es an! so wirst du sehen, daß es sich nicht erklären läßt." – Oder: "Trinke die Farbe Rot ein, so wirst du sehen, daß sie nicht durch etwas anderes darzustellen ist!"—Und wenn der Andere nun mir beistimmt, zeigt es, daß er dasselbe eingetrunken hat, wie ich? – Und was bedeutet nun unsere Geneigtheit, dies zu sagen? Rot erscheint uns isoliert dazustehen. Warum? Was ist dieser Schein, diese Geneigtheit *wert*? [Vgl. Z 344.]

618. Denke an den Satz "Rot ist keine Mischfarbe" und an seine Funktion.

Das Sprachspiel mit den Farben ist eben durch das charakterisiert, was wir tun können und was wir nicht tun können. [Vgl. Z 345.]

619. Rot ist etwas Spezifisches; aber das sehen wir nicht, wenn wir etwas Rotes anschauen. Sondern (wir sehen) die *Phänomene*, die wir durch das Sprachspiel mit dem Wort "rot" *abgrenzen*.

620. "Rot ist etwas Spezifisches", das müßte soviel heißen wie: "*Das* ist etwas Spezifisches" – wobei man auf etwas Rotes deutet. Aber damit das verständlich wäre, müßte man schon unsern *Begriff* 'rot', den Gebrauch jenes Musters, meinen. [Vgl. Z 333.]

621. Wenn du dich über diese Dinge wunderst, wundere dich erst über etwas anderes! Nämlich darüber, was denn Beschreibung und Bericht überhaupt leisten. Konzentrierst du darauf dein Verwundern, so werden jene andern Probleme schrumpfen.

622. Primäre Farben. Wenn bei anderen Menschen Farben, die wir Mischfarben nennen, die Rolle unserer primären Farben spielten; würden wir sagen, *ihre* primären Farben seien z.B. dieses Orange, dieses Blaurot, dieses Blaugrün, etc.? Heißt also der Satz "Rot ist eine primäre Farbe" soviel wie: Rot spielt bei uns die und die Rolle; wir reagieren auf Rot, Gelb etc. so und so? – Man denkt meistens nicht so: d.h., "Rot ist eine reine Farbe" ist ein Satz über das 'Wesen' von Rot, die Zeit tritt in ihn nicht ein; man kann sich nicht denken, daß *diese* Farbe *nicht* einfach sein könnte.

623. Der Farbenkreis: Die gleichen Abstände der primären Farben sind willkürlich. Ja, die Übergänge würden uns vielleicht einen gleichförmigen Eindruck machen, wenn, z.B., der Punkt des reinen Blau dem des reinen Grün näher wäre, als dem des reinen Rot. Es wäre sehr merkwürdig, wenn die Gleichheit der Abstände in der Natur der Dinge läge.

617. Can I say: "Look at it! Then you will see that it can't be explained." – Or: "Drink in the colour red, then you will see that it can't be represented by means of anything else!"?—And if the other now agrees with me, does that shew that he has drunk in the same as I? – And what is the significance of our inclination to say this? Red seems to be there, isolated. Why? What is the value of this seeming, of this inclination? [Cf. Z 344.]

618. Think of the sentence "Red is not a blended colour," and of its function.
    For the language-game with colours is characterized by what we are able to do, and what we are not able to do. [Cf. Z 345.]

619. Red is something specific; but we don't see that when we look at something red. Rather we see the *phenomena* that we *limit* by means of the language-game with the word "red".

620. "Red is something specific," that must be as much as to say: "*That* is something specific" while pointing at something red. But for that to be intelligible, one would already have to mean our *concept* 'red', the use of that sample. [Cf. Z 333.]

621. If you wonder at these things, wonder first at something else! Namely, at what is actually accomplished by description and report. If you concentrate your wonderment on this, those other problems will shrink.

622. Primary colours. Suppose the colours that we call blends were among other men to play the role of our primary colours; should we say that *their* primary colours were, for example, this orange, – this bluish red, this bluish green, etc.? Then does the proposition "red is a primary colour" come to this: red plays such-and-such a role among us; we react to red, yellow etc. in this and that way? – Mostly one does not think so: that is to say, "Red is a pure colour" is a proposition about the 'essence' of red, time doesn't come into it; one cannot imagine that *this* colour might *not* be simple.

623. The colour-circle: the equal distances of the primary colours are arbitrary. Indeed, the transitions would perhaps make a more uniform impression on us, if, e.g., the pure blue were nearer to the pure green than to the pure red. It would be very remarkable if the equality of the distances lay in the nature of the things.

624. "Ein rötliches Grün gibt es nicht" ist den Sätzen verwandt, die wir als Axiome in der Mathematik gebrauchen. [Vgl. Z 346.]

625. Die Menschen zählen und rechnen: Beschreibe, was sie da tun! Sollen in dieser Beschreibung auch Sätze vorkommen, wie *der*: "Er verstand nun, wie er die Reihe fortzusetzen hatte" – oder: "Er ist nun imstande, jede beliebige Multiplikation auszuführen"? Und ist *der* Satz zuzulassen: "Er sah nun im Geist die ganze Zahlenreihe vor sich"?

Solche Sätze können in der Beschreibung vorkommen; aber können wir nicht verlangen, daß ihr Gebrauch uns erklärt werde; damit uns keine falschen, oder irrelevanten Vorstellungen unterlaufen?

Es ist hier die Frage, für wen wir die Beschreibung geben. Von wem sagen wir, er sei imstande, beliebige Multiplikationen auszuführen? Wie kommt man überhaupt zu diesem *Begriff*? Und für wen, unter welchen Umständen, wird diese Beschreibung wichtig sein?

626. 'Rot ein degeneriertes Grün.' Wenn man ein Blatt von Grün in's Rote spielen sieht, sagt man, das Grün sei kränklich und im Roten ganz degeneriert. Man schneidet etwa, wenn man die rote Farbe sieht, immer ein Gesicht.

Könnte man nun nicht Rot erklären als die äußerste Degeneration von Grün?

627. "Man kann niemandem *erklären*, was Rot ist!" – Wie kommt man überhaupt auf die Idee; bei welchem Anlaß sagt man das?

628. "Farben sind etwas Spezifisches. Durch nichts anderes zu erklären." Wie gebraucht man dieses Instrument? – Beschreibe das Spiel mit Farben! Das Benennen von Farben, das Vergleichen von Farben, das Erzeugen von Farben, den Zusammenhang zwischen Farbe und Licht und Beleuchtung, den Zusammenhang der Farbe mit dem Auge, der Töne mit dem Ohr, und unzähliges andere. Wird sich hier nicht das 'Spezifische' der Farbe zeigen? Wie zeigt man Einem eine Farbe; und wie einen Ton?

629. Wenn wir in Gedanken zu uns selber reden: "Es geschieht etwas; das ist sicher." Aber der *Nutzen* dieser Worte ist uns in Wirklichkeit ebenso unklar, wie der besondern psychologischen Sätze, die wir erklären wollen.

624. "There's no such thing as a reddish green" is akin to the propositions that we use as axioms in mathematics. [Cf. Z 346.]

625. Men count and calculate: Describe what they do here. Ought this description to include sentences like *this* one: "Now he understood how he had to continue the series" – or: "He is now able to do any arbitrary multiplication"? And is *this* proposition to be counted in: "He saw the whole number-series in his mind's eye"?

Such sentences may occur in the description: but may we not require that their use be explained to us; so that no false or irrelevant images sneak in on us?

Here the question arises, for whom we are giving the description. Of whom do we say, he is able to do any arbitrary multiplications? How does one arrive at this *concept* at all? And for whom, under what circumstances, will this description be important?

626. 'Red a degenerate green.' When one sees a leaf turn from green to red, one says that the green is sickly and in the red part is quite degenerate. When one sees the red colour, one always makes a face.

Mightn't red have been explained as the ultimate degeneration of green?

627. "One cannot *explain* to anyone what red is!" – How does one arrive at this idea at all; on what occasion does one say this?

628. "Colours are something specific. Not to be explained by anything else." How is this instrument used? – Describe the game with colours. The naming of colours, the comparison of colours, the production of colours, the connexion between colour and light and illumination, the connexion of colour with the eye, of notes with the ear, and innumerable other things. Won't what is 'specific' about colours come out in this? How does one shew someone a colour; and how a note?

629. When we talk to ourselves in thought: "Something happens; that's for sure." But the usefulness of these words is in reality just as unclear as that of the special psychological propositions that we are trying to explain.

630. Statt des Unzerlegbaren, Spezifischen, Undefinierbaren: die Tatsache, daß wir so und so handeln, z.B., gewisse Handlungen *stafen*, den Tatbestand so und so *feststellen*, *Befehle geben*, Berichte erstatten, Farben beschreiben, uns für die Gefühle der Andern interessieren. Das hinzunehmende, gegebene – könnte man sagen – seien Tatsachen des Lebens.[1] [Vgl. PU, S. 226d.]

631. Wir beurteilen das Motiv einer Tat nach dem, was der Mensch, der sie verübt hat, uns sagt, nach dem Bericht von Augenzeugen, nach der Vorgesichte. So *beurteilen* wir die Motive eines Menschen. Aber das scheint uns nicht auffallend, daß es so etwas wie die 'Beurteilung der Motive' gibt. Daß dies ein ganz eigentümliches Sprachspiel ist – daß der Tisch und der Stein keine Motive haben. Daß es zwar auch die Frage gibt: "Ist das eine zuverlässige Art, die Motive eines Menschen zu beurteilen?" – aber uns schon bekannt sein muß, was denn überhaupt die "Beurteilung von Motiven" heißt. Es muß schon eine Technik geben, an die wir hier denken, damit wir von einer Abänderung dieser Technik reden können, die wir als zuverlässigere Beurteilung eines Motivs bezeichnen. [Vgl. PU, S. 224j.]

632. Man beurteilt die Länge eines Stabes, und man kann eine Methode suchen und finden, um sie genauer, richtiger, zu beurteilen. Also – sagt du – ist, *was* wir hier beurteilen von der Methode des Beurteilens unabhängig, man kann, was Länge *ist*, nicht mit Hilfe der Methode der Längenbestimmung erklären. Aber wer so denkt, macht einen Fehler. Was für einen Fehler? – Wie seltsam wäre es, zu sagen: "Die Höhe des Himalaja hängt davon ab, wie man ihn ersteigt." "Die Länge immer genauer messen", das möchte man damit vergleichen, näher und näher an ein Objekt heranzukommen. Aber es ist eben nicht in allen Fällen klar, was es heiße "näher und näher an die Länge des Stabes herankommen". Und man kann nicht sagen: "Du weißt doch, was die Länge eines Stabes ist; und du weißt, was 'sie bestimmen' heißt; *darum* weißt du, was es heißt 'die Länge immer genauer bestimmen'."

Was es heißt, eine genauere Bestimmung der Länge des Stabes zu suchen, ist unter gewissen Umständen klar, und unter gewissen Umständen nicht klar und bedarf einer neuen Bestimmung. Was "die Länge bestimmen" heißt, lernt man nicht dadurch, daß man lernt, was die Länge ist und was bestimmen ist; sondern die Bedeutung des Wortes Länge lernt man u.a. dadurch, daß man lernt, was

---

[1] Var. "seien *Lebensformen*".

630. Instead of the unanalysable, specific, indefinable: the fact that we act in such-and-such ways, e.g. *punish* certain actions, *establish* the state of affair thus and so, *give orders*, render accounts, describe colours, take an interest in others' feelings. What has to be accepted, the given – it might be said – are facts of living.[1] [Cf. P.I. p. 226d.]

631. We judge the motive of an act by what its author tells us, by the report of eye-witnesses, by the preceding history. That is how we *judge* the motives of a human being. But we do not find it particularly striking that there should be such a thing as the 'judgment of motives'. That this is a quite peculiar language-game – that a table or a stone don't have any motives. That, while there does exist such a question as: "Is that a reliable way of judging a human being's motives?" – still we must already be familiar with what "judgment of motives" means at all. There must already be a technique of which we are thinking here, in order for us to be able to speak of an alteration of this technique, which we characterize as a more reliable judgment of a motive. [Cf. P.I. p. 224j.]

632. One judges the length of a rod, and one can seek and find a method of judging it more exactly, more correctly. So – you say – *what* we judge here is independent of the method of judging; one can't explain what length *is* by means of the method of determining length. But anyone who thinks like this is making a mistake. What sort of mistake? – How queer it would be to say: "The height of a Himalayan mountain depends on how one climbs it." "Measuring the height more and more exactly" – one would like to compare this to approaching closer and closer to an object. But it just is not clear in all cases what it means "to approach closer and closer to the length of a rod". And one can't say: "You surely know what the length of a rod is; and you know what 'determining it' means; you therefore know what it means 'to determine the length more and more exactly'".

Under some circumstances it is clear what it means to look for a more exact determination of the length of a rod, and under some circumstances it is not clear and stands in need of a new determination. What "determining the length" means is not learnt by learning what length is and what determining is; rather one learns the meaning of the word "length", among other things, by learning what determining the length is: 'Refining the determination of length' is a

---

[1] *"Forms of life"* was a variant here. *Trans.*

Längenbestimmung ist. 'Die Längenbestimmung verfeinern' ist eine neue Technik, die unseren Längenbegriff modifiziert. [Vgl. PU, S. 225a.]

633. Wenn man einfache Sprachspiele beschreibt zur Illustration, sagen wir, dessen was wir das 'Motiv' einer Handlung nennen, dann werden einem immer wieder verwickeltere Fälle vorgehalten, um zu zeigen, daß unsere Theorie den Tatsachen noch nicht entspricht. Während verwickeltere Fälle eben verwickeltere Fälle sind. Handelte es sich nämlich um eine Theorie, so könnte man allerdings sagen: Es nützt nichts diese speziellen Fälle zu betrachten, sie geben keine Erklärung gerade der wichtigsten Fälle. Die einfachen Sprachspiele dagegen spielen eine ganz andere Rolle. Sie sind Pole einer Beschreibung, nicht der Grundstock einer Theorie.

634. "Wie kommt es, daß es mir scheint, daß dieser Farbeindruck, den ich jetzt habe, von mir als das Spezifische, Unzerlegbare erkannt wird?" − Frage stattdessen, wie es kommt, daß wir dies sagen wollen. Und die Antwort *darauf* ist nicht schwer zu finden. Und es ist ja auch eine seltsame Frage: warum es uns so '*scheine*', als. . . . Denn schon in diesem Ausdruck liegt ein Mißverständnis.

635. Denke, du solltest beschreiben, wie Menschen das Zählen (im Dezimalsystem z.B.) lernen. Du beschreibst, was der Lehrer sagt und tut, und wie der Schüler sich daraufhin verhält. In dem, was der Lehrer sagt und tut, werden sich z.b. Worte und Gebärden finden, die den Schüler zum Fortsetzen einer Reihe aufmuntern sollen; auch Worte wie "Er kann jetzt zählen". Soll nun die Beschreibung, die ich von dem Vorgang des Lehrens und Lernens gebe, außer den Worten des Lehrers auch mein eigenes Urteil enthalten: der Schüler könne jetzt zählen, oder: der Schüler habe nun das System der Zahlworte verstanden? Wenn ich so ein Urteil nicht in die Beschreibung aufnehme, − ist sie dann unvollständig? und wenn ich es aufnehme, gehe ich über die bloße Beschreibung hinaus? − Kann ich mich jener Urteile enthalten mit der Begründung: "*Das ist alles, was geschieht!*" [Vgl. Z 310.]

636. Muß ich nicht viel mehr fragen: "Was tut die Beschreibung überhaupt? wozu dient sie?" − Was eine vollständige und eine unvollständige Beschreibung ist, wissen wir allerdings in anderem Zusammenhang. Frage dich: Wie verwendet man die Ausdrücke "vollständige" und "unvollständige Beschreibung"?
Eine Rede vollständig (oder unvollständig) wiedergeben. Gehört dazu auch die Wiedergabe des Tonfalls, des Mienenspiels, der

new technique, which modifies our concept of length. [Cf. P.I. p. 225a.]

633. When one describes simple language-games in illustration, let's say, of what we call the 'motive' of an action, then more involved cases keep on being held up before one, in order to shew that our theory doesn't yet correspond to the facts. Whereas more involved cases are just more involved cases. For if what were in question were a theory, it might indeed be said: It's no use looking at these special cases, they offer no explanation of *the* most important cases. On the contrary, the simple language-games play a quite different role. They are poles of a description, not the ground-floor of a theory.

634. "How does it come about that it seems to me that this colour-impression that I am having now, is recognized by me as the specific, the unanalysable?" – Ask instead how it comes about that we want to say this. And the answer to *that* is not difficult to find. And isn't it a queer question: why it *'seems'* to us as if. . . . For this very question itself involves a misunderstanding.

635. Imagine you were supposed to describe how human beings learn to count (e.g. in the decimal system). You describe what the teacher says and does, and how the pupil behaves in consequence. In what the teacher says and does there occur, e.g., words and gestures that are supposed to encourage the pupil to continue a series; also expressions like "He can count now". Now, ought the description that I give of the process of teaching and learning to contain, besides what the teacher says, my own judgment too, that the pupil can count now, or that the pupil has understood the system of numerals? If I do not put such a judgment into my description – is the description then incomplete? And if I do put it in, am I going beyond mere description? – May I refrain from those judgments and justify myself by saying: "*That is all that happens!*"? [Cf. Z 310.]

636. Must I not rather ask: "What does the description do? What purpose does it serve?" – In another context we do indeed know what is a complete and what an incomplete description. Ask yourself: How are these expressions employed: "complete" and "incomplete descriptions"?

Reproducing a speech completely (or incompletely). Does giving the tone of voice, the play of expression, the genuineness or

Echtheit oder Unechtheit der Gefühle, der Absichten des Redners, der Anstrengung des Redens? Ob das oder jenes für uns zur vollständigen Beschreibung gehört, wird vom Zweck der Beschreibung abhängen, davon, was der Empfänger mit der Beschreibung anfängt. [Vgl. Z 311.]

637. Der Ausdruck "Das ist alles, was *geschieht*" grenzt ab, was wir "geschehen" nennen. [Vgl. Z 312.]

638. Mein Urteil "Der Schüler kann jetzt zählen" gebe ich zu gewissen Zwecken ab. Man gibt ihm daraufhin etwa eine Anstellung. Sagst du "So ist also dies Urteil kein Teil der Beschreibung des Lernens, sondern eine Vorhersage" – so antworte ich: "Du kannst es so oder so auffassen." Du kannst sagen, du beschriebest den Zustand des Schülers. –

639. Denk dir Rot als den Gipfel aller Farben angesehen. Die besondere Rolle des Dreiklangs in unserer Musik. Unser Unverständnis für die alten Kirchentonarten.

640. Unter welchen Umständen würde man sagen, diese Menschen fassen alle Farben als Grade *einer* Eigenschaft auf?

641. Kannst du dir denken, daß wir Blau und Rot immer als die beiden äußersten Pole einer Veränderung von Violett ansähen? Man könnte dann Rot ein ganz hohes Violett und Blau ein ganz tiefes Violett nennen.

642. Oder denk dir eine Welt, in welcher Farben beinahe immer in regenbogenartigen Übergängen vorkämen. So daß man etwas eine grüne Fläche, wenn sie ausnahmsweise einmal vorkommt als Modifikation eines Regenbogens ansieht.

643. Kann ich denn aber nun sagen, daß, wenn *dies* die Tatsachen wären, die Menschen diese Begriffe hätten? Doch gewiß nicht. Wohl aber dies: Denke nicht, daß unsere Begriffe die einzig möglichen, oder vernünftigen sind; wenn du dir ganz andere Tatsachen, als die, die uns ständig umgeben, vorstellst, so werden dir andere Begriffe als die unsern natürlich erscheinen. [Vgl. PU, S. 230b.]

644. Glaub doch nicht, daß du den Begriff der Farbe in dir hältst, weil du auf ein färbiges Objekt schaust, wie immer du schaust.
(So wenig, wie du den Begriff der negativen Zahl besitzt, dadurch, daß du Schulden hast.) [Vgl. Z 332.]

ungenuineness of the feeling, the intentions of the speaker, the exertion of speaking – does all this belong to a complete rendering? Whether this or that belongs to the complete description will depend on the purpose of the description, will depend on what the recipient of the description does with it. [Cf. Z 311.]

637. The expression "That is all that *happens*" sets a limit to what we call "happening." [Cf. Z 312.]

638. My judgment "The pupil can count now" is given for certain purposes. He is thereupon given a job, say. If you say "So this judgment is not part of the description of learning, it is, rather, a prediction" – then I reply "You can take it this way or that". You can say that you are describing the state of the pupil. –

639. Imagine red regarded as the summit of all colours. The special role of the triad in our music. Our lack of understanding of the old church modes.

640. Under what circumstances would one say, these people conceive all colours as degrees of a *single* property?

641. Can you imagine our regarding blue and red as the two outermost poles of deviation from purple? One might then call red a very high, and blue a very low, purple.

642. Or imagine a world in which colours almost always occurred in rainbow-like transitions. So that one looks at, say, a green expanse, if it exceptionally does sometimes occur, as a modification of a rainbow.

643. Can I say, however, that if *these* were the facts, men would have these concepts? Certainly not. But one can say this: don't think that our concepts are the only possible or reasonable ones: if you imagine quite different facts from those with which we are continually surrounded, then concepts different from ours will appear natural to you. [Cf. P.I. p. 230b.]

644. Don't believe that you have the concept of colour within you because, however you look, you look upon a coloured object. (Any more than you have the concept of a negative number because you are in debt.) [Cf. Z 332.]

645. Angenommen, wir kennten ein Volk, welches eine gänzlich andere Form der Farbaussagen hätten, als die unsere: wir nehmen dann meistens an, daß es ein Leichtes ist, diese Leute unsere Ausdrucksform zu lehren. Und daß, wenn sie beide Ausdrucksformen beherrschen, sie deren Unterschied als unwesentlich anerkennen werden. (Das Geschlecht unserer Hauptworte.) Ist das so? Muß es so sein?

Denken wir uns, Leute hätten für zwei Abschattungen von Blau zwei verschiedene einfache Namen, und für sie wären die Farben *sehr* verschieden, die es für uns nicht sind. Wie würde sich das äußern? Und denken wir uns auch das Umgekehrte: daß für ein Volk Rot und Blau nur 'dem Grade nach' verschieden wären, nicht 'gänzlich verschiedene Farben'. Und was wären *hierfür* die Kriterien?

Wir sagen, in der Tonleiter kehre nach je 7 Tönen der gleiche Ton wieder. Was heißt es: "Wir *empfinden* ihn als den gleichen"? Ist, daß wir ihn den gleichen nennen, nur ein sprachlicher *Zufall*?

646. Den Schwachsinnigen stellt man sich unter dem Bild des Degenerierten, wesentlich Unvollständigen, gleichsam Zerlumpten vor. Also unter dem der Unordnung, statt der primitiveren Ordnung (welches eine weit produktivere Anschauungsart wäre). [Vgl. Z 372.]

647. Zählen, Rechnen, etc., in einem abgeschlossenen System, so wie eine Melodie abgeschlossen ist. Die Leute zählen etwa mit Hilfe der Töne einer besonderen Melodie; am Ende der Melodie kommt die Zahlenreihe zu einem Ende – Soll ich sagen: Es gibt natürlich noch weitere Zahlen, nur erkennen diese Leute sie nicht? Oder soll ich sagen: Es gibt noch ein anderes Zählen – das, was *wir* tun – und das kennen (tun) jene Leute nicht.

648. Der Begriff des Erlebnisses: Ähnlich dem des Geschehens, des Vorgangs, des Zustands, des Etwas, der Tatsache, der Beschreibung und des Berichts. Hier, meinen wir, stehen wir auf dem harten Urgrund, und tiefer als alle speziellen Methoden und Sprachspiele. Aber diese höchst allgemeinen Wörter haben eben auch eine höchst verschwommene Bedeutung. Sie beziehen sich in der Tat auf eine *Unmenge* spezieller Fälle, aber das macht sie nicht *härter*, sondern es macht sie eher flüchtiger.

649. Das Rechnen im Kopf ist vielleicht der einzige Fall, in welchem von der Vorstellung ein regelmäßiger Gebrauch im Alltagsleben gemacht wird. Darum hat es besonderes Interesse.

645. Suppose we were acquainted with a people that had a quite different form of colour attributions from ours: we mostly suppose it an easy thing would then be to teach these people our form of expression. And that, when they are masters of both forms of expression, they will acknowledge the difference between them to be inessential. (The gender of our nouns.[1]) Is it so? Must it be so?

Let us imagine that people had two different simple names for two shades of blue, and that colours were *very* different for them, which for us are not so. How would this get manifested? And let us also imagine the reverse: that there is a people for whom red and blue are different only 'in degree', not 'completely different colours'. And what would be the criterion for this?

We say that the same note recurs after every seven notes in the scale. What does it mean to say "We *experience* it as the same"? Is our calling it the same only a linguistic *accident*?

646. The feeble-minded are pictured in our imagination as degenerate, essentially incomplete, as it were in rags. Thus as in a state of disorder, rather than more primitive order (which would be a far more fruitful way of looking at them.) [Cf. Z 372.]

647. Counting, calculating etc., in a closed system in the way a tune is a closed system. The people count with the aid of the notes of a special tune; at the end of the tune the series of numbers comes to an end. – Am I to say: Of course there are further numbers as well, only these people don't know them? Or am I to say: There is also another way of counting – namely what *we* do – and this these people do not know (do not do).

648. The concept of experience: Like that of happening, of process, of state, of something, of fact, of description and of report. Here we think we are standing on the hard bedrock, deeper than any special methods and language-games. But these extremely general terms have an extremely blurred meaning. They relate in practice to innumerable special cases, but that does not make them any *solider*; no, rather it makes them more fluid.

649. Calculating in the head is perhaps the one case in which there is a regular use made of imagination in everyday life. That is why it is especially interesting.

[1] In German all nouns are masculine, feminine or neuter. *Trans.*

"Aber ich *weiß*, daß etwas in mir vorgegangen ist!" Und was? War es nicht, daß du im Kopf gerechnet hast? – So ist also das Kopfrechnen *doch* etwas Spezifisches! Überlege dir erst: Wie gebraucht man überhaupt die Beschreibung "Er rechnet im Kopf", "Ich rechne im Kopf". Die Schwierigkeit, auf die man stößt, ist eine Vagheit in den Kriterien für das Stattfinden des geistigen Vorgangs. Ließe sich die beseitigen?

650. Kann man sich das Kopfrechnen *vorstellen*?

651. Man kann wahrnehmbar rechnen und im Kopf rechnen: Könnte man im Kopf auch etwas tun, was man wahrnehmbar *nicht* tun kann, wofür es kein wahrnehmbares Äquivalent gibt?

Wie wäre es, wenn Leute für das Kopfrechnen eine Bezeichnung hätten, die es nicht unter die *Tätigkeiten* einreihte und schon erst recht nicht unter die des Rechnens? Sie bezeichnen es etwa als ein *Können*. Ich nehme an, sie gebrauchen radikal von dem unsern verschiedene *Bilder*.

652. Wenn aber nun Einer sagte: "So ist alles, was geschieht, doch, daß er so und so *reagiert*, sich benimmt" – so ist hier wieder ein grobes Mißverständnis. Denn hat also der, welcher erzählte "Ich habe die Multiplikation ohne zu schreiben, etc., in irgend einem Sinn *gerechnet*" – hat dieser *Unsinn* geredet, oder etwas Falsches berichtet? Es ist eine andere Sprachverwendung, als die der Beschreibung eines Benehmens. Aber man könnte allerdings fragen: Worin besteht die Wichtigkeit dieser neuen Sprachverwendung? Worin besteht z.B. die, der Äußerung der Intention? –

653. "Wie, wenn Einer Vorstellungsbilder hätte von der Intensität, Deutlichkeit, von Nachbildern z.B.; wären das Vorstellungen, oder wären es Halluzinationen, – auch wenn er sich der Unwirklichkeit des Gesehenen voll bewußt ist?" Vor allem: Wie weiß ich, daß er Bilder von dieser Deutlichkeit sieht? Er sagt es etwa. Ein Unterschied wäre der, daß seine Bilder von ihm 'unabhängig' sind. Was heißt das? – Er könnte sie nicht durch Gedanken verscheuchen. Stelle ich mir z.B. den Tod meines Freundes vor, so kann man mir sagen "Denk nicht daran, denk an etwas anderes"; aber das würde man mir nicht sagen, wenn ich das Ereignis z.B. im Film vor mir sähe. Und so würde ich dem, der mir in dem angenommenen Fall sagte, denk nicht daran, antworten: "Ich mag daran denken oder nicht, – ich *sehe* es."

654. Nimm den Gebrauch des englischen "this", "that", "these", "those", "will", "shall": Regeln für den Gebrauch dieser Wörter zu

"But I *know* that something went on in me!" And what? Wasn't it, that you calculated in your head? – So after all, calculating in the head *is* something specific!

Consider first: How does one use the description "He's calculating in his head", "I'm calculating in my head" at all? The difficulty which one comes up against is a vagueness in the criteria for the occurrence of the mental process. Could it be avoided?

650. Can one *imagine* calculating in one's head?

651. One may calculate perceptibly and one may calculate in one's head: could one also do something in one's head, which one can *not* do perceptibly, for which there is no such thing as a perceptible equivalent?

How would it be if people had a name for calculating in the head, which did not classify it among *activities*, and so *a fortiori* not among those of calculation? They designate it perhaps as a *capacity*. I assume that they use radically different *pictures* from the one we use.

652. But if now someone were to say: "so after all, all that happens is that he *reacts*, behaves, in such-and-such a way," – then here is a gross misunderstanding. For if someone gave the account: "I in some sense *calculated* the result of the multiplication, without writing etc." – was he talking *nonsense*, or did he make a false report? It is a different employment of language from that of a description of behaviour. But one might indeed ask: Wherein resides the importance of this new employment of language? Wherein resides the importance, e.g. of expression of intention? –

653. "How if the pictures that someone had in imagining things had the intensity, clarity, of, e.g. after-images; would these be mental images, or would they be hallucinations – even if he is fully conscious of the unreality of what he sees?" First of all: how do I know that he sees pictures with this clarity? Perhaps he says so. One difference would be this, that his pictures are 'independent' of him. What does that mean? He couldn't use thoughts to dispel them. If, e.g., I imagine the death of my friend, I may tell myself "Don't think about it, think of something else"; but that wouldn't be said to me if I were seeing the event befor my eyes, e.g. on a film. Then I'd reply to someone who in the assumed case said to me "Don't think about it": "Think about it or not, I'm *seeing* it."

654. Take the use of the English words "this", "that", "these", "those", "will", "shall": it would be difficult to give rules for their

geben, wäre schwer. Es ist aber möglich ihn zu *verstehen*, sodaß du dann geneigt wärest, zu sagen: "Wenn man einmal das richtige *Gefühl* für den Sinn dieser Wörter hat, dann kann man sie auch anwenden." Man könnte also auch diesen Wörtern eine eigentümliche Bedeutung in der englischen Sprache zuschreiben. Ihr Gebrauch wird sozusagen als *eine* Physiognomie empfunden.

655. *Kopfrechnen* auf Befehl. Laß dich durch die Kombination bekannter Wörter nicht verhindern, das Sprachspiel von Grund auf zu untersuchen.

Bedenke, daß man Einen das Kopfrechnen lehrt, indem man ihm befiehlt zu *rechnen*! Aber müßte das sein? Könnte es nicht sein, daß ich ihm, um ihn zum Kopfrechnen zu bringen, nicht sagen dürfte "Rechne!", sondern vielleicht: "Tu etwas *anderes*, aber finde das Resultat." Oder: "Schließ den Mund und die Augen und rühr dich nicht, und du wirst die Antwort lernen."

Ich will doch sagen, daß man das Kopfrechnen nicht aus dem Gesichtspunkt des *Rechnens* betrachten muß, obwohl es *wesentlich* mit dem Rechnen zusammenhängt.

Ja auch nicht unter dem Gesichtspunkt des 'Tuns'. Denn Tun ist etwa, was man Einem *vormacht*.

656. Ich will sagen: Es ist nicht notwendig, Reaktionen, die von den unsern verschieden sind, und daher vielleicht anderen Begriffsbildungen günstig sind, als Folgen, oder Äußerungen, ihrer Natur nach verschiedener (innerer) Vorgänge zu deuten.

Es ist nicht notwendig, zu sagen: Hier handelt es sich um verschiedene innere Vorgänge.

657. Wir haben einerseits seine Fähigkeit, ohne wahrnehmbares Rechnen Stufen der Rechnung mitzuteilen – anderseits die Äußerungen, die er zu machen geneigt ist; wie etwa *die*: "Ich habe in meinem Inneren gerechnet." Die Erscheinungen der ersten Art *könnten* uns zu einer bildhaften Beschreibung bringen "Es ist, als rechnete er irgendwie und irgendwo, und teilte uns Stufen dieser Rechnung mit". Das, was er zu sagen geneigt ist, können wir als Ausdrucksweise unserer Sprache annehmen, oder auch nicht. Wir könnten ihm z.B. sagen: "Du rechnest doch nicht 'in deinem Innern'! Du rechnest *uneigentlich*." Und nun sagt er in Zukunft *dies*.

658. "Aber ich *weiß* doch, daß ich *wirklich* rechne – wenn auch nicht für den Andern wahrnehmbar!" Dies könnte man als typische Äußerung eines geistig zurückgebliebenen auffassen.

use. But it is possible to *understand* their use, so as to be inclined to say: "If one just has the right feeling for the sense of these words, then one can also apply them." Thus one might ascribe a peculiar meaning even to these words in the English language. Their use gets to be felt as if each had a single physiognomy.

655. Calculating in one's head at the order to do so. Don't let the combination of familiar words prevent you from investigating the language-game right from the bottom.

Remember that one teaches someone to calculate in his head by ordering him to *calculate*! But would it have to be like that? Might it not be that in order to get him to calculate in his head, I mustn't say "Calculate", but rather: "Do something *else*, only get the result" or "Shut your mouth and your eyes and keep still, and you will learn the answer."

I want to say that one need not look at calculating in the head under the aspect of *calculating*, although it has an essential tie-up with calculating.

Nor even under the aspect of 'doing'. For doing is something that one can give someone an *exhibition* of.

656. I want to say: there is no need to interpret reactions different from ours, and hence perhaps favourable to different conceptual structures, as consequences or expressions of (inner) processes which are of a different nature from ours.

There is no need to say: what is in question here are different inner processes.

657. We have, on the one hand his capacity to communicate steps of the calculation without doing any perceptible calculating – on the other, the utterances which he is inclined to make; as for example *this* one: "I did the sum inwardly." The phenomena of the first kind *might* bring us to offer the graphic description: It's as if he calculated somehow and somewhere, and told us steps of this calculation. We may assume what he is inclined to say into our language as one of its forms of expression; or again we may not. We might, e.g., say to him "You don't calculate 'inside'! You calculate *unreally*." And then *that* is what he says for the future.

658. "But I do surely *know* that I *actually* calculate – even if not perceptibly to someone else!" One might take this as a typical expression of someone who was mentally retarded.

659. Aber wenn wir so mit dem innern Vorgang aufräumen, – bleibt nun nur noch der äußere? – Es bleibt nicht das Sprachspiel der Beschreibung des äußern Vorgangs allein, sondern auch das, welches von der Äußerung ausgeht. Wie immer auch unsere Ausdrucksweise lautet; wie immer z.B. sie die Beziehung zum 'äußern' Rechnen macht.

660. Wenn dir plötzlich ein Thema, eine Wendung, etwas sagt, so brauchst du dir's nicht erklären zu können. Es ist dir plötzlich auch *diese* Geste zugänglich. [Vgl. Z 158.]

661. Vergleich von Körperlichen Vorgängen und Zuständen, wie Verdauung, Atmung, etc., mit geistigen, wie Denken, Fühlen, Wollen etc. Was ich betonen will, ist gerade die Unvergleichbarkeit. Eher, möchte ich sagen, wären die vergleichbaren Körperzustände: *Geschwindigkeit* der Atmung, *Unregelmäßigkeit* des Herzschlags, *Zuverläßigkeit* der Verdauung, und dergleichen. Und freilich könnte man sagen, daß diese alle das Verhalten des Körpers charakterisieren.

662. Denk dir einen Stamm von Leuten, die nicht sagen "er hat Schmerzen", "wir haben Schmerzen", "in ihm geht das Gleiche vor wie in mir", "diese Leute haben das gleiche seelische Erlebnis" etc.; sondern man redet wohl von einer Seele und von Vorgängen in der Seele, sagt aber, man wisse absolut nichts darüber, ob zwei Leute, von denen *wir* etwa sagen, sie hätten Schmerzen, wirklich dasselbe haben, oder etwas ganz anderes; und man sagt daher bei ihnen, die Menschen haben etwas Unbekanntes und nun folgt in ihrer Ausdrucksweise eine Bestimmung, die unserem "sie haben Schmerzen" gleichkommt. Diese Leute werden dann auch nicht sagen: "Wenn ich glaube, jemand habe Schmerzen, so glaube ich, es gehe in ihm etwas bestimmtes vor", und dergleichen.

Muß man es aber überhaupt so ansehen, daß das Schmerzsignal und die Beschreibung des Schmerzbenehmens eine begriffliche Einheit bilden?

Ich will fragen: "Wo liegt hier das Begriffliche und wo das Phänomenale?" Muß die *Sprache* eine Schmerzäußerung enthalten? Denken wir uns Leute mit einer Fingersprache. Oder Leute, die nur schreiben, nicht sprechen. Müßten die den Begriff 'Schmerz' besitzen?

663. Ist es aber leichter, sich vorzustellen, daß Leute unsern Begriff des Schmerzes nicht haben, als dies, daß sie den Begriff des physikalischen Körpers nicht haben?

659. But if we dispose of the inner process in this way, – is the outer one now all that is left? – the language-game of description of the outer process is *not* all that is left: no, there is also the one whose starting point is the expression. Whatever way our expression may run; whatever the way, e.g., it relates to the 'outward' calculation.

660. When a theme, a phrase, suddenly says something to you, you don't have to be able to explain it to yourself. Suddenly *this* gesture too is accessible to you. [Cf. Z 158.]

661. Comparison of bodily processes and states, like digestion, breathing etc. with mental ones, like thinking, feeling, wanting, etc. What I want to stress is precisely the incomparability. Rather, I should like to say, the comparable bodily states would be *quickness* of breath, *irregularity* of heart-beat, *soundness* of digestion and the like. And of course all these things could be said to characterize the behaviour of the body.

662. Imagine a tribe of people who do not say "he has pains", "we have pains", "the same is going on in him as in me", "these people have the same mental experience" etc.; rather, though there is talk of a mind and of processes in the mind, one says one knows absolutely nothing about whether two people, of whom *we'd* say they were in pain, really have the same or something quite different; and so in this tribe it is said that the people have something unknown; and now there follows in their way of expressing themselves some specification, which comes to the same thing as our "They are having pains". Then these poeple are likewise not going to say: "When I believe that someone is having pains, I am believing that some particular thing is going on within him" or the like.
But need one look at the matter at all in such a way that the signal of pain and the description of pain-behaviour form a conceptual unit?
I want to ask: "What is the place here of the conceptual and what of the phenomenal?" Must *language* contain an expression of pain? Imagine people with a manual language. Or people who don't speak but only write. Would these have to possess the concept 'pain'?

663. But is it easier to imagine people lacking our concept of pain than it is to imagine them not having our concept of a physical body?

664. Es ist eine wichtige Tatsache, daß wir annehmen, es sei immer möglich, Menschen, die eine andere Sprache als die unsere besitzen, unsere zu lehren. Darum sagen wir, ihre Begriffe seien die gleichen, wie unsere.

665. "Du beginnst einen Satz, an dessen letztem Ende das Verbum steht; du wirst mir doch nicht sagen, daß du den Satz zu sprechen anfingst, ohne eine Ahnung davon, was das Verbum sein werde!" – Und worin besteht die Ahnung? Und wenn nun Einer wirklich keine Ahnung davon hätte und doch fließend Deutsch spräche! Wie wird man erfahren, ob er diese Ahnung hatte?

666. Inwiefern untersuchen wir den Gebrauch von Wörtern? – Beurteilen wir ihn nicht auch? Sagen wir nicht auch, dieser Zug sei wesentlich, jener unwesentlich?

667. Man kann das Messen mit dem Meterstab beschreiben; wie kann man es begründen?

Ist der Begriff 'Schmerz' ein Instrument, das der Mensch gemacht hat; und wozu dient es?

668. Ja – wie kann man Einem befehlen, die und die Worte *so* zu meinen? Es sei denn, daß man ihm befiehlt, sie so zu verwenden. –

669. Denke, du müßtest eine Entscheidung treffen und zwar, indem du auf einen von einer Anzahl von Knöpfen drückst. Die Entscheidung, die du damit triffst, ist durch ein Wort gekennzeichnet, das auf dem Knopf steht. Es ist dann natürlich gänzlich gleichgültig, was du beim Anblick dieses Worts erlebst. Ist das Wort z.B. "weiche", so kannst du es als Adjektiv, Substantiv, oder Verbum meinen, die Entscheidung wird dadurch nicht geändert. Und ebenso, wenn du das Wort als Entscheidung *aussprichst*. Es teilt doch jedenfalls dem Andern dasselbe mit, der auf die Entscheidung wartet.

670. Wie ist es aber, wenn die Entscheidung zweier Deutungen fähig ist, und der sie hört, gibt ihr nun *eine* von ihnen? Er kann das entweder durch sein Handeln tun, oder, sozusagen, in Gedanken. Wäre aber auf die Entscheidung nicht gleich zu handeln, so könnte er sie auch hören und vorläufig *garnicht* deuten. Andererseits aber könnte er auf eine *Frage* mit einer Deutung antworten. Dies wäre eine vorläufige Reaktion.

664. It is an important fact that we assume it is always possible to teach our language to men who have a different one. That is why we say that their concepts are the same as ours.

665. "You start a sentence at whose far end is a verb; you surely aren't going to tell me you began to speak the sentence without an inkling what the verb would be!" – And what does the inkling consist in? And suppose someone really had no inkling of it and yet spoke German fluently! How will one find out whether he had this inkling?

666. How far do we investigate the use of words? – Don't we also judge it? Don't we also say that this feature is essential, that one inessential?

667. Measuring with a yardstick can be described; how can it be given a foundation?
   Is the concept 'pain' an instrument made by man; and what purpose does it serve?

668. How can one order someone to mean such and such words like *this?* Apart from ordering him to use them like this. –

669. Suppose you had to make a decision and the decision was made by pressing one of a number of buttons. The decision that you make in doing this is signalized by a word which is written on the button. It is then, of course, a matter of complete indifference what you experience when you see this word. If the word is, e.g. "fine", you can mean it as adjective, substantive, or verb, without thereby altering the decision. And equally, when you *pronounce* the word as a decision. At any rate, if someone else is awaiting the decision, it tells him the same thing.

670. But how is it when the decision is susceptible of two interpretations, and the one who hears it now gives it *one* of them? He may do this, either through his actions, or, so to speak, in thought. But if the decision did not have to be acted on at once, he might also hear it and for the time being not interpret it *at all*. On the other hand he might give an interpretation in answer to a *question*. This would be a provisional reaction.

671. Es ist eben möglich, die Worte einer bestimmten Situation gemäß und also in der und der Bedeutung auszusprechen, und dabei doch eine andere Bedeutung zu *denken*. So daß die Worte für mich also, dem Andern unbewußt, eine eigene Bedeutung haben.

672. Gefragt, werde ich vielleicht diese Bedeutung erklären, und die Erklärung hatte mir doch nicht vorgeschwebt. Was hatte also mein Geisteszustand, als ich das doppelsinnige Wort aussprach, mit den Worten der Erklärung zu tun? Inwiefern können diese Worte ihm entsprechen? Es gibt hier offenbar nicht ein Passen der Erklärung zur Erscheinung.

673. Man kann auch einen Ausdruck, während man ihn ausspricht, auf eine Weise meinen und gleich darauf retrospektiv auf eine andere.

674. Es ist uns, als gehörten zu dem Wort in seinen zwei Bedeutungen verschiedene Illustrationen; und man könne dem Wort nun wohl eine aus den beiden zusammengesetzte Illustration geben, dann sei es aber eben nicht eine der beiden dem Worte gemäßen, oder gewohnten.

Das heißt aber natürlich nicht, daß immer, wenn man von dem Wort Verwendung macht, eine der beiden Illustrationen anwesend sein muß, sondern nur, daß, *wenn* wir das Wort illustrieren, *eine* der beiden und nicht beide Bilder zu ihm gehören.

675. 'Hättest du mich gefragt, so hätte ich dir *die* Antwort gegeben.' Das bezeichnet einen Zustand; aber nicht eine 'Begleitung' meiner Worte.

676. Denke dir, Leute hätten die Gewohnheit, während des Sprechens zu kritzeln; warum sollte, was sie auf diese Weise während des Redens hervorbringen, weniger interessant sein, als begleitende Vorgänge in ihrem Geist, und warum soll das Interesse an *diesen* von anderer Art sein?

Warum *scheint* einer dieser Vorgänge den Worten das ihnen eigene *Leben* zu geben?

677. Je nachdem er das Wort *so* oder *so* gemeint hat, hat er die eine, oder andere Absicht ausgesprochen. Die eine oder andere Absicht gehabt. Und mehr kann man doch über die Wichtigkeit dieses Meinens nicht sagen.

Und da scheint es wieder, daß es weniger wichtig ist, was beim Aussprechen des einzelnen Worts ("Bank" z.B.), als was beim, und vor dem, ganzen Satz vor sich gegangen ist. Gleichsam, wie das

671. It is perfectly possible to pronounce words suitably to a particular situation, and hence with such-and-such a meaning, but at the same time to *think* another interpretation. So that for me, unbeknownst to the other, the words have a peculiar meaning.

672. If asked, I shall perhaps explain this meaning, without this explanation's having come before my mind earlier. So what had my state of mind, as I spoke the words with the double meaning, to do with the words of the explanation? How far can these words correspond to it? Here there is obviously no such thing as the explanation's fitting the phenomenon.

673. One may also mean an expression in one way as one utters it and then at once afterwards, retrospectively, in another.

674. It feels to us as if different illustrations attached to the phrase in its two meanings, and as if one can now give an illustration compounded out of the two of them, but then of course it wouldn't be either of the two that accorded with the word or were usual for it.
   Naturally, however, that does not mean that whenever one employs the phrase, one of the two illustrations must be present. It only means that *if* we illustrate the word, *one* of the two pictures and not both belong to it.

675. 'If you had asked me, *this* is the answer I'd have given you.' That signifies a state; but not an 'accompaniment' of my words.

676. Imagine that people had the custom of doodling while they spoke; why should what they produce in this way while talking be less interesting than accompanying processes in their minds, and why should the interest of *these* be of any different kind?
   Why does one of these *seem* to give the words their peculiar *life*?

677. According as he meant the word *this* way or *that*, he expressed the one intention or the other. Had the one intention or the other. And one can't say more about the importance of his meaning it than that.
   And here again it seems that what went on while he pronounced the individual word ("bank", for example) is of less importance than what went on during, and before, the utterance of the whole

Gemüt den ganzen Satz illustriert hat, nicht notwendigerweise das eine Wort. Und doch, so müssen wir uns gleich gestehen, muß auch die Illustration nicht wichtig sein. Warum soll denn soviel auf sie ankommen? Und wie kann sie dem Satz ein *bestimmtes* Leben geben, wenn die Sprache es ihm nicht gibt? Wie soll sie eindeutiger sein, als die Wortsprache?

678. Nun, das ist das Entscheidende, daß ich nicht nur nach dem Zusammenhang die Bedeutung beurteilen kann, sondern daß man nach ihr fragen kann und der Antwortende die Bedeutung nicht aus dem Zusammenhang entnimmt.

679. Ist es denn eine Selbstverständlichkeit, daß, wer die Sprache gebrauchen kann, imstande ist, die Wörter, die er versteht, deren Verwendung er versteht, zu *erklären*? Wir würden freilich sehr erstaunt sein, wenn jemand zwar das Wort "Bank" versteht, aber auf die Frage "was ist eine Bank" uns nicht antworten könnte.

Ist es nicht eines, den Satz zu verstehen "Gehen wir ein bißchen an die Sonne" – und ein anderes, das Wort "Sonne" erklären zu können? – Aber muß der, der diesen Satz versteht, nicht wissen, wie die Sonne ausschaut? So wie er, welcher den Satz "Ich habe keine Schmerzen" versteht, z.B. wissen muß, wie man sich Schmerzen zufügen kann, und wie sich Einer, der Schmerzen hat, benimmt, etc. –

680. Ferner: wenn es möglich ist, dem doppeldeutigen Wort durch öfteres Wiederholen *jede* 'Bedeutung' zu nehmen, warum sollten nicht manche Menschen, die es ohne Zusammenhang aussprechen, dies für gewöhnlich ohne ein Gefühl einer Bedeutung tun? Oder warum sollten die Menschen so ein Wort nicht mit einer Art zitternder Bedeutung aussprechen, wo kein Zusammenhang sie festhält?

681. "Was tust du aber, wenn du dem Befehl folgst 'Sag . . . und meine damit . . .'?" – Du tust nicht *etwas Anderes.* Aber auch nicht: etwas Spezifisches.

682. Jedenfalls ist das kein Sprachspiel, das man sehr früh lernt: ein Wort, isoliert, in der und der Bedeutung aussprechen. Die Grundlage ist offenbar, daß Einer sagt, er kann das Wort . . . aussprechen und dabei eine oder die andere seiner Bedeutungen meinen. Das geht leicht, wenn das Wort zwei Bedeutungen hat; aber kannst du auch das Wort "Apfel" aussprechen und Tisch damit meinen? – Ich könnte doch eine Geheimsprache benützen, in der es diese Bedeutung hat.

sentence. As it were, the mood illustrated the whole sentence, not necessarily the single word. And yet, as at the same time we must confess to ourselves, even the illustration does not have to be important. For why should so much depend on it?

And how can it give the sentence a *particular* life, if language doesn't do so? How should it be less ambiguous than the language of words?

678. Now this is the decisive point: It is not only from the context that I can judge the meaning; it can be asked about, and in giving the answer one does not derive the meaning from the context.

679. Is it just a matter of course that someone who can use language is able to *explain* the words that he understands, the words whose employment he understands? We should, of course, be very much astonished if someone did indeed understand the word "bank", but could give no answer when we asked him "What is a bank?"

Isn't it one thing to understand the sentence "Let's walk in the sun for a while" – and another to know how to explain the word "sun"? – But mustn't one who understands this sentence know, e.g. what the sun looks like? As one who understands the sentence "I haven't any pain" must, e.g., know how one can give oneself pain and how someone in pain behaves etc. –

680. Further; if it is possible for the ambiguous word by frequent repetition to take on *each* 'meaning', why shouldn't some men who pronounce it without any context ordinarily do so without any feeling of a meaning? Or why shouldn't men pronounce a word in this way with a kind of fluctuating meaning, where no context fixes it?

681. "But what do you do when you obey the order 'Say ... and mean ... by it'?" – You don't do *something else*. But neither do you do anything specific.

682. In any case this isn't a language-game that is very early learnt: pronouncing a word by itself in such and such a meaning. The foundation is obviously that someone says he can pronounce the word ... and mean one or the other of its meanings as he does so. That's quite easy when the word has two meanings; but can you also say the word "apple" and mean "table" by it? – Still, I might use a secret language, in which it has this meaning.

683. "Gib ihm diesen Befehl und mein' damit . . .!" "Sag ihm das und mein' damit . . .!" Das wäre ein merkwürdiger Befehl, den man für gewöhnlich nicht gibt. Oder ich sage Einem "Richte diese Botschaft aus" – und frage ihn nachher "Hast du sie auch so und so gemeint?".

684. Aber ist dann die Vergangenheitsform der Frage gerechtfertigt? Doch; denn ich setze eine Änderung der Gesinnung einem Gleichbleiben entgegen. Ich will wirklich nicht nur wissen, was er jetzt meint, sondern auch, was er gemeint hat. – Man könnte etwa fragen "Was meinst du? und hast du deine Gesinnung geändert?" Wenn auf diese Frage Nein zur Antwort kommt, dann hat er, was die Erklärung angibt, auch früher gemeint.

Ich will sagen: Die Kriterien für das Geschehen in der Vergangenheit sind hier andere, als etwa für das Auftauchen eines Bildes.

685. Wie soll ich also dieses psychologische Phänomen beschreiben? Daß man ein Wort auf Befehl so und so meinen kann? daß man sich einbildet, es so oder so zu meinen? Soll ich sagen, daß das Wort "meinen" hier in einem anderen Sinne gebraucht wird; daß man eigentlich ein anderes Wort gebrauchen sollte? Soll ich so ein Wort in Vorschlag bringen? – Oder ist das gerade das Phänomen, daß wir hier das Wort "meinen" gebrauchen, welches wir für einen anderen Zweck gelernt haben?

686. Ist es ein sehr primitives Sprachspiel, in dem man sagt: "Bei diesem Wort ist mir . . . eingefallen"? [Vgl. PU, S. 218b.]

687. Statt "Ich habe *das* mit dem Wort gemeint" könnte man auch sagen "Das Wort stand für . . .". Und wie konnte denn das Wort, als ich es aussprach, für dies, – und nicht für jenes, stehen? Und doch hat es gerade *diesen* Anschein.

Ist also das gleichsam eine optische Täuschung? (So, als *spiegelte* das Wort den Gegenstand, den die Erklärung ihm zuordnet.) Und wenn das eine optische Täuschung ist, was verlieren Leute, die diese Täuschung nicht kennen? Sie sollten sehr wenig verlieren.

688. Das besondere Erlebnis der Bedeutung ist charakterisiert dadurch, daß wir mit einer Erklärung und der Vergangenheitsform reagieren: gerade so, als erklärten wir die Bedeutung eines Worts für praktische Zwecke. [Vgl. Z 178.]

689. Die Intention mag sich ändern und zugleich auch ein Erlebnisinhalt, aber die Intention war kein Erlebnis.

683. "Give him this order, and mean ... by it." "Tell him this and mean ... by it." That would be a remarkable order, which is not ordinarily given. Or I say to someone: "Deliver this message" – and ask him afterwards: "Did you also mean it in such and such a way?"

684. But is the past tense form then justified? Yes; for I make a contrast between changing one's mind and its staying the same. I really want to know not merely what he means now, but also what he did mean. – One might perhaps ask: "What *do* you mean? and have you changed your mind?" When the answer to this question is No, then what he says now he also meant before.

I want to say: the criteria for the past happening here are different from what they are for the emergence of a picture.

685. Then how am I to describe this psychological phenomenon? Am I to say: one can mean a word in such and such a way upon request? that one fancies one means it this way or that? Am I to say that the word "mean" is being used here in a different sense; that one ought properly to have used a different word? Am I to propose such a word? – Or is just this the phenomenon, that we use the word "mean" here, which we learnt for another purpose?

686. Is it a very primitive language-game, in which one says: "At this word, ... occurred to me?" [Cf. P.I. p. 218b.]

687. Instead of "I mean *this* by the word" one might also say "The word stood for ...". And then how can the word have stood for this thing – and not for that, when I pronounced it? And yet *that*'s just what it looks like.

So is this as it were an optical illusion? (Such as to make the word seem to *mirror* the object that is correlated with it by the explanation.) And if it is an optical illusion, what do people lose who are unacquainted with this illusion? They can't be losing very much.

688. The peculiar experience of meaning is characteristic because we react with an explanation and use the past tense: just as if we were explaining the meaning of a word for practical purposes. [Cf. Z 178.]

689. The intention may have altered, and simultaneously with it an experience-content, but the intention was not an experience.

690. Einer der Grundsätze des Beobachtens müßte doch sein, daß ich das Phänomen, das ich beobachte, durch meine Beobachtung nicht störe. D.h., meine Beobachtung muß brauchbar sein, anzuwenden auf die Fälle, in denen nicht beobachtet wird.

691. Also entspricht diesem Aufzucken "Jetzt weiß ich's!" kein besonderes Erlebnis? Nein. – Denk dir den, der immer auffährt "Jetzt hab ich's!", wenn er nichts hatte; – was sollen wir von ihm sagen? Welches Erlebnis hatte er? Nicht der besondere 'Erlebnisinhalt' beim Aufzucken gibt ihm sein besonderes Interesse, und wenn Einer sagt, er habe in diesem Augenblick alles verstanden, so ist das nicht die Beschreibung eines Erlebnisinhalts. – Aber warum nicht? – Ich will unterscheiden zwischen einer Aussage, wie "Ich habe die Formel in diesem Augenblick vor mir gesehen" und einer, wie "Ich habe in diesem Augenblick die Methode erfaßt". Aber nicht, als wollte ich sagen – "weil man eine Methode nicht in einem Augenblick erfassen kann". Man kann es wohl, es geschieht sehr oft. – Ich will sagen: "'Jetzt verstehe ich's' ist ein *Signal,* nicht eine Beschreibung." Und *was* ist damit getan, daß ich dies sage? Nun, die Aufmerksamkeit wird damit auf den Ursprung so eines Signals gerichtet; die Frage "Wie lernt Einer die Worte 'Jetzt verstehe ich's' und wie, z.B., die der Beschreibung einer Vorstellung?" tritt in den Vordergrund. Denn das Wort "Signal" weist auf einen Vorgang hin, der signalisiert wird. [Vgl. PU, S. 218f.]

692. Es ist freilich die Unbestreitbarkeit, die das Bild begünstigt: es wäre hier etwas beschrieben, was nur wir sehen und nicht der Andere sieht, was also uns nahe und immer zugänglich, für den Andern aber verborgen ist, also etwas, was *in* uns selbst liegt und wir durch Schauen in uns selbst gewahr werden. Und die Psychologie ist nun die Lehre von diesem Innern.

693. Wenn ich also sagen will, daß unsere 'Äußerungen', mit denen es die Psychologie zu tun hat, durchaus nicht alle Beschreibungen von Erlebnisinhalten seien, so muß ich sagen, daß, was man Beschreibungen von Erlebnisinhalten nennt, nur eine kleine Gruppe jener 'unbestreitbaren' Äußerungen sind. Aber durch welche grammatische Züge ist diese Gruppe charakterisiert?

694. Ein Erlebnisinhalt, das ist das, was ein Bild wiedergeben kann; ein Bild in seiner subjektiven Bedeutung, wenn es besagt: "*Das* sehe ich, – was immer der Gegenstand sein mag, der diesen Eindruck hervorbringt." Denn der Erlebnisinhalt ist der private *Gegenstand.* –

690. One of the principles of observation would surely have to be that I do not *disturb* the phenomenon that I observe by my observation of it. That is to say, my observation must be usable, must be applicable to the cases in which there is no observation.

691. So isn't there any peculiar experience corresponding to the jump of: "Now I know!"? No – Imagine one who is always going off with "Now I've got it!" when he hasn't got hold of anything; – what are we to say about him? What experience did he have? It is not the peculiar content of experience at the jump that gives it its peculiar interest, and when someone says that he understood everything in that moment, this is not the description of an experience-content. – But why not? – I want to make a distinction between a statement like "At that moment I saw the formula clear before me", and one like "At that moment I grasped the method". But not as if I wanted to say – "because one can't grasp a method in a moment". One can, it happens very often. – I want to say: "'Now I understand!' is a *signal*, not a description." And *what* is effected by my saying that? Well, it directs attention to the origin of such a signal; there comes into the foreground the question "How does someone learn the words 'Now I understand it!', and how, e.g., the description of a mental image?" For the word "signal" points towards a proceeding that is being signalled. [Cf. P.I. p. 218f.]

692. It is of course the indisputability that favours the picture of something's being described here, something that we see and the other does not, and that is near to us and always accessible, but for the other is hidden: hence something that exists *within* us and which we become aware of by looking into ourselves. And psychology is now the theory of this inner thing.

693. So if I want to say that our 'utterances', with which psychology has to do, absolutely are not all descriptions of experience-contents, I must say that what are called descriptions of experience-contents are only a small group of these 'indisputable' utterances. But what grammatical features mark off this group?

694. An experience-content is what can be produced in a picture, a picture in its subjective meaning, when its purport is: "*This* I see – whatever the object may be that produces the impression." For the experience-content is the private *object*. – But how then can pain form

Aber wie kann dann der Schmerz einen solchen Inhalt bilden? – Eher noch die Temperaturempfindung. Und der Gehörsinn ist dem Gesicht noch näher verwandt; – aber auch schon ganz verschieden.

695. Es ist uns förmlich, als hätte der Schmerz einen Körper, als wäre er ein Ding, ein Körper mit Form und Farbe. Warum? Hat er die Form des schmerzenden Körperteils? Man möchte z.b. sagen: "Ich könnte den Schmerz *beschreiben*, wenn ich nur die nötigen Worte und Elementarbedeutungen dazu hätte." Man fühlt: es fehlt einem nur die notwendige Nomenklatur. (James.) Als könnte man die Empfindung sogar malen, wenn nur der Andere diese Sprache verstünde. – Und man kann den Schmerz ja wirklich räumlich und zeitlich beschreiben. [Vgl. Z 482.]

696. Wäre die Schmerzäußerung nur ein Schreien und dessen Stärke abhängig nur von dem vorrätigen Atem, aber nicht von der Verletzung, – wären wir dann auch geneigt, den Schmerz als etwas Beobachtetes aufzufassen?

697. Warum denkst du, daß des *Andern* Schmerz ähnlich ist, wie seine Gesichtsempfindung? – Oder so: Warum gruppieren wir Gesicht, Gehör und Tastempfindung zusammen? Weil wir durch sie 'die Außenwelt kennen lernen'? Der Schmerz könnte ja als eine Art Tastempfindung aufgefaßt werden.

698. Wie ist es aber mit meiner Idee, daß wir die Stellungen und die Bewegungen unserer Glieder nicht wirklich nach den Gefühlen beurteilen, die diese Bewegungen uns geben? Und warum sollten wir die Oberflächenbeschaffenheit der Körper so beurteilen, wenn man das von unseren Bewegungen nicht sagen kann? – Was ist überhaupt das Kriterium dafür, daß unser *Gefühl* uns dies lehrt?

699. Wie beurteilt man, ob die Müdigkeit (z.B.) ein unklar lokalisiertes Körpergefühl ist?

700. Man möchte sagen "Ich glaube..." kann nicht *eigentlich* das Präsens von "Ich glaubte" sein. Oder: man müßte ein Verbum so gebrauchen können, daß sein Präteritum den Sinn von "ich glaubte" hat, sein Präsens aber einen andern Sinn, als unser "ich glaube". Oder auch so: Es müßte ein Verbum geben, dessen dritte Person in der Gegenwart den Sinn "er glaubt" hat, dessen erste Person aber einen andern als "ich glaube".
    Aber soll es dann auch ein Verbum geben, dessen erste Person sagt "ich glaube", dessen dritte aber nicht das, was wir mit "er glaubt" meinen? Die dritte Person müßte also auch unbestreitbar sein?

such a content? – The sensation of temperature does so rather. And hearing is still closer akin to sight; – but also quite different.

695. It positively seems to us as if pain had a body, as if it were a thing, a body with shape and colour. Why? Has it the shape of the part of the body that hurts? One would like, e.g., to say "I could *describe* the pain, if only I had the requisite words and elementary concepts". One feels: all that is lacking is the necessary nomenclature (James.) As if one could even paint the sensation, if only others would understand this language. – And one really can give a spatial and temporal description of pain. [Cf. Z 482.]

696. If the expression of pain were only a cry and its strength depended only on the available breath, but not on the damage – should we in that case be inclined to regard pain as something observed?

697. Why do you think that someone *else's* pain is similar to his visual sensation? – Or put it like this: why do we group sight, hearing and the sensation of touch together? Because we 'get acquainted with the outer world' through them? Pain certainly could be regarded as a kind of tactile sensation.

698. But how about my idea that we don't actually judge the position and movement of our limbs by the feelings that these movements give us? And why should we judge the qualities of the surfaces of bodies in this way, if that cannot be said of our movements? – What is our criterion at all, for saying that our *feeling* tells us this?

699. How does one judge whether fatigue (e.g.) is an indefinitely located bodily feeling?

700. One would like to say that "I believe" can't *properly* be the present of "I believed". Or: one ought to be able to use a verb in such a way that its past has the sense of "I believed", while its present has a sense different from that of our "I believe". Or again: There ought to be a verb, whose third person in the present tense has the sense "he believes", but whose first person has a sense different from that of "I believe".

But then ought there also to be a verb, whose first person says "I believe", but whose third person does not say what we mean by "he believes"? So the third person would also have to be indisputable?

701. Wie, wenn Einer sagte: "Ich *weiß*, es wird nicht regnen, aber ich *glaube*, es werde regnen"?

702. Was ist den Sinneserlebnissen gemeinsam? – Die Antwort, daß sie uns die Außenwelt kennen lehren, ist eine falsche und eine richtige. Sie ist richtig, sofern sie auf ein *logisches* Kriterium deuten soll. [Vgl. Z 477.]

703. Ließe sich ein "Ich habe gelogen" denken, das ich aus der Beobachtung meines Benehmens erschließe? Nur dann, wenn auch der Andere nicht das *Geständnis* "Ich habe gelogen" machen kann.

Beschreibt "Ich habe nicht gelogen" ein Erlebnis, oder "Ich habe diese Aussage im guten Glauben gemacht"? – Du mußt daran denken, daß ich seinen guten Glauben nicht nur aus dem und jenem Benehmen erschließe, sondern auch sein Wort dafür annehme, welches er *nicht* auf Selbstbeobachtung stützt.

704. Wie kommt es, daß ich aus meiner eigenen Aussage "Es wird regnen" nicht entnehmen kann, daß ich dies glaube? Kann ich denn gar keine interessanten Schlüße daraus ziehen, daß ich dies gesagt habe? Sagt der Andere es, so schließe ich etwa, er werde einen Schirm mitnehmen. Warum nicht in meinem eigenen Fall?

Natürlich, die Versuchung ist hier, zu sagen: Im eigenen Falle *brauche* ich diesen Schluß nicht aus meinen Worten zu ziehen, weil ich ihn aus meinem Seelenzustand, aus meinem Glauben selbst ziehen kann.

705. Warum schließe ich nie von meinen Worten auf meine wahrscheinlichen Handlungen? Aus demselben Grunde, aus welchem ich nicht von meinem Gesichtsausdruck auf mein wahrscheinliches Benehmen schließe. – Denn nicht das ist das Interessante, daß ich nicht aus meinem Ausdruck der Gemütsbewegungen auf meine Gemütsbewegung schließe, sondern, daß ich aus jenem Ausdruck auch nicht auf mein späteres Verhalten schließe, wie dies doch die Andern tun, die mich beobachten. [Vgl. Z 576.]

706. Wer philosophiert, macht oft zu einem Wortausdruck die falsche, unpassende, Geste. [Vgl. Z 450.]

707. Wenn Einer mich auf der Straße trifft und fragt "Wohin gehst du?" und ich antworte "Ich weiß es nicht", so nimmt er an, ich habe keine bestimmte *Absicht*; nicht, ich wisse nicht, ob ich meine Absicht werde ausführen können. (Hebel.)[1] [Vgl. Z 582.]

[1] J. P. Hebel: *Schatzkästlein*, Zwei Erzählungen. (*Herausg.*)

701. What if someone were to say: "I *know* it won't rain, but I *believe* it will rain."

702. What is common to sense-experiences? – The answer that they acquaint us with the outer world is partly wrong and partly right. It is right inasmuch as it is supposed to point to a *logical* criterion. [Cf. Z 477.]

703. Could an "I was lying" be imagined, which I inferred from observation of my own behaviour? Only in case someone else cannot make the *confession* "I was lying" either.

Does "I was lying" describe an experience; or again "I made this statement in good faith"? – You need to think of the fact that I don't only infer his good faith from such-and-such behaviour, but I also take his word for it, which he does *not* base on self-observation.

704. How is it that I cannot gather that I believe its going to rain from my own statement "It's going to rain"? Can I then draw no interesting conclusions from the fact that I said this? If someone else says it, I conclude perhaps that he will take an umbrella with him. Why not in my own case?

Of course there is here the temptation to say: In my own case I don't *need* to draw this conclusion from my words, because I can draw it from my mental state, from my belief itself.

705. Why do I never conclude from my words to my probable actions? For the same reason as I don't conclude from my facial expression to my probable behaviour, – for the interesting thing isn't that I don't conclude from my expression of emotion to my emotion, but rather than I don't conclude from that expression to my later behaviour either, as others do, who observe me. [Cf. Z 576.]

706. If you philosophize, you often make the wrong, inappropriate, gesture in connexion with a verbal expression. [Cf. Z 450.]

707. If someone meets me in the street and asks "Where are you going?" and I reply "I don't know", he supposes that I have no definite *intention*; not, that I don't know whether I shall be able to carry out my intention. (Hebel.[1]) [Cf. Z 582.]

[1] J. P. Hebel: *Schatzkastlein*, Zwei Erzählungen. (*Eds.*)

708. Mein Über-Ich könnte von meinem Ich sagen: "Es regnet, und das Ich glaubt es", und könnte fortfahren: "Ich wird also wahrscheinlich einen Schirm mitnehmen." Und wie geht nun das Spiel weiter?

709. Betrachte auch die Aussage: "Ich werde wahrscheinlich . . ." – wo das, was folgt, eine willkürliche, keine unwillkürliche Handlung ist.

710. Man sagt etwa: "Die Überzeugung *fühlt* man, man schließt auf sie nicht aus den eigenen Worten, oder ihrem Tonfall.
Aber was heißt es: man *fühle* die Überzeugung? *Wahr* ist: Man schließt nicht aus den eigenen Worten auf die eigene Überzeugung; oder auf die Handlungen, die dieser entspringen. [Vgl. PU, S. 191g.]

711. Auf die Frage "Warum schließe ich nicht aus meinen Reden auf meine wahrscheinlichen Handlungen" könnte man sagen, es ist hier so, wie ich als Beamter in einem Ministerium auf die wahrscheinlichen Entschlüße desselben nicht aus den offiziellen *Äußerungen* schließe, da mir ja der Ursprung, die Genesis dieser Äußerungen und der Entschlüße bekannt ist. – Zu vergleichen wäre dieser Fall dem, daß ich Selbstgespräche führe, vielleicht sogar schriftlich, die mich zu meinen lauten Äußerungen im Gespräch mit Andern führen; und nun sage ich: ich werde doch auf mein künftiges Verhalten nicht aus diesen Äußerungen schließen, sondern aus den viel verläßlicheren Dokumenten meines Innenlebens.

712. Ich weiß doch, wenn ich zornig bin, ich brauche es doch nicht aus meinem Benehmen lernen. – Aber schließe ich aus meinem Zorn auf eine wahrscheinliche Handlung? Man könnte das, glaube ich, auch so sagen: Ich verhalte mich zu meinen *Handlungen* nicht beobachtend.

713. Wenn ich Einem sage "Ich weiß, daß du so handeln wirst", so ist das beste Mittel, um diese Vorhersage wahr zu machen, das, den Andern zu der Handlung zu *überreden*.

714. Wenn ich Einem sage "Du wirst jetzt deine Hand heben", so kann diese Voraussage Grund genug dafür sein, daß sie nicht in Erfüllung geht; es sei denn, sie sei ein Befehl und der Andere respektiere ihn.

715. "Es regnet und ich glaube, daß es regnet." – Zum Wetter gewendet sage ich, daß es regnet; dann, zu mir selbst gewendet, daß

708. My super-ego might say of my ego: "It is raining, and the ego believes so," and might go on "So I shall probably take an umbrella with me." And now how does this game go on?

709. Consider also the statement: "I shall probably . . ." – where what follows is a voluntary action, not an involuntary one.

710. One says, e.g., "One *feels* conviction, one doesn't infer it from one's own words or tone of voice."
   But what does it mean to say one *feels* conviction? What is *true* is: one does not make an inference from one's own words to one's own conviction; nor yet to the actions arising from the conviction. [Cf. P.I. p. 191g.]

711. At the question "Why don't I infer my probable actions from my talk?" one might say that it is like this: as an official in a ministry I don't infer the ministry's probable decisions from the official *utterances*, since of course I am acquainted with the source, the genesis of these utterances and of the decisions. – This case would be comparable to one in which I carry on conversations with myself, perhaps even in writing, which lead me to my utterances out loud in conversation with other people; and now I say: I shall surely infer my future behaviour, not from these utterances, but from the far more reliable documents of my inner life.

712. After all I know that when I am angry, I simply don't need to learn this from my behaviour. – But do I draw a conclusion from my anger to my probable action? One might also put the matter, I think, like this: my relation to my *actions* is not one of observation.

713. When I tell someone: "I know that you will do this" then the best means of making this prediction true is to persuade the other into the action.

714. If I tell someone "Now you will raise your hand", this prediction may be reason enough for its non-fulfilment; unless it is an order which the other respects.

715. "It is raining and I believe it is raining." Turning to the weather, I say that it is raining; then, turning to myself, I say that I believe it. –

ich dies glaube. – Aber was tue ich denn, wenn ich mich zu mir wende, was beobachte ich? Denk dir, ich sage "Es regnet und ich glaube, daß es bald aufhören wird" – wende ich mich denn beim zweiten Teil der Aussage zu mir selbst? – Ja, wenn ich herausfinden will, ob *er* das glaubt, dann muß ich mich zu ihm wenden, ihn beobachten. Und wenn ich, was ich glaube, durch Beobachtung erfahren wollte, müßte ich meine *Handlungen* beobachten, ganz wie im anderen Fall die seinen.

Warum nun beobachte ich sie nicht? Sind sie für mich nicht interessant? Sie sind es scheinbar *nicht*. Ich frage einen Andern, der mich beobachtet hat, fast nie, ob er den Eindruck hat, ich glaube das und das: nämlich um auf diese Weise auf meine Handlungen in der Zukunft schließen zu können. Warum sollte denn ein wirklich guter Beobachter aus meinen Reden und Handlungen nicht mein Verhalten richtiger voraussagen können, als ich es vermag? Aber vielleicht werde ich nur dann so handeln, wie er's voraussieht, wenn er's mir nicht voraussagt.

716. Wenn ich sage "Ich erinnere mich, ich glaubte . . .", so frag dich nicht "An welche Tatsache, an welchen Vorgang hat er sich erinnert?" (das wurde schon festgestellt) – sondern frag: "Was ist der Zweck dieser Rede, wie wird sie verwendet?"

717. Der Gesichtssinn, der Gehörsinn, der Tastsinn können auslassen, so daß ich blind, taub, etc. bin; aber was entspräche dem im Bereich der Intention?

Und wie benähme sich ein Mensch ohne Vorstellung? Oder einer, der nicht traurig und lustig sein kann?

718. "Die Hoffnung ist auf die Zukunft gerichtet" – aber gibt es ein Gefühl, das mit dem der Hoffnung identisch, aber auf die Gegenwart oder Vergangenheit gerichtet ist? Sozusagen dieselbe seelische Bewegung, aber mit einem andern Gegenstand? Frage dich: was wäre hier als das Kriterium der Gleichheit der Seelenbewegungen anzusehen? Damit verbunden: "Ist das Aufschrecken 'Jetzt kann ich's' ein besonderes, spezifisches, Aufschrecken?"

719. Auch wenn ich zugäbe, daß ich mehr von meinem eigenen Glauben weiß, als von dem des Andern, so müßte ich dann doch sagen, daß ich *eben das* von mir wissen kann, was ich vom Andern weiß, wenn auch noch viel mehr. – So müßte ich also, wenn es auch überflüssig wäre, ein Verbum auf mich so anwenden können, wie das Wort "glauben" auf den Andern. Was hindert mich daran?

But what do I do when I turn to myself, what do I observe? Suppose I say: "It's raining, and I believe it will soon stop" – do I turn to myself at the second part of the statement? – Indeed, if I want to find out whether *he* believes that, then I must turn to him, I must observe him. And if I wanted to find out what I believe by observation, I should have to observe my *actions*, just as in the other case I have to observe his.

Now why don't I observe them? Don't they interest me? Apparently they do *not*. I hardly ever ask someone else who has been observing me, whether he has the impression that I believe such and such: that is, in order in this way to make inferences to my future actions. Now why should a really good observer not be able to predict my behaviour from what I say and do better than I would be able to? But perhaps I shall then act as he foresees, only if he makes no prediction of it to me.

716. When I say "I remember, I believed...", don't ask yourself "What fact, what process is he remembering?" (that has already been stipulated) – ask rather: "What is the purpose of this language, how is it being used?"

717. The sense of sight, of hearing, of touch may fail, so that I am blind, deaf, etc.; but what would correspond to that in the domain of intention?

And how would a man behave without imagination? Or one who is incapable of being sad or cheerful?

718. "Hope is directed to the future" – but is there a feeling, identical with hope, but directed to the present or to the past? The same mental movement, so to speak, but with a different object? Ask yourself: what should here be regarded as the criterion of identity of the mental movements? Connected with this: "Is the jump of 'Now I know!' a peculiar, specific jump?"

719. Even if I were to admit that I know more of my own belief than of anyone else's I would then surely have to say that what I can know about myself *is* what I know of someone else though there's much more of it. – So, even if it would be redundant, I'd have to be able to apply a verb to myself, in the way I can apply the word "believe" to other people. What prevents me?

720. Der Begriff der Welt des Bewußtseins. Wir bevölkern einen Raum mit Eindrücken.

721. "Die ideale Uhr würde einfach immer auf die Zeit 'Jetzt' zeigen." Hängt auch mit der Sprache zusammen, die nur meine Eindrücke im gegenwärtigen Augenblick beschreibt. Verwandt die Uraussage, die nur ein unartikulierter Laut ist. (Driesch.) Der ideale Name, der das Wort "dieses" ist.

722. Ich möchte von einem Stammbaum der psychologischen Begriffe reden. (Ist hier eine Ähnlichkeit mit einem Stammbaum der verschiedenen Zahlbegriffe?)

723. Die Schwierigkeit des Verzichtens auf jede Theorie: Man muß das und das, was so offenbar unvollständig erscheint, als etwas Vollständiges auffassen.

724. Die Angst borgt die Bilder der Furcht. "I have the feeling of impending doom."

725. Was ist aber der Inhalt, der Bewußtseinsinhalt der Angst? Die Frage ist falsch gestellt.

726. "Ein Bild (Vorstellungsbild, Erinnerungsbild) der Sehnsucht." Man denkt, man habe schon alles damit getan, daß man von einem 'Bild' redet; denn die Sehnsucht ist eben ein Bewußtseinsinhalt, und dessen Bild ist etwas, was ihm (sehr) ähnlich ist, wenn auch undeutlicher als das Original.

Und man könnte ja wohl von Einem, der die Sehnsucht auf dem Theater spielt, sagen, er erlebe, oder habe, ein Bild der Sehnsucht: nämlich nicht als *Erklärung* seines Handelns, sondern zu seiner Beschreibung. [Vgl. Z 655.]

727. Würde ich aber nicht doch sagen, daß der Schauspieler etwas der wirklichen Sehnsucht Ähnliches erlebt? Ist eben nicht doch etwas an dem, was James sagt: daß die Gemütsbewegung aus den Gefühlen des Körpers besteht, und daher, wenigstens teilweise, durch willkürliche Bewegungen reproduziert werden kann?

728. Ist, die Mundwinkel hinunterziehen, so unangenehm, so traurig, und sie hinaufziehen, so angenehm? Was ist es, was so schrecklich an der Furcht ist? Das Zittern, der schnelle Atem, das Gefühl in den Gesichtsmuskeln? – Wenn du sagst: "Diese Furcht, diese Ungewißheit ist schrecklich!" – könntest du fortsetzen: "Wenn nur dieses Gefühl im Magen nicht wäre!"?

720. The concept of the world of consciousness. We people a space with impressions.

721. "The ideal clock would always point to the time 'now'." This also connects up with the language which describes only my impressions of the present moment. Akin is the primal utterance that is only an inarticulate sound. (Driesch.) The ideal name, which the word "this" is.

722. I should like to speak of a genealogical tree of psychological concepts. (Is there here a similarity to a genealogical tree of different number concepts?)

723. The difficulty of renouncing all theory: One has to regard what appears so obviously incomplete, as something complete.

724. Anxiety borrows the pictures of fear. "I have the feeling of impending doom."

725. But what is the content, the content of consciousness, in anxiety? The question is wrongly framed.

726. "A picture (mental image, memory image) of longing." One thinks that one has already done everything by speaking of a 'picture'; for longing just is a content of consciousness, and its picture is something that is (very) like it, even if it is less clear than the original.
And indeed one might very well say of someone who plays longing on the stage of a theatre, that he expriences, or has, a picture of longing: for this is not given as an *explanation* of his proceedings, but as part of a description. [Cf. Z 655.]

727. But wouldn't I say that the actor does experience something like real longing? For isn't there something in what James says: that the emotion consists in the bodily feelings, and hence can be at least partially reproduced by voluntary movements?

728. Is it so disagreeable, so sad, to draw down the corners of one's mouth, and so pleasant to pull them up? What is it that is so frightful about fear? The trembling, the quick breathing, the feeling in the facial muscles? – When you say: "This fear, this uncertainty, is frightful!" – might you go on "If only I didn't have this feeling in my stomach!"?

729. Der Ausdruck "Diese Angst ist schrecklich!" ist ähnlich einem Aufstöhnen, einem Schrei. Gefragt "Warum schreist du?" – würden wir aber nicht auf den Magen, die Brust, etc. zeigen, wie im Falle des Schmerzes; sondern vielleicht auf das, was uns Angst macht.

730. Wenn die Angst furchtbar ist, und wenn ich in ihr mir meiner Atmung bewußt bin und einer Spannung in meinen Gesichts-muskeln, – sagt das, daß *diese Gefühle* mir furchtbar sind? Könnten sie nicht sogar eine Linderung bedeuten? [Vgl. Z 499.]

731. Vergleiche Furcht und Angst mit Sorge.

732. Und was ist *das* für eine Beschreibung: "Ewiges Düstere steigt herunter . . ."?
So könnte man einen Schmerz beschreiben; ja sogar malen.

733. Ist nicht der 'Inhalt' das, womit man den Empfindungsraum bevölkert? Das, was in Raum und Zeit sich wandelt, vorgeht. Wenn man etwa zu sich selbst spricht, so wären es die vorgestellten Laute (und etwa Gefühle im Kehlkopf, oder dergleichen).

734. Ist Lügen ein bestimmtes Erlebnis? Nun, kann ich denn jemandem sagen "Ich werde dich jetzt anlügen" und es dann tun? [Vgl. Z 189.]

735. Inwiefern ist mir die Lüge bewußt, während ich lüge? Nur insofern, als sie mir nicht später erst zum Bewußtsein kommt, und ich doch später weiß, daß ich gelogen habe. Das sich-der-Lüge-bewußt-sein ist ein *Können*. Dem widerspricht nicht, daß es charakteristische Gefühle des Lügens gibt. [Vgl. Z 190.]

736. Das Wissen wird eben nicht in Worte *übersetzt*, wenn es sich äußert. Die Worte sind keine Übersetzung eines Andern, welches vor ihnen da war. [Vgl. Z 191.]

737. Man sagt "Ich merke an seinem Ton, daß er nicht glaubt, was er spricht", oder ich nehme es an, weil er sich im allgemeinen als unzuverläßig erwiesen hat. Wie kann ich das auf *mich* anwenden? Kann ich z.B. aus meinem Ton schließen, daß ich wahrscheinlich nicht meinen Worten gemäß handeln werde? (Und doch tut's der Andere.) Oder kann ich es aus meiner früheren Unzuverläßigkeit schließen? Das Letztere schon eher. Aber ich beurteile den Ton

729. The expression "This anxiety is frightful!" is like a groan, a cry. Asked "Why do you cry out?", however – we wouldn't point to the stomach or the chest etc. as in the case of pain; rather, perhaps, at what gives us our fear.

730. When anxiety is frightful, and when in anxiety I am conscious of my breathing and of a tension in the muscles of my face – does that mean that I find *these feelings* frightful? Might they not even signify an alleviation? [Cf. Z 499.]

731. Compare fear and anxiety with care.

732. And what sort of description is *this*: "Ewiges Dustere steigt herunter"[1]. . . .
One might describe a pain like that; even paint it.

733. Isn't the 'content' what one peoples the space of impressions with? What changes, what goes on, in space and time. If, e.g., one talks to oneself, then it would be the imagined sounds (and perhaps the feeling in the larynx or something like that).

734. Is lying a particular experience? Well, can I say to someone "Now I am going to lie to you", and then do it? [Cf. Z 189.]

735. To what extent am I conscious of lying while I lie? Only inasmuch as I don't first realize it later, but all the same I do know later that I lied. Consciousness of lying is a *capacity*. It is no contradiction of this that there are characteristic feelings of lying [Cf. Z 190.]

736. For knowledge is not *translated* into words when it is expressed. The words are not a translation of something else that was there before. [Cf. Z 191.]

737. One says "I notice in his tone of voice that he does not believe what he says". Or I suppose it, because he has generally shewn himself unreliable. How can I apply this to *myself*? Can I, e.g., infer from my tone of voice, that I probably shan't act in a way that fits my words? (And yet someone else does make that inference.) Or can I infer it from my previous unreliability? Certainly for preference the latter. But I don't judge the tone of my voice at all as I do that of

---

[1] "Perpetual cloud descends". Spoken by Care in Goethe's *Faust*, Part II, Act v.

meiner Stimme garnicht, wie den des andern. Ja, wenn ich mich später, etwa in einem Sprechfilm, sehen könnte, würde ich vielleicht sagen "Ich traue mir nicht recht".

738. Vor allem aber: ich scheine doch einen Ersatz für alle solche Konjekturen zu haben, einen, der sicherer ist als sie. Ich *weiß* doch, daß ich nicht glaube, was ich sage, und das gibt mir doch den besten Grund – möchte ich sagen – zur Annahme, daß ich nicht meinen Worten gemäß handeln werde. Ja; ich habe eben eine *Absicht* meine Handlungen betreffend.

739. "Ich weiß doch, daß ich lüge! Was brauche ich aus meinem Ton, etc., Schlüße zu ziehen?" – Aber so ist es nicht. Denn die Frage ist: Kann ich aus jenem 'Wissen' die gleichen Schlüße, auf die Zukunft z.B., ziehen, kann ich von ihm die gleiche *Anwendung* machen, wie von den beobachteten Zeichen?

740. Und ist denn die Absicht immer *ganz* klar? Ich sage z.b. "Es wird schön werden" – *halb*, weil ich es glaube, *halb*, weil ich den Andern trösten will.

741. Hintergedanken. "Ich kenne die meinen, *vermute* die seinen." Aber welches *Interesse*, welche Wichtigkeit, haben seine Hintergedanken für mich? (Nun, überlege es dir.) Und das 'Wissen' meiner Hintergedanken spielt nun wirklich dieselbe Rolle für mich, wie die Vermutung der seinen für ihn.

742. 'Nach sich selbst urteilen.' Das gibt's natürlich. Und ich schließe auch manchmal, daß der Andere Schmerzen hat, weil er sich so benimmt, wie ich in diesem Falle.

743. Man könnte sagen: Sage ich dir meine Hintergedanken, so teile ich dir gerade das mit, was du vermutest, wenn du die Hintergedanken vermutest. D.h.: wenn du die Hintergedanken, sozusagen, als aktives Prinzip vermutest, und ich äußere sie, so kannst du meine Äußerung unmittelbar zur Beschreibung jenes Agens gebrauchen. Meine Äußerung erklärt gerade das, was er erklären will.

744. "Wozu soll ich denn aus meinen eigenen Worten auf mein Verhalten schließen, wenn ich ohnehin weiß, was ich glaube?" Und wie äußert sich's, daß ich weiß, was ich glaube? Äußert es sich nicht darin: daß ich eben von meinen Worten nicht auf mein Verhalten schließe? Das ist die Tatsache.

someone else. Mind you, if I could see myself later, say in a talking film, I should perhaps say: "I don't quite trust myself."

738. But before all else: I seem to have a substitute for all such conjectures, one that is more certain than they are. After all I *know* that I don't believe what I am saying, and that surely gives me the best of reasons — I should like to say — for assuming that I shall not act accordingly. The point is, I have an *intention* concerning my actions.

739. "But I know that I am lying! What need have I to draw conclusions from my tone of voice, etc.?" — But that's not how it is. For the question is: Can I draw the same conclusions e.g. about the future, from that 'knowledge'; can I make the same *application* of it, as of observed signs?

740. And then, is the intention always *quite* clear? I say, e.g., "It will happen all right", *half*, because I believe it, *half* because I want to comfort the others.

741. *Arrières pensées*. "Mine I know, *conjecture* his". But what *interest*, what importance, have his *arrières pensées* got for me? (Now, weigh the question.) And now the 'knowledge' of my own *arrières pensées* really does play the same part for me, as the conjecture of his does for him.

742. 'To judge others by oneself.' Of course there is such a thing. And I sometimes even infer that someone else is in pain because he behaves as I do in this case.

743. It might be said: If I tell you my *arrières pensées*, then I communicate to you just what you conjecture when you conjecture these *arrières pensées*. That is: if you conjecture the *arrières pensées* as, so to speak, an active principle, and I give expression to them, you can use my expression immediately in describing that agent. My expression explains exactly what he wants to explain.

744. "What should I draw conclusions from my own words to my behaviour for, when in any case I know what I believe?" And what is the manifestation of my knowing what I believe? Is it not manifested precisely in this, that I do not infer my behaviour from my words? That is the fact.

745. Warum schließe ich nicht aus meinem Ton darauf, daß ich nicht wirklich von dem überzeugt bin, was ich sage? oder auf all das, worauf man aus diesem Letzteren schließt? – Und antwortet man "Weil ich meine *Überzeugung* kenne" – so ist die Frage "Wie zeigt sich das?" Soll ich nun sagen: "Darin, daß ich nicht daran zweifle, was sie ist"?

746. Die *Kenntnis* des Metrums. Wer das Metrum *kennt*, hört es anders.

747. Es gibt sorgenvolle Gedanken, aber nicht zahnschmerzvolle.

748. Ich pfeife jetzt einen Ton, aber auch jetzt eine Melodie.

749. Wir sagen nicht: "Ich sehe wütend aus; ich hoffe nur, ich werde keine Gewalttat begehen." Die Frage ist aber nicht: "Wie kommt das?"

750. Die Psychologie des Urteils. Denn auch das Urteil hat seine Psychologie.

Es ist wichtig, daß man sich denken kann, daß jedes Urteil mit dem Worte "Ich" beginnt. "Ich urteile, daß. . . ."

So ist also jedes Urteil eines über den Urteilenden? Insofern nicht, als ich nicht will, daß die Hauptkonsequenzen über *mich* gezogen werden, sondern über den Gegenstand des Urteils. Sage ich "Es regnet", so will ich im allgemeinen nicht, daß man antworte: "Also *so* scheint es *dir*". "Wir reden vom Wetter", könnte ich sagen, "nicht von mir".

751. "Warum aber ist die Verwendung des Zeitworts 'glauben', seine Grammatik, in so seltsamer Weise zusammengesetzt?"

Nun, sie ist nicht *seltsam* zusammengesetzt. Seltsam nur, wenn man sie mit der des Wortes "essen" etwa vergleicht.

752. "Was er wohl jetzt tun wird" sage ich, indem ich ihm zusehe. Sehe ich mir auch zu, und sage "Was ich wohl jetzt tun werde"?

753. Denke, ich bewegte mich in einem Zimmer, und hätte einen Lichtschirm vor meinen Augen, auf welchem ich mich sehe, wie ein Beobachter mich sehen würde. Ich schaue, während ich mich in dem Zimmer bewege, stets nur auf den Schirm und beobachte auf ihm mein Tun. – Was wäre nun der Unterschied zwischen den beiden Fällen: (a) Ich werde durch das, was ich auf dem Lichtschirm sehe,

745. Why do I not infer from my tone of voice that I am not really convinced of what I am saying? or the whole of what gets inferred from it? – And if it is answered "Because I know my own *conviction*" – the question is "How does that come out?" Am I now to say: "In the fact that I have no doubt what it is?"

746. The *knowledge* of metre. One who *knows* the metre, hears it differently.

747. Thoughts can be care-laden, but not toothache-laden.

748. I am now whistling a note, but I am also – now – whistling a tune.

749. We do not say "I look furious; I only hope I shall commit no violence". But the question is not "How is it that we don't?"

750. The psychology of judgment: For judgment too has its psychology.
It is important that one can imagine every judgment beginning with the word "I". "I judge that. . . ."
So is each judgment a judgment about the one who is judging? No, it is not, inasmuch as I don't want the main consequences that are drawn to be ones about *myself*, I want them rather to be about the subject matter of the judgment. If I say "It's raining," I don't in general want to be answered: "So *that's* how it seems to you." "We're talking about the weather," I might say, "not about me."

751. "But why is the use of the verb 'believe,' why is its grammar, put together in such a queer way?"
Well, it isn't *queerly* put together. It's only queer if one compares it with, say, the verb "eat".

752. "Now what's he likely to do next," I say as I watch him. Do I watch myself and say "what am I likely to do next"?

753. Suppose I were moving about a room, and had a screen before my eyes on which I could see myself as an observer would see me. As I move about the room I watch the screen continuously and observe my action. – What would be the difference between these two cases: (a) I shall be influenced by what I see on the screen as I am by my

gelenkt, wie durch das normale Sehen meiner Umgebung—(b) Ich
bewege mich *unwillkürlich* und beobachte mich wie einen Fremden.
 Aber fühle ich meine Bewegung nicht? – Aber *geschieht* mir dies
Gefühl nicht, wie jeder andere Sinneseindruck?

754. Nun gut: das kinästhetische ist ein *anderes*, ein besonderes
Gefühl. – Aber so ist Geruch, Gehör, etc. – Warum macht das einen
solchen Unterschied?
 "Innervationsgefühl" – das drückt aus, was man sagen möchte:
Daß es wie ein *Impuls* ist. Aber ein Gefühl wie ein Impuls? Was ist
denn ein Impuls? Ein physikalisches Bild. Das Bild eines Stoßes.

755. Was ist der Unterschied zwischen diesen Beiden: Einer Linie
unwillkürlich folgen—Einer Linie mit Absicht folgen.
 Was ist der Unterschied zwischen diesen Beiden: Eine Linie mit
Bedacht und großer Aufmerksamkeit nachziehen—Aufmerksam beobachten, wie meine Hand einer Linie folgt. [Vgl. Z 583.]

756. Gewisse Unterschiede sind leicht anzugeben. Einer liegt im
Voraussehen dessen, was die Hand tun wird. [Vgl. Z 584.]

757. Ist "Ich tue mein Möglichstes" die Äußerung eines Erlebnisses?
 – *Ein* Unterschied: Man sagt "Tue dein Möglichstes!" [Vgl. Z 581.]

758. Sagt man: "Gib dir dieses Muskelgefühl!"? Und warum nicht?
 – "Dieses"? – Welches?—Aber kann ich mir nicht ein bestimmtes
Muskelgefühl geben, indem ich eben meinen Arm bewege? –
Versuch's! Beweg deinen Arm, – und frag dich, welches Gefühl du
dir hervorgerufen hast.
 Sagte mir Einer "Beug deinen Arm und ruf dir das charakteristische Gefühl hervor" und ich beuge meinen Arm, so müßte ich ihn
nun fragen: "Welches Gefühl hast du gemeint? Eine leichte
Spannung im Bizeps, oder ein Gefühl in der Haut an der Innenseite
des Ellbogengelenks?" Ja, ich könnte, wenn mir Einer eine
Bewegung befiehlt, sie machen, und dann die Empfindungen, die sie
hervorbringt, und ihren besonderen Ort beschreiben (der beinahe nie
das Gelenk wäre). Und ich müßte oft auch sagen, ich habe *nichts*
empfunden. Nur darf man das nicht mit der Aussage verwechseln, es
sei gewesen, als wäre mein Arm *gefühllos*.

759. Liest du die Seite willkürlich? Und worin besteht hier der *Akt*?
 – Es kann Einer auf Befehl lesen, und zu lesen aufhören. Man kann
sich auch auf Befehl etwas vorstellen. Sich z.B. in der Vorstellung ein

normal seeing of my surroundings—(b) I move *involuntarily* and observe myself like a stranger.

But don't I feel my movements? – But isn't this feeling something that *happens* to me, like any other sense-impression?

754. Very well: the kindesthetic feeling is a *different*, a peculiar feeling. – But so is smell, so is hearing, etc. – Why does that make such a difference?

The "feeling of innervation" – this expresses what one would like to say: that it is like an *impulse*. A feeling like an impulse, though? What is an impulse, then? A physical picture. The picture of a push.

755. What is the difference between these two things: following a line involuntarily—following a line on purpose?

What is the difference between these two things: tracing a line with care and great attention—and attentively watching how my hand follows a line? [Cf. Z 583.]

756. Some differences are easy to give. One resides in foresight of what the hand will do. [Cf. Z 584.]

757. Is "I am doing my utmost" the expression of an experience? – *One* difference: One says "Do your utmost". [Cf. Z 581.]

758. Does one say: "Give yourself this muscular sensation"? And why not? – "This"? – Which one?—But can't I give myself a particular muscular sensation by moving my arm? – Try it. Move your arm – and ask yourself what feeling you have produced in yourself.

If someone were to tell me: "Bend your arm and produce the characteristic sensation," and I bent my arm, then I'd have to ask him: "Which sensation did you mean? A slight tension in the biceps, or a feeling in the skin on the inside of the elbow joint?" Indeed, if someone ordered me to make a movement I might make it and then describe the sensations that it produces, together with their peculiar place (which would hardly ever be the joint). And I would often have to say that I felt *nothing*. Only one mustn't confound this with the statement that it was as if *there were no sensation* in my arm.

759. Are you reading this page voluntarily? And what does the act consist in? – One may read upon request and also stop reading. One may also imagine something on request. E.g. one may recite a poem to

Gedicht aufsagen, eine Rechnung machen. *Fühlst* du's, beim Vorstellen, ob du dir etwas willkürlich oder unwillkürlich vorstellst?

Man kann sich auf Befehl Gedanken hervorrufen, Vorstellungen hervorrufen, – aber auch, und das ist etwas anderes, auf Befehl etwas denken, sich etwas vorstellen.

760. Vorstellungen, könnte man sagen, sind willkürlich, Nachbilder unwillkürlich.

761. Unwillkürlich ist, z.B., die Bewegung, die man nicht hindern kann; oder die, von der man nichts weiß; oder, die geschieht, wenn man seine Muskeln geflissentlich schlaff läßt, um die Bewegung nicht zu beeinflußen.

762. Frage ich mich, wenn ich, z.B., den Andern essen sehe, ob er es willkürlich oder unwillkürlich tut? Man sagt vielleicht, ich nehme eben an, daß es willkürlich geschieht. Was nehme ich an; daß er es fühlt? Und auf bestimmte Weise fühlt?

763. Wie weiß ich, ob das Kind willkürlich oder nicht willkürlich ißt, trinkt, geht, etc.? Frage ich es, was es fühlt? Nein; essen, wie Jeder ißt, *ist* willkürlich.

764. Wenn Einer uns nun sagte, *er* esse unwillkürlich, – welche Evidenz würde mich dies glauben machen? [Vgl. Z 578.]

765. Wenn ich, um mein Aug zu schützen, die Hand plötzlich hebe, – ist die Bewegung willkürlich? – und *fühle* ich sie anders, als eine willkürliche?

766. Der Begriff der 'Anstrengung'. Fühlst du die Anstrengung? Freilich fühlst du sie. Aber *machst* du sie nicht auch? – Was sind die Zeichen der Anstrengung? Ich hebe ein schweres Gewicht mit großer Anstrengung. Meine Muskeln sind gespannt, mein Gesicht zusammengekniffen, mein Atem angehalten—aber tue ich das: geschieht es mir nicht bloß? Wie wär's, wenn es mir nur geschähe? Wie unterschiede sich der Fall von dem des Wollens? Würde ich etwa anders reden? Würde ich sagen: "Ich weiß nicht, was mir geschieht: meine Muskeln sind gespannt, mein Gesicht etc. etc."? Und sagte ich: "Nun, so entspann deine Muskeln", so würde er antworten "Ich kann nicht".

Aber wie, wenn mir Einer sagte: "Ich fühle, daß ich tun *muß*, *was immer* ich tue", und daß er sich dabei benimmt, wie jeder Andere?

oneself in the imagination, or do a sum. In this imagining, do you *feel* whether you are imagining something voluntarily or involuntarily?

You can obey an order to summon up thoughts, to call up images – but also, and this is something else, you can obey an order to think of something.

760. Images, one might say, are voluntary, after-images involuntary.

761. An involuntary movement is, *for example*, one that one can't prevent; or one that one doesn't know of; or one that happens when one purposely relaxes one's muscles in order not to influence the movement.

762. When, e.g., I see someone eating, do I ask myself whether he is doing it voluntarily or involuntarily? Perhaps it is said that I assume it is happening voluntarily. What do I assume; that he feels it? And feels it in a particular way?

763. How do I know whether the child eats, drinks, walks, etc. voluntarily or involuntarily? Do I ask the child what it feels? No; eating, as anyone does eat, *is* voluntary.

764. If someone were to tell us that with *him* eating was involuntary – what evidence would make one believe this? [Cf. Z 578.]

765. When I raise my hand suddenly to shield my eye – is the movement voluntary? – and do I *feel* it differently from a voluntary movement?

766. The concept of 'effort'. Do you feel the effort? Of course you feel it. But don't you also *make* it? – What are the signs of effort? With a great effort, I lift a heavy weight. My muscles are tense, my face screwed up, my breath short—but do I do all that; doesn't it merely happen to me? How would it be, if it merely happened to me? How would that case differ from that of willing? Would I talk somehow differently? Would I say: "I don't know what's happening to me: my muscles are tense, my face ... etc. etc.?" And if I were to say: "Well, relax your muscles," he would reply "I can't".

But suppose someone were to say to me: "I feel that I *have* to do *whatever* I do," and that at the same time he behaved just like anyone else?

767. Ist nicht, zu sagen, das kinästhetische Gefühl zeige mir die gemachte Bewegung an, analog der Ansicht, ein Merkmal des Schmerzes zeige mir seinen Ort an?

768. Wenn Einer den Schmerz durch ein Farbenbild darstellen wollte, – würde er in das Bild ein vokales Zeichen aufnehmen? Und weshalb nicht?

769. Ist nicht die Empfindung das Maß der Anstrengung? D.h.: Wenn ich sage "Ich ziehe jetzt stärker", merke ich das am Grad der Empfindung? Und was ist dagegen zu sagen? Man sagt Einem "Streng dich mehr an!" – nicht, damit er mehr empfindet, sondern mehr leistet.

770. Warum fühlt man, man könne eine Tastempfindung (ihren Inhalt) beschreiben, malen, nicht aber eine Bewegungs- oder Positionsempfindung?

771. Kannst du z.B. sagen, deine Positionsempfindung sei schwach oder stark?

Und deine Empfindungen bei der Bewegung eines Gliedes können zwar stärker oder schwächer (oder abwesend) sein, aber das ist keine Wahrnehmung der Bewegung.

772. Bewegungsempfindungen – das sind Empfindungen, die durch Bewegungen hervorgerufen werden – können z.B. Schmerzen sein.

Wie weiß man, daß es nicht diese Bewegungsempfindungen sind, die uns lehren, wie wir uns bewegen? Was wäre ein Zeichen dafür, daß es so *ist*?

773. Ist es nicht eine wichtige Tatsache, daß das Theater uns Farben und Töne vorführt, aber nicht Tastempfindungen? Man könnte sich etwa die Verwendung von Gerüchen und von Temperaturempfindungen vorstellen, aber nicht die von Tastempfindungen.

774. Einer, der mit augenscheinlicher Sorgfalt eine Nadel einfädelt und uns sagt, er tue es *unwillkürlich*. Wie könnte er diese Aussage rechtfertigen?

775. Was man wissen kann, davon kann man überzeugt sein, – und das kann man auch vermuten. (Grammatische Bemerkung.)

776. Willkürlich sind gewisse Bewegungen mit ihrer normalen *Umgebung* von Absicht, Lernen, Versuchen, Handeln. Bewegungen,

767. Isn't saying that kinaesthetic sensation shews me what movement is made analogous to the opinion that some characteristic of pain shews me its place?

768. If someone wanted to represent pain by means of a colour-picture – would he put a vowel into the picture? And why not?

769. Is the sensation not the measure of the effort? That is to say, when I say "Now I'm pulling harder", do I notice this by noting the degree of the sensation? And what is there to say against that? One tells someone "Exert yourself more!" – not, so that he shall feel more, but so that he shall achieve more.

770. Why does one feel as if one could describe, or paint, a tactile sensation (its content) but not a sensation of motion or position?

771. Can you say, e.g., that your sensation of position is weak or strong?
And your sensations when you move a limb may indeed be stronger or weaker (or absent), but that isn't a perception of movement.

772. Sensations of movement – these are sensations that are called into being by movement – they may, for example, be pains.
How does one know that it isn't these sensations of movement that tell us what movements we are making? What would be a sign of its *being* so?

773. Isn't it an important fact that the theatre gives us exhibitions of colour and sound, but not of sensations of touch? The use of smells and of sensations of temperature could be imagined, but not of sensations of touch.

774. Someone, who is threading a needle with all the appearance of taking care, and tells us that he does it *involuntarily*. How could he justify this statement?

775. What one can know, one can be convinced of – and can also conjecture. (Grammatical remark.)

776. Voluntary movements are certain movements with their normal *surroundings* of intention, learning, trying, acting. Movements, of

von denen es Sinn hat, zu sagen, sie seien manchmal willkürlich, manchmal unwillkürlich, sind Bewegungen in einer speziellen Umgebung. [Vgl. Z 577.]

777. Eine Kategorie psychologischer Erscheinungen (Tatsachen) wären die 'Keime'. Aber dies Wort kann ebenso leicht der Ausdruck eines Mißverständnisses sein, wie das Wort "Tendenzerlebnis" (James). Das Wort "Brettspiel-Zug" charakterisiert auch nicht eine *Art der Bewegung*.

778. Übersetzen von einer Sprache in die andere ist eine mathematische Aufgabe, und das Übersetzen eines lyrischen Gedichts z.B. in eine fremde Sprache ist ganz analog einem mathematischen *Problem*. Denn man kann wohl das Problem stellen "Wie ist dieser Witz (z.b.) durch einen Witz in der andern Sprache zu übersetzen", d.h. zu ersetzen; und das Problem *kann* auch gelöst sein; aber eine Methode, ein System, zu seiner Lösung gab es nicht. [Vgl. Z 698.]

779. Du weißt, daß du lügst; du weißt es, wenn du lügst. Eine innere Stimme, ein Gefühl, sagt es mir? Könnte dies Gefühl mich nicht täuschen?
Sagt es mir immer eine Stimme? Und wann spricht sie? Die ganze Zeit? – Und wie weiß ich, daß ich ihr trauen kann?

780. Eine Lüge hat eine besondere Umgebung. Es gibt da vor allem ein Motiv. Eine Veranlassung.

781. Das Bewußtsein des Lügens ist von der Kategorie des Bewußtseins der Absicht.

782. Vergiß nicht: Gesicht, Gehör, Geruch, Geschmack, etc., sind Empfindungen nur, weil diesen Begriffen *etwas* gemeinsam ist—wie man Bohrer, Meißel, Axt, Knallgasgebläse, zusammennehmen könnte, weil ihnen *gewisse* Funktionen gemeinsam sind.

783. "Der Schmerz, der Ton, der Geschmack, Geruch, hat eine bestimmte Farbe." Was heißt das? (Qualität. Eigenschaftswort.)
Eine Farbe kann grün*lich* sein, oder bläu*lich* – es gibt ein Gemisch von Farben; und so auch ein Gemisch von Gerüchen, Klängen, Geschmäcken; qualitative Zwischenstufen. Wie unterscheidet man qualitative von quantitativen Zwischenstufen, ich meine, von Stufen der 'Intensität'?
Noch auszuhalten – nicht mehr auszuhalten, das sind z.B. Grade der Intensität. Denke, jemand fragte: "Wie kann ich wissen, daß, was

which it makes sense to say that they are sometimes voluntary, sometimes involuntary, are movements in a special surrounding. [Cf. Z 577.]

777. One category of psychological phenomena (facts) would be 'seeds'. But this word may just as easily be the expression of a misunderstanding, like the phrase "experience of tendency" (James). The phrase "move in a board-game", too, does not characterize a *kind of movement*.

778. Translating from one language into another is a mathematical task and the translation of a lyrical poem (for example) into a foreign language is quite analogous to a mathematical *problem*. For it is certainly possible to formulate the problem "How is this joke (e.g.) to be translated by a joke in the other language?" – i.e. how is it to be replaced; and the problem may also be solved; but there wasn't a method, a system, belonging to the solution of it. [Cf. Z 698.]

779. You know that you are lying; if you are lying, you know it. An inner voice, a feeling, tells me? Might this feeling not deceive me?
   Does a voice always tell me? And when does it speak? The whole time? – And how do I know I can trust it?

780. A lie has a peculiar surrounding. There is in the first place a motive there. Something occasions it.

781. The consciousness of lying is of the category of the consciousness of intention.

782. Do not forget: sight, smell, taste etc. are sensations only because these concepts have *something* in common—as one might take auger, chisel, axe, oxyacetylene torch together, because they have *certain* functions in common.

783. "A pain, a sound, a taste, a smell, has a particular colour." What does that mean? (Quality. Adjective.)
   A colour may be green*ish*, or blue*ish* – there is such a thing as a blending of colours; and in the same way too a blending of smells, sounds, tastes; qualitative gradations. How does one distinguish qualitative from quantitative gradations, I mean from gradations of 'intensity'?
   Still bearable – no longer bearable, these, for example, are degrees of intensity. Suppose someone were to ask: "How can I know that

ich als verschiedene Grade, der Lautheit z.B., empfinde, der Andere nicht als verschiedene Qualitäten, vergleichbar verschiedenen Farben, empfindet?" – Vergleiche die Reaktion auf eine Änderung der Stärke mit der auf eine Änderung der Qualität.

784. Ich fühle meinen Arm und, seltsamerweise, möchte ich nun sagen: ich fühle ihn im Raum in bestimmter Lage; als wäre nämlich das Körpergefühl in einem Raum in der Form des Arms verteilt, so daß ich, um es darzustellen, den Arm, etwa in Gips, in seiner richtigen Lage darstellen müßte. [Vgl. Z 480.]

785. Denk dir, eine Bleistiftspitze würde an irgendeiner Stelle mit meiner Haut in Berührung gebracht, so kann ich sagen, ich fühle, wo sie ist. Aber fühl' ich, *wo* ich sie fühle? "Wie weißt du, daß die Spitze jetzt deinen Schenkel berührt?" – "Ich fühle es". Dadurch, daß ich die Berührung fühle, weiß ich ihren Ort; aber soll ich darum von einem Ortsgefühl reden? Und wenn es kein Ortsgefühl gibt, warum muß es ein Gefühl der Lage geben?

786. Ja, es ist seltsam. Mein Unterarm liegt jetzt horizontal und ich möchte sagen, daß ich das fühle; aber nicht so, als hätte ich ein Gefühl, das immer mit dieser Lage zusammengeht (als fühlte man etwa Blutleere, oder Plethora) – sondern, als wäre eben das 'Körpergefühl' des Arms horizontal angeordnet oder verteilt, wie etwa ein Dunst oder Staubteilchen an der Oberfläche meines Armes so im Raume verteilt sind. Es ist also nicht wirklich, als fühlte ich die Lage meines Arms, sondern als fühlte ich meinen *Arm*, und das Gefühl hätte die und die *Lage*. D.h. aber nur: ich *weiß* einfach, wie er liegt – ohne es zu wissen, *weil....* Wie ich auch weiß, wo ich den Schmerz empfinde – es aber nicht weiß, *weil....* [Vgl. Z 481.]

787. Betrachte: – "Es ist nicht wahr, daß ich immer das Falsche glaube. Z.B. es regnet jetzt, und ich glaube es."
    Man könnte von ihm sagen: Er spricht wie *zwei* Menschen.

788. Warum habe ich Zweifel über seine Absicht, aber nicht über die meine? Inwiefern kenne ich unzweifelhaft meine Absicht? Was ist, sozusagen, der Nutzen davon, daß ich meine Absicht *weiß*? Was nämlich ist der Nutzen, die Funktion, der Absichtsäußerung? Wann, nämlich, ist es eine Absichtsäußerung? Doch, wenn die Tat ihr folgt, wenn sie eine Vorhersage ist. Ich mache die Vorhersage, dieselbe, die der Andere aus der Beobachtung meines Verhaltens macht, *ohne* diese Beobachtung.

what I sense as different degrees of loudness, for example, is not sensed by someone else as different qualities, comparable to different hues?" – Compare the reaction to an alteration in strength with that to an alteration of quality.

784. I feel my arm and, oddly, I should like to say: I feel it in a particular position in space: as if, that is, my bodily feeling were distributed in a space in the shape of an arm, so that in order to represent the matter, I would have to represent the arm, say in plaster, in the right position. [Cf. Z 480.]

785. Imagine that the point of a pencil were brought into contact with my skin at a certain place; I can say I feel where it is: But do I feel *where* I feel it? "How do you know that the point is now touching your thigh?" – "I feel it." By feeling the contact I know its place; but ought I therefore to speak of a feeling of place? And if there is no such thing as a feeling of place, why must there be a feeling of position?

786. It is odd. My lower arm is now lying horizontally and I should like to say I feel that; but not as if I had a feeling that always goes with this position (as one would feel ischaemia or congestion) – rather as if the 'bodily feeling' of the arm were arranged or distributed horizontally, as, e.g., a film of damp or of fine dust on the surface of my arm is distributed like that in space. So it isn't really as if I felt the position of my arm, but rather as if I felt my *arm*, and the feeling had such and such a *position*. But that only means: I simply *know* how it is lying – without knowing it *because*. . . . As I also know where I feel pain – but don't know it *because*. . . . [Cf. Z 481.]

787. Consider: – "It isn't true that what I believe is always false. For example, it's raining now, and I believe it."
One might say of him: He speaks like *two* people.

788. Why do I have doubts about his intention, but not about mine? To what extent am I indubitably acquainted with my intention? What, so to speak, is the *use* of my *knowing* my intention? That is, what is the use, the function, of the expression of intention? That is, when is something an expression of intention? Well, when the act follows it, when it is a prediction. I make the prediction, the same one as someone else makes from observation of my behaviour, *without* this observation.

789. Wenn es sich um ein 'Gefühl der Unwirklichkeit' handelt, sind wir geneigt, zu sagen: "Alles, was ich weiß, ist, daß Menschen oft unter gewissen Umständen sagen, sie fühlten, es sei alles um sie 'unwirklich'. Wir wissen natürlich auch, welchen Gebrauch dieses Worts die Leute gelernt hatten, und noch einiges über ihre anderweitigen Äußerungen. Mehr wissen wir nicht." – Warum reden wir nicht auch so, wenn es sich um die Äußerung der Lust, der Überzeugung, der Willkürlichkeit und Unwillkürlichkeit von Bewegungen handelt?

790. Was sollte ich Einem antworten, der mir sagt, *er* fühle die Lage und Bewegung seiner Glieder, *ihm* sage ein *Gefühl* ihre Stellung und Bewegung? Soll ich sagen, er lüge, oder er irre sich, oder soll ich ihm glauben? Ich möchte ihn fragen, *wie* ihn ein Gefühl diese Lage, z.B., lehrt. Oder besser: wie er *weiß*, daß sein *Gefühl* ihn das lehre.

791. (Man sagt das *Gewöhnliche*, – mit der falschen Gebärde.) [Vgl. Z 451.]

792. Erinnere dich hier wieder an das Gefühl ohne Rechtfertigung und, dem Anscheine nach, ohne Grund, eine gewisse Ortschaft müsse in *der* Richtung liegen. Würde uns dies Gefühl nicht zumeist täuschen, so würde man hier von einem gefühlsmäßigen *Wissen* reden. Und die Quellen dieses Gefühls lassen sich nur *vermuten*, oder erfahrungsmäßig feststellen.

793. Das Wichtigste ist hier dies: es besteht ein Unterschied; man merkt den Unterschied, 'der ein kategorischer ist' – ohne sagen zu können, worin er besteht. Das ist der Fall, in dem man gewöhnlich sagt, man erkenne den Unterschied eben durch Introspektion. [Vgl. Z 86.]

794. Und doch klingt es zuviel wie ein Appell an die Introspektion, wollte ich sagen: "Prüfe dich doch – ob du wirklich die Lage deiner Glieder nach Gefühlen in ihnen bestimmst!" – Und es wäre auch falsch, denn die Frage ist eben: Wie würde sich das zeigen, wenn Einer es täte? Denn wenn er nach einer Selbstprüfung mich versicherte, es sei so, oder es sei nicht so, – wie weiß ich, ob ich ihm trauen darf; ich meine, ob er mich auch richtig verstanden hat. Oder auch: Wie prüfe ich, ob ich ihn verstehe?

789. When dealing with a 'feeling of unreality', we are inclined to say: "All I know is that under certain circumstances human beings often say that they felt everything around them was 'unreal'. Naturally we also know what use of this word the people had learnt, and besides that something about their other utterances. More we do not know." – Why don't we talk in the same way when what is in question is utterances expressive of pleasure, of conviction, of the voluntariness and involuntariness of movements?

790. What should I reply to someone who tells me that *he* feels the position and motions of his limbs, that a *feeling* tells *him* their posture and movement? Am I to say he is lying, or that he is making a mistake, or am I to believe him? I should like to ask him *how* a feeling tells him of, for instance, this posture. Or better: how he *knows* that a *feeling* tells him this.

791. (One says something *ordinary*, – with the wrong gesture.) [Cf. Z 451.]

792. Remember again here the feeling which occurs without justification and to all appearances without any ground, that a particular district must lie in *that* direction. If this feeling weren't for the most part deceptive, one would speak here of a kind of *knowing* by feeling. And the sources of this feeling can only be conjectured, or established by experience.

793. The most important thing here is this: there is a difference; one notices the difference, 'which is a difference of category' – without being able to say what it consists in. That is the case in which one usually says one knows the difference by introspection. [Cf. Z 86.]

794. And it sounds too much like an appeal to introspection, if I wanted to say "Test yourself, now – see whether you really determine the position of your limbs by feelings in them." – And it would even be wrong, for then the question is: If someone did that, how would it come out that he did? For suppose after self-examination he were to assure me that it was so, or that it was not so, – how do I know whether I have the right to trust him; I mean, whether he has even understood me right? Or again: how do I test whether I understand him?

795. Es sagt mir Einer: "Ich weiß nicht, wie ich meine Finger bewege, aber ich weiß, wenn ich sie spreize durch das Gefühl in meinen Schwimmhäuten." Hier müßte man fragen: Kannst du also den Befehl "Spreiz deine Finger" mit geschlossenen Augen nicht ohne weiteres ausführen?

796. Wir fühlen unsere Bewegungen. Ja, wir *fühlen* sie wirklich; die Empfindung ist nicht ähnlich einer Geschmacksempfindung, oder einer Hitzeempfindung, sondern einer Tastempfindung: der Empfindung, wenn Haut und Muskeln gedrückt, gezogen, verschoben werden. [Vgl. Z 479.]

797. Wie kann ich bei meinen Bewegungen die Leitung des Bewegungsgefühls brauchen? denn wie kann ich, ehe die Bewegung angefangen hat, aus all den Muskeln die aussuchen, die mir das richtige Bewegungsgefühl geben werden? – Wenn es ein Problem ist "Wie weiß ich, wenn ich die Bewegung nicht sehe, daß sie, und wie weit sie, stattgefunden hat?" – warum ist es dann kein Problem: "Wie weiß ich überhaupt, wie die, sagen wir, befohlene Bewegung einzuleiten ist? (Russell machte darüber einmal eine falsche Bemerkung.)

798. Ich kann, z.B., sagen, daß ich jetzt weiß, daß mein Finger gebogen ist, daß ich aber keinerlei Gefühl in ihm habe; jedenfalls aber keines, das ich besonders mit dieser Stellung assoziiere. Wenn man mich also fragte: "Spürst du irgend etwas, wovon du sagen willst, du würdest es in der gestreckten Lage, nicht fühlen; oder geht dir ein Gefühl ab, welches in der andern Lage vorhanden wäre?" – so müßte ich mit Nein antworten.

799. "Ist Vergnügen eine Empfindung?" (I. A. Richards). Das heißt also etwa: Ist Vergnügen so etwas, wie ein Ton, oder ein Geruch? – Aber ist ein Ton so etwas wie ein Geruch? Inwiefern?

800. Wer fragt, ob Vergnügen eine Empfindung ist, unterscheidet wahrscheinlich nicht zwischen Grund und Ursache, denn sonst fiele ihm auf, daß man *an etwas* Vergnügen hat, was nicht heißt, daß dies Etwas eine Empfindung in uns verursacht. [Vgl. Z 507.]

801. Aber Vergnügen geht doch jedenfalls mit einem Gesichtsausdruck zusammen, und den sehen wir zwar nicht an uns selbst, aber spüren ihn doch.
Und versuch einmal über etwas sehr Trauriges nachzudenken mit dem Gesichtsausdruck strahlender Freude! [Vgl. Z 508.]

795. Someone tells me: "I don't know how I move my fingers, but I know when I am spreading them out by the feeling in the skin between the fingers." Here one would have to ask: Then can't you carry out the order: "Spread out your fingers" straight off with your eyes shut?

796. We feel our movements. Yes, we really *feel* them; the sensation is not like a sensation of taste or of temperature, it is, rather, like a sensation of touch: the sensation when skin and muscles are squeezed, pulled, displaced. [Cf. Z 479.]

797. How can I use the guidance of my feeling of movement when I make movements? For, how, before the movement has begun, can I select from all the muscles the ones that are going to give me the right feeling of movement? If there is a problem: "How do I know, when I don't see the movement, that, and to what extent, it has taken place?" – why then is there no problem: "How do I know at all how to accomplish, say, a movement I've been ordered to make"? (Russell once made a wrong observation about this.)

798. I may, e.g., say that I now know that my finger is bent, but that I have no feeling of any kind in it; at any rate none that I associate peculiarly with this position. Thus if I were to be asked: "Do you feel something, of which you want to say that you wouldn't feel it in the straightened-out position; or is there some feeling missing, which would be present in the other position?" – I should have to answer No.

799. "Is pleasure a sensation?" (I. A. Richards.) That means something like: Is pleasure something like a note or a smell? – But is a note then something like a smell? To what extent?

800. Someone who asks whether pleasure is a sensation probably does not distinguish between ground and cause, for otherwise it would occur to him that one has pleasure *in something*, which does not mean that this something causes a sensation in us. [Cf. Z 507.]

801. But pleasure does at any rate go with a facial expression, and, though we don't see this on ourselves, still we do feel it.
And just try to reflect on something very sad with an expression of radiant joy. [Cf. Z 508.]

802. Es ist ja möglich, daß die Drüsen des Traurigen anders sezernieren, als die des Fröhlichen; auch, daß diese Sekretion die, oder eine, Ursache der Trauer ist. Aber folgt daraus, daß die Trauer eine durch diese Sekretion hervorgerufene *Empfindung* ist? [Vgl. Z 509.]

803. Aber der Gedanke ist hier: "Du *fühlst* doch die Trauer—also mußt du sie *irgendwo* fühlen; sonst wäre sie eine Chimäre." Aber wenn du das denken willst, rufe dir nur die Verschiedenheit von Sehen und Schmerz ins Gedächtnis. Ich fühle den Schmerz in der Hand—und die Farbe im Auge? So wie wir hier ein Schema verwenden wollen, statt bloß das wirklich Gemeinsame zu notieren, machen wir uns ein falsch vereinfachtes Bild unserer Begriffswelt. Es ist so, als sagten wir, alle Pflanzen im Garten hätten Blüten, alle Blütenblätter – Früchte – Samen. [Vgl. Z 510.]

804. Ein Geruch kann höchst angenehm sein. Ist das Angenehme an ihm nur eine Empfindung? Dann würde also die Empfindung der Annehmlichkeit den Geruch begleiten. Wie aber würde sie sich *auf ihn beziehen*? Freilich, der Ausdruck der Annehmlichkeit ist seiner *Art* nach ähnlich dem Ausdruck einer Empfindung, insbesondere des Schmerzes. Aber Freude hat keinen Ort; es gibt freudige Gedanken, aber nicht zahnschmerzliche.

Aber – möchte man sagen – ob Freude eine Empfindung sei, oder *was* sie sei, muß man doch merken, wenn man sie hat! – (Und warum besonders, wenn man sie *hat*, und nicht, wenn man sie *nicht hat*?) Merkst du auch das *Wesen der Eins, wenn du einen* Apfel ißt, und das *Wesen* der Null, wenn du keinen ißt?

805. Willkürlichkeit hängt mit Absichtlichkeit zusammen. Und daher auch mit Entschluß. Man entschließt sich nicht zu einem Herzkrampf und hat ihn nun.

806. Man ruft sich ein Niesen, oder einen Hustenanfall hervor, aber nicht eine willkürliche Bewegung. Und der Wille ruft das Niesen nicht hervor und auch nicht das Gehen. [Vgl. Z 579.]

807. Empfindung, das ist das, was man für unmittelbar gegeben und konkret hält, was man nur anzuschauen braucht, um es zu erkennen; das, was wirklich da ist. (Die Sache, nicht ihr Abgesandter.)

808. "Ich weiß, ob ich meiner Überzeugung gemäß, oder ihr entgegen rede." So ist die Überzeugung das Wichtige. Im Hintergrund meiner Äußerungen. Welches *starke* Bild. Man könnte Überzeugung und Rede malen ("aus der tiefsten Brust"). Und doch, wie wenig zeigt dieses Bild!

802. It is of course possible that the glands of a sad man secrete differently from those of a cheerful one; also, that this secretion is the, or a, cause of sadness. But does it follow from this that sadness is a *sensation* brought about by this secretion? [Cf. Z 509.]

803. But here the thought is: "You surely *feel* the sadness—so you must feel it *somewhere*; otherwise it would be a chimera. But if that is what you want to think, just recall the difference between sight and pain. I feel pain in my hand—and colour in my eye? As we here want to employ a schema instead of simply noting what is really common, we make a wrongly simplified picture of our conceptual world. It is as if we were to say that all the plants in the garden had flowers, all had petals – fruits – seeds. [Cf. Z 510.]

804. A smell may be extremely pleasant. Is what is pleasant about it only a sensation? In that case the sensation of pleasantness would accompany the smell. But how would it *relate to the smell*? Of course, the expression of the pleasantness is similar in *kind* to the expression of a sensation, in particular to that of pain. But joy has no place; there are joyful thoughts, but not toothache-ish ones.

But – one would like to say – whether joy is a sensation, or *what* it is, is something one has to notice when one has it! – (And why especially when one has it, and not when one doesn't have it?) Do you also notice the *nature* of one, when you are eating *one* apple, and the *nature* of zero when you are eating none?

805. Voluntariness hangs together with intentionalness. And therefore with decision as well. One does not decide on an attack of angina and then have it.

806. One brings on a sneeze in oneself or a fit of coughing, but not a voluntary movement. And the will does not bring on sneezing, nor yet walking. [Cf. Z 579.]

807. Sensation – that is what one takes to be immediately given and concrete, what one only needs to look at in order to know it; it is that which is really there. (The thing, not its emissary.)

808. "I know whether I am talking in accordance with my conviction or contrary to it." So the conviction is what is important. In the background of my utterances. What a *strong* picture. One might paint conviction and speech ("from the depths of his heart"). And yet how little that picture shews!

809. "Der Geruch ist herrlich!" Ist ein Zweifel darüber, daß der Geruch es ist, der herrlich ist?

So ist es eine Eigenschaft des Geruches? – Warum nicht? Es ist eine Eigenschaft der Zehn durch Zwei teilbar zu sein, und auch, die Zahl meiner Finger zu sein.

Es könnte aber eine Sprache geben, in der die Leute nur die Augen schließen und sagen "Oh, dieser Geruch!" und es keinen Subjekt-Prädikat-Satz gibt, der dem Ausruf äquivalent ist. Das ist eben eine 'spezifische' Reaktion. [Vgl. Z 551.]

810. Ist das, wovon er sagt, er habe es, und wovon ich sage, ich habe es, ohne daß wir dies aus irgendeiner Beobachtung erschließen, – ist es dasselbe, wie das, was wir aus der Beobachtung des Benehmens des Andern und aus seiner Überzeugungs*äußerung* entnehmen? [Vgl. Z 574.]

811. Kann man sagen: Ich *schließe*, daß er handeln wird, wie *er* zu handeln *beabsichtigt*? [Vgl. Z 575.]

812. Ich schließe auf die Folgen seiner Überzeugung aus dem Ausdruck seiner Überzeugung; aber nicht auf die Folgen meiner Überzeugung aus ihrem Ausdruck.

813. Denk dir einen Beobachter, der, gleichsam automatisch, seine Beobachtung ausspricht. Ja, er hört sich reden, nimmt aber sozusagen keine Notiz davon. Er sieht, daß der Feind herannaht und meldet es, beschreibt es, aber wie eine Maschine. Wie wäre das? Nun, er handelt nicht seiner Beobachtung gemäß. Man könnte von ihm sagen, er spreche aus, was er sieht, aber er *glaube* es nicht. Es dringe, sozusagen, in ihn nicht ein.

814. Warum schließe ich aus meinen eigenen Worten nicht auf einen Zustand, aus dem Worte und Handlungen entspringen? Ich schließe, vor allem, aus meinen Worten nicht auf meine wahrscheinlichen Handlungen.

815. Gefragt "Wirst du so handeln?" – überlege ich mir *Gründe* und *Gegengründe*.

816. Aber bedenke: "Ich nehme doch manchmal des Andern Wort, – so müßte ich doch zum mindesten manchmal auch das meine dafür nehmen, daß ich der und der Überzeugung bin. Wenn ich aber, quasi automatisch, meine Beobachtung berichte, so hat dieser Bericht mit meiner Überzeugung garnichts zu tun. Wohl aber könnte ich mir,

809. "The smell is marvellous!" Is there any doubt that it is the smell that is marvellous?

So is it a property of the smell? – Why not? It is a property of ten to be divisible by two, and also to be the number of my fingers.

But there might be a language in which people merely shut their eyes and said "Ah, this smell'", and there is no subject-predicate sentence that is equivalent to the exclamation. That just is a 'specific' reaction. [Cf. Z 551.]

810. Is that of which he says he has it, and of which I say I have it, without our inferring this from any observation – is it the same as what we derive from observation of someone else and from the *expression* of his conviction? [Cf. Z 574.]

811. Can one say: I *infer* that he will behave as *he intends* to behave? [Cf. Z 575.]

812. I make inferences to the consequences of his conviction from the expression of his conviction; but not to the consequences of my conviction from the expression of it.

813. Imagine an observer who, as it were automatically, says what he is observing. Of course he hears himself talk, but, so to speak, he takes no notice of that. He sees that the enemy is approaching and reports it, describes it, but like a machine. What would that be like? Well, he does not act according to his observation. Of him, one might say that he speaks what he sees, but that he does not *believe* it. It does not, so to speak, get inside him.

814. Why don't I make inferences from my own words to a condition from which words and actions take their rise? In the first place, I do not make inferences from my words to my probable actions.

815. Asked: "Are you going to do such-and-such?" I consider *grounds for* and *against*.

816. But consider this: After all I sometimes take someone else's word, – so I would surely at least sometimes have to take my own word too, that I have such and such a conviction. But when I report my observation in a quasi-automatic fashion, then this report has nothing at all to do with my conviction. On the other hand I might

oder meinem beobachtenden Ich, ebenso vertrauen, wie das ein Anderer tut. Ich könnte also sagen: "Ich sage 'es regnet', da wird es wohl so sein." Oder: "Der Beobachter in mir sagt 'es regnet', und ich bin geneigt, ihm zu glauben." – Ist es denn nicht so – oder ähnlich – wenn ein Mensch sagt, Gott habe zu ihm, oder durch seinen Mund, gesprochen?

817. Die *wichtige* Einsicht ist, daß es ein Sprachspiel gibt, in welchem ich, *automatisch*, eine Mitteilung mache, die von den Andern ganz so behandelt werden kann, wie eine nicht automatische—nur daß hier von einem 'Lügen' nicht die Rede sein wird—eine Mitteilung, die ich selbst wie die eines Dritten empfangen kann. Die 'automatische' Aussage, Meldung, etc., könnte man auch ein 'Orakel' nennen. – Das heißt aber freilich, daß sich das Orakel nicht der Worte "ich glaube . . ." bedienen dürfte.

818. Wo steht denn in der Logik, daß eine Behauptung nicht im Trance gemacht werden darf?!

819. "Schaue ich hinaus, so sehe ich, daß es regnet; schaue ich in mich, so sehe ich, daß ich's glaube." Und was soll man nun mit dieser Mitteilung anfangen?

820. "Angenommen, es regnet und ich glaube es nicht" – wenn ich das, was diese Annahme annimmt, behaupte, – so spaltet sich, sozusagen, meine Persönlichkeit.
   "Dann spaltet sich meine Persönlichkeit" heißt: Dann spiele ich nicht mehr das gewöhnliche Sprachspiel, sondern ein anderes.

821. "Die Worte 'Es regnet' sind in seine Seele geschrieben" – dies soll so viel heißen wie (d.h. ersetzbar sein durch) "Er glaubt, daß es regnet". "Die Worte 'Es regnet' sind in meine Seele geschrieben" – heißt etwa soviel wie: "Ich kann mich von dem Glauben nicht befreien, daß . . .", "Die Idee hat von mir Besitz ergriffen, daß . . .".
   Bedenke nämlich, daß die Worte "Ich glaube, es regnet" und "Es dürfte regnen" *DAS GLEICHE* sagen können: *insofern* nämlich, als es in gewissen Zusammenhängen keinen Unterschied macht, welchen der beiden Sätze wir verwenden. (Und befreie dich von der Idee, daß den einen ein anderer geistiger Vorgang begleitet, als den anderen!) Die beiden Sätze können das Gleiche sagen, obwohl dem ersten ein "Ich glaube . . ." und "Er glaubt . . ." etc. entspricht, dem zweiten nicht. Der erste ist eben mit einem andern *Begriff* gebildet. D.h.: um zu sagen, daß es vielleicht regnet, brauchen wir den Begriff "glauben" *nicht*, obschon wir ihn dazu verwenden können. Der

have confidence in myself, or in my observing self, just as another person does. So I might say "I say 'It's raining', so it will presumably be true" Or: "The observer in me says 'Its raining', and I am inclined to believe him." – For isn't this – or something like this – how it is, when a man says that God has spoken to him or through his mouth?

817. The *important* insight is that there is a language-game in which I produce information *automatically*, information which can be treated by other people quite as they treat non-automatic information—only here there will be no question of any 'lying'—information which I myself may receive like that of a third person. The 'automatic' statement, report etc. might also be called an 'oracle'. – But of course that means that the oracle must not avail itself of the words "I believe . . .".

818. Where is it said in logic that an assertion cannot be made in a trance?

819. "If I look outside, I see that it's raining; if I look within myself, I see that I believe it." And what is one supposed to do with this information?

820. "Suppose that it's raining and I don't believe it" – when I assert what is supposed in this supposition, – then, so to speak, my personality splits in two.
   "Then my personality splits in two" means: Then I no longer play the ordinary language-game, but some different one.

821. "The words 'It's raining' are written in his soul" – this is to mean as much as (i.e. to be replaceable by) "He believes that it is raining". "The words 'It's raining' are written in my soul" – means, say, "I can't get rid of the belief that . . .", "The idea that . . . has taken possession of me."
   For consider this fact: the words "I believe it is raining" and "It'll be raining" may say *the same: inasmuch*, that is, as in some contexts it makes no difference which of the two sentences we use. (And rid yourself of the idea that one of them is accompanied by a different mental process from the other.) The two sentences may say the same thing, although there is an "I believe . . ." and "He believes . . ." etc. that corresponds to the first and not to the second. For a different *concept* is used in the construction of the first. That is: in order to say that perhaps it is raining we do *not* need the concept 'believe', although we may use it for that purpose. The concept of a

Begriff, ein Satz sei Einem 'in die Seele geschrieben', ist nun ein dritter Begriff, der sich in der Anwendung zum Teil mit den andern deckt, zum Teil nicht.

Ich will sagen, daß man zur Bildung der Aussage "Es dürfte..." den 'seltsamen' Begriff 'glauben' nicht braucht, obwohl man ihn dazu gebrauchen *kann*.

822. Bedenke auch: 'Es dürfte regnen und es regnet' heißt nichts, und ebenso 'Es dürfte regnen und es regnet nicht'. Dagegen kann man sagen 'Es scheint zu regnen und es regnet' und auch 'Es scheint... und es regnet nicht'. Und 'Es scheint zu regnen' kann den gleichen Sinn haben, wie 'Es dürfte regnen'.

823. Wie weiß ich, ich sei im Glauben:....? Schaue ich in *mich*? Ja, nützt es mir *irgendetwas*, wenn ich mich beobachte? Nun, ich könnte mich etwa fragen: "Um wieviel würde ich in diesem Falle wetten?"

824. Verstellung, Schmerzen heucheln. Es besteht nicht einfach darin, daß man die Äußerung des Schmerzes von sich gibt, ohne Schmerzen zu haben. Es muß ein Motiv des Heuchelns da sein, also eine Situation, die nicht ganz einfach zu beschreiben ist. Sich krank und schwach stellen, um den Helfenden dann zu überfallen. – "Aber es ist doch da ein *innerer* Unterschied!" Natürlich; nur ist "innerer" hier eine gefährliche Metapher. – Aber der 'Beweis', daß ein innerer Unterschied vorliegt, ist ja, daß ich *gestehen* kann, ich habe geheuchelt. Ich gestehe eine Absicht. '*Folgt*' daraus, daß die Absicht etwas Inneres war?

825. Das 'wirklich Unendliche' ist ein 'bloßes Wort'. Besser wäre, zu sagen: dieser Ausdruck schafft vorläufig bloß ein Bild, – das noch in der Luft hängt; dessen Anwendung du uns noch schuldig bist. [Vgl. Z 274.]

826. Eine unendlich lange Kugelreihe, ein unendlich langer Stab. Denk dir, davon sei in einer Art Märchen die Rede. Welche Anwendung könnte man, wenn auch nur fiktiv, von diesem Begriff machen? Die Frage sei jetzt nicht: Kam es so etwas geben? Sondern: Was stellen wir uns vor? Laß also deiner Einbildung wirklich die Zügel schießen! Du kannst es jetzt haben, wie du willst. Du brauchst nur zu *sagen*, wie du's willst. Mach also nur ein Wortbild; illustrier es, wie du willst – durch Zeichnungen, durch Vergleiche, etc.! Du kannst also, gleichsam, eine Werkzeichnung anfertigen. Und nun ist noch die Frage, wie nach ihr gearbeitet werden kann. [Vgl. Z 275.]

proposition's being 'written on the soul' is now a third concept, which partly coincides with the others in its application, and partly not.

I want to say that in order to construct the assertion "It'll ..." there is no need of the 'queer' concept 'believe', although it *may* be used for that purpose.

822. Think also of this: 'It'll be raining and it is raining' doesn't mean anything, and no more does "It'll be raining and it isn't". By contrast one can say 'It seems to be raining and it is raining' and also 'It seems to be raining ... and it isn't raining'. And 'It seems to be raining' may have the same sense as 'It'll be raining'.

823. How do I know that I am in the state of believing: ...? Do I look into *myself*? Is it even *any* use to observe myself? Well, I might perhaps ask myself "How much would I bet in this case?"

824. Pretence. Simulating pain. It doesn't consist merely in giving expressions of pain when one has no pain. There must be a motive present for the simulation, hence a situation which is not quite simple to describe. Making oneself out sick and weak, in order then to attack those who help one. – "But there is surely an *inner* difference there!" Naturally; only here "inner" is a dangerous metaphor. – But the 'proof' that an inner difference is present is the very fact that I can *confess* that I was simulating. I confess an intention. Does it 'follow' from this that the intention was something inner?

825. The 'actual infinite' is a 'mere word'. It would be better to say: for the time being this expression merely produces a picture – which so far hangs in the air; you still owe us its application. [Cf. Z 274.]

826. An infinitely long row of marbles, an infinitely long rod. Imagine these coming into a kind of fairy-tale. What application, even though a fictitious one, might be made of this concept? Let us ask now, not: can there be such a thing? But: What do we imagine? So give free rein to your imagination! you can have things now just as you choose. You only need to *say* how you want them. So just make a verbal picture, illustrate it as you choose, by drawings, comparisons, etc. Thus you can – as it were – prepare a blueprint. – And now there remains the question how one can work from it. [Cf. Z 275.]

827. "Wie aber kann der menschliche Geist der Wirklichkeit voranfliegen, und selbst das Unverifizierbare *denken?*" – Warum sollen wir nicht das Unverifizierbare *reden?* Wir machten es ja selbst unverifizierbar.

Es wird ein falscher *Schein* erzeugt? Und wie kann es auch nur so *scheinen?* Willst du denn nicht sagen, daß dies *so* auch nicht einmal eine Beschreibung ist? Nun, dann ist es also kein *falscher* Schein, sondern vielmehr einer, der uns der Orientierung beraubt. So daß wir eben fragen: Wie ist es möglich? [Vgl. Z 259.]

828. So wie das Wort ausgesprochen war, wünschte ich, ich hätte es nicht gesagt. – Wie bezog sich mein Wunsch auf das ausgesprochene Wort?

Ich fühlte, daß das Wort unpassend war, sobald ich es ausgesprochen hatte. Aber die *Zeichen*, an die ich mich erinnere, waren nur wie leise Andeutungen. Kleinigkeiten, aus denen ich die Absicht, den Wunsch, etc., etwa hätte *erraten* können.

Es gibt Schamanlässe – Situationen – und Schambenehmen. Sowie es Erwartungsanlässe und Erwartungsbenehmen gibt.

829. Wenn eine Katze vor dem Mauseloch lauert – nehme ich an, sie denke an die Maus?

Wenn ein Räuber auf sein Opfer wartet, – gehört dazu, daß er an diesen Menschen denkt? *Muß* er sich dabei dies und jenes überlegen? Vergleiche den, der dies zum ersten Mal tut, mit Einem, der es schon unzählige Male getan hat! (Lesen.)

830. Es könnte ein Verbum geben, welches bedeutet: die Absicht durch Worte, oder andere Zeichen, laut, oder in Gedanken, aussprechen. Dies Zeitwort wäre nicht gleichbedeutend unserem "beabsichtigen".

Es könnte ein Verbum geben, welches bedeutet: einer Absicht gemäß handeln; und dieses wäre auch nicht gleichbedeutend mit "beabsichtigen".

Wieder ein anderes könnte bedeuten; über eine Absicht brüten; oder, sie im Kopfe hin und her wälzen. [Vgl. Z 49.]

831. Wenn ich meinen Kaffee bereite, so beabsichtige ich, ihn zu trinken. Wenn ich ihn nun ohne diese Absicht bereitete – müßte da eine Begleitung dieser Handlung FEHLEN? Geht während des normalen Tuns irgendetwas vor sich, was es als Tun in dieser Absicht charakterisiert? Wenn man mich aber fragte, ob ich ihn zu trinken beabsichtige, und ich antwortete "ja freilich!" – würde ich etwas über meinen gegenwärtigen Zustand aussprechen?

827. "But how can the human spirit fly ahead of reality, and even *think* the unverifiable?" – Why should we not *speak* the unverifiable? For we ourselves made it unverifiable.

A false *appearance* is produced? And how can it be so much as *appear* like that? For don't you want to say that this *like that* too isn't even a description? Well then, in that case it is, not a *false* appearance, but one that robs us of our orientation. So that we just ask: How is it possible? [Cf. Z 259.]

828. As soon as the word was spoken, I wished I had not said it. – How did my wish relate to the word that was spoken?

I felt that the word was inappropriate, as soon as I had spoken it. But the *signs* I remember were only like slight indications. Minutiae, from which I might have been able perhaps to *guess* the intention, the wish.

There are occasions of shame – situations – and ashamed behaviour. As there are occasions of expectation and the behaviour of expectancy.

829. When a cat lies in wait by a mouse-hole – do I assume that it is thinking about the mouse?

When a robber waits for his victim – is it part of this, for him to be thinking of that person? *Must* he be considering this and that as he waits? Compare one who is doing such a thing for the first time, with one who has already done it countless times. (Reading.)

830. There might be a verb with the meaning: to formulate one's intention in words or other signs, out loud or in one's thoughts. This verb would not be equivalent in meaning to our 'intend'.

There might be a verb with the meaning: to act according to intention; and this would also not mean the same as "to intend".

Yet another might mean: to brood over an intention; or, to turn it over and over in one's head. [Cf. Z 49.]

831. When I make my coffee, I intend to drink it. If I were making it without this intention – would some accompaniment of my action then have to be *lacking*? Does something go on during the normal doing of a thing, which characterizes it as doing with this intention? But if someone were to ask me whether I intend to drink, and I replied "Yes, of course" – would I be saying something about my present state?

So reagiere ich in diesem Falle; und *das* läßt sich aus meiner Reaktion entnehmen.

832. Man kann einen Glauben, Wunsch, eine Furcht, Hoffnung, Zuneigung einen Zustand des Menschen nennen; wir können auf diesen Zustand bei unserm Betragen gegen diesen Menschen rechnen, aus seinem Zustand auf seine Reaktionen schließen.
Und sagt Einer "Ich war all diese Zeit im Glauben . . .", "Ich hegte Zeit meines Lebens den Wunsch . . .", etc., so berichtet er von einem Zustand, einer Einstellung. – Sagt er aber "Ich glaube, er kommt" (oder einfach "Da kommt er") oder "Ich wünsche, daß du kommst" (oder einfach "Bitte komm!") dann handelt er, spricht er, jenem Zustand gemäß, berichtet nicht, er befinde sich in ihm.
Aber wenn das richtig wäre, dann sollte es doch eine gegenwärtige Form jener Berichte geben, also einerseits, z.B., die *Äußerung* "Ich glaube . . .", anderseits einen *Bericht* "Ich bin im Glauben . . ." Und Ähnliches für den Wunsch, die Absicht, Furcht, etc.

833. Jemand könnte erzählen: "Ich erinnere mich meines Zustands in jenen Jahren sehr genau; wenn immer man mich fragte . . ., antwortete ich . . .; das war meine Einstellung."

834. Es gibt ein Ekel*reaktion*, in mir und im Andern, es gibt auch *Ekelgefühle*. Und darin gleichen sich Ekel, Furcht, Zuneigung, u.a.; aber nicht Hoffnung, Glaube, u.a.

835. *Gram* wiederholt sich unabläßig den traurigen Gedanken. Ein Gedanke kann traurig, ekelerregend, entzückend sein, etc.; wie aber zeigt der Ausdruck, daß es dieser Gedanke ist, auf den wir so reagieren? Wie wehrt man einen Gedanken ab?

836. Soll ich den ganzen Bereich des Psychologischen den des 'Erlebens' nennen? Also etwa alle psychologischen Verben 'Erlebnisverben' ('Erlebnisbegriffe'). Ihr Charakteristikum ist dies, daß ihre dritte Person auf Grund von Beobachtungen ausgesprochen wird, nicht aber die erste. Jene Beobachtung ist Beobachtung des Benehmens. Eine Unterklasse der Erlebnisbegriffe sind die 'Erfah-

This is how I react in this case; and *that* can be gathered from my reaction.

832. A belief, a wish, a fear, a hope, a fondness; each can be called a state of a man; we can count on this state in our behaviour towards this man, we can infer his reactions from his state.

And if someone says: "All this time I had the belief...", "All my life I have wished...." etc; he is reporting a state, an attitude. – But if he says "I believe he's coming" (or simply "Here he comes") or "I wish you'd come" (or "Please come"), then he is acting, he is speaking, according to that condition, not reporting that it is to be found in him.

But if that were right, then there ought to be a present form of that report, and hence on the one hand the *utterance* "I believe...", and on the other the *report* "I am in the state of belief....". And similarly for wish, intention, fear etc.

833. Someone might relate: "I remember my state in those years exactly; whenever I was asked... I replied...; that was my attitude."

834. There is a *reaction* of loathing, in myself and in others; there are also *feelings of loathing*. And loathing, fear, affection, etc., resemble one another in this; but not hope, belief, etc.

835. Grief incessantly rehearses the sad thoughts. A thought may be sad, loathsome, enchanting etc.; but how does the expression shew that it is this thought, to which we have these reactions? How does one drive a thought away?

836. Ought I to call the whole field of the psychological that of 'experience'? And so all psychological verbs 'verbs of experience'. ('Concepts of experience.') Their characteristic is this, that their third person but not their first person is stated on grounds of observation. That observation is observation of behaviour. A subclass of concepts of experience is formed by the 'concepts of undergoing'.[1] 'Under-

---

[1] This passage presents severe problems of translation, because quite ordinary German has two words, "Erlebnis" and "Erfahrung," both of which are regularly translated 'experience'. I was not willing either simply to use the German words or to say, e.g. 'experience'₁ and 'experience'₂. I have therefore kept 'experience' for 'Erlebnis' and used 'undergoing' for 'Erfahrung'. I apologize for the air of philosophical technicality and the unnaturalness that is forced upon me by having to find two words where common or garden English has only one. *Trans.*

rungsbegriffe'. 'Erfahrungen' haben Dauer, einen Verlauf; sie können gleichförmig, oder ungleichförmig verlaufen. Sie haben Intensität. Sie sind nicht Charaktere von Gedanken. Vorstellung ist Erfahrung. Eine Unterklasse der 'Erfahrungen' sind die 'Eindrücke'. Eindrücke haben räumliche und zeitliche Beziehungen zueinander. Es gibt Mischeindrücke. Z.B. Gemische von Gerüchen, Farben, Klängen. 'Gemütsbewegungen' sind 'Erlebnisse', aber sind nicht 'Erfahrungen'. (Beispiele: Trauer, Freude, Gram, Entzücken.) Und man könnte unterscheiden 'gerichtete Gemütsbewegung' und 'ungerichtete Gemütsbewegungen'. Die Gemütsbewegung hat Dauer; sie hat keinen Ort; sie hat charakteristische Erfahrungen und Gedanken; sie hat einen charakteristischen *mimischen* Ausdruck. Denken ist Reden unter bestimmten Umständen, und anderes, was ihm entspricht. Gemütsbewegungen färben Gedanken. Eine Unterklasse der 'Erlebnisse' sind die Formen der 'Überzeugung'. (Glauben, Gewißheit, Zweifel, etc.) Ihr Ausdruck ist ein Ausdruck von Gedanken. Sie sind nicht 'Färbungen' von Gedanken. Die gerichteten Gemütsbewegungen könnte man auch "Stellungnahmen" nennen. Auch Überraschung und Schreck sind Stellungnahmen, und auch Bewunderung, Genuß.

837. Wohin gehört aber *Erinnerung* und wohin *Aufmerksamkeit*? Man kann sich in einem *Augenblick* einer Situation, oder Begebenheit erinnern. Insofern ist also der Begriff des Erinnerns ähnlich dem des augenblicklichen Verstehens, sich Entschließens.

838. Mein Benehmen ist eben manchmal Gegenstand meiner Beobachtung, aber doch *selten*. Und das hängt damit zusammen, daß ich mein Benehmen beabsichtige. Selbst wenn der Schauspieler im Spiegel seine eigenen Mienen beobachtet, oder der Musiker genau auf jeden Ton seines Spiels merkt und ihn beurteilt, so geschieht es doch, um seine Handlung danach zu richten. [Vgl. Z 591.]

839. Was heißt es z.B., daß Selbstbeobachtung mein Handeln, meine Bewegungen, unsicher macht?
Ich kann mich nicht unbeobachtet beobachten. Und ich beobachte mich nicht zu dem gleichen Zweck, wie den Andern. [Vgl. Z 592.]

840. Wenn ein Kind im Zorn mit den Füßen stampft und heult, – wer würde sagen, es täte dies unwillkürlich? Und warum? Warum nimmt man an, es täte dies nicht unwillkürlich? Was sind die *Zeichen* des willkürlichen Handelns? Gibt es solche Zeichen? – Was sind denn die Zeichen der unwillkürlichem Handlung. Sie folgt Befehlen nicht, wie die willkürliche Handlung. Es gibt ein "Komm her!", "Geh dort hin!", "Mach diese Armbewegung!"; aber nicht "Laß dein Herz schnell gehen!" [Vgl. Z 593.]

goings' have duration and a course; they may run on uniformly or non-uniformly. They have intensity. They are not characters of thought. Images are undergoings. A subclass of 'undergoings' are 'impressions'. Impressions have spatial and temporal relations to one another. There are blend-impressions. E.g. blends of smells, colours, sounds. 'Emotions' are 'experiences' but not 'undergoings'. (Examples: sadness, joy, grief, delight.) And one might distinguish between 'directed emotions' and 'undirected emotions'. An emotion has duration; it has no place; it has characteristic 'undergoings' and thoughts; it has a characteristic expression which one would use in *miming* it. Talking under particular circumstances, and whatever else corresponds to that, is thinking. Emotions colour thoughts. One subclass of 'experiences' is the forms of conviction. (Belief, certainty, doubt, etc.) Their expression is an expression of thoughts. They are not 'colourings' of thoughts. The directed emotions might also be called "attitudes". Surprise and fright are attitudes too, and so are admiration and enjoyment.

837. But where does *memory* belong, and where *attention*? One can remember a situation or occurrence *at a moment*. To that extent, then, the concept of memory is like that of instantaneous understanding or decision.

838. My own behaviour is sometimes, but *rarely* the object of my own observation. And this hangs together with the fact that I intend my behaviour. Even if an actor observes the expressions of his own face in a glass, or the musician attends closely to every note in playing, and judges it, this happens after all so that he shall direct his action accordingly. [Cf. Z 591.]

839. What does it mean, e.g. to say that self-observation makes my acting, my movements, uncertain?
I cannot observe myself unobserved. And I do not observe myself for the same purpose as I observe someone else. [Cf. Z 592.]

840. When a child stamps its feet and howls with rage, who would say it was doing this involuntarily? And why? Why is it assumed to be doing this not involuntarily? What are the *tokens* of voluntary action? Are there such tokens? − What, then, are the tokens of involuntary movement? They don't happen in obedience to orders, like voluntary actions. There is "Come here!" "Go over there!" "Make this movement with your arm," but not "Have your heart beat faster". [Cf. Z 593.]

841. Es gibt ein bestimmtes Zusammenspiel von Bewegungen, Worten, Mienen, wie den Äußerungen des Unwillens, oder der Bereitschaft, die die willkürlichen Bewegungen des normalen Menschen charakterisieren. Wenn man das Kind ruft, so kommt es nicht automatisch: Es gibt da, z.B. die Gebärde "Ich will nicht!" Oder das freudige Kommen, den Entschluß zu kommen, das Fortlaufen mit den Zeichen der Furcht, die Wirkungen des Zuredens, alle die Reaktionen des Spiels, die Zeichen des Überlegens und seine Wirkungen. [Vgl. Z 594.]

842. Eine Melodie ging mir durch den Kopf. War es willkürlich, oder unwillkürlich? Eine Antwort wäre: Ich hätte es auch lassen können, sie mir innerlich vorzusingen. Und wie weiß ich das? Nun, weil ich mich für gewöhnlich unterbrechen kann, wenn ich will.

843. Wie könnte ich mir beweisen, daß ich meinen Arm willkürlich bewegen kann? Etwa, indem ich mir sage "Ich werde ihn jetzt bewegen" und er sich nun bewegt? Oder soll ich sagen "Einfach, indem ich ihn bewege"? Aber wie weiß ich, daß ich's getan habe und er sich nicht durch Zufall bewegt hat? Fühle ich's am Ende doch? Und wie, wenn mich meine Erinnerung an frühere Gefühle täuschte, und es also garnicht die richtigen maßgebenden Gefühle waren?! (Und welches sind die richtigen?) Und wie weiß denn der Andere, ob *ich* den Arm willkürlich bewegt habe? Ich werde ihm vielleicht sagen "Befiehl mir, welche Bewegung du willst, und ich werde sie machen, um dich zu überzeugen". – Und was fühlst du denn in deinem Arm? "Nun, das Gewöhnliche." Es ist nichts Ungewöhnliches an den Gefühlen, der Arm ist z.B. nicht gefühllos (wie wenn er 'eingeschlafen' wäre). [Vgl. Z 595.]

844. Eine Bewegung meines Körpers, von der ich nicht weiß, daß sie stattfindet, oder stattgefunden hat, wird man unwillkürlich nennen. – Wie ist es aber, wenn ich bloß *versuche* ein Gewicht zu heben, eine Bewegung also nicht stattfindet? Wie wäre es, wenn Einer sich unwillkürlich anstrengte, ein Gewicht zu heben? Unter welchen Umständen würde man *dies* Verhalten 'unwillkürlich' nennen? [Vgl. Z 596.]

845. Kann nicht die Ruhe ebenso willkürlich sein, wie Bewegung? Kann das Unterlassen der Bewegung nicht willkürlich sein? Welch besseres Argument gegen ein Innervationsgefühl? [Vgl. Z 597.]

846. "Dieser Blick war nicht beabsichtigt" heißt manchmal: "Ich wußte nicht, daß ich so geschaut habe", oder "Ich wollte nichts damit sagen".

841. There is a peculiar combined play of movements, words, facial expressions etc., as of expressions of reluctance, or of readiness, which characterize the voluntary movements of the normal human being. When one calls the child, it doesn't come automatically: there is, for example, the gesture "I don't want to!" There is coming gladly, the decision to come, running away with signs of fright, the effects of being addressed, all the reactions of play, the signs of consideration and its effects. [Cf. Z 594.]

842. A tune went through my head. Was it voluntary, or involuntary? It would be an answer to say: I could also *not* have had it being sung to me inwardly. And how do I know that? Well, because I can ordinarily interrupt myself if I want to.

843. How could I prove to myself that I can move my arm voluntarily? Say by telling myself "Now I'm going to move it" and now it moves? Or shall I say: "Simply by moving it"? But how do I know that I did it, and it didn't move just by accident? Do I in the end feel it after all? And what if my memory of earlier feelings deceived me, and these weren't at all the right feelings to decide the matter?! (And which are the right ones?) And then how does someone else know whether *I* moved my arm voluntarily? Perhaps I'll tell him: "Tell me to make whatever movement you like, and I'll do it in order to convince you." – And what *do* you feel in your arm? "Well the usual feelings." There is nothing unusual about the feelings, the arm is not e.g. without feeling (as if it had 'gone to sleep'). [Cf. Z 595.]

844. A movement of my body, of which I don't know that it is taking place or has taken place, will be called involuntary. – But how is it when I merely *try* to lift a weight, and so there isn't a movement? What would it be like if someone involuntarily strained to lift a weight? Under what circumstances would *this* behaviour be called "involuntary"? [Cf. Z 596.]

845. Can't rest be just as voluntary as motion? Can't abstention from movement be voluntary? What better argument against a feeling of innervation? [Cf. Z 597.]

846. "That glance was not intended" sometimes means: "I didn't know that I gave such a look" or "I didn't mean anything by it".

847. Es sollte uns nicht so selbstverständlich vorkommen, daß uns das Gedächtnis den vergangenen innern Vorgang ebenso zeigt, wie den vergangenen äußern.

848. Vorstellung ist willkürlich, Erinnerung unwillkürlich, sich etwas ins Gedächtnis rufen aber willkürlich.

849. Was für ein merkwürdiger Begriff 'versuchen', 'trachten' ist; was man alles 'zu tun trachten' kann! (Sich erinnern, ein Gewicht heben, aufmerken, an nichts denken.) Aber dann könnte man auch sagen: Was für ein merkwürdiger Begriff 'tun' ist! Welches sind die Verwandtschaftsbeziehungen zwischen 'Reden' und 'Denken', zwischen 'Reden' und 'zu sich selbst reden'. (Vergleiche die Verwandtschaftsbeziehungen zwischen den Zahlenarten.) [Vgl. Z 598.]

850. Man zieht ganz andere Schlüsse aus der unwillkürlichen Bewegung, als aus der willkürlichen: das *charakterisiert* die willkürliche Bewegung. [Vgl. Z 599.]

851. Aber wie weiß ich, daß diese Bewegung willkürlich war? – Ich weiß es nicht, ich äußere es. [Vgl. Z 600.]

852. "Ich ziehe so stark, als ich kann." Wie weiß ich das? Sagt es mir mein Muskelgefühl? Die Worte sind ein Signal; und sie haben eine *Funktion*.

Aber *erlebe* ich denn nichts? Erlebe ich denn nicht etwas? etwas Spezifisches? Ein spezifisches Gefühl der Anstrengung und des Nicht-weiter-könnens, des Anlangens an der Grenze? Freilich, aber diese Ausdrücke sagen nicht mehr, als "Ich ziehe so stark, als ich kann". [Vgl. Z 601.]

853. Es ist aber doch wichtig, daß es alle diese Paraphrasen gibt! Daß man die Sorge mit den Worten beschreiben kann "Ewiges Düstere steigt herunter". Ich habe vielleicht die Wichtigkeit dieses Paraphrasierens nie genügend betont.

Man stellt die Freude dar durch ein lichtumflossenes Gesicht, durch Strahlen, die von ihm ausgehen. Natürlich heißt das nicht, daß Freude und Licht einander *ähnlich* sind; aber wir assoziieren – *gleichgültig* warum – die Freude mit dem Licht. Es *könnte* ja sein, daß diese Assoziation dem Kind, wenn es sprechen lernt, beigebracht

847. It ought not to strike us as so much a matter of course that memory shews us the past inner, as well as the past outer, process.

848. Imagination is voluntary, memory involuntary, but calling something to mind is voluntary.

849. What a remarkable concept 'trying', 'attempting', is; how much one can 'try to do'! (To remember, to lift a weight, to notice, to think of nothing.) But then one might also say: What a remarkable concept 'doing' is! What are the kinship-relations between 'talking' and 'thinking', between 'talking' and 'talking to oneself'? (Compare the kinship-relations between the kinds of number.) [Cf. Z 598.]

850. One makes quite different inferences from involuntary movements and from voluntary ones: this *characterizes* voluntary movement. [Cf. Z 599.]

851. But how do I know that this movement is voluntary? I don't know it, I manifest it. [Cf. Z 600.]

852. "I am tugging as hard as I can." How do I know that? Do my muscular sensations tell me so? The words are a signal; and they have a *function*.
But am I *experiencing* nothing, then? Don't I experience something? something specific? A specific feeling of effort and of inability to do more, of reaching the limit? Of course, but these expressions say no more than "I'm tugging as hard as I can". [Cf. Z 601.]

853. It is important, however, that there are all these paraphrases! That one can describe care with the words "Ewiges Düstere steigt herunter"[1]. I have perhaps never sufficiently stressed the importance of this paraphrasing.
Joy is represented by a countenance bathed in light, by rays streaming from it. Naturally that does not mean that joy and light *resemble* one another; but joy – *it does not matter why* – is associated with light. To be sure, it might be that this association is taught the child when it learns to talk, that it is no more *natural* than the sound of

[1] "Descent of permanent cloud." Goethe, Faust, II. V.

wird, daß sie nicht *natürlicher* ist, als der Klang der Wörter selbst—genug, daß sie besteht. ("Beethoven" und Beethovens Werke.) [Vgl. Z 517.]

854. Die Trauer dem bleigrauen Himmel ähnlich?! Und wie kann man das herausfinden? Indem man den Trauernden und den Himmel betrachtet? Oder sagt es der Trauernde? Und ist es dann nur für *seine* Trauer wahr, oder für die Trauer eines Jeden?

855. Wenn aber nun Einer sagt, *seine* Trauer gleiche einer grauen Wolke, – soll ich es glauben, oder nicht? — Man könnte ihn fragen, ob sich die beiden *in etwas* gleichen, in einer bestimmten Hinsicht. (Wie z.B. zwei Gesichter; oder wie ein plötzlicher starker Schmerz einem Aufflammen.) Man kann Beziehungen – interne Beziehungen und *Zusammenhänge* – dessen angeben, was man bei verschiedenen Eindrücken 'Intensitäten' nennt.

856. 'a ist zwischen b und c, und dem b näher als dem c', dies ist eine charakteristische Relation zwischen Empfindungen gleicher Art. D.h., es gibt z.B. ein Sprachspiel mit dem Befehl "Erzeuge eine Empfindung zwischen *dieser* und *dieser*, und der ersten näher als der zweiten!" Und auch: "Nenne zwei Empfindungen, zwischen welchen *diese* liegt." [Vgl. Z 360.]

857. Und da ist es wichtig, daß man z.B. bei *Grau* "Schwarz und Weiß" zur Antwort kriegen wird; bei *Violett* "Blau und Rot", bei *Rosa* "Rot und Weiß", etc.; aber *nicht* bei *Olivegrün* "Rot und Grün". [Vgl. Z 361.]

858. Woran erkennt man, daß der Ausdruck der Freude nicht der Ausdruck eines Körperschmerzes ist? (Eine *wichtige* Frage.)

859. Woher weiß man, daß der Ausdruck des Genusses nicht der einer Empfindung ist?

860. Eine Figur als dies oder als jenes *ansprechen*. Sprichst du die Figur immer, während du sie siehst, als dies oder das an? Freilich: gefragt, was diese Figur vorstellt, würde ich immer sagen: "Einen Hasen";[1] aber ich bin mir dessen so wenig ständig bewußt, wie dessen, daß dies hier ein wirklicher Tisch ist. Denn spreche ich ein Bild immer als das Bild *dieses* Gegenstandes an, dann auch jeden Gegenstand als Ding dieses bestimmten Gebrauches, etc.

---

[1] S. Hase-Ente-Figur, PU, S. 194. (*Herausg.*)

the words themselves—enough that it exists. ("Beethoven" and Beethoven's works.) [Cf. Z 517.]

854. Sorrow like the lead-gray sky?! And how can that be found out? By looking at a sorrowing man and at the sky? Or does the sorrowing man say it? And is it then true only for *his* sorrow, or for the sorrow of *any*one?

855. But if someone now says that *his* sadness is like a grey cloud –, am I to believe it or not? – One might ask him whether the two are alike *in something*, in a particular respect. (Like, e.g. two faces; or like a sudden strong pain and a flare.) One may give relations – internal relations and connexions – between what one calls "intensities" for different impressions.

856. 'a is between b and c, and is closer to b than to c' – this is a characteristic relation between sensations of the same kind. That is to say, there is, for example, a language-game with the order: "Produce a sensation between *this* one and *this* one, and closer to the first than to the second." And also: "Name two sensations, such that *this* one comes between them." [Cf. Z 360.]

857. And here it is important that with *grey* one will get the answer "black and white", with *purple*, "blue and red", with *pink* "red and white"; but with *olive-green* one will *not* get "red and green". [Cf. Z 361.]

858. How does one realize that the expression of joy is not the expression of some bodily pain? (An *important* question.)

859. How does one know that the expression of enjoyment is not the expression of a sensation?

860. To *pronounce* a figure this or that. Do you always pronounce the figure to be this or that while you see it? Of course: if asked what this figure presents, I should always say "A rabbit"[1]; but I am no more continuously conscious of this, than of the fact that there is an actual table here. For if I always pronounce a picture a picture of *this* object, then I also pronounce any object a thing with this particular use, etc.

[1] The reference is to the figure known among English psychologists as the 'duck-rabbit.' See *Philosophical Investigations* II, xi.

861. Wenn Einer zum erstenmal merkt, daß das Bild doppeldeutig ist, könnte er etwa mit dem Ausruf reagieren: "Ah, ein Hase!" etc.; aber er würde doch, wenn er nun das Bild dauernd in einem Aspekt sieht, nicht ununterbrochen ausrufen wollen "Ah, ein . . .!"

862. Ich will sagen, daß der natürliche, primitive, Ausdruck des Erlebnisses des Aspekts so ein Ausruf wäre, es könnte auch ein Aufleuchten der Augen sein. (Es fällt mir etwas auf!)

863. Wenn ich sage, ich sehe diese Figur dauernd rot, so heißt das, daß die Beschreibung, sie sei rot – die Beschreibung in Worten oder durch ein Bild – dauernd, ohne Änderung, richtig ist; im Gegensatz also zu *dem* Falle, in welchem sich die Figur ändert. – Die Versuchung ist ja eben, den Aspekt mit den Worten zu beschreiben "Ich sehe es *so*" *ohne* auf etwas zu zeigen. Und wenn man ein Gesicht mit seiner Blickrichtung als Pfeil beschreibt, so will man sagen: "Ich sehe dies: → und nicht dies: ←."

864. Dem dauernden Sehen als → entspricht dann, daß diese Beschreibung, ohne Änderung, die richtige ist und *das* heißt nur, daß der Aspekt nicht gewechselt wurde.

865. Talk of hallucination! – Was könnte es seltsameres geben, als daß uns der *Punkt*, das Auge, Richtung zu haben scheint!

866. Wenn ich über den Gesichtsausdruck dieser Figur nachdenke, – wie mache ich's, über den Ausdruck von → und nicht von ← nachzudenken?

867. Wenn ich über den Gesichtsausdruck dieser Figur nachdenke, ihn betrachte – wie mach ich's: den Ausdruck von ← zu betrachten, nicht den von →?
Und dieser Symbolismus hat, glaube ich, schon alles in sich.

868. Es ist doch, als sähe man das Bild: einmal, zusammen mit *einer* Gruppe von Bildern, ein andermal mit einer *andern*. Was heißt hier: "Es ist als sähe man"? Dies heißt etwas Ähnliches wie: *dieser* Vorgang könnte den tatsächlichen vertreten, hätte die rechte 'Multiplizität'.

869. Es ist – im Gegensatz zu Köhler – gerade eine *Bedeutung*, die ich sehe.

861. If someone notices for the first time that the picture is ambiguous, he might react, say with the exclamation: "Ah! a rabbit!" etc.; but still, when he now goes on seeing the picture continuously in one aspect, he won't want to keep on exclaiming "Ah! a . . .!"

862. I want to say that the natural, primitive expression of the experience of an aspect would be such an exclamation; it might also be a lighting up of the eyes. (Something strikes me!)

863. When I say I see this figure continuously red, that means that the description, that it is red – the description in words or by means of a picture – is continuously correct, without alteration; hence in contrast to *that* case, in which the picture alters. For the temptation is to describe the aspect with the words "I see it *like this*" *without* pointing to anything. And when one describes a face with its direction of glance as an arrow, one wants to say: "I see this → and not this: ←".

864. What corresponds to continuous seeing as →, is that this description, without any variation, is the right one and *that* only means that the aspect did not change.

865. Talk of hallucination![1] – What could there be queerer, than that this *dot*, the eye, seems to have a direction!

866. When I think about the facial expression of this figure – what do I do, to be thinking about the expression ← and not →?

867. When I think about the facial expression of this figure, contemplate it, what do I do to be contemplating the expression ← and not →?
And this symbolism, I believe, has everything in it.

868. It is as if one saw a picture: one time together with *one* group, and then another time with *another* one. "What does this mean: It is as if one saw . . .?" It means something like: *that* process might be a representative of the actual one, it would have the right 'multiplicity'.

869. It is – contrary to Köhler – precisely a *meaning* that I see.

---

[1] These three words are in English.

870. Man könnte sagen, man erlebe die *Bereitschaft* zu einer bestimmten Gruppe von Gedanken. (Den *Keim* zu ihnen.)

871. Es ist, als käme das Bild in einer Lage (oder in einer andern) *zur Ruhe*. Als könnte es in der Tat fluktuieren, und dann mit *bestimmten* Akzenten zur Ruhe kommen.

Man sagt: "Ich sehe es jetzt (oder, meistens) als *das*." Es ist uns wirklich, als wären nun die Striche zu *dieser* und nicht einer andern Form zusammengeschossen. Oder als wären sie in *diese* und nicht in die andere Hohlform gefallen.

Und doch muß es sich uns nur *darum* handeln, den tatsächlichen Ausdruck unseres Erlebnisses, den ich ja mit allen diesen Bildern nur paraphrasiere, zu beschreiben; zu sagen, was das *Wesentliche* dieses Ausdrucks ist.

872. Könnte einer die Figur *so*, oder *so* sehen, der nicht von ihr zu Erklärungen etc. fortschreiten könnte? Könnte sie also jemand *so* und *so* sehen, der nicht wüßte, wie Tierköpfe ausschauen, was ein Auge ist, etc.? Und damit meine ich natürlich nicht: "Wäre ein solcher im Stande, das zu tun, würde es ihm gelingen?" Sondern: "Bedarf es dazu nicht *dieser Begriffe*?"

873. Ich sehe das Bild eines Pferdes: ich weiß nicht nur, es sei ein Pferd, sondern auch, daß das Pferd läuft. Ich kann also nicht nur das Bild *räumlich verstehen*, sondern ich *weiß* auch, was das Pferd jetzt im Begriffe ist zu tun. Denk dir, Einer sähe ein Bild einer Reiterattacke, wüßte aber nicht, daß die Pferde nicht in ihren diversen Stellungen stehen bleiben!

Es handelt sich hier aber nicht um eine *Erklärung* dieses Verstehens, etwa dadurch, daß man behauptet, der Betrachtende mache kleine Laufbewegungen, oder fühle Laufinnervationen. Welchen Grund hat man zu Annahmen dieser Art, außer *den*, es 'müsse' so sein?

874. Wie aber, wenn man sagt "Man *sieht* dieses gemalte Pferd laufen!" – Damit will ich doch nicht nur sagen "Ich weiß, daß dies ein laufendes Pferd vorstellt". Man will damit etwas *anderes* sagen. Denk dir, jemand reagierte auf so ein Bild mit einer Handbewegung und dem Ausrufe "Hui!". Sagt das nicht ungefähr dasselbe wie: *sähe* das Pferd laufen? Er könnte auch *ausrufen* "Es läuft!" und das wäre nicht die Feststellung, es laufe, noch die, es *scheine* zu laufen. So wie man sagt: "Sieh, wie er läuft!" – nicht, um den Andern eine Mitteilung zu machen, sondern es ist eine Reaktion, in der sich die Leute *finden*.

870. It might be said that one experiences *readiness* for a particular group of thoughts. (The germ of them.)

871. It is as if the picture came to *rest* in one position (or another). As if it could in fact fluctuate, and then come to rest with a *particular* accentuation.

One says: "I see it now (or mostly) as *this*." It really feels to us as if the lines were now fitted together into *this* and not the other shape. Or as if they were put into *this* and not the other mould.

And yet all our concern can only be *this*: to describe the actual expression of our experience, which I am merely paraphrasing with all these pictures; to say what is *essential* to this expression.

872. Could someone see the figure in *this* way or *this* way, if he could not advance from that to giving explanations, etc.? Thus, could someone see it in such-and-such a way, if he didn't know how animals' heads looked, what an eye is etc.? And by this of course I don't mean: "Would such a person be competent to do so, would he succeed?" But rather: "Aren't *these concepts* requisite for this?"

873. I see the picture of a horse: I know, not merely that it is a horse, but also that the horse is running. Thus I can understand the picture, not just *spatially*, but I also *know* what the horse is now about to do. Imagine someone seeing a picture of a cavalry charge but not knowing that the horses don't stay in their various places!

I am, however, not concerned with an *explanation* of this understanding, say by the assertion that someone who looks at such a picture makes tiny running movements, or feels running innervations. What ground is there for assumptions of this kind, except *this* one: it 'must' be like that?

874. But suppose it is said: "One *sees* the painted horse running!" Here, however, I don't just mean to say "I know that this represents a running horse". One is trying to say something *else*. Imagine that someone reacted to such a picture by a movement of his hand and a shout of "Tally ho!". Doesn't that say roughly the same as: he *sees* the horse running? He might also exclaim "Its running!" and that would not be the observation that it is running, nor yet that it *seems* to be running. Just as one says "See how it runs!" – not in order to inform the other person; rather this is a reaction in which people are in touch with one another.

875. Verstehen ist ähnlich dem Weiterwissen, also einem Können: aber "Ich verstehe", so wie "Ich weiß weiter", ist eine *Äußerung*, ein *Signal*.

876. Ich kann ein Wort adjektivisch, oder substantivisch erleben. Weiß ich, ob Jeder, ob Viele, mit denen ich rede, diese Erlebnisse haben? Wäre es wichtig, um zu wissen, was sie meinen?

877. Es war mir nicht aufgefallen, daß in beiden Bildern die gleiche Kontur vorkam, denn ich hatte sie in einem Bild *so* → aufgefaßt, im andern *so* ←. Erst auf dem Umweg einer Überlegung sah ich ein, daß es die gleiche Kontur war. – Ist das ein Beweis: ich hätte jedesmal etwas *Anderes* gesehen? – Es ist wichtig, daß die beiden Aspekte mit einander *unverträglich* sind.

878. Ist denn der Gesichtsausdruck etwas Optisches? Ich könnte mir ein Bild denken, dessen *Ausdruck* doppeldeutig wäre. Und das ich etwa deshalb in einer anderen Umgebung nicht wiedererkennen würde. Ich sage dann etwa: "Ach ja, das sind dieselben Linien: aber sie sehen hier ganz anders aus."
Und ich *sehe* ja wirklich, daß das Bild ← und das Bild → das gleiche ist. Ich erkenne es nicht nur, sagen wir, durch Messung!

879. Ich sehe, sagst du, zwei verschiedene Gesichtsobjekte, die nur etwas miteinander gemeinsam haben. Denn du betonst damit nur gewisse Analogien auf Kosten anderer. Aber dieses Betonen muß nun noch grammatisch gerechtfertigt werden.

880. Wie ist es möglich, daß das Auge, dieser *Punkt*, in einer *Richtung* blickt? – "*Sieh, wie er blickt!*" (Und dabei 'blickt' man selbst.) Aber man sagt und tut das nicht in einem fort, während man das Bild betrachtet. Und was ist nun dieses "Sieh, wie er blickt!" – ist es der Ausdruck einer Empfindung?

881. Ich hätte nie daran gedacht, die beiden Bilder *so* zur Deckung zu bringen, sie *so* zu vergleichen. Denn sie legen eine andere Vergleichsweise nahe.
Das Bild ← hat mit dem Bild → auch nicht die leiseste Ähnlichkeit, möchte man sagen—obwohl sie kongruent sind.

882. "Jetzt weiß ich weiter" – ich sehe, daß *das* eine Stirn ist und *das* ein Schnabel. Diese Linie ist stirnhaft, dieser Punkt augenhaft. Aber wie kann der *Gesichtseindruck* einer Linie stirnhaft sein? Und was ist es,

875. Understanding is like knowing how to go on, and so it is an ability: but "I understand", like "I can go on", is an *utterance*, a *signal*.

876. I can experience a word substantivally or adjectivally. Do I know whether everyone, or many, of those with whom I talk, have these experiences? Would it be important for knowing what they mean?

877. It hadn't occurred to me that the same contour occurred in both pictures, for in the one picture I took it like *this*, → in the other like *this* ←. Only in the course of consideration did I realize that the contour was the same – Is that a proof that I saw something *different* each time? – It is important that the two aspects are incompatible with one another.

878. Is a facial expression something *visual*? I could imagine a picture, where the *expression* was ambiguous. And which perhaps for that reason I should not recognize in a different surrounding. In that case I say something like: "Ah well, the lines are the same; only here they look quite different."

And of course I do really *see* that the → picture and the ← picture are the same! I don't realize it only by making measurements, say!

879. I see two different visual objects, you say, which merely have something in common with one another, In saying that you are only laying stress on some analogies at the expense of others. But now this emphasis needs to be grammatically justified.

880. How is it possible that the eye, this *dot*, looks in a direction? – "*See, it is looking!*" (And here one 'looks' oneself.) But one doesn't say and do this continuously while one contemplates the picture. And now what is this "See, it is looking!" – is it the expression of a sensation?

881. I would never have thought of laying the two pictures one on the other like *that*, of comparing them in *that* way. For they suggest a different method of comparison.

The ← picture hasn't even the slightest resemblance to the → picture, one would like to say—although they are congruent.

882. "Now I can go on!" – I see that *that* is the front of a head, *that* is a beak – this line is brow-like, this dot is eye-like. But how can the *visual impression* of a line be brow-like? And what makes me say it is

das mich sagen läßt, der Gesichtseindruck selber sei es, der diese Eigenschaft hat? – Nun, daß es kein Gedanke, keine Deutung ist, daß es Dauer hat, wie der Gesichtseindruck.

883. Versuchen wir zu beschreiben, daß Menschen Absichten haben! Wie sähe so eine Beschreibung aus? *Für wen* wäre es eine Beschreibung? Frage dich dies: Welchen Zweck soll sie dienen?

884. Man kann sehr 'deutlich' zu sich selber in der Vorstellung reden, wenn man dabei die Information der Rede durch Summen (bei geschlossenen Lippen) wiedergibt. Auch Kehlkopfbewegungen helfen. Aber das Merkwürdige ist ja eben, daß man die Rede dann in der Vorstellung *hört*, und nicht bloß, sozusagen ihr Skelett, im Kehlkopf *fühlt*. [Vgl. PU, S. 220e.]

885. Es ist dem 'Vorstellen' *wesentlich*, daß zu seiner Äußerung die Begriffe der Sinneswahrnehmung verwendet werden. (Der Satz "Ich höre und ich höre nicht . . ." könnte als Ausdruck der Gehörsvorstellung gebraucht werden. Eine Verwendung für die Form des Widerspruchs.) Ein Hauptmerkmal, das Vorstellung vom Sinneseindruck und von der Halluzination unterscheidet, ist dies, daß der Vorstellende sich zur Vorstellung nicht beobachtend verhält, also dies, daß die Vorstellung willkürlich ist.

886. Stelle dir ein Gespräch vor, dessen einer Partner du selbst bist, so zwar, daß du selbst in der Vorstellung redest. Was du selbst sprichst, wirst du wahrscheinlich in deinem Körper (Kehlkopf, Brust) spüren. Das aber beschreibt nur, definiert nicht, die Tätigkeit des Redens in der Vorstellung.

887. Das Gefühl des Unheimlichen. Wie zeigt es sich? Die *Dauer* so eines 'Gefühls'. Wie, z.B., sieht eine Unterbrechung des Gefühls aus? Wäre es, z.B., möglich, abwechselnd eine Sekunde es zu haben, und wieder nicht zu haben? Ist nicht unter seinen Merkmalen auch eine charakteristische Art des Verlaufs (Beginns und Endes), die es z.B. von einer Sinneswahrnehmung unterscheidet?

888. Das Sprechen der Musik. Vergiß nicht, daß ein Gedicht, wenn auch in der Sprache der Mitteilung abgefaßt, nicht im Sprachspiel der Mitteilung verwendet wird.
    Könnte man sich nicht denken, daß Einer, der Musik nie gekannt hat und zu uns kommt und jemand einen nachdenklichen Chopin

the visual impression that has this character? – Well, the fact that it isn't a thought, isn't an interpretation, that it has duration like a visual impression.

883. Humans have intentions: Let us try to describe this fact! What would such a description be like? *For* whom would it be a description? Ask yourself this: what purpose is it supposed to serve?

884. One can speak to oneself very 'clearly' in the imagination, while at the same time one is reproducing the information of the speech by humming (with closed lips). Movements of the larynx help too. But the remarkable thing about the latter case is that one *hears* the speech in the imagination, and does not merely *feel* as it were its skeleton in the larynx. [Cf. P.I. p. 220e.]

885. It is *essential* to 'imaging' that the concepts of sense-perception are used in the expression of it. (The sentence "I hear and don't hear . . ." might be used as the expression of auditory imagination. A use for the form of contradiction.) A principal mark that distinguishes image from sense-impression and from hallucination is that the one who has the image does not behave as an observer in relation to the image, and so that the image is voluntary.

886. Imagine a conversation, one in which one party is yourself, and imagine it in such a way that you yourself are actually speaking in the imagination. What you yourself say, you will then probably feel in your body (in the larynx, in the breast). This, however, only describes and does not define the activity of talking in the imagination.

887. The feeling of the uncanny. How is it manifested? The *duration* of such a 'feeling'. What is it like, e.g., for it to be interrupted? Would it be possible, for example, to have it and not have it every other second? Don't its marks include a characteristic kind of course (beginning and ending), distinguishing it from, e.g., a sense perception?

888. The way music speaks. Don't forget that even though a poem is framed in the language of information, it is not employed in the language-game of information.
    Might one not imagine someone who had never known music, and who came to us and heard someone playing a reflective piece of

spielen hört, daß der überzeugt wäre, dies sei eine Sprache und man wolle ihm nur den Sinn geheimhalten.

In der Wortsprache ist ein starkes musikalisches Element. (Ein Seufzer, der Tonfall der Frage, der Verkündigung, der Sehnsucht, alle die unzähligen Gesten des Tonfalls.) [Vgl. Z 160, 161.]

889. "Man suche nichts hinter den Phänomenen; sie selbst sind die Lehre." (Goethe.)

890. Ich beobachte sein Gesicht genau. Warum? Was lehrt es mich? Ob er traurig, oder fröhlich ist, z.b. Aber warum interessiert mich das? Nun, wenn ich seine Stimmung kennen lerne, so ist es, wie wenn ich den Zustand eines Körpers (seine Temperatur, z.b.) kennen lernte; ich kann mancherlei Schlüße daraus ziehen. Und darum beobachte ich im gleichen Fall mein eigenes Gesicht nicht. Beobachtete ich mich, so wäre mein Gesicht nicht mehr ein verläßlicher Index; und ich könnte auch, wenn es dies für einen Andern wäre, keine Schlüße aus ihm ziehen.

891. Sich eines Gedankens schämen. Schämt man sich dessen, daß man den und den Satz zu sich selbst in der Vorstellung gesprochen hat?

Die Sprache hat eben eine vielfache Wurzel; sie hat Wurzeln, nicht *eine* Wurzel. [Vgl. Z 656.]

892. "Der Gedanke stand in diesem Augenblick vor meiner Seele." – Und wie? – "Ich hatte dieses Bild." – So war das Bild der Gedanke? Nein; denn hätte ich Einem bloß das Bild mitgeteilt, so hätte er nicht den Gedanken erhalten. [Vgl. Z 239.]

893. Das Bild war der Schlüßel. Oder es *erschien* doch als Schlüßel. [Vgl. Z 240.]

894. Wie unterscheiden sich Gesichtseindrücke von Gehörseindrücken? – Soll ich antworten: "Das läßt sich nicht sagen; aber wer sieht und hört, weiß, daß sie *total* verschieden sind"? Könnte man sich denken, daß bei einem Menschen *ein* bestimmter Gesichtseindruck derselbe wäre, wie *ein* bestimmter Gehörseindruck? so daß er diesen einen Eindruck durch's Auge und durch's Ohr erhalten könnte? Würde dieser etwa auf ein Bild zeigen und einen Ton am Klavier anschlagen und uns sagen, *diese* beiden seien identisch? Und würden wir ihm das glauben? Und warum nicht? Würden wir ihm glauben, daß die 'Affektion der Seele' in beiden Fällen dieselbe sei? Und wenn wir's glaubten, wie könnten wir das Faktum verwenden?

Chopin, being convinced that this was a language and people were merely keeping the sense secret from him?

Verbal language contains a strong musical element. (A sigh, the modulation of tone for a question, for an announcement, for longing; all the countless *gestures* in the vocal cadences.) [Cf. Z 160, 161.]

889. "Don't look for anything behind the phenomena; they themselves are the theory." (Goethe.)

890. I observe his face closely. Why? What does it tell me? Whether he is sad or cheerful, e.g., But why am I interested in that? Well, if I get to know his mood, it is like when I have got to know the condition of a body (its temperature, for example); I can draw various kinds of conclusion from this. And that is why I don't observe my own face in the same case. If I observed myself, my face would no longer be a reliable index; and even if it were an index for someone else, still I could not draw any conclusions from it.

891. Being ashamed of a thought. Is one ashamed because one has pronounced such-and-such a sentence to oneself in the imagination?

The thing is, language has a multiple root; it has, not a single root, but roots. [Cf. Z 656.]

892. "At that moment the thought was before my mind." – And how? – "I had the picture." – So was the picture the thought? No; for if I had merely communicated the picture to someone, he would not have got hold of the thought. [Cf. Z 239.]

893. The picture was the key. Or at any rate it *seemed* like the key. [Cf. Z 240.]

894. How are visual impressions distinguished from auditory impressions? – Am I to reply "That can't be said; but whoever sees and hears knows that they are *totally* different"? Could it be imagined that for some man *one* particular visual impression was the same as *one* particular auditory impression? so that he could receive this impression both through the eye and through the ear? Would this man point to a picture perhaps and strike a note on the piano and say that *these* two were identical? And would we believe him? And why not? Would we believe him when he said the 'affection of the soul' was the same in the two cases? And if we did believe it, how could we make use of the fact?

895. Der Stammbaum der psychologischen Phänomene: *Nicht Exakt-heit* strebe ich an, sondern Übersichtlichkeit. [Vgl. Z 464.]

896. Was das Bündel der 'Sinneseindrücke' zusammenhält, sind ihre Relationen zu einander. Das, was 'rot' ist, ist auch 'süß' und 'hart' und 'kalt', und 'klingt', wenn man es anschlägt. In dem Sprachspiel mit diesen Wörtern heißt es ursprünglich nicht "Dies *scheint* rot", sondern "Dies *ist* rot" (hart, etc.). Unsere Übereinstimmung ist dem Sprachspiel wesentlich. Anders ist es aber mit "angenehm", "un-angenehm", "schön", "häßlich".
Schmerz ist in mancher Weise analog den übrigen Sinneseindrücken, in mancher Weise verschieden. Es gibt einen Gesichtsausdruck, Ausrufe, Gebärden des Schmerzes (wie der Freude), Zeichen der *Ablehnung*, einen Empfang, der für den Schmerz, aber nicht einen, der für die Empfindung Rot charakteristisch ist. Bitterkeit ist darin dem Schmerz verwandt.
Man könnte sich einen Druck ohne Sinnesorgan denken. Es könnte Einer hören, und so ziemlich alle Sprachspiele mit den Wörtern für Gehörseindrücke lernen, ohne Ohren zu haben, und ohne daß man weiß, 'womit' er hört. Daß man mit den Ohren hört, zeigt sich ja verhältnismäßig sehr selten. Ja es könnte sein, daß Einer hört, wie wir Alle, und man erst später darauf kommt, daß seine *Ohren* taub sind.
Der *Inhalt* der Erlebnisse. Man möchte sagen "*So* sehe ich Rot", "*So* höre ich den Ton, den du anschlägst", "*So* fühle ich Vergnügen", "*So* empfinde ich Trauer", oder auch "*Das* empfindet man, wenn man traurig ist; *das*, wenn man sich freut", etc. Man möchte eine Welt, analog der physikalischen, mit diesen *So* und *Das* bevölkern. Das hat aber nur dort Sinn, wo es ein Bild des *Erlebten* gibt, worauf man bei diesen Aussagen zeigen kann.

897. Wenn nur *Einer einmal* eine Körperbewegung gemacht hätte, – könnte die Frage sein, ob sie willkürlich oder unwillkürlich war?

898. "Wenn ich mich anstrenge, *tue* ich doch etwas, habe doch nicht bloß eine Empfindung." Und so ist es auch; denn man befiehlt Einem: "Streng dich an!" und er kann die Absicht äußern "Ich werde mich jetzt anstrengen". Und wenn er sagt "Ich kann nicht mehr!" – so heißt das nicht "Ich kann das Gefühl in meinen Gliedern – den Schmerz, z.B., – nicht länger ertragen". – Andererseits aber *leidet* man unter der Anstrengung, wie unter Schmerzen. "Ich bin gänzlich erschöpft" – wer das sagte, sich aber so frisch bewegte, wie je, den würde man nicht verstehen. [Vgl. Z 589.]

895. The genealogical tree of psychological phenomena: I strive, *not for exactness*, but for a view of the whole. [Cf. Z 464.]

896. What holds the bundle of 'sense-impressions' together is their mutual relationships. That which is 'red' is also 'sweet' and 'hard' and 'cold' and 'sounds' when one strikes it. In the original language-game with these words it isn't "This *looks* red", but "This *is* red" (hard etc.) Our agreement is essential to the language-game. But with "pleasant", "unpleasant", "beautiful", "ugly", it is otherwise.

Pain is in some ways analogous to the other sense-impressions, in some ways different. There is a facial expression, there are exclamations and gestures of pain (as of joy), tokens of rejection, a reception that is characteristic of pain, but none that is characteristic of the sensation red. Bitterness is akin to pain in this.

A pressure could be imagined without any sense organ. Someone might hear, and so he might learn pretty well all the language-games with the words for auditory impressions, without having ears, and without knowing what he hears '*with*'. For that one hears with the ears comes out relatively seldom. Why, it might be that someone heard as we all do, and it was only later discovered that his *ears* were deaf.

The *content* of experience. One would like to say "I see red *thus*", "I hear the note that you strike *thus*", "I feel pleasure *thus*", "I feel sorrow *thus*", or even "*This* is what one feels when one is sad, *this*, when one is glad", etc. One would like to people a world, analogous to the physical one, with these *thuses* and *thises*. But this makes sense only where there is a picture of *what is experienced*, to which one can point as one makes these statements.

897. If only *one* person had, *once*, made a bodily movement – could the question exist, whether it was voluntary or involuntary?

898. "When I make an effort, I surely *do* something, I surely don't merely have a sensation." And it is so too; for one tells someone "Make an effort!", and he may express the intention: "Now I'm going to make an effort" And when he says "I can't go on!" that does not mean: "I can't endure the feeling – the pain, for example – in my limbs any longer." – On the other hand one *suffers* with effort, as with pain. "I am utterly exhausted" – if someone said that, but moved as briskly as ever, one would not understand him. [Cf. Z 589.]

899. Der Aspekt ist dem Willen unterworfen. Ich kann etwas nicht rot sehen, wenn es mir blau erscheint, und es hat keinen Sinn, zu sagen "Sieh dies rot", wohl aber "Sieh dies als...". Und daß der Aspekt (wenigstens bis zu einem gewissen Grade) willkürlich ist, scheint ihm wesentlich zu sein, wie auch der Vorstellung, daß sie es ist. Ich meine: die Willkürlichkeit scheint mir (aber warum?) nicht nur eine Zutat zu sein; als sagte man "Diese Bewegung läßt sich, erfahrungsgemäß, auch so hervorbringen". D.h.: Es ist wesentlich, daß man sagen kann "Sieh es jetzt so an!" und "Stell dir vor...!" Denn das hängt damit zusammen, daß uns der Aspekt nichts über die 'äußere Welt lehrt'. Man kann die Worte "rot" und "blau" lehren, indem man sagt "Dies ist rot und nicht blau"; aber man kann Einem nicht die Bedeutung von "Figur" und "Grund" lehren, indem man auf eine doppeldeutige Figur zeigt. [Vgl. PU, S. 213e.]

900. Wir lernen nicht Vorstellungen kennen und später erst, sie mit unserm Willen zu lenken. Und natürlich ist es überhaupt ganz falsch zu denken, wir lenkten sie, sozusagen, mittels unseres Willens. Als regierte der Wille sie, wie Befehle Menschen regieren können. Als wäre also der Wille ein Einfluß, eine Kraft, oder auch: eine primäre *Handlung*, die dann die ursache der wahrnehmbaren äußeren Handlungen ist.

901. Ist es richtig, zu sagen: was eine Handlung zu einer willkürlichen macht, sind die psychischen Erscheinungen, in denen sie eingebettet liegt? (Die psychologische Umgebung.)
Sind, z.B., meine normalen Gehbewegungen "willkürlich" in einem *nicht-potentiellen* Sinn?

902. Ein Kind stampft mit den Füßen im Zorn: ist es nicht willkürlich? Und weiß ich irgendetwas von seinen Bewegungsempfindungen, wenn es dies tut? *Im Zorn stampfen ist willkürlich*. Kommen, wenn man gerufen wird, in der gewöhnlichen Umgebung, ist willkürlich. Unwillkürliches Gehen, Spazierengehen, Essen, Sprechen, Singen wäre (ein) Gehen, Essen, Sprechen, etc. in einer abnormalen Umgebung. Z.B., *bewußtlos*: wenn man im übrigen handelt, wie in der Narkose; oder wenn die Bewegung vor sich geht, und man weiß nichts von ihr, sobald man die Augen schließt; oder wenn man die Bewegung nicht einstellen kann, so sehr man sich auch bemüht; etc.

903. Keine Annahme scheint mir natürlicher, als daß dem Assoziieren, oder Denken, kein Prozess im Gehirn zugeordnet ist; so daß es also unmöglich wäre, aus Gehirnsprozessen Denkprozesse

899. An aspect is subject to the will. If something appears blue to me, I cannot see it red, and it makes no sense to say "See it red"; whereas it does make sense to say "See it as ...". And that the aspect is voluntary (at least to a certain extent) seems to be essential to it, as it is essential to imaging that *it* is voluntary. I mean: voluntariness seems to me (but why?) not to be a mere addition; as if one were to say: "This movement can, as a matter of experience, also be brought about in *this* way." That is to say: It is essential that one can say "Now see it like *this*" and "Form an image of ...". For this hangs together with the aspect's not 'teaching us something about the external world'. One may teach the words "red" and "blue" by saying "This is red and not blue"; but one can't teach someone the meaning of "figure" and "ground" by pointing to an ambiguous figure. [Cf. P.I. p. 213e.]

900. We do not first become acquainted with images and only later learn to bend them to our will. And of course it is anyway quite wrong to think that we have been directing them, so to speak, with our will. As if the will governed them, as orders may govern men. As if, that is, the will were an influence, a force, or again: a primary *action*, which then is the cause of the outward perceptible action.

901. Is it right to say: what makes an action voluntary is the psychical phenomena in which it is embedded? (The psychological surrounding.)
   Are, e.g., my normal movements in walking "voluntary" in a *non-potential* sense?

902. A child stamps its feet with rage: isn't that voluntary? And do I know anything about its sensations of movement, when it is doing this? *Stamping with rage is voluntary.* Coming when one is called, in the normal surroundings, is voluntary. Involuntary walking, going for a walk, eating, speaking, singing, would be walking, eating, speaking etc. in an abnormal surrounding. E.g. when one is *unconscious*: if for the rest one is behaving like someone in narcosis; or when the movement goes on and one doesn't know anything about it as soon as one shuts one's eyes; or if one can't adjust the movement however much one wants to; etc.

903. No supposition seems to me more natural than that there is no process in the brain correlated with associating or with thinking; so that it would be impossible to read off thought-processes from

abzulesen. Ich meine das so: Wenn ich rede, oder schreibe, so geht, nehme ich an, ein meinem gesprochenen oder geschriebenen Gedanken zugeordnetes System von Impulsen von meinem Gehirn aus. Aber warum sollte das *System* sich weiter in zentraler Richtung fortsetzen? Warum soll nicht, sozusagen, diese Ordnung aus dem Chaos entspringen? Der Fall wäre ähnlich dem – daß sich gewisse Pflanzenarten durch Samen vermehrten, so daß ein Same immer dieselbe Pflanzenart erzeugt, von der er erzeugt wurde – daß aber *nichts* in dem Samen der Pflanze, die aus ihm wird, entspricht; so daß es unmöglich ist, aus den Eigenschaften, oder der Struktur des Samens, auf die der Pflanze, die aus ihm wird, zu schließen, – daß man dies nur aus seiner *Geschichte* tun kann. So könnte also auch aus etwas ganz Amorphem ein Organismus, sozusagen ursachelos, werden; und es ist kein Grund, warum sich dies nicht mit unserem Gedanken, also mit unserem Reden oder Schreiben etc. wirklich so verhalten sollte. [Vgl. Z 608.]

904. Es ist also wohl möglich, daß gewisse psychologische Phänomene physiologisch nicht untersucht werden *können,* weil ihnen physiologisch nichts entspricht. [Vgl. Z 609.]

905. Ich habe diesen Mann vor Jahren gesehen; nun sehe ich ihn wieder, erkenne ihn, erinnere mich seines Namens. Und warum muß es nun für dies Erinnern eine Ursache in meinem Nervensystem geben? Warum muß irgendetwas, was immer, *in irgendeiner Form* dort aufgespeichert worden sein? Warum muß er eine Spur hinterlassen haben? Warum soll es keine psychologische Gesetzmäßigkeit geben, der *keine* physiologische entspricht? Wenn das unsere Begriffe von der Kausalität umstößt, dann ist es Zeit, daß sie umgestoßen werden. [Vgl. Z 610.]

906. Das Vorurteil für den psycho-physischen parallelismus ist auch eine Frucht der primitiven Auffassung der Grammatik. Denn, wenn man Kausalität zwischen psychologischen Erscheinungen zuläßt, die nicht physiologisch vermittelt ist, so meint man damit ein Zugestehen, es existiere eine Seele *neben* dem Körper, ein geisterhaftes Seelenwesen. [Vgl. Z. 611.]

907. Muß das Verbum "ich glaube" eine Vergangenheitsform haben? Nun, wenn wir statt "Ich glaube, er kommt" immer sagten "Er dürfte kommen" (oder dergleichen), aber dennoch sagten "Ich habe geglaubt..." – so hätte das Verbum "glauben" keine *Gegenwart.* Es ist charakteristisch für die Art und Weise, wie wir gewohnt sind, die Sprache zu betrachten, daß wir glauben, es müsse am Ende doch

brain-processes. I mean this: if I talk or write there is, I assume, a system of impulses going out from my brain and correlated with my spoken or written thoughts. But why should the *system* continue further in the direction of the centre? Why should this order not proceed, so to speak, out of chaos? The case would be like the following – certain kinds of plants multiply by seed, so that a seed always produces a plant of the same kind as that from which it was produced – but *nothing* in the seed corresponds to the plant which comes from it; so that it is impossible to infer the properties or structure of the plant from those of the seed that it comes out of – this can only be done from the *history* of the seed. So an organism might come into being even out of something quite amorphous, as it were causelessly; and there is no reason why this should not really hold for our thoughts, and hence for our talking and writing. [Cf. Z 608.]

904. It is thus perfectly possible that certain psychological phenomena *cannot* be investigated physiologically, because physiologically nothing corresponds to them. [Cf. Z 609.]

905. I saw this man years ago: now I have seen him again, I recognize him, I remember his name. And why does there have to be a cause of this remembering in my nervous system? Why must something or other, whatever it may be, be stored-up there *in any form*? Why *must* a trace have been left behind? Why should there not be a psychological regularity to which *no* physiological regularity corresponds? If this upsets our concepts of causality then it is high time they were upset. [Cf. Z 610.]

906. The prejudice in favour of psycho-physical parallalism is also a fruit of the primitive conception of grammar. For when one admits a causality between psychological phenomena, which is not mediated physiologically, one fancies that in doing so one is making an admission of the existence of a soul *alongside* the body, a ghostly mental nature. [Cf. Z 611.]

907. Must the verb "I believe" have a past tense form? Well, if instead of "I believe he's coming" we always said "He could be coming" (or the like), but nevertheless said "I believed . . ." – in this way the verb "I believe" would have no *present*. It is characteristic of the kind of way in which we are apt to regard language, that we believe that there must after all in the last instance be uniformity,

Gleichförmigkeit, Symmetrie, bestehen; statt, umgekehrt, dafür zu halten, sie *könne* nicht bestehen.

908. Denk dir diese Erscheinung: Wenn ich will, daß jemand sich einen Text merkt, den ich ihm vorspreche, so daß er ihn mir später wiederholen kann, muß ich ihm ein Papier und einen Bleistift geben; und während ich spreche, schreibt er Striche, Zeichen auf das Papier; soll er später den Text reproduzieren, so folgt er jenen Strichen mit den Augen und sagt den Text her. Ich nehme aber an, seine Aufzeichnung sei keine *Schrift*, sie hänge nicht durch Regeln mit den Worten des Textes zusammen; und doch kann er ohne diese Aufzeichnung den Text nicht reproduzieren; und wird an ihr etwas geändert, wird sie zum Teil zerstört, so bleibt er beim 'Lesen' stecken, oder spricht den Text unsicher, oder unzuverläßig, oder kann die Worte überhaupt nicht finden. – Das ließe sich doch denken! – Was ich die 'Aufzeichnung' nannte, wäre dann keine *Wiedergabe* des Textes, nicht eine Übersetzung sozusagen in einem anderen Symbolismus. Der Text wäre nicht in der Aufzeichnung *niedergelegt*. Und warum sollte er in unserm Nervensystem niedergelegt sein? [Vgl. Z 612.]

909. Warum soll nicht ein Naturgesetz einen Anfangs– und einen Endzustand eines Systems verbinden, den Zustand zwischen beiden aber übergehen? (Nur denke man nicht an *Wirkung*!) [Vgl. Z 613.]

910. Was man eine Änderung in den Begriffen nennt, ist natürlich nicht nur eine Änderung im Reden, sondern auch eine im Tun.

911. Die Terminologie sieht man, die Technik ihrer Anwendung sieht man nicht.

912. Man sagt "Er scheint furchtbare Schmerzen zu haben", auch wenn man keinerlei Zweifel hat, daß der Schein nicht trügt. Warum sagt man nicht "Ich scheine furchtbare Schmerzen zu haben", denn dies müßte zum mindesten auch *Sinn* haben? Bei einer Theaterprobe könnte ich das sagen; und ebenso "Ich scheine die Absicht zu haben...", etc. etc. Jeder wird sagen: "Natürlich sage ich das nicht; weil ich *weiß*, ob ich Schmerzen habe." Es *interessiert* mich für gewöhnlich nicht, ob ich Schmerzen zu haben scheine; denn die Schlüße, die ich aus diesem Eindruck beim Andern ziehe, ziehe ich für mich selbst nicht. Ich sage nicht: "Ich stöhne furchtbar, ich muß zum Arzt gehen"; wohl aber "Er stöhnt furchtbar, er muß...".

symmetry: instead of holding on the contrary that it doesn't *have* to exist.

908. Imagine the following phenomenon. If I want someone to take note of a text that I recite to him, so that he can repeat it to me later, I have to give him paper and pencil, while I am speaking he makes lines, marks, on the paper; if he has to reproduce the text later he follows those marks with his eyes and recites the text. But I assume that what he has jotted down is not *writing*, it is not connected by rules with the words of the text; yet without these jottings he is unable to reproduce the text; and if anything in it is altered, if part of it is destroyed, he gets stuck in his 'reading' or recites the text uncertainly or carelessly, or cannot find the words at all. – This *can* be imagined! – What I called jottings would not be a *rendering* of the text, not a translation, so to speak, in another symbolism. The text would not be *stored up* in the jottings. And why should it be stored up in our nervous system? [Cf. Z 612.]

909. Why should not the initial and terminal states of a system be connected by a natural law, which does not cover the intermediary state? (Only don't think of *agency*). [Cf. Z 613.]

910. What is called an alteration in concepts is of course not merely an alteration in what one says, but also in what one does.

911. One sees the terminology, but fails to see the technique of applying it.

912. One says: "He appears to be in frightful pain" even when one hasn't the faintest doubt, the faintest suspicion that the appearance is deceptive. Now why doesn't one say "I appear to be in frightful pain" for this too must at the very least make *sense*? I might say it at an audition; and equally "I appear to have the intention of . . ." etc. etc. Everyone will say: "Naturally I don't say that; because I *know* whether I am in pain." It doesn't ordinarily *interest* me to know whether I appear to be in pain; for the conclusions which I draw from this impression in the case of other people, are ones I don't draw in my own case. I don't say "I'm groaning dreadfully, I must see a doctor", but I may very well say "He's groaning dreadfully, he must . . .".

913. Wenn dies keinen Sinn hat: "Ich weiß, daß ich Schmerzen habe" – noch dies: "Ich fühle meine Schmerzen", – dann hat es auch keinen Sinn zu sagen: "Ich kümmere mich nicht um mein eigenes Stöhnen, weil *ich weiß*, daß ich Schmerzen habe" – oder "weil ich meine Schmerzen *fühle*".
Wohl aber ist es wahr: "Ich kümmere mich nicht um mein Stöhnen."

914. Ich schließe aus der Beobachtung seines Benehmens, daß er zum Arzt muß; aber ich ziehe diesen Schluß für mich *nicht* aus der Beobachtung meines Benehmens. Oder vielmehr: ich tue auch dies manchmal, aber *nicht* in analogen Fällen. [Vgl. Z 539.]

915. Es hilft hier, wenn man bedenkt, daß es eine primitive Reaktion ist, die schmerzende Stelle des Andern zu pflegen, zu behandeln, und nicht nur die eigene – also auf des Andern Schmerzbenehmen zu achten, wie auch, auf das eigene Schmerzbenehmen *nicht* zu achten. [Vgl. Z 540.]

916. Was aber will hier das Wort "primitiv" sagen? Doch wohl, daß die Verhaltungsweise *vorsprachlich* ist: daß ein Sprachspiel *auf ihr* beruht, daß sie das Prototyp einer Denkweise ist und nicht das Ergebnis des Denkens. [Vgl. Z 541.]

917. "Falsch aufgezäumt" kann man von einer Erklärung sagen, wie dieser: wir pflegten den Andern, weil wir nach Analogie des eigenen Falles glaubten, auch er habe ein Schmerzerlebnis. – Statt zu sagen: Lerne also aus diesem besondern Kapitel unseres Betragens – aus diesem Sprachspiel – welche Funktion in ihm "Analogie" und "Glauben" haben. [Vgl. Z 542.]

918. "Wie kommt es, daß ich den Baum aufrecht sehe, auch wenn ich meinen Kopf zur Seite neige, und also das Netzhautbild das eines schiefstehenden Baums ist?" Wie kommt es also, daß ich den Baum auch unter diesen Umständen als einen aufrechten anspreche? – "Nun, ich bin mir der Neigung meines Kopfes bewußt, und bringe also die nötige Korrektur an der Auffassung meiner Gesichtseindrücke an." – Aber heißt das nicht, Primäres mit Sekundärem verwechseln? Denk dir, wir wüßten *gar nichts* von der innern Beschaffenheit des Auges, – würde dies Problem überhaupt auftauchen? Wir bringen ja hier, in Wahrheit keine Korrekturen an, dies ist ja bloß eine Erklärung.
Wohl—aber da nun die Struktur des Auges einmal bekannt ist, –

913. If this makes no sense: "I know that I am in pain" – and neither does "I feel my pains", – then neither does it make sense to say: "I don't bother about my own groaning because I *know* that I am in pain" – or – "because I *feel* my pains."
So much, however, is true: I don't bother about my groaning.

914. I infer from observation of his behaviour that he must go to the doctor; but I do *not* make this inference for myself from observation of my behaviour. Or rather: I do that too sometimes, but *not* in analogous cases. [Cf. Z 539].

915. Here it is a help to remember that it is a primitive reaction to take care of, to treat, the place that hurts when someone else is in pain, and not merely when one is so oneself – hence it is a primitive reaction to attend to the pain-behaviour of another, as, also, *not* to attend to one's own pain-behaviour. [Cf. Z 540.]

916. What, however, is the word "primitive" meant to say here? Presumably, that the mode of behaviour is *pre-linguistic*: that a language-game is based *on* it: that it is the prototype of a mode of thought and not the result of thought. [Cf. Z 541.]

917. It can be called "putting the cart before the horse" to give an explanation like the following: we took care of the other man, because going by analogy with our own case, we believed that he too had the experience of pain. – Instead of saying: Learn from this particular chapter of our behaviour – from this language-game – what are the functions of "analogy" and of believing" in it. [Cf. Z 542.]

918. "How does it come about that I see the tree standing up straight even if I incline my head to one side, and so the retinal image is that of an obliquely standing tree?" Well how does it come about that I speak of the tree as standing up straight even in these circumstances? – "Well, I am conscious of the inclination of my head, and so I supply the requisite correction in the way I take my visual impression." – But doesn't that mean confusing what is primary and what is secondary? Imagine that we knew *nothing at all* of the inner structure of the eye – would this problem make an appearance? We do *not* in truth supply any correction here – that explanation is gratuitous.
Well—but now that the structure of the eye is known – *how does it*

wie kommt es, daß wir so handeln, so reagieren? Aber muß es hier eine physiologische Erklärung geben? Wie, wenn wir sie auf sich beruhen ließen? – Aber so würdest du doch nicht sprechen, wenn du das Verhalten einer Maschine prüftest! – Nun, wer sagt, daß in diesem Sinne das Lebewesen, der tierische Leib, eine Maschine ist? – [Vgl. Z. 614.]

919. Man kann eine Veränderung eines Gesichts merken und mit den Worten beschreiben, das Gesicht habe einen härteren Ausdruck angenommen, – und doch nicht im Stande sein, die Änderung mit räumlichen Begriffen zu beschreiben. Dies ist ungeheuer wichtig. – Vielleicht sagt nun jemand: wer das tut, beschreibe eben nicht die Veränderung des Gesichts, sondern nur der Wirkung auf ihn selbst; aber warum sollte dann eine Beschreibung durch Form- und Farbbegriffe nicht auch dies sein?

920. Mann kann auch sagen "Er machte *dieses* Gesicht", oder "Sein Gesicht veränderte sich *so*", indem man's nachmacht, – und ist wieder nicht im Stande, die Veränderung anders zu beschreiben. ((Es gibt eben viel mehr Sprachspiele, als Carnap und Andere sich träumen lassen.))

921. Das Bewußtsein, daß..., kann mich in der Arbeit stören; das Wissen nicht.

922. Wie weiß ich, daß ein Hund etwas dauernd hört, dauernd einen Gesichtseindruck empfängt, Freude, Furcht, Schmerz empfindet? Was weiß ich von den 'Erlebnisinhalten' eines Hundes?

923. Sind die *Farben* wirklich Geschwister? Sind sie nur der Farbe nach verschieden, nicht auch der Art nach? Sind Gesicht, Gehör, Geschmack wirklich Geschwister?
Suche nicht nur nach Ähnlichkeiten um einen Begriff zu rechtfertigen, sondern auch nach Zusammenhängen. Der Vater überträgt seinen Namen auf den Sohn, auch wenn dieser ihm ganz unähnlich ist.

924. Vergleiche einen furchtbaren Schreck und einen plötzlichen heftigen Schmerz. Es ist die Schmerzempfindung, die furchtbar ist, – aber ist es die Schreckempfindung? Wenn jemand in meiner Gegenwart hinstürzt, – ist das nur die Ursache einer höchst unangenehmen augenblicklichen Empfindung in mir? Und wie läßt sich diese Frage beantworten? Klagt der, der den schrecklichen

come about that we act, react, in this way? But must there be a physiological explanation here? Why don't we just leave explaining alone? – But you would never talk like that, if you were examining the behaviour of a machine! – Well, who says that a living creature, an animal body, is a machine in this sense ? – [Cf. Z 614.]

919. One may note an alteration in a face and describe it by saying that the face assumed a harder expression – and yet not be able to describe the alteration in spatial terms. This is enormously important. – Perhaps someone now says: if you do that, you just aren't describing the alteration of the face, but only the effect on yourself; but then why shouldn't a description using concepts of shape and colour be that too?

920. One may also say: "He made *this* face" or "His face altered like *this*", imitating it – and again one can't describe it in any other way. ((There just are many more language-games that are dreamt of in the philosophy of Carnap and others.))

921. Consciousness that . . . may disturb me in my work; knowledge can't.

922. How do I know that a dog is hearing something continuously, is having a continuous visual impression, that it feels joy, fear, pain?
    What do I know of the 'experience contents' of a dog?

923. Are the *colours* really brethren? Are they different only in colour, not also in kind? Are sight, hearing, taste really brethren?
    Don't look only for similarities in order to justify a concept, but also for connexions. The father transmits his name to the son even if the latter is quite unlike him.

924. Compare a dreadful fright and a sudden violent pain. It is the sensation of pain that is dreadful – but is it the sensation of fright? When someone falls headlong in my presence, – is that merely the cause of an extremely unpleasant sensation in *me*? And how can this question get answered? Does someone who reports the frightful incident complain of the sensation, the catching of breath, etc.? If one

Vorfall berichtet, über die Empfindungen, das Stocken des Atems, etc.? Wenn man Einem über den Schreck hinweghelfen will, – behandelt man den Körper? Beruhigt man den Erschrockenen nicht vielmehr über das Ereignis, die Veranlassung?

925. Wer im Studierzimmer sich die Trauer vormacht, der wird sich allerdings leicht der Spannungen in seinem Gesicht bewußt werden. Aber trauere wirklich, oder folge einer traurigen Handlung im Film, und frag dich, ob du dir deines Gesichts bewußt warst. [Vgl. Z 503.]

926. Ein Zusammenhang zwischen den Stimmungen und Sinneseindrücken ist, daß wir die Stimmungsbegriffe zur Beschreibung von Sinneseindrücken und Vorstellungen benützen. Wir sagen von einem Thema, einer Landschaft, sie seien traurig, fröhlich, etc. Aber viel wichtiger ist es natürlich, daß wir das menschliche Gesicht, die Handlung, das Benehmen, durch alle Stimmungsbegriffe beschreiben. [Vgl. Z 505.]

927. Das Bewußtsein in des Andern Gesicht. Schau ins Gesicht des Andern und sieh das Bewußtsein in ihm und einen bestimmten Bewußtseins*ton*. Du siehst auf ihm, in ihm, Freude, Gleichgültigkeit, Interesse, Rührung, Dumpfheit, usf. Das Licht im Gesicht des Andern.
Schaust du in *dich*, um den Grimm in *seinem* Gesicht zu erkennen? Er ist dort so deutlich, wie in deiner eigenen Brust.
(Und was will man nun sagen? Daß das Gesicht des Andern mich zur Nachahmung anregt, und daß ich also kleine Bewegungen und Muskelspannungen im eigenen empfinde, und die Summe dieser *meine*? Unsinn. Unsinn, – denn du machst Annahmen, statt bloß zu beschreiben. Wem hier Erklärungen im Kopfe spuken, der vernachlässigt es, sich auf die wichtigsten Tatsachen zu besinnen.) [Vgl. Z 220.]

928. Das Wissen, die Meinung haben keinen Gesichtsausdruck. Es gibt wohl einen Ton, eine Gebärde der Überzeugung, aber nur, wenn etwas in diesem Ton, mit dieser Gebärde, gesagt wird.

929. "Das Bewußtsein ist so deutlich in seinem Gesicht und Benehmen, wie in mir selbst." [Vgl. Z 221.]

930. Was hieße es, mich darin irren, daß er eine Seele, Bewußtsein, habe? und was hieße es, daß ich mich irre und selbst keines habe? Was hieße es, zu sagen "Ich bin nicht bei Bewußtsein".—Aber weiß ich nicht doch, daß Bewußtsein in mir ist? – So weiß ich's also, und doch hat die Aussage, es sei so, keinen Zweck?

wants to help someone get over the fright, does one treat the body? Doesn't one much more soothe him about the event, the occasion?

925. If someone imitates grief for himself in his study, he will indeed readily be conscious of the tensions on his face. But really grieve, or follow a sorrowful action in a film, and ask yourself if you were conscious of your face. [Cf. Z 503.]

926. One tie-up between moods and sense-impressions is that we use the concepts of mood to describe sense-impressions and images. We say of a musical theme, or a landscape, that it is sad, cheerful etc. But naturally it is much more important that we use all the concepts of mood to describe human faces, actions, behaviour. [Cf. Z 505.]

927. Consciousness in the face of another. Look into someone else's face and see the consciousness in it, and also a particular *shade* of consciousness. You see on it, in it, joy, indifference, interest, excitement, dullness etc. The light in the face of another.

Do you look within *yourself*, in order to recognize the fury in *his* face? It is there as clearly as in your own breast.

(And what does one want to say? That someone else's face stimulates me to imitate it, and so that I feel small movements and muscular tensions on my own part, and *mean* the sum of these? Nonsense! Nonsense, – for you are making suppositions instead of just describing. If your head is haunted by explanations here, you will neglect to bear in mind the facts which are most important.) [Cf. Z 220.]

928. Knowledge, opinion, have no facial expression. There is a tone, a gesture of conviction all right, but only if something is said in this tone, or with this gesture.

929. "Consciousness is as clear in his face and behaviour, as in myself." [Cf. Z 221.]

930. What would it mean for me to be wrong about his having a mind, having consciousness? And what would it mean to say I was wrong and didn't have any myself? What would it mean to say "I am not conscious"?—But don't I know that there is a consciousness in me? – Do I know it then, and yet the statement that it is so has no purpose?

Und wie merkwürdig, daß man lernen kann, sich in dieser Sache mit andern Leuten zu verständigen! [Vgl. Z 394.]

931. Einer kann sich bewußtlos stellen; aber auch *bewußt*? [Vgl. Z 395.]

932. Wie wäre es, wenn jemand allen Ernstes sagte, er wisse wirklich nicht, ob er träume oder wache? –

Kann es diese Situation geben: Einer sagt "Ich glaube, ich träume jetzt"; wirklich wacht er bald danach auf, erinnert sich an jene Äußerung im Traum und sagt "So hatte ich wirklich recht!"—Diese Erzählung kann doch nur heißen: Einer habe geträumt, er hätte gesagt, er träume.

Denke, ein Bewußtloser sagte (etwa in der Narkose) "Ich bin im Bewußtsein" – würden wir sagen "Er muß es wissen"?

Und wenn Einer im Schlaf spräche "Ich schlafe", – würden wir sagen "Er hat ganz recht"?

Spricht Einer die Unwahrheit, der mir sagt: "Ich bin nicht bei Bewußtsein"? (Und die Wahrheit, wenn er's bewußtlos sagt? Und wie, wenn ein Papagei sagte "Ich verstehe kein Wort", oder ein Grammophon "Ich bin bloß eine Maschine"?) [Vgl. Z 396.]

933. Denke, in einem Tagtraum ließe ich mich sprechen "Ich phantasiere bloß", wäre das *wahr*? Denke, ich schreibe so eine Phantasie, oder Erzählung, einen phantasierten Dialog, und in ihm sage ich "Ich phantasiere"—aber, wenn ich es aufschreibe, – wie zeigt sich's, daß diese Worte Worte der Phantasie sind und daß ich nicht aus der Phantasie herausgetreten bin?

Wäre es nicht wirklich möglich, daß der Träumende, sozusagen aus dem Traum heraustretend, im Schlaf spräche "Ich träume"? Es wäre wohl denkbar, daß so ein Sprachspiel existierte.

Dies hängt mit dem Problem des 'Meinens' zusammen. Denn ich kann im Dialog schreiben "Ich bin gesund" und es nicht *meinen*, obwohl es wahr ist. Die Worte gehören zu diesem und nicht zu jenem Sprachspiel. [Vgl. Z 397.]

934. 'Wahr' und 'Falsch' im Traum. Ich träume, daß es regnet und daß ich sage "Es regnet"—anderseits: Ich träume, daß ich sage "Ich träume". [Vgl. Z 398.]

935. Hat das Verbum "träumen" eine Gegenwartsform? Wie lernt diese der Mensch gebrauchen? [Vgl. Z 399.]

And how remarkable that one can learn to make oneself understood to others in this matter! [Cf. Z 394.]

931. A man can pretend to be unconscious; but *conscious*? [Cf. Z 395.]

932. What would it be like for someone to tell me with complete seriousness that he (really) did not know whether he was dreaming or awake? –

Is the following situation possible: Someone says "I believe I am now dreaming"; he actually wakes up soon afterwards, remembers that utterance in his dream and says "So I was right!" – This narrative can surely only signify: Someone dreamt that he had said he was dreaming.

Imagine an unconscious man (anaesthetized, say) were to say "I am conscious" – should we say "He ought to know"?

And if someone talked in his sleep and said "I am asleep" – should we say "He's quite right"?

Is someone speaking untruth if he says to me "I am not conscious"? (And truth, if he says it while unconscious? And suppose a parrot says "I don't understand a word", or a gramophone: "I am only a machine"?) [Cf. Z 396.]

933. Suppose it were part of a day-dream I was having to say: "I am merely engaged in phantasy", would this be *true*? Suppose I write such a phantasy or narrative, an imaginary dialogue, and in it I say "I am engaged in phantasy"—but, when I write it down, — how does it come out that these words belong to the phantasy and that I have not emerged from the phantasy?

Might it not actually happen that a dreamer, as it were emerging from the dream, said in his sleep "I am dreaming"? It is quite imaginable there should be such a language-game.

This hangs together with the problem of 'meaning'. For I can write "I am healthy" in the dialogue of a play, and so not *mean* it, although it is true. The words belong to this and not that language-game. [Cf. Z 397.]

934. 'True' and 'false' in a dream. I dream that it is raining, and that I say "It is raining"—on the other hand: I dream that I say "I am dreaming". [Cf. Z 398.]

935. Has the verb "to dream" a present tense? How does a person learn to use this? [Cf. Z 399.]

936. Ein Sprachspiel analog einem Fragment eines andern. Ein Raum in begrenzte Stücke eines Raums projiziert.

937. Angenommen, ich hätte eine Erfahrung, ähnlich einem Erwachen, befände mich dann in einer ganz andern Umgebung, mit Leuten, die mich versichern, ich habe geschlafen. Angenommen ferner, ich bliebe dabei, ich habe nicht geträumt, sondern auf irgendeine Weise außerhalb meines schlafenden Körpers gelebt. Welche Funktion hat diese Behauptung? [Vgl. Z 400.]

938. "'Ich habe Bewußtsein', das ist eine Aussage, an der kein Zweifel möglich ist." Warum soll das nicht das Gleiche sagen wie dies: "'Ich habe Bewußtsein' ist kein Satz"?

Man könnte auch so sagen: Was schadet es, daß Einer sagt, "Ich habe Bewußtsein" sei eine Aussage, die keinen Zweifel zulasse? Wie komme ich mit ihm in Widerspruch? Nimm an, jemand sagte mir dies, – warum soll ich mich nicht gewöhnen, ihm nichts darauf zu antworten, statt etwa einen Streit anzufangen? Warum soll ich seine Worte nicht behandeln, wie sein Pfeifen oder Summen? [Vgl. Z 401.]

939. "Nichts ist so gewiß, wie, daß mir Bewußtsein eignet." Warum soll ich es dann nicht auf sich beruhen lassen? Diese Gewißheit ist wie eine große Kraft, deren Angriffspunkt sich nicht bewegt, die also keine Arbeit leistet. [Vgl. Z 402.]

940. Einer wirft im Würfelspiel etwa 5, dann 4 und sagt "Hätte ich bloß statt der 5 eine 4 geworfen, so hätte ich gewonnen"! Die Bedingtheit ist nicht physikalisch, sondern nur mathematisch, denn man könnte antworten: "Hättest du zuerst 4 geworfen, – wer weiß, was du danach geworfen hättest!" [Vgl. Z 678.]

941. Sagst du nun "Die Verwendung des Konjunktivs beruht auf dem Glauben an ein Naturgesetz" – so kann man entgegen: "Sie *beruht* nicht auf diesem Glauben; sie und dieser Glaube stehen auf gleicher Stufe." [Vgl. Z 679.]

942. Das Schicksal steht im Gegensatz zum Naturgesetz. Das Naturgesetz will man ergründen, und verwenden, das Schicksal nicht. [Vgl. Z 680; VB, S. 119.]

943. Der Begriff des 'Fragments'. Es ist nicht leicht, die Verwendung dieses Worts *auch nur beiläufig* zu beschreiben.

936. One language-game analogous to a fragment of another. A space projected into bounded bits of a space.

937. Suppose I were to have an experience like waking up, were then to find myself in quite different surroundings, with people who assure me that I have been asleep. Suppose further I insisted that I had not been dreaming, but living in some way outside my sleeping body. What function has this assertion? [Cf. Z 400.]

938. "'I have consciousness' – that is a statement about which no doubt is possible." Why should that not say the same as: "'I have consciousness' is not a proposition"?
It might also be said: What's the harm if someone says that "I have consciousness" is a statement admitting of no doubt? How do I come into conflict with him? Suppose someone were to say this to me – why shouldn't I get used to making no answer to him instead of starting an argument? Why shouldn't I treat his words like his whistling or humming? [Cf. Z 401.]

939. "Nothing is so certain as that I possess consciousness." In that case, why shouldn't I let the matter rest? This certainty is like a mighty force whose point of application does not move, and so no work is accomplished by it. [Cf. Z 402.]

940. Someone playing dice throws first a 5 and then a 4 and says "If I had only thrown a 4 instead of the 5, I should have won"! The condition is not physical but only mathematical, for one might reply: "If you had thrown a 4 first, who knows what you would have thrown next!" [Cf. Z 678.]

941. If you now say: "The use of the subjunctive rests on belief in natural law" – one may retort: "It does not *rest* on that belief; it and that belief stand on the same level." [Cf. Z 679.]

942. Fate stands in contrast with natural law. One wants to find a foundation for natural law and to use it: not so with fate. [Cf. Z 680; V.B./C. & V. p. 119.]

943. The concept of a 'fragment'. It is not easy to describe the use of this word *even only roughly*.

944. Wenn wir den Gebrauch eines Wortes beschreiben wollen, – ist es nicht ähnlich, wie wenn man ein Gesicht porträtieren will? Ich sehe es deutlich; der Ausdruck dieser Züge ist mir *wohl* bekannt; und sollte ich's malen, ich wüßte nicht, wo anfangen. Und mache ich wirklich ein Bild, so ist es gänzlich unzulänglich. – Hätte ich eine Beschreibung vor mir, ich würde sie erkennen; vielleicht auch Fehler in ihr merken. Aber, daß ich das kann, sagt nicht, daß ich die Beschreibung selber hätte geben können.

945. Zwei Gegenstände 'gehören zusammen'. Man lehrt ein Kind, Dinge 'ordnen', man begleitet die Tätigkeit mit den Worten "Diese gehören zusammen". Das Kind lernt diesen Ausdruck auch. Es könnte die Dinge auch *mit Hilfe* dieser Worte und gewisser Gebärden ordnen. Die Worte können aber auch bloße Begleitung des Tuns sein. Ein Sprachspiel.
Denk dir ein solches Spiel ohne Worte, aber mit der Begleitung einer zu den Handlungen passenden Musik gespielt.

946. "Leg es *hier* hin" – wobei ich mit dem Finger den Platz bezeichne—dies ist eine *absolute* Ortsangabe. Und, wer sagt, der Raum sei absolut, möchte als Argument dafür vorbringen: "Es gibt doch einen Ort: *Hier*." [Vgl. Z 713.]

947. Das 'Erleben der Ähnlichkeit'. Denke an das Sprachspiel: "Ähnlichkeiten erkennen", oder "Ähnlichkeiten angeben", oder "Dinge nach ihrer Ähnlichkeit ordnen". Wo ist hier das besondere Erlebnis? der besondere Erlebnisinhalt, nach dem man fahndet?

948. Die Dauer der Empfindung. Vergleiche die Dauer einer Tonempfindung mit der Dauer der Tastempfindung, die dich lehrt, daß du eine Kugel in der Hand hältst; und mit dem "Gefühl", das dich lehrt, daß deine Knie gebogen sind. Und hier haben wir wieder einen Grund, warum wir von der Empfindung der Positur sagen möchten, sie habe keinen Inhalt. [Vgl. Z 478.]

949. Philosophische Untersuchungen: begriffliche Untersuchungen. Das Wesentliche der Metaphysik: daß ihr der Unterschied zwischen sachlichen und begrifflichen Untersuchungen nicht klar ist. Die metaphysische Frage immer dem Anscheine nach eine sachliche, obschon das Problem ein begriffliches ist. [Vgl. Z 458.]

950. Was aber tut eine begriffliche Untersuchung? Ist sie eine der Naturgeschichte der menschlichen Begriffe? – Nun, Naturgeschichte beschreibt, sagen wir, Pflanzen und Tiere. Aber könnte es nicht sein,

944. When we want to describe the use of a word, – isn't it like wanting to make a portrait of a face? I see it clearly; the expression of these features is *well* known to me; and if I had to paint it I shouldn't know where to begin. And if I do actually make a picture, it is wholly inadequate. – If I had a description in front of me I'd recognize it, perhaps even detect mistakes in it. But my being able to do that does not mean that I could myself have given the description.

945. Two objects 'belong together'. One teaches a child to 'arrange' things, accompanying this activity with the words "These belong together". The child learns this expression as well. It might even arrange things *with the help* of these words and certain gestures. But the words may also be a mere accompaniment of the doing. A language-game.

Imagine such a game played without words, but with the accompaniment of music that fitted the actions.

946. "Put it here" – saying which I point to the place with my finger—this is an *absolute* specification of place. And if someone says that space is absolute, he might produce as an argument for this: "There is after all a *place*: here." [Cf. Z 713.]

947. The 'experience of similarity'. Think of the language-game "recognizing similarities", or "giving similarities", or "arranging things according to their similarity". Where is the special experience here? The special experience content that one is after?

948. The duration of sensation. Compare the duration of a sensation of sound with the duration of the tactile sensation that tells you you have a ball in your hand; and with the "feeling" that tells you that your knee is bent. And here again we have a reason why we should like to say of the sensation of posture that it has no content. [Cf. Z 478.]

949. Philosophical investigations: conceptual investigations. The essential thing about metaphysics: that the difference between factual and conceptual investigations is not clear to it. A metaphysical question is always in appearance a factual one, although the problem is a conceptual one. [Cf. Z 458.]

950. What is it, however, that a conceptual investigation does? Does it belong in the natural history of human concepts? – Well, natural history, we say, describes plants and beasts. But might it not be that

daß Pflanzen in allen Einzelheiten beschrieben worden wären, und nun erst jemand daherkäme, der Analogien in ihrem Baue sieht, die man früher nicht gesehen hatte? Daß er also eine neue Ordnung in diesen Beschreibungen herstellt. Er sagt z.b.: "Vergleiche nicht diesen Teil mit diesem; sondern vielmehr mit jenem!" (Goethe wollte so etwas tun) und dabei spricht er nicht notwendigerweise von *Abstammung*; dennoch aber *könnte* die neue Anordnung auch der wissenschaftlichen Untersuchung eine neue Richtung geben. Er sagt "Sieh es *so* an!" – und das kann nun verschiedenerlei Vorteile und Folgen haben.

951. Warum zählen wir? Hat es sich als praktisch erwiesen? Haben wir unsere Begriffe, z.b. die psychologischen, weil es sich als vorteilhaft erwiesen hat? – Und doch haben wir *gewisse* Begriffe eben deswegen, haben sie deswegen eingeführt. [Vgl. Z 700.]

952. Man sollte nicht glauben, es sei eine Vereinfachung, das Sehen mit einem Auge in Betracht zu ziehen, statt des Sehens mit beiden Augen; wenn man nämlich darüber klar ist, daß man das Sehen nicht in den Augen spürt. Die Idee des visuellen Gegenstands ist viel schwerer für das zweiäugige Sehen durchzuführen. Denn was ist das zweiäugige 'Gesichtsbild'?

'Das Portrait dessen, was man wirklich *sieht*', 'des visuellen Eindrucks selbst'.

953. Es kommt einem vor: Wenn ich nur die rechten Farben und Dinge zur Verfügung hätte, könnte ich *genau* darstellen, was ich sehe. Und so ist es ja bis zu einem Punkt wirklich. Und jener Bericht dessen, was ich vor mir habe, und die Beschreibung dessen, was ich sehe, haben die gleiche Form. – Aber sie lassen z.B. ganz das Wandern des Blicks aus. Aber auch z.b. das Lesen einer Schrift im Gesichtsfeld und jeden Aspekt des Gesehenen.

954. Ist nun, was du anschaust, eine große Tafel, oder ebene Wand mit einer Figur darauf, so wird als eine genaue Beschreibung ein Bild dieser Figur gelten können. Ist die Figur z.B. $\mathcal{F}$, was kann man mehr wollen, als daß sie genau abgezeichnet wird; und doch gibt es noch eine ganz andere Beschreibung, die in dem Abzeichnen nicht steckt. So auch, wenn die Figur ein Gesicht ist.

955. Was in *einem* Sinne eine geringe Ungenauigkeit der Beschreibung ist, ist in einem andern Sinne eine große.

plants had been described in full detail, and then for the first time someone realized the analogies in their structure, analogies which had never been seen before? And so, that he establishes a new order among these descriptions. He says, e.g., "compare this part, not with this one, but rather with that" (Goethe wanted to do something of the sort) and in so doing he is not necessarily speaking of *derivation*; nonetheless the new arrangement *might* also give a new direction to scientific investigation. He is saying "Look at it like *this*" – and that may have advantages and consequences of varous kinds.

951. Why do we count? Has it proved practical? Do we have our concepts, e.g. the psychological ones, because it has proved to be advantageous? And yet we do have *certain* concepts just for that reason; they were introduced for that reason. [Cf. Z 700.]

952. One ought not to think it a simplification to bring seeing with one eye under consideration, instead of seeing with both eyes; if, that is, one is clear about the fact that one doesn't feel seeing in the eyes. It is far more difficult to carry the idea of the visual object through for binocular vision. For what is the binocular 'optical image'?
'The portrait of what one really *sees*' 'of the visual impression itself'.

953. It occurs to someone: If I only had the right things and colours at my disposal, I could *exactly* represent what I see. And up to a point it actually is so. And that report of what I have before me, and the description of what I see, have the same form. – But they quite leave out, e.g., the wandering of the gaze. Not that alone, though, but also, e.g., the reading of a script in the visual field and any aspect of what is seen.

954. Now if what you are looking at is a big tablet or flat wall, with a figure on it, then a picture of this figure may count as an exact description. If the figure is, e.g., an $\digamma$, what more can one want than that it is copied exactly? and yet there is besides a quite different description, which is not there in the copying. And similarly when the figure is a face.

955. What in *one* sense is a slight inaccuracy of description, in another is a large one.

956. Aktiv und Passiv. Kann man es befehlen, oder nicht? Dies scheint vielleicht eine weithergeholte Unterscheidung, ist es aber nicht. Es ist ähnlich wie: "Kann man sich (*logische* Möglichkeit) dazu entschließen, oder nicht?" – Und das heißt: Wie ist es von Gedanken, Gefühlen, etc. umgeben? [Vgl. Z 588.]

957. Wie würde eine Gesellschaft von lauter tauben Menschen aussehen? Wie, eine Gesellschaft von 'Geistesschwachen'? *Wichtige Frage!* Wie, also, eine Gesellschaft, die viele unserer gewöhnlichen Sprachspiele nie spielte? [Vgl. Z 371.]

958. Sich einer Gleichheit von Farben in einem Bild bewußt sein, oder dessen, daß *diese* Farbe dunkler ist als jene.
Bin ich mir beim Hören dieses Stücks die ganze Zeit bewußt, daß es von . . . ist?
Wann ist man sich einer Tatsache *bewußt*?

959. Liebe is kein Gefühl. Liebe wird erprobt, Schmerzen nicht. [Vgl. Z 504.]

960. Ich sehe etwas *in verschiedenen Zusammenhängen*.
(Ist dies dem Vorstellen nicht verwandter als dem Sehen?)

961. Es ist, als hätte man an das Gesehene einen Begriff herangebracht, den man nun mitsieht. Der zwar selbst kaum sichtbar ist, aber doch einen ordnenden Schleier über die Gegenstände breitet.

962. "Was siehst du?" (Sprachspiel.)—"Was siehst du *wirklich*?"

963. Stellen wir uns das Sehen rätselhaft vor! ohne jederlei physiologische Erklärung. –

964. Auf die Frage "Was siehst du?" kommen verschiedenerlei Beschreibungen zur Antwort. – Wenn Einer nun sagt: "Ich sehe doch den Aspekt, die Organisation, ebenso gut wie Formen und Farben" – was soll das heißen? Daß man das alles zum 'Sehen' rechnet? oder, daß hier doch die größte Ähnlichkeit besteht? – Und was kann ich dazu sagen? Ich kann Ähnlichkeiten und Unähnlichkeiten aufzeigen.

965. Könnte man es nicht für Wahnsinn halten, wenn ein Mensch eine Zeichnung als Portrait des N.N. erkennt und ausruft "Das ist Herr N.N.!" – "Er muß verrückt sein", sagt man von ihm, "Er sieht ein Stück Papier mit schwarzen Strichen darauf und hält das für einen Menschen!"

956. Active and passive. Can one order someone to . . . or not? This perhaps seems, but is not, a far-fetched distinction. It resembles this one: Can one (*logical* possibility) decide to . . . or not?" – And that means: How is it surrounded by thoughts, feelings etc.? [Cf. Z 588.]

957. What would a society all of deaf people look like? Or a society of 'mental defectives'? An *important question*! What, that is, would a society be like, that never played a lot of our ordinary language-games? [Cf. Z 371.]

958. Being conscious of the identity of colours in a picture, or of *this* colour's being darker than that one.
   While I am hearing this piece, am I conscious the whole time of its being by . . .?
   When is one *conscious* of a fact?

959. Love is not a feeling. Love is put to the test, pain is not. [Cf. Z 504.]

960. I see something *in different connexions*. (Isn't this more closely related to imagining than to seeing?)

961. It is as if one had brought a concept to what one sees, and one now sees the concept along with the thing. It is itself hardly visible, and yet it spreads an ordering veil over the objects.

962. "What do you see?" (Language-game)—"What do you *actually* see?

963. Let us represent seeing to ourselves as something enigmatic! – without introducing any kind of physiological explanation.–

964. The question "What do you see?" gets for answer a variety of kinds of description. – If now someone says "After all, I see the aspect, the organization, just as much as I see shapes and colours" – what is that supposed to mean? That one includes all that in 'seeing'? Or that here there is the greatest similarity? – And what can I say to the matter? I can point out similarities and differences.

965. Mightn't it be taken for madness, when a human being recognizes a drawing as a portrait of NN and exclaims "That's Mr. NN!" – "He must be mad", they say, "He sees a bit of paper with black lines on it and takes it for a human!"

966. Das 'Sehen der Figur *als* . . .' hat etwas Okkultes, etwas Unbegreifliches. Man möchte sagen: "Es hat sich etwas geändert und es hat sich nichts geändert."—Aber versuche es nicht zu erklären! Betrachte lieber das übrige Sehen auch als Okkult.

967. Der Ausdruck jener Erfahrung ist und bleibt: "Ich sehe es als Berg", "Ich sehe es als Keil", "Ich sehe es mit dieser Basis und dieser Spitze, aber umgefallen", etc. Und die Wörter "Berg", "Keil", "Basis", "umgefallen", sind ja auch nur Striche, oder Laute – *mit einer Verwendung*.

968. Denk an eine Darstellung eines Gesichts von vorn und im Profil zugleich, wie in manchen modernen Bildern. Eine Darstellung, in die eine Bewegung, eine Änderung, ein Schweifen des Blicks miteinbezogen ist. Stellt so ein Bild das, was man sieht, *nicht eigentlich* dar?

969. "Ich verzeihe dir." Kann man sagen "Ich bin damit beschäftigt, dir zu verzeihen"? Nein. Aber das heißt nicht, daß es nicht einen Vorgang gibt, den man auch "verzeihen" nennen könnte – aber nicht so nennt – ich meine, das Austragen des innern Streites, der zum Verzeihen führen kann.

970. Ich möchte sagen: Es gibt Aspekte, die hauptsächlich von Gedanken und Assoziationen bestimmt sind, und andere, die 'rein optisch' sind, und automatisch eintreten und wechseln, beinahe wie Nachbilder.

971.

Das, was Köhler[1] nicht behandelt, ist die Tatsache, daß man die Figur 2 so oder so *ansehen* kann, daß der Aspekt, wenigstens bis zu einem gewissen Grade, dem Willen untersteht.

972. Ich kann auf den Verlauf meiner Schmerzen achten; aber nicht ebenso auf den meines Glaubens, oder Wissens. [Vgl. Z 75.]

973. Das Beobachten der Dauer kann ununterbrochen, oder unterbrochen sein.

[1] *Gestalt Psychology*, New York, 1929, S. 198. (*Herausg.*)

966. 'Seeing the figure *as . . .*' has something occult, something ungraspable about it. One would like to say: "Something has altered, and nothing has altered."—But don't try to explain it. Better look at the rest of seeing as something occult too.

967. The expression of that experience is and remains "I see it as a mountain", "I see it as a wedge", "I see it with this base and this apex, but fallen over", etc. And the words "mountain", "wedge", "base", "fallen over" are after all only marks, or noises – *with a use*.

968. Think of a representation of a face from in front and in profile at the same time, as in some modern pictures. A representation in which a movement, an alteration, a roving of one's glance, are included. Does such a picture *not really* represent what one sees?

969. "I forgive you." Can one say "I am busy forgiving you"? No. But that doesn't mean that there is not a process, which one might – but does not – call "forgiving": I mean carrying on the inward struggle that may lead to forgiving.

970. I should like to say: there are aspects which are *mainly* determined by thoughts and associations, and others that are 'purely optical', these make their appearance and alter automatically, almost like after-images.

971.   ¹   ²

What Köhler¹ does not deal with is the fact that one may *look at* figure 2 in this way or that, that the aspect is, at least to a certain degree, subject to the will.

972. I may attend to the course of my pains, but not in the same way to that of my believing or knowing. [Cf. Z 75.]

973. The observation of duration may be continuous, or interrupted.

¹ *Gestalt Psychology*, New York, 1929, p. 198. (*Eds.*)

Wie beobachtest du dein Wissen, deine Meinungen? und andererseits, ein Nachbild, einen Schmerz? Gibt es ein ununterbrochenes Beobachten meiner Fähigkeit, die Multiplikation . . . auszuführen? [Vgl. Z 76, 77.]

974. ((Zur Nr 971)) Das *könnte* man daraus erklären, daß der Aspekt mit der Augenbewegung zusammenhängt.

975. Analogie zum Gegensatz von 'Wert' und 'Grenzwert' einer Funktion. ((wichtig))

976. Daß der Aspekt dem Willen untersteht, ist nicht eine, sein Wesen selbst nicht berührende, Tatsache. Denn wie wäre es, wenn wir Dinge willkürlich rot oder grün sehen könnten? Wie würde man dann die Wörter "rot" und "grün" anwenden lernen? Es gäbe dann vor allem nicht einen 'roten Gegenstand', höchstens einen, den man leichter rot als grün sieht.

977. Ist nicht, was Köhler sagt, ungefähr: "Man könnte etwas nicht für das oder das *halten*, wenn man es nicht als das oder das *sehen* könnte"? Beginnt ein Kind damit, etwas so oder so zu sehen, ehe es lernt, es für das oder das zu halten? Lernt es zuerst die Frage beantworten "Wie siehst du das?" und dann erst "Was *ist* das?" –

978. Kann man sagen, es muß imstande sein, den Sessel visuell als Ganzes aufzufassen, um ihn als Ding erkennen zu können? – Fasse ich jenen Sessel visuell als Ding auf, und welche meiner Reaktionen zeigen das? Welche Reaktionen eines Menschen zeigen, daß er etwas als Ding erkennt, und welche, daß er etwas als ein Ganzes, dinglich, *sieht*?

979. Man könnte es sich so vorstellen: Man prüft, in welcher Weise ein Kind ebene Figuren abbildet, wenn man es keine Abbildungsart gelehrt hat, und wenn es räumliche Gegenstände noch nie gesehen hat.

980. Ich lerne beschreiben, was ich sehe; und da lerne ich *alle möglichen* Sprachspiele. –

981. Nicht "Wie kann ich, was ich sehe, beschreiben?" – sondern: "Was *nennt* man 'Beschreibung des Gesehenen'?"
Und die Antwort auf *diese* Frage ist: "Sehr Verschiedenes."

How do you observe your knowing, your opinions? and on the other hand, an after-image, a pain? Is there such a thing as uninterrupted observation of my capacity to carry out the multiplication . . .? [Cf. Z 76–7.]

974. ((On no 971)) One *might* use the fact that the aspect is connected with eye-movements, to explain that.

975. Analogy with the contrast between the 'value' and the 'limiting value' of a function. ((important))

976. That an aspect is subject to the will is not something that does not touch its very essence. For what would it be like, if we could see things arbitrarily as red or green? How in that case would one be able to learn to apply the words "red" and "green"? First of all, in that case there would be no such thing as a 'red object', but at most an object which one more easily sees red than green.

977. Isn't what Köhler says roughly: "One couldn't *take* something for this or that, if one couldn't *see* it as this or that"? Does a child start by seeing something this way or that, before it learns to take it for this or that? Does it first learn to answer the question "How do you see that?" and only later "What *is* that?" –

978. Can one say it must be capable of grasping the chair visually as a whole, in order to be able to recognize it as a thing? – Do I grasp that chair visually as a thing, and which of my reactions shews this? Which of a man's reactions shew that he recognizes something as a thing, and which, that he *sees* something as a whole, thingishly?

979. One might imagine the matter like this: One tests how a child copies flat figures, when one has not taught it any kind of copying, and when it hasn't yet even seen 3-dimensional objects.

980. I learn to describe what I see; and here I learn *all sorts of* language-games.

981. Not: "How can I describe what I see?" – but "What does one *call* 'description of what is seen'?"
And the answer to *this* question is "A great variety of thing".

982. Köhler[1] sagt, nur sehr wenige Menschen sähen von selbst die Ziffer 4 in der Zeichnung und das ist gewiß wahr. Wie unterschiede sich nun ein Mensch von dem normalen Menschen, der in seiner Beschreibung ebener Figuren, oder wenn er sie kopiert, darin radikal von der Norm abweicht, daß er beim Kopieren und Beschreiben andere 'Einheiten' verwendet? D.h., wie wird sich dieser auch noch in anderen Dingen von den normalen Menschen unterscheiden?

983. Ein Mensch könnte hohe zeichnerische Begabung haben, ich meine die Begabung, Gegenstände, ein Zimmer z.b. sehr genau abzuzeichnen, und könnte dabei doch immer wieder kleine Fehler gegen den *Sinn* machen; so daß man sagen könnte "Er faßt einen Gegenstand nicht als Gegenstand auf". Er würde z.b. nie einen Fehler machen, wie der des Maler Klecksel, der zwei Augen im Profil malt. Sein *Wissen* würde ihn nie verführen.

984. Der verführerische Begriff ist: "die *vollständige* Beschreibung dessen, was man sieht."

985. Eliminiere dir immer das private Objekt, indem du annimmst: Es ändere sich fortwährend; du merkst es aber nicht, weil dich dein Gedächtnis fortwährend täuscht. [Vgl. PU, S. 207e.]

986. "Wer etwas sieht, sieht irgendetwas Bestimmtes" – aber das heißt eben nichts.
Es ist, als wollte man sagen: Wenn auch keine Darstellung dem Gesichtseindruck gleicht, so gleicht er doch sich selber.

987. Es könnte doch Einer auf die Frage "Was siehst du hier?" die Figur richtig nachzeichnen, auf die Frage aber "Siehst du eine 4" mit Nein antworten, obwohl er sie doch selbst beim Nachzeichnen gebildet hat.

988. Was teile ich dem mit, dem ich die Mitteilung mache, ich sehe das Ornament jetzt *so*? (Seltsame Frage.) – Das heißt doch: "In welchem Sprachspiele findet dieser Satz Verwendung?" – "Was fangen wir mit diesem Satz an?"

989. Nehmen wir an, gewisse Aspekte wären durch die Augenbewegung erklärbar: Dann möchte man sagen, diese wären rein

---

[1] *Gestalt Psychology*, S. 200f. Die Figur bei Köhler sieht ein wenig anders aus. (*Herausg.*)

982. Köhler[1] says that very few people would of their own accord see

the figure 4 in the drawing and that is certainly

true. Now if some man deviates radically from the norm in his description of flat figures or when he copies them, what difference does it make between him and normal humans that he uses different '*units*' in copying and describing? That is to say, how will such a one go on to differ from normal humans in yet other things?

983. A man might be highly gifted at drawing, I mean he might have the talent to copy objects, a room for instance, very exactly, and yet he might keep on making small mistakes against *sense*; so that one could say "He doesn't grasp an object as an object". He would never, e.g., make a mistake like that of the painter Klecksel, who paints two eyes in the profile. His *knowledge* would never mislead him.

984. The misleading concept is "the *complete* description of what one sees".

985. Always eliminate the private object for yourself, by supposing that it keeps on altering: you don't notice this, however, because your memory keeps on deceiving you. [Cf. P.I. p. 207e.]

986. "Anyone who sees something sees something particular" – but that doesn't tell us anything.
   It is as if one wanted to say "Even if no representation is like the visual impression, still, it is like itself".

987. It is quite possible that someone who was asked "What do you see here?" might copy the figure correctly, but given the question "Do you see a 4?", he might answer with a "No", although he has himself formed it in making his copy.

988. What do I tell someone, to whom I give the information that I am now seeing the ornament like *this*? (A queer question) – This means "In what language-game does this sentence find employment?" – "What are we doing with this sentence?"

989. Let us suppose that certain aspects could be explained by the movement of the eye. In that case one would like to say that those

[1] *Gestalt Psychology*, p. 200f. (*Eds.*)

optischer Natur; und es müßte also für sie eine Beschreibung geben, die sich nicht der Analogien aus anderen Gebieten bedienen müßte. Dann müßte man also den Befehl "Sieh dies als ...!" durch den ersetzen können: "Laß den Blick so und so wandern", oder einen ähnlichen.

990. Aber es ist eben nicht wahr, daß eine Erfahrung, die nachweisbar mit der Augenbewegung zusammenhängt, von ihr erzeugt werden kann, darum durch eine Folge von Gesichtsbildern beschrieben werden kann.

(Etwa so wenig, wie der, welcher sich einen Ton vorstellt, sich eine Folge von Luftstößen vorstellt.)

991. Halte die Zeichnung eines Gesichts verkehrt und du kannst den *Ausdruck* des Gesichts nicht erkennen. Vielleicht kannst du auch sehen, daß es lacht, aber doch nicht genau, *wie* es lacht. Du könntest das Lachen nicht nachahmen, oder seinen Charakter genauer beschreiben. Und doch kann das umgekehrte Bild den Gegenstand höchst genau darstellen. [Vgl. PU, S. 198f.]

992. Man muß da bedenken, daß das *so*-Sehen eine ähnliche Wirkung haben kann wie ein Verändern des Gesehenen, z.b. durch ein Setzen von Klammern, ein Unterstreichen, Zusammenfassen auf die oder jene Art, etc., und daß das *so*-Sehen in dieser Weise wieder mit dem Vorstellen Ähnlichkeit hat.

Niemand wird doch leugnen, daß ein Unterstreichen, ein Setzen von Klammern, dem Erkennen einer Ähnlichkeit günstig sein kann.

993. Es ist doch klar, daß nur der, welcher das doppeldeutige Bild als Hasen sieht, den Gesichtsausdruck des Hasen wird nachahmen können. Sieht er das Bild also auf *diese* Weise, so wird ihm dies ermöglichen eine gewisse Ähnlichkeit zu beurteilen.

994. Man wird auch gewisse Dimensionen nur dann richtig schätzen, wenn man das Bild auf *diese* Weise sieht.

995. Bedenke, daß man sagen kann: "Du mußt diese Melodie *so* hören, und dann auch entsprechend *spielen*."

996. Könnte es nicht Menschen geben, die nicht im Kopf rechnen und nicht leise lesen lernen können, dabei aber sonst intelligente Menschen wären und in keinem Sinne 'schwachsinnig'?

997. Es ist kein Zweifel, daß man einen Aspekt oft durch eine Augenbewegung, durch eine Bewegung des Blicks, hervorruft.

aspects were of a purely optical character; and so there would have to be a description of them which did not have to make use of analogies from other domains. Then one would have to be able to replace the order: "See this as . . ." by: "Have your gaze shift in such and such a way" or the like.

990. But it is not true that an experience which is traceably connected with the movement of the eyes, an experience that can be produced by such a movement, can for that reason be described by means of a sequence of optical images.

(Any more than someone who imagines a note is imagining a sequence of disturbances of the air.)

991. Hold the drawing of a face upside-down and you can't tell the *expression* of the face. Perhaps you can see that it is smiling, but you won't be able to say what *sort* of a smile it is. You wouldn't be able to imitate the smile or describe its character more exactly.

And yet the upside-down picture may represent the object extremely accurately. [Cf. P.I. p. 198f.]

992. One needs to remember that seeing-as may have an effect like that of an alteration of what is seen, e.g. by putting between brackets, or underlining, or making a connexion of one kind or another etc., and that in this way again there is a similarity between seeing-as and imagining.

No one, after all, will deny that underlining or insertion of brackets may foster the recognition of a similarity.

993. It is clear that only someone who sees the ambiguous picture as a rabbit will be able to imitate the expression on the face of the rabbit. So if he sees the picture in *this* way, this will enable him to judge a particular kind of resemblance.

994. One will also estimate certain dimensions correctly, only if one sees the picture in *this* way.

995. Remember that one may say: "You have to hear the tune like *this*, and then also *play* it correspondingly".

996. Might there not be humans who don't calculate in their heads and can't easily learn silent reading, but who were otherwise intelligent and in no sense 'defective'?

997. There is no doubt that one often evokes an aspect by means of a movement of the eyes, by shifting one's gaze.

998. Aber wie seltsam! möchte man sagen – wenn man eine Art der Zusammensetzung entdecken kann, – wie ist es möglich, sie auch zu *sehen?*—Wie ist es möglich, mit einem Schlage zu wissen, was man sagen will? Ist dies nicht ebenso merkwürdig?

999. Ist denn die Erscheinung des Aspekts seltsamer, als meine Erinnerung an eine bestimmte wirkliche Person, von der ich ein Erinnerungsbild habe? Ja, es ist sogar eine Ähnlichkeit zwischen beiden. Denn man fragt sich auch hier: Wie ist es *möglich*, daß ich von *ihm* ein Vorstellungsbild habe und es keinen Zweifel daran gibt, daß es *sein* Bild sei?

1000. Die Philosophie löst ein Problem oft nur, indem sie sagt: *Hier* ist so wenig eine Schwierigkeit, wie *da*.
Nur also, indem sie ein Problem heraufbeschwört, wo früher keines war.
Sie sagt: "Ist es nicht ebenso merkwürdig, daß . . ." und läßt es damit bewenden.

1001. Wie befolgt man den Befehl "Stell dir Herrn N vor!"? Wie weiß man, daß der Befehl befolgt wurde? Wie weiß Einer, daß er ihn befolgt hat? Wozu ist der *Zustand* der Vorstellung hier nütze? – Ich will sagen, es verhalte sich ähnlich beim Sehen eines Aspekts.

1002. Ich sehe es (das Schachbrett) jetzt so. Es ist, als hättest du mir diese schematische Zeichnung gegeben. Z.B.

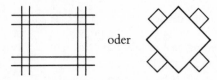

oder

Die Figur, *als* welche ich die andere sehe, ist doch nicht eindeutig bestimmt.

1003. Denk dir ein Dreieck im Film um den Punkt schwingend dargestellt und dann stehen bleibend. Und nun könnte es sein, als wirke diese zeitliche Umgebung noch im Bild des zur Ruhe gekommenen Dreiecks.
"Hängend" möchte ich sagen. Aber entspricht dem nichts? Doch gewiß! Aber das heißt nur, daß ich nicht lüge, und daß der Ausdruck des Aspekts eine Verwendung hat. "*Welche* Anwendung?!" mußt du dich immer fragen.

998. But how queer! one would like to say – if one can discover a kind of composition, – how is it possible also to *see* it?!—How is it possible to know in a flash what one wants to say? Isn't that equally remarkable?

999. For is the phenomenon of the aspect queerer than my memory of a particular actual person, of whom I have a memory image? There is even a similarity between the two things. For here too one asks oneself: How is it *possible* that I have a memory-image of *him* and that there is no doubt about its being an image of *him*?

1000. Philosophy often solves a problem merely by saying: "*Here* is no more difficulty than *there*."
   That is, just by conjuring up a problem, where there was none before.
   It says: "Isn't it just as remarkable that . . .", and leaves it at that.

1001. How does one obey the order "Imagine Mr. N"? How does one know that the order has been obeyed? how does anyone know that he has obeyed it? What use is the *state* of having a image here? – I want to say that the situation with seeing an aspect is similar.

1002. I now see it (the chess-board) like this: It is as if you had given me this schematic drawing. E.g.:

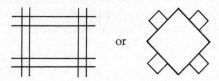

or

But the figure *as* which I see the other, is not unambiguously determined.

1003. Imagine a film representation of a triangle ◁ swinging around the point and then at rest. And now it might be as if this temporal surrounding still had an effect in the picture of the triangle come to rest.
   "Hanging", I should like to say. But does nothing correspond to that? Certainly something does! But that only means that I am not lying, and that the expression of the aspect has a use. "*What* application?", you must always ask yourself.

1004. Man könnte die Schachbrettzeichnung als Werkzeichnung betrachten, nach welcher Stücke herzustellen sind, die das Schachbrett ergeben. Man kann diese Zeichnung nun auf verschiedene Weise verwenden; und man kann sie auch auf verschiedene Weise, solchen Verwendungen entsprechend, *sehen*.

1005. Denke, man erklärte, das so, daß der Aspekt durch verschiedene, dem visuellen Bild superponierte Vorstellungen und Erinnerungen entstehe. Natürlich interessiert mich diese Erklärung nicht als Erklärung, sondern als logische Möglichkeit, also begrifflich (mathematisch).

1006. "Das Grüne, was ich dort sehe, ist *blatthaft*. Diese Dinge dort *augenhaft*." (Welche Dinge sind es?)

1007. Es scheint hier das Objekt des Sehens zu sein, was nicht Objekt des Sehens sein kann. Als sagte man, man sehe Töne. (Aber man sagt ja wirklich, man sehe einen Vokal gelb, oder braun.)

1008. Wie könnte denn Assoziation ein Dauerzustand sein? Wie könnte ich denn fünf Minuten lang diese Art von Gegenstand mit diesen Linien assoziieren?

1009. Was überzeugt mich denn, daß der Andere ein gewöhnliches Bild dreidimensional sieht? – Daß er's sagt? Unsinn—wie weiß ich denn, was er mit dieser Versicherung meint?

Nun, daß er sich darin auskennt; die Ausdrücke auf das Bild verwendet, die er auf den Raum anwendet; sich vor einem Landschaftsbild benimmt, wie vor einer Landschaft, etc. etc.

1010. Ich kann von ihm nie wissen, ob er wirklich sieht. Nun, dann kann ich's von mir natürlich auch nicht wissen. Denn wie weiß ich, daß ich jetzt das Gleiche so nenne, wie früher, und daß ich das Gleiche "gleich" nenne?

1011. Nun, wie sieht es alles in der dritten Person aus? Und was für die dritte Person gilt, gilt dann, so seltsam das scheinen mag, auch für die erste.

1012. Denk dir eine physiologische Erklärung dafür, daß ich *eines* (A) als Variation des *andern* (B) sehe. Es könnte sich zeigen, daß, wenn ich A als B sehe, auf meiner Retina gewisse Vorgänge stattfinden, die sich sonst zeigen, wenn ich wirklich B sehe. Und dies

1004. One might regard the drawing of the chess board as a blueprint according to which pieces were to be constructed which yield the chess-board. Now this drawing may be used in various ways; and one can also *see* it in various ways, correspondingly to the different uses.

1005. Suppose we explained this by saying the aspect comes about through different images and memories superimposed on the optical image. Naturally this explanation does interest me, not as an explanation but as a logical possibility, hence conceptually (mathematically).

1006. "The green that I see over there is *leafy*. Those things there are *eye-like*." (What things?)

1007. What cannot be an object of sight here seems to be an object of sight. As if one were to say one saw sounds. (But one really does say that one sees a vowel yellow, or brown.)

1008. For how could association be a lasting state? How could I associate this kind of object with these lines for five minutes?

1009. What convinces me that someone else sees an ordinary picture three-dimensionally? – That he says so? – Rubbish—for how do I know what he means by assuring us of this?
   Well, it's that he knows his way about in the picture; the expressions he applies to it are the ones that he applies to space; confronted with a picture of a landscape, he behaves as he does when confronted with a landscape, etc. etc.

1010. I can never know, about him, whether he really sees. Well then of course I can't know it of myself either. For how do I know that I am now calling the same thing that as before, and that I am calling the same thing "same"?

1011. Now, how does it all look in the third person? And what is valid for the third person is then valid, however queer this may sound, for the first person too.

1012. Imagine a physiological explanation for my seeing *one* thing (A) as a variation of the *other* (B). It might come out that when I see A as B certain processes take place on my retina, which otherwise are found when I actually see B. And this might now explain some things

könnte nun manches in meinem Benehmen erklären. Man könnte z.B. sagen, daß ich mich darum beim Anblick von A benehme, als sähe ich B, wie ich's gewöhnlich nicht tue, wenn ich A nicht als B sehe. Aber diese Erklärung meines Benehmens ist für uns überflüssig. Ich nehme das Benehmen eben so hin, wie einen Vorgang auf der Retina, oder im Gehirn.

Ich will sagen: Die physiologische Erklärung ist zuerst scheinbar eine Hilfe, zeigt sich aber dann als bloßer Katalysator der Gedanken. Ich führe sie nur ein, um sie gleich wieder los zu werden.

1013. Denk nur ja nicht, du wüßtest im Vorhinein, was "Zustand des Sehens" in diesem Falle bedeutet! Laß dich die Bedeutung durch den Gebrauch *LEHREN.*

1014. Hätte ich mir das Phänomen der Vorstellung erklären können, wenn mir gesagt worden wäre: es sähe Einer mit offenen Augen etwas, was nicht vor ihm ist, und zugleich auch, was vor ihm ist, und es wären die beiden Gesichtsobjekte einander nicht im Wege?!

1015. Und es wäre nun natürlich ganz falsch, zu sagen: "Und doch geschieht das Seltsame" oder "das Unglaubliche". Vielmehr ist eben, was geschieht, *nicht* seltsam und nur falsch als Seltsames gesehen.

1016. Die alte Ansicht von der Rolle der *Anschauung* in der Mathematik. Ist diese Anschauung eben das Sehen der Komplexe in verschiedenen Aspekten?

1017. Muß man unter den Aspekten nicht rein optische von andern unterscheiden?
Daß sie von einander sehr verschieden sind, ist klar: Es tritt z.B. in ihre Beschreibung manchmal die Tiefdimension ein, manchmal nicht; manchmal ist der Aspekt eine bestimmte 'Gruppierung', wenn man aber Striche als Gesicht sieht, so hat man sie nicht nur visuell zu einer Gruppe zusammengefaßt; man kann die schematische Zeichnung eines Würfels als offene Kiste, oder als soliden Körper sehen, auf der

Seite liegend, oder stehend; die Figur kann nicht nur auf

zwei, sondern auf sehr viele verschiedene Arten gesehen werden.

1018. Man hängt Bilder, Photographien auf von Landschaften, Innenräumen, Menschen, und betrachtet sie nicht, wie Werkzeichnungen. Man liebt, sie anzusehen, wie die Gegenstände selbst; man

in my behaviour. It might, e.g., be said that that is the reason why on seeing A I behave as if I were seeing B, a way I don't ordinarily behave when I see A but don't see it as B. But for us this explanation of my behaviour is superfluous. I accept the behaviour just as I accept a process on the retina or in the brain.

I want to say: At first the physiological explanation is apparently a help, but then at once it turns out to be a mere catalyst of thoughts. I introduce it only to rid myself of it again at once.

1013. Just do *not* fancy that you'd know in advance what "state of seeing" means in this case. Have the use TEACH you the meaning.

1014. Could I have made the phenomenon of having an image clear to myself, if I had been told: someone whose eyes are open sees something that is not there before him, and at the same time also sees what is before him, and the two visual objects don't get in each other's way?!

1015. And naturally it would be quite wrong to say: "And yet queer things do happen", or "incredible things". Rather what happens is *not* queer and is just wrongly seen as queer.

1016. The old idea of the role of *intuition* in mathematics. Is this intuition the seeing of the complexes in different aspects?

1017. Doesn't one have to distinguish among aspects, separating the purely optical from the rest?

That they are very different from one another is clear: the dimension of depth, for example, sometimes comes into their description, and sometimes not; sometimes the aspect is a particular 'grouping'; but when one sees lines as a face, one hasn't taken them together merely visually to form a group; one may see the schematic drawing of a cube as an open box or as a solid body, lying on its side or standing up; the figure: can be seen, not just in two but in very many different ways.

1018. One hangs up pictures, photographs, of landscapes, interiors, human beings, and does not regard them as working drawings. One likes to look at them, as at the objects themselves; one smiles at the

lächelt die Photographie an, wie den Menschen, den sie zeigt. Wir lernen nicht, eine Photographie verstehen, wie eine Blaupause. – Es wäre freilich möglich, daß wir eine Abbildungsart erst mit Mühe verstehen lernen müssen, um sie später als natürliches Bild gebrauchen zu können. Dies mühsame Lernen wäre später nur noch *Geschichte*, und das Bild würden wir nun ebenso betrachten, wie jetzt unsere Photographie.

1019. Es könnte doch auch Menschen geben, die Photographien nicht, wie wir, verstünden, sähen; die zwar verstünden, daß auf diese Weise ein Mensch dargestellt werden kann, die seine Formen auch ungefähr nach einer Photographie beurteilen könnten, die aber das Bild doch nicht als Bild *sähen*. *Wie* würde sich das äußern? Was würden wir als Äußerung dessen betrachten?? Das ist vielleicht nicht leicht zu sagen.
Diese Leute hätten vielleicht nicht Freude an Photographien wie wir. Sie würden nicht sagen "Schau, wie er lächelt!" und dergleichen; sie würden eine Person oft nicht gleich nach dem Bild erkennen; müßten die Photographie *lesen lernen* und *lesen*; sie hätten Schwierigkeiten, zwei gute Aufnahmen desselben Gesichts als Bilder etwas verschiedener Stellungen zu erkennen.

1020. Wenn mir Einer sagte, er habe die Figur eine halbe Stunde lang ohne Unterbrechung als umgekehrtes F gesehen, so müßte ich annehmen, er habe fortwährend an diese Interpretation *gedacht*, sich damit *beschäftigt*.

1021. Es ist, als wäre der Aspekt etwas, was nur aufleuchtet, aber nicht stehen bleibt; und doch muß dies eine *begriffliche* Bemerkung sein, keine psychologische.

1022. Beim Umschnappen des Aspekts erlebt man die zweite Phase in akuter Weise (entsprechend etwa dem Ausruf "Ach, es ist ein . . .!") und hier *beschäftigt* man sich ja mit dem Aspekt. Im chronischen Sinne ist er nur die Art und Weise, wie wir die Figur wieder und wieder behandeln.

1023. 'Ding' und 'Hintergrund' sind visuelle Begriffe, wie rot und rund – will Köhler sagen. Die Beschreibung des *Gesehenen* schließt die Angabe, was Ding und was Hintergrund ist, nicht weniger ein, als die Angabe der Farbe und der Form. Und die Beschreibung ist ebenso unvollständig, wenn nicht gesagt wird, was Ding, was Grund ist, wie sie es ist, wenn Farbe oder Form nicht angegeben wurden. Ich sehe das eine ebenso unmittelbar, wie das andere – will man sagen. Und

photograph as at the human being that it shews. We don't learn to understand a photograph as we do a blue-print. – It would of course be possible that we had first to learn with some pains to understand a method of depiction, in order to be able later on to use it as a natural picture. Still this troublesome learning would later on be mere *history*, and then we should regard the picture just as we now regard our photographs.

1019. There might also be men who did not understand, did not see, photographs as we do; who did indeed understand that a human being *can* be represented in this way, who were also able to judge his shape roughly from a photograph, but who all the same did not *see* the picture as a picture. *How* would that be manifested? What would we regard as the expression of it?? That is perhaps not easy to say.
   These people would perhaps not take pleasure in photographs as we do. They would not say "Look at his smile!" and the like; they would often not recognize a person straight off from his picture; would have to *learn to read* the photograph, and have to *read it*; they would be in a difficulty to recognize two good snapshots of the same face as pictures of somewhat different positions.

1020. If someone were to tell me that he had seen the figure for half an hour without a break as a reversed F, I'd have to suppose that he had kept on *thinking* of this interpretation, that he had *occupied* himself with it.

1021. It is as if the aspect were something that only dawns, but does not remain; and yet this must be a *conceptual* remark, not a psychological one.

1022. When the aspect suddenly changes one experiences the second phase in an acute way (corresponding to the exclamation "Oh, it's a . . .!") and here of course one does *occupy* oneself with the aspect. In the temporal sense the aspect is only the kind of way in which we again and again treat the picture.

1023. 'Object' and 'ground' – Köhler wants to say – are visual concepts, like red and round. The description of what is *seen* includes mentioning what is object and what is ground no less than colour and shape. And the description is just as incomplete when it isn't said what is object and what ground, as it is when colour or shape are not given. I see the one as immediately as the other – one wants to say. And what objection is there to make to this? First: how this gets

was ist dagegen einzuwenden? Zuerst: wie sich das erkennen läßt, –
ob durch Introspektion, und ob Alle darin übereinstimmen müssen.
Denn es handelt sich offenbar um die Beschreibung des *subjektiv
Gesehenen*. Aber wie lernt man nur, das Subjektive durch Worte
wiedergeben? Und was können uns diese Worte bedeuten?

Denk, statt um Worte handelte sich's um zeichnerische Wiedergabe; und den Wörten "dinglich" und dergleichen entspräche in
dieser Wiedergabe die Reihenfolge, Ordnung, in der wir die Zeichnung anfertigen. (Ich nehme an, wir könnten außerordentlich rasch
zeichnen.) Und nun sagte jemand: "Zur Darstellung des Gesehenen
gehört die Reihenfolge ebenso, wie Farben und Formen." – Was
hieße das?

Man kann wohl sagen: Es gibt Gründe, zum zeichnerischen
Beschreiben des Gesehenen nicht nur das gezeichnete Bild, sondern
auch die Phrasierung beim Zeichnen zu rechnen. Es gehörten diese
Reaktionen des Beschreibenden irgendwie zusammen. In gewisser
Beziehung gehören sie zusammen, in anderer nicht.

1024. Denkt man an Ströme in der Netzhaut (oder dergleichen), so
möchte man sagen: "Also ist der Aspekt so gut 'gesehen', wie Form
und Farbe." Aber wie konnte uns denn so eine Hypothese zu dieser
Überzeugung helfen? Nun, sie kommt der Tendenz entgegen, hier zu
sagen, wir *sähen* zwei verschiedene Gebilde. Aber diese Tendenz,
wenn sie zu begründen ist, muß ihren Grund woanders haben.

1025. Der Ausdruck des Aspekts ist der Ausdruck einer Auffassung
(also einer Behandlungsweise, einer Technik); aber gebraucht als
Beschreibung eines Zustands.

1026. Wenn es scheint, es wäre für eine solche logische Form kein
Platz, so mußt du sie in einer andern Dimension aufsuchen. Wenn
hier kein Platz ist, so ist er eben in einer andern Dimension. [Vgl. PU,
S. 200f.]

1027. In diesem Sinne ist auch auf der Zahlenlinie nicht für imaginäre
Zahlen Platz. Und das heißt doch: Die Anwendung eines imaginären
Zahlbegriffs ist *grund*verschieden von der des Begriffs der Anzahl
etwa; verschiedener, als die mathematischen Operationen allein es
offenbaren. Man muß also, um Platz für sie zu gewinnen, zu ihrer
Anwendung hinuntersteigen und dann finden sie einen, sozusagen
ungeahnt, verschiedenen Platz. [Vgl. PU, S. 201a.]

1028. Wenn diese Konstellation für mich stets und ständig ein Gesicht
ist, dann habe ich damit keinen Aspekt bezeichnet. Denn *das* hieße,

recognized – whether through introspection, and whether everyone has got to agree about it. For the question obviously concerns the description of the *subjectively seen*. But just how does one learn to use words to report the subjective? And what can these words mean to us?

Suppose that, instead of words, it were a matter of reproducing by drawing; and in this reproduction what corresponded to the words "object-like" and so on were the sequence, the order, in which we made the drawing. (I am assuming we can draw extraordinarily fast.) And now suppose someone said: "The sequence belongs to the representation of what is seen just as much as colours and shapes do." – What would that mean?

One may very well say: There are reasons for counting not only the drawn picture as part of a description-by-drawing of what is seen but also the phrasing that goes on in making the drawing. Somehow these reactions of the one who is giving the description belong together. In certan respects they do belong together, in others they do not.

1024. If one thinks of the currents on the retina (or the like) one would like to say: "So the aspect is just as much 'seen' as are the shape and colour." But then how can such an hypothesis have helped us to form this conviction? Well, it favours the tendency to say here that we were *seeing* two different structures. But if this tendency can be given a ground, its ground must be somewhere else.

1025. The expression of the aspect is the expression of a way of taking (hence, of a way-of-dealing-with, of a technique); but used as description of a state.

1026. When it looks as if there were no room for such a logical form, then you must look for it in another dimension. If there is no room for it here, then there is in another dimension. [Cf. P.I. p. 200f.]

1027. In this sense there is also no room for imaginary numbers in the number-line. And that surely means: the application of the concept of an imaginary number is *radically* different from that of, say, a cardinal number; more different than the mathematical operations alone reveal. In order, then, to get place for them, one must descend to their application and then they find a, so to speak *undreamt* of, different place. [Cf. P.I. p. 201a.]

1028. If this constellation is always and continuously a face for me, then I have not named an *aspect*. For *that* means that I always *encounter*

daß ich ihr immer als Gesicht *begegne*, sie als Gesicht behandle; wärend das Eigentümliche des Aspekts ist, daß ich etwas in ein Bild hineinsehe. So daß man sagen könnte: ich sehe etwas, was garnicht da ist, was nicht in der Figur liegt, so daß es mich überrascht, daß ich's sehen kann (mindestens, wenn ich später darüber reflektiere).

1029. Wenn das Sehen eines Aspekts einem Gedanken entspricht, dann kann es nur in einer *Welt* von Gedanken ein Aspekt sein.

1030. Wenn ich einen Aspekt beschreibe, so setzt die Beschreibung Begriffe voraus, die nicht zur Beschreibung der Figur selbst gehören.

1031. Ist es nicht merkwürdig, daß man bei der Beschreibung eines Gesichtseindrucks so ungemein selten das Wandern des Blicks in die Beschreibung einbezieht?! Es wird so gut wie nie einbezogen, wenn der Gegenstand klein, z.b. ein Gesicht ist; obgleich doch auch da der Blick fortwährend in Bewegung ist.

1032. Der Aspekt kann plötzlich wechseln und es folgt dem Wechsel dann ein neues Betrachten. Man ist sich, z.B., des Gesichtsausdrucks bewußt, *betrachtet* ihn.

1033. Ich kann z.b. eine Photographie anschauen und mich mit dem Ausdruck des Gesichts beschäftigen, ihn mir sozusagen zu Gemüt führen, ohne mir, oder einem Andern, dabei etwas zu sagen.
Ich lasse die Augen der Photographie zu mir sprechen. Ich sehe das Bild vielleicht zum ersten mal, als wirkliches Gesicht. 'Gehe auf den Ausdruck ein.' Frage nicht "Was geht dabei vor?", sondern "Was tut man mit dieser Äußerung?"

1034. Wir werden uns des Aspekts nur im Wechsel bewußt. Wie wenn sich Einer nur des Wechselns der Tonart bewußt ist, aber kein absolutes Gehör hat.

1035. Wenn man das Mittelmeer auf der Karte bei anderer Kolorierung nicht erkennt, so zeigt *das* nicht, daß hier *wirklich* ein anderer visueller Gegenstand vorliegt. (Köhlers Beispiel.)[1] Es könnte das höchstens einen plausiblen Grund für eine bestimmte *Ausdrucksweise* abgeben. Es ist eben nicht das Gleiche, zu sagen "Das zeigt, daß hier wirklich zweierlei gesehen wird" – und "Unter diesen Umständen wäre es besser, von 'zwei verschiedenen Gesichtsobjekten' zu reden".

[1] Köhler, *Gestalt Psychology*, S. 195ff.

it as a face, treat it as a face; whereas the peculiarity of the aspect is that I see something into a picture. So that one might say: I see something that isn't there at all, that does not reside in the figure, so that it may surprise me that I can see it (at least, when I reflect upon it afterwards).

1029. If the seeing of an aspect corresponds to a thought, then it is only in a *world* of thoughts that it can be an aspect.

1030. If I am describing an aspect, the description presupposes concepts which do not belong to the description of the figure itself.

1031. Is it not remarkable, that in describing a visual impression one so uncommonly seldom includes the roving of the gaze in the description?! It is as good as never included when the object is small, is, e.g. a face; although here too after all the gaze is continually shifting.

1032. This aspect may suddenly change and then a new looking follows the change. One is conscious of, e.g., the facial expression, one *contemplates* it.

1033. I may, e.g., be looking at a photograph and be occupied with the expression of the face, may so to speak bring it home to myself, without saying anything to myself or to anyone else as I do so.

I make the eyes of the photograph speak to me. Perhaps I am seeing the picture for the first time as a real face. 'Enter into the expression.' Ask, not "What goes on here?" but rather "What does one do with this utterance?"

1034. We become conscious of the aspect only when it changes. As when someone is conscious only of a change of note, but doesn't have absolute pitch.

1035. When one fails to recognize the Mediterranean on the map with a different colouring, *that* does not shew that there is *really* a different visual object before one. (Köhler's example.[1]) At most that might give a plausible ground for a particular *way of expressing oneself*. For it is not the same to say "That shews that here there are two ways of seeing" – and "Under these circumstances it would be better to speak of 'two different objects of sight'."

---

[1] Köhler, *Gestalt Psychology*, p. 195ff.

1036. Daß man einen Aspekt durch Gedanken hervorrufen kann, ist äußerst wichtig, obwohl es das Hauptproblem nicht löst.
Ja, es ist, als wäre der Aspekt ein unartikulierter Fortklang eines Gedankens.

1037. Ich höre zwei Leute reden, verstehe nicht, was sie sagen, höre aber das Wort "Bank". Nun nehme ich an, sie sprächen von Geld. (Das kann sich als richtig oder unrichtig herausstellen.) Habe ich damit das Wort "Bank" in *der* Bedeutung *gehört*?
Anderseits: Es spricht Einer in einer Art Spiel doppeldeutige Wörter ohne Zusammenhang; ich höre "Bank" und höre es in jener Bedeutung. Es ist beinahe, als wäre dies letztere ein wertloses Überbleibsel des ersten Vorgangs.

1038. Warum soll nicht die überwältigende Neigung, ein gewisses Wort in unserer Äußerung zu gebrauchen, bestehen? Und warum sollte dies Wort nicht dennoch irreführend sein, wenn wir über unser Erlebnis nachdenken?
Ich meine: Warum sollen wir nicht "sehen" sagen wollen, obwohl der Vergleich mit dem Sehen in mancher Weise nicht stimmt. Warum sollen wir nicht von einer Analogie beeindruckt sein, zum Nachteil aller Verschiedenheiten. Aber darum kann man sich auch nicht auf die Worte der Außerung berufen.
Die physiologische Betrachtung verwirrt hier nur. Weil sie von dem logischen, begrifflichen Problem ablenkt.

1039. Die Verwirrung in der Psychologie ist nicht damit zu erklären, daß sie eine "junge Wissenschaft" ist. Ihr Zustand ist mit dem der Physik, z.B., in ihrer Frühzeit garnicht zu vergleichen. Eher mit dem gewissen Zweige der Mathematik. (Mengenlehre.) Es besteht da nämlich einerseits eine gewisse experimentelle Methode, anderseits Begriffsverwirrung, so wie in manchen Teilen der Mathematik Begriffsverwirrung und Beweismethoden. Während man aber in der Mathematik ziemlich sicher sein kann, daß ein Beweis von Wichtigkeit sein wird, auch wenn er noch nicht recht verstanden ist, ist man in der Psychologie der Fruchtbarkeit der Experimente durchaus nicht sicher. Vielmehr besteht in ihr Problematisches, und Experimente, die man für die Methode der Lösung der Probleme ansieht, auch wenn sie an dem, was uns beunruhigt, ganz vorbeigehen. [Vgl. PU, S. 232a.]

1040. Man könnte dazu verführt werden zu glauben, es gäbe eine bestimmte Art und Weise, wie man Jahreszahlen ausspricht, einen bestimmten Tonfall oder dergleichen. Denn eine Zahl, etwa eine

1036. That an aspect can be summoned up by thoughts is extremely important, although it doesn't solve the problem.

It is as if the aspect were an inarticulate reverberation of a thought.

1037. I hear two people talking, don't understand what they are saying but hear the word "bank". Now I take it for granted that they are talking about money. (This may turn out right or wrong.) Does that mean that I *heard* the word "bank" in *that* meaning?

On the other hand: someone is speaking in a kind of game, uttering words of double meaning out of any context; I hear the word "bank" and hear it in that meaning. It is almost as if this last were a worthless vestige of the first proceeding.

1038. Why shouldn't the overwhelming inclination exist, to use a certain word in our utterance? And why shouldn't this word, nevertheless, be misleading, when we are reflecting on our experience?

I mean: Why should we not want to say "see" although the comparison with seeing is in many ways wrong? Why should we not be impressed by an analogy, to the detriment of all the differences? But for that reason one can't appeal to the words of the utterance.

Physiological consideration here is merely confusing. Because it distracts us from the logical, conceptual problem.

1039. The confusion in psychology is not to be explained by its being a "young science". Its state isn't at all to be compared with, e.g., that of physics in its early period. Rather with that of certain branches of mathematics. (Set theory.) For there exists on the one hand a certain experimental method, and the other hand conceptual confusion; as in some parts of mathematics there is conceptual confusion and methods of proof. While, however, in mathematics one may be pretty sure that a proof will be important, even if it is not yet rightly understood, in psychology one is completely uncertain of the fruitfulness of the experiments. Rather, in psychology there is what is problematic and there are experiments which are regarded as methods of solving the problems, even though they quite by-pass the thing that is worrying us. [Cf. P.I. p. 232.]

1040. One might get tempted to believe that there was a particular kind of way in which one pronounces dates, a particular cadence or something of that sort. For to me a number like 1854, say the number

Hausnummer, wie 1854 kann für mich etwas Jahreszahlhaftes an sich haben. Man könnte glauben, unser Erlebnis sei das einer bestimmten Einstellung des Geistes, die ihn für eine bestimmte Tätigkeit bereit macht; zu vergleichen also der Stellung des Körpers vor dem Sprung. Hier ist ein sehr verlockender Irrtum. Es ist Erfahrungstatsache, daß *diese* Stellung eine häufige, oder zweckmäßige Vorbereitung für *diese* Tätigkeit ist. Wir aber haben nicht gelernt, daß dies Gefühl, diese Erfahrung, eine zweckdienliche Vorbereitung der und der Anwendung der Figur, Zahl, etc. ist. Ausdrücke wie "Es ist, als zitterte in dem Erlebnis bereits die künftige Verwendung", "Es ist, als innervierten wir schon die Muskeln zu dieser bestimmten Tätigkeit", etc. etc. sind nur paraphrasierte *Äußerungen* des Erlebnisses. (Als sagte man "Die Liebe zu ... glüht mir im Herzen.") – Hier haben wir übrigens eine Andeutung des Ursprungs der Innervationsempfindung, die das Bewußtsein des Willenakts ausmachen soll.

1041. Ich sage beim Erkennen eines Menschen: "Jetzt seh ich's – es sind dieselben Züge, nur ..." – und es folgt eine Beschreibung der tatsächlichen Veränderungen. – Denk dir, ich sagte "Das Gesicht ist runder, als es war" – soll ich sagen, es ist eine Eigentümlichkeit des Gesichtsbildes, des Gesichtseindrucks, die mir das zeigt? Freilich, man wird sagen: "Nein; hier kommt ein Gesichtsbild in eine Erinnerung zusammen." Aber wie kommen diese zusammen? Ja – es ist *als ob* hier zwei Bilder verglichen würden. Aber es werden nicht zwei Bilder verglichen; und würden sie's, so müßte man noch immer eines als das des früheren Gesichts anerkennen.

1042. Ich kann doch sagen: Ich sehe, daß diese Figur in jener enthalten ist, kann sie aber nicht darin sehen. Diese Beschreibung paßt wohl für diese Figur, aber doch kann ich die Figur nicht der Beschreibung gemäß *sehen*.

Und "sehen" heißt hier auch nicht "mit einem Schlag erkennen". Denn es könnte wohl sein, daß jemand nicht im Stande wäre, auf den ersten Blick die eine Figur in der andern zu sehen, daß er dies aber könnte, *nachdem* er das Enthaltensein, sozusagen stückweise, erkannt hätte.

1043. Teile ich ihm mittels der beiden Bilder mit, die eine Figur sei in der andern enthalten, oder, ich erkenne, daß es so sei, so teile ich ihm damit nicht mit, ich sehe die eine in der andern. Worin liegt der Unterschied der beiden Mitteilungen? (Ihr Wortausdruck muß sich nicht unterscheiden.)

of a house, may have something date-like about it. One might believe that our experience is that of a particular mental adjustment, which makes the mind ready for a particular activity; and so it is to be compared to the posture of the body before jumping. This is a very enticing error. It is a fact of experience that *this* posture is a frequent or appropriate preparation for *this* activity. But we did not learn that this feeling, this experience, is a serviceable preparation for such-and-such an application of the figure, the number, etc. Expressions like "It is as if the experience were already a-quiver with the future application", "It is as if we were already innervating the muscles for this particular activity," etc. etc. are only paraphrased *expressions* of the experience. (As if someone were to say "My heart is glowing with love for . . .".) Here, moreover, we have an indication of the origin of the sensation of innervation which is supposed to constitute the consciousness of the act of will.

1041. As I recognize someone I say: "Now I see – the features are the same, only . . ." and there follows a description of the changes that are in fact there. – Suppose I said "The face is rounder than it was" – am I to say it is some peculiarity of the optical picture, of the visual impression, that shews me this? Of course it will be said: "No, here an optical picture comes together with a memory." But how do these two things come together? Isn't it *as if* two pictures were getting compared here? But there aren't two pictures being compared; and if there were, one would still have to keep on recognizing one of them as the picture of the earlier face.

1042. I may, however, say: I see that this figure is contained in that one, but I can't *see* it in it. This description is a proper one for this figure, but still I can't *see* the figure according to the description.
And here "seeing" doesn't mean "recognizing in a flash" either. For it might well be that someone was unable to see the one figure in the other at first glance, but that he could do this *after* he had, as it were piecemeal, recognized the containment of the one by the other.

1043. If I use the two pictures to inform him that the one figure is contained in the other, or that I recognize that it is so, I don't thereby inform him that I see the one in the other. Wherein resides the difference between the two pieces of information? (Their verbal expression need not differ.)

1044. Ich kann die Figur █ nicht als Vereinigung von

☐█ und █☐ sehen, die zusammengeschoben sind, daß sie sich halb überdecken, so daß das mittlere schwarze Feld gleichsam doppelt gilt. Wenn nun Einer sagte, er könne die Figur so sehen, könnte ich dies nicht verstehen? Könnte ich es glauben? Sollte ich sagen, dies sei möglich – auch wenn mir derlei noch nie vorgekommen ist? Müßte ich sagen "Du meinst eben mit 'so-sehen' etwas anderes als ich"? – Und wenn ich es annähme, was wüßte ich nun, was könnte ich damit anfangen? (Eine physiologische Verwendung ist natürlich wieder vorstellbar.)

1045. Hierher gehört die Frage "Was würde mir Einer mitteilen, der sagte, er könne ein regelmäßiges 50-Eck als solches *sehen*"? Wie würde man seine Aussage prüfen? Was als Prüfung gelten lassen? Mir scheint, es könnte nun sein, daß man *gar nichts* als Bestätigung dieser Aussage annehmen würde.

1046. "Für mich ist es jetzt *dieses* Ornament." Das "dieses" muß erklärt werden durch Hinweis auf eine *Klasse* von Ornamenten. Man kann etwa sagen "Es sind weiße Bänder auf etwas Schwarzem". Ja – anders ist es nicht zu erklären. Obgleich man sagen möchte: "Es muß doch einen einfacheren Ausdruck für das geben, was ich sehe!" Und vielleicht gibt es ihn auch. Denn vor allem könnte man den Ausdruck "hervortreten" benützen. Man kann sagen "Diese Teile treten hervor". Und nun kann man sich ja eine primitive Reaktion eines Menschen denken, der dies nicht durch Worte ausdrückt, sondern etwa auf die 'hervortretenden' Teile mit dem Finger und einer besondern Gebärde deutet. Aber dieser primitive Ausdruck wäre damit noch nicht *äquivalent* dem Wortausdruck "weißes Bandornament".

1047. Es wäre aber auch *das* möglich: daß eine große Menge von Ausdrücken, Begriffen, für jemand in diesem Fall ganz gleichbedeutend wären. Und sollte man in *diesem* Fall sagen, der beschriebene Aspekt sei rein optisch?

1048. Es ist aber die Frage: warum die primitive Reaktion des Deutens mit dem Finger ein Ausdruck des so-Sehens genannt werden soll. Ohne weiteres wird man sie doch so nicht nennen können. Nur wenn sie sich mit andern Ausdrücken vereinigt.

1049. Denke, es drückte Einer das so-Sehen immer durch eine Erinnerung aus! Er sagte z.B., jetzt erinnere ihn die Figur an dies,

1044. I cannot see the figure ⊞ as a union of ▢ and

▣ which are pushed together in such a way that they are half super-imposed, so that the middle black region as it were counts as doubled. If now someone said he could see the figure this way could I not understand this? Could I believe it? Should I say that this is possible – even if nothing of the kind has ever happened to me? Need I say "You just mean something different by 'seeing this way' from what I mean by it"? And if I did accept it, what should I now know, what could I do with it? (A physiological application is of course again imaginable.)

1045. Here belongs the question "What information would anyone be giving me, who said that he could *see* a regular 50-gon as such? How would one test his statement? What allow to count as a test?

It seems to me possible that one would accept *nothing at all* as confirmation of this statement.

1046. "For me· it is *this* ornament now." The "this" must be explained by indicating a *class* of ornaments. One may perhaps say "There are white stripes on something black". No, there isn't any other account of it to give. Although one would like to say: "There must surely be a simpler expression of what I am seeing!" And perhaps there is too. For in the first place one might use the expression "to stand out". One can say "These parts stand out". And now, can't one imagine a primitive reaction of a human being, who did not use words to express this, but rather indicated the parts that "stand out" with his finger, and a special gesture. But that would not make this primitive expression *equivalent* to the verbal expression "white-stripe-ornament".

1047. But this too would be possible: a great collection of expressions, of concepts, might be quite equivalent in meaning for someone in this case. And if *that* were the case, ought one to say that the described aspect is purely optical?

1048. The question is, however: why the primitive reaction of pointing with the finger is to be called an expression of seeing-as. One will surely not be able to call it so without more ado. Only when it is combined with other expressions.

1049. Imagine someone always used a memory to express seeing-as. That he said, e.g., that the figure reminded him now of this now of

jetzt an jenes, was er einmal gesehen habe. Was könnte ich mit *dieser* Mitteilung anfangen? Kann mich etwas eine halbe Stunde lang an diesen Gegenstand erinnern? Es sei denn, daß ich mich mit dieser Erinnerung beschäftige.

1050. Wenn es sich nun so verhält, daß es ein Bedeutungserlebnis zwar gibt, dies aber etwas nebensächliches ist, – wie kann es dann so sehr wichtig scheinen? Kommt das daher, daß dies Phänomen einer gewissen primitiven Deutung unserer Grammatik (Sprachlogik) entgegenkommt? So wie man sich oft vorstellt, es müsse die Erinnerung an ein Ereignis ein inneres Bild sein, und wie ja so ein Bild manchmal wirklich existiert.

1051. Wie verschwommen auch mein Gesichtsbild sein mag, so muß es doch *eine bestimmte* Verschwommenheit haben, so muß es doch ein bestimmtes Gesichtsbild sein. Das heißt wohl, es muß einer genau passenden Beschreibung fähig sein, wobei eben die Beschreibung die gleiche Vagheit haben müsse, wie das Beschriebene. – Aber nun wirf einen Blick auf das Bild und gib eine in diesem Sinne passende Beschreibung! Diese Beschreibung sollte eigentlich ein *Bild*, eine Zeichnung sein! Aber hier handelt sich's eben nicht um eine verschwommene Kopie eines verschwommenen Bildes. Was wir sehen, ist in ganz anderm Sinne unklar. Und ich glaube, die Lust, von einem privaten Gesichtsobjekt zu reden, könnte einem vergehen, wenn man öfter an dies Gesichtsbild dächte.

Die Abbildungsweise, die sonst möglich ist, ist eben hier nicht möglich.

1052. Wenn ich sage "Er hat sich im Park auf die Bank gesetzt", so ist es freilich schwierig, dabei an eine Geldbank zu denken, sich eine vorzustellen; aber das beweist nicht, daß man sich sonst eine andere Bank vorgestellt hätte.

Es könnte uns z.B. leicht fallen, während des Redens gewisse Bilder zu zeichnen, die der Rede entsprechen, und sehr schwer, dabei Bilder zu zeichnen, die der Absicht, oder dem Zusammenhang der Rede zuwider sind. Aber das würde nicht beweisen, daß wir beim Reden immer zeichnen.

1053. Wenn ich jetzt beim Überlegen dieser Frage allein den Satz ausspreche "Du mußt das Geld in die Bank legen" und ihn so und so meine, – heißt das, daß in mir beim Aussprechen des Satzes das Gleiche vorgeht, wie wenn ich den Satz bei einer wirklichen Gelegenheit jemand in dieser Bedeutung sage? Was könnte so eine Annahme rechtfertigen? Höchstens, daß ich danach sage "Ich habe

that, which he once saw. What could I do with *this* information? Can something remind me of this object for half-an-hour together? – supposing I am not occupying myself with this memory.

1050. If now the situation is that, while there *is* such a thing as an experience of meaning, this after all is something incidental, how in that case can it seem so very important? Does that come of the fact that this phenomenon accommodates a certain primitive interpretation of our grammar (the logic of our language)? Just as one often imagines that the memory of an event must be an internal picture – and such a picture does sometimes really exist.

1051. However blurred my visual picture, it must surely have *a determinate blurredness*, so it must after all be a determinate picture. That presumably means it must be capable of having a description that fits it exactly; the description would then first have to have the same vagueness as the thing described. – But now cast a glance at the picture and give a description that in this sense fits exactly. This description ought properly to have been a *picture*, a drawing! But here what is in question just isn't a blurred copy of a blurred picture. What we see is unclear in a quite different sense. And I believe that the desire to speak of a private visual object might fade for someone, if he thought oftener about this visual scene. The thing is: the method of projection which is possible elsewhere is not possible here.

1052. When I say "He sat on a bank in the grounds", of course one finds it difficult to think of a money-bank here, or to imagine one; but that doesn't prove that one would otherwise have imagined a different bank.

It might, e.g., come easy to us in talking to draw certain pictures corresponding to our talk, and it might be very difficult to draw pictures that conflicted with the intention or the context of what we said. But that wouldn't prove that we always draw while we talk.

1053. If, as I consider this question, I now pronounce all by itself the sentence "You must put the money in the bank", and I mean it in such-and-such a way – does that mean that the same thing is going on in me when I pronounce the sentence as when I say the sentence with this meaning to someone on a real occasion? What might justify such an assumption? At most, that I then say "Just now I meant the

das Wort... jetzt in der Bedeutung... gemeint". Und hier handelt sich's doch um eine Art optischer Täuschung! Denn, was mich im praktischen Gebrauche zu dieser Feststellung berechtigt, ist ja nicht ein das Sprechen begleitender Vorgang. Wenn auch Vorgänge das Sprechen begleiten können, die auf diese Bedeutung hinweisen. (Die Richtung des Blicks z.B.)

1054. Die Schwierigkeit ist, sich unter den Begriffen der 'psychologischen Erscheinungen' auszukennen.

Sich unter ihnen zu bewegen, ohne immer wieder gegen ein Hindernis anzurennen.

D.h., man muß die Verwandtschaften und Unterschiede der Begriffe *beherrschen*. Wie Einer den Übergang von jeder Tonart in jede beherrscht, von der einen in die andere moduliert.

1055. "Ich habe jetzt das Wort ... in der Bedeutung ... ausgesprochen" – Wie weißt du, daß du's getan hast? Wie, wenn du dich geirrt hast? Wie hast du denn gelernt, es in der Bedeutung auszusprechen?

Wer sagt "Ich habe jetzt das Wort in *der* Bedeutung isoliert gesprochen", der spielt ein gänzlich anderes Sprachspiel, als der, welcher mir mitteilt, er habe mit dem Wort in jenem Bericht, oder Befehl, *das* gemeint.

Und nun ist es also wesentlich, oder unwesentlich, daß er auch im ersten Falle das Wort "meinen" gebraucht. Ist es wesentlich, dann ist dies erste Sprachspiel sozusagen eine Spiegelung des zweiten.

Etwa, wie die Schachpartie auf der Bühne eine Spiegelung einer wirklichen Schachpartie genannt werden könnte.

1056. Schach in der Vorstellung mit dem Andern spielen: Beide Spieler spielen in der Vorstellung und stimmen miteinander darin überein, *dieser* habe gewonnen, dieser verloren. Sie können dann Beide aus dem Gedächtnis die Partie übereinstimmend reproduzieren, sie aufschreiben, erzählen. – Denke Tennis so gespielt. Es wäre möglich. Nur natürlich keine Übung für die Muskeln. (Obwohl sich auch das denken ließe.) Wichtig ist, daß man auch beim 'Tennis in der Vorstellung' wird sagen können "*Es ist mir gelungen*, den Ball...".

1057. Ich könnte doch von einer Schachpartie träumen, der Traum hat mir aber vielleicht nur einen Zug des Spiels gezeigt. Dennoch hätte ich geträumt: ich habe eine Schachpartie gespielt. Man wird dann sagen "Du hast sie nicht wirklich gespielt, du hast es geträumt". Warum sollte man nicht auch sagen "Du hast das Wort nicht wirklich so gemeint, du hast es nur geträumt"?

word . . . in the meaning . . .". And here the question surely is one of a kind of optical illusion! What justifies that observation in practice is certainly not a process that accompanies the speaking. Even though there may be processes accompanying speech, which point towards this meaning. (The direction of my glance, for example.)

1054. The difficulty is to know one's way about among the concepts of 'psychological phenomena'.

To move about among them without repeatedly running up against an obstacle.

That is to say: one has got to *master* the kinships and differences of the concepts. As someone is master of the transition from any key to any other one, modulates from one to the other.

1055. "Just now I spoke the word . . . in the meaning . . .". – How do you know you did? Suppose you've made a mistake? How did you learn to speak it in *that* meaning?

If anyone says "Just now I spoke the word in isolation in *that* meaning", he is playing a totally different language-game from someone who tells me he meant *this* by this word in that report or order.

And so now it is either essential, or inessential, that he also uses the word "to mean" in the first case. If it is essential, then this first language-game is a reflection of the second one.

Say, as a chess-game on the stage may be called a reflection of a real chess-game.

1056. Playing mental chess with someone else: both parties play in the imagination and agree that *this* player won, this one has lost. They are then both able to reproduce the game from memory, agreeing with one another; they can write it down or narrate it. – Think of tennis played like that. It would be possible. Only of course it wouldn't be any sort of muscular exercise. (Although even that might be imagined.)—It is important that even with 'tennis in the imagination' one will be able to say "*I succeeded in* . . . the ball".

1057. I might dream of a game of chess; but perhaps the dream only shewed me a single move of the game. Nevertheless I would have dreamt: that I played a game of chess. In that case it will be said: "You didn't really play it. You dreamt it." Why shouldn't it also be said "You didn't really mean the word that way, you only dreamt it"?

1058. Vor Gericht, z.B., könnte die Frage erörtert werden, wie *Einer* ein Wort gemeint habe, und es kann auch aus gewissen Tatsachen geschlossen werden, er habe es *so* gemeint. Es ist eine Frage der *Absicht*. Könnte aber auch jenes andere geträumte *Meinen* diese Wichtigkeit haben? [Vgl. PU, S. 214e.]

1059. Aber wie ist es: Wenn ich ein Gedicht, oder ausdrucksvolle Prosa lese, besonders wenn ich sie laut lese, so geht doch beim Lesen etwas vor, was nicht vorgeht, wenn ich die Sätze nur ihrer Information wegen überfliege. Ich kann doch, z.B., einen Satz mehr, oder weniger eindringlich lesen. Ich bemühe mich den Ton genau zu treffen. Dabei sehe ich oft ein Bild, gleichsam eine Illustration, vor mir. Ja ich kann auch einem *Wort* einen Ton verleihen, der seine Bedeutung, beinahe als wäre das Wort ein Bild, hervortreten läßt. Man könnte sich selbst eine Schreibweise denken, in der gewisse Wörter durch bildlich Zeichen ersetzt und so hervorgehoben werden. Ja dies geschieht manchmal, wenn wir ein Wort unterstreichen, oder es im Satz förmlich auf ein Postament stellen. (("... there lay a something. ...")) [Vgl. PU, S. 214g.]

1060. Wenn ich beim ausdrucksvollen Lesen dies Wort ausspreche, so ist es sozusagen mit seiner Bedeutung angefüllt. Und nun könnte man fragen: "Wie *kann* das sein?" [Vgl. PU, S. 215a.]

1061. "Wie kann das sein, wenn Bedeutung das ist, was du glaubst?" Der Gebrauch eines Wortes kann das Wort nicht begleiten, oder anfüllen. Und nun kann ich antworten: Mein Ausdruck war bildlich gebraucht. – Aber das Bild *drängte sich mir auf. Ich will sagen*: Das Wort war von seiner Bedeutung erfüllt. Wie ich dazu komme, das sagen zu wollen, ließe sich vielleicht erklären.

Warum aber soll ich dann nicht auch 'sagen wollen': ich habe das Wort (isoliert) in *dieser* Bedeutung ausgesprochen? [Vgl. PU, S. 215a.]

1062. Warum soll mich eine bestimmte Technik der Verwendung der Worte "Bedeutung", "meinen" und anderer nicht dazu führen, diese Worte sozusagen in einem bildlichen, uneigentlichen Sinne zu gebrauchen? (So wie ich sage, der Laut *e* ist gelb.) Ich meine aber nicht: es sei ein *Irrtum* – ich habe das Wort nicht *wirklich* in dieser Bedeutung ausgesprochen, sondern mir's nur eingebildet. Nicht so ist es. Ich bilde mir ja auch nicht bloß ein, es werde im "Nathan"[1] Schach gespielt.

[1] Lessing: *Nathan der Weise*. (*Herausg.*)

1058. In a law-court, e.g., the question might be gone into how someone meant a word, and it may also be inferred from certain facts that he meant it *this* way. It is a question of intention; but could that other case of *meaning* something, where I dreamt of meaning it, have the same importance? [Cf. P.I. p. 214e.]

1059. But how about this: when I read a poem, or some expressive prose, especially when I read it out loud, surely there is something going on as I read it which doesn't go on when I glance over the sentences only for the sake of their information. I may, for example, read a sentence with more intensity or with less. I take trouble to get the tone exactly right. Here I often see a picture before me, as it were an illustration. And may I not also utter a word in such a tone as to make its meaning stand out like a picture? A way of writing might be imagined, in which some signs were replaced by pictures and so were made prominent. This does actually happen sometimes, when we underline a word or positively put it on a pedestal in the sentence. (("... there lay a something. ...")) [Cf. P.I. p. 214g.]

1060. When I am reading expressively and I pronounce this word, it is, so to speak, filled brimful with its meaning. And now it might be asked "How *can* that be?" [Cf. P.I. p. 215a.]

1061. "How can that be, if meaning is what you believe?" The use of a word can't accompany it or fill it brimful. And now I may reply: my expression was picturesque. – But the picture *forced* itself *on me. I want to say*: the word was filled with its meaning. There might perhaps be some explanation of how it comes about that I want to say that.

But why, then, am I not supposed to '*want to say*': I pronounced the (isolated) word with *this* meaning? [Cf. P.I. p. 215a.]

1062. Why shouldn't a particular technique of employment of the words "meaning", "to mean" and others lead me to use these words in, so to speak, a picturesque, improper, sense? (As when I say that the sound *e* is yellow.) But I don't mean: it is a *mistake* – I didn't *really* pronounce the word in this meaning, I only imagined I did. That's not how it is. For I don't merely imagine, either, that there is a game of chess in "Nathan".[1]

---

[1] Lessing, *Nathan the Wise*. (*Eds.*)

1063. Das Denken in den Begriffen physiologischer Vorgänge ist für die Klarstellung der begrifflichen Probleme in der Psychologie höchst gefährlich. Das Denken in physiologischen Hypothesen spiegelt uns manchmal falsche Schwierigkeiten, manchmal falsche Lösungen vor. Die beste Kur dagegen ist der Gedanke, daß ich garnicht weiß, ob die Menschen, die ich kenne, wirklich ein Nervensystem haben.

1064. Der Fall der 'erlebten Bedeutung' ist *verwandt* dem des Sehens einer Figur als dies, oder jenes. Wir müssen diese begriffliche Verwandtschaft beschreiben; daß eigentlich beidemal das Gleiche vorliege, sagen wir nicht.

1065. Wenn du dein F so schreibst $\mathcal{T}$, meinst du es als 'verschobenes' F, oder als Spiegel-F? – *Willst* du, daß es nach rechts, oder daß es nach links schaue? – Die zweite Frage bezieht sich *offenbar* nicht auf einen Vorgang, der das Schreiben begleitet. Bei der ersten Frage *könnte* man so einen Vorgang denken.

1066. "Ich sehe, daß das Kind den Hund anrühren will, sich aber nicht recht traut." Wie kann ich das sehen? – Ist diese Beschreibung des Gesehenen auf gleicher Stufe mit einer Beschreibung sich bewegender Formen und Farben? Liegt ein Deuten vor? Nun, bedenke, daß du ja auch einen Menschen *nachmachen* kannst, der etwas angreifen möchte, sich aber nicht traut! Und was du nachmachst ist doch ein Benehmen. Aber du wirst dies Benehmen *charakteristisch* vielleicht nur in einem weiteren Zusammenhang nachahmen können.

1067. Man wird auch sagen können: Was diese Beschreibung sagt, wird sich irgendwie in der Bewegung und dem übrigen Benehmen des Kindes, aber auch in der räumlichen und zeitlichen Umgebung, ausdrücken.

1068. Soll ich nun aber sagen, daß ich die Furchtsamkeit in diesem Benehmen – oder den Gesicht*sausdruck* – eigentlich 'sehe'? Warum nicht? Aber damit ist ja der Unterschied zweier Begriffe des Wahrgenommenen nicht geleugnet. Ein Bild des Gesichts könnte die Gesichtszüge sehr genau, den Ausdruck aber nicht richtig wiedergeben; es könnte aber auch der Ausdruck ähnlich sein und die Züge nicht gut getroffen. "Ähnlicher Ausdruck" faßt Gesichter ganz anders zusammen, als "ähnliche Anatomie".

1069. Die Frage ist natürlich nicht: "Ist es richtig, zu sagen 'ich *sehe* sein schlaues Blinzeln'?" Was sollte daran richtig oder falsch sein,

1063. Thinking in terms of physiological processes is extremely dangerous in connexion with the clarification of conceptual problems in psychology. Thinking in physiological hypotheses deludes us sometimes with false difficulties, sometimes with false solutions. The best prophylactic against this is the thought that I don't know at all whether the humans I am acquainted with actually have a nervous system.

1064. The case of 'meaning experienced' is *related* to that of seeing a figure as this or that. We have to describe this conceptual relationship; we are not saying that the same thing is under consideration in both cases.

1065. When you write your F like this: 7̶ do you mean it as a 'slipped' F or as a mirror F? Do you *mean* it to look to the right or the left? – The second question *obviously* does not refer to a process that accompanies the writing. With the first question, one *might* be thinking of such a process.

1066. "I see that the child wants to touch the dog, but doesn't dare." How can I see that? – Is this description of what is seen on the same level as a description of moving shapes and colours? Is an interpretation in question? Well, remember that you may also *mimic* a human being who would like to touch something, but doesn't dare. And what you mimic is after all a piece of behaviour. But you will perhaps be able to give a *characteristic* imitation of this behaviour only in a wider context.

1067. One will also be able to say: What this description says will get its expression somehow in the movement and the rest of the behaviour of the child, but also in the spatial and temporal surrounding.

1068. But now am I to say that I really 'see' the fearfulness in this behaviour – or that I really 'see' the facial expression? Why not? But that is not to deny the difference between two concepts of what is perceived. A picture of the face might reproduce its features very accurately, but not get the expression right; it might, however, be right as far as the expression goes and not hit the features off well. "Similar expression" takes faces together in a quite different way from "similar anatomy".

1069. Naturally the question isn't: "Is it right to say 'I *see* his sly wink'." What should be right or wrong about that, beyond the use of

außer der Gebrauch der deutschen Sprache? Wir werden auch nicht sagen: "Der naive Mensch hat ganz recht, wenn er sagt, er *sähe* den Gesichtsausdruck"!

1070. Anderseits möchte man aber sagen: Wir können doch den Ausdruck, die Schüchternheit des Benehmens, etc. *nicht in demselben Sinne* 'sehen', wie die Bewegung, die Formen und Farben. Was ist nun daran? (Physiologisch ist die Frage natürlich nicht zu beantworten.) Nun, man sagt eben von der Bewegung und auch von der Freude des Hundes, man sähe sie. Schließt man die Augen, so kann man weder das eine noch das andere sehen. Sagt man aber von dem, er habe alles gesehen, was zu *sehen* ist, der die Bewegung des Hundes auf irgendeine Weise genau im Bilde wiedergeben könnte, dann müßte *der* die Freude des Hundes nicht erkennen. Ist also die ideale Darstellung des Gesehenen die photographisch (metrisch) genaue Wiedergabe im Bild, dann könnte man sagen wollen: "ich sehe die Bewegung, und *merke* irgendwie die Freude."

Aber bedenke doch, in welcher Bedeutung wir das Wort "sehen" gebrauchen lernen. Wir sagen doch gewiß, wir sehen diesen Menschen, diese Blume, während unser Gesichtsbild – die Farben und Formen – sich stetig und zwischen den weitesten Grenzen ändern. Nun, so gebrauchen wir eben das Wort "sehen". (Glaub nicht, du kannst einen bessern Gebrauch dafür finden, – einen phänomenologischen!)

1071. Lerne ich nun die Bedeutung des Wortes "traurig" – auf's Gesicht angewendet – ganz so, wie die Bedeutung von "rund" oder "rot"? Nein, nicht ganz so, aber doch ähnlich. (Ich reagiere ja auch anders auf die Traurigkeit des Gesichts, als auf die Röte.)

1072. Schau eine Photographie an; frag dich, ob du nur die Verteilung von dunklern und hellern Flecken, oder auch den Gesichtsausdruck siehst! Frag dich, was du siehst: Wie wäre es leichter darzustellen: durch eine Beschreibung jener Verteilung von Flecken, oder durch die Beschreibung eines menschlichen Kopfes; und wenn du nun vom Gesicht sagst, es lächle, – ist es leichter, die entsprechende Lage und Form der Gesichtsteile zu beschreiben, oder selbst zu lächeln?

1073. "Was ich *sehe*, kann nicht der Ausdruck sein, weil das Erkennen des Ausdrucks von meinem Wissen, meiner Kenntnis des menschlichen Benehmens im allgemeinen, abhängt." Aber ist dies nicht bloß eine geschichtliche Feststellung?

the English language? Nor are we going to say "The naif person is quite right to say he *saw* the facial expression"!

1070. On the other hand one would like to say: We surely can't 'see' the expression, the shy behaviour, *in the same sense* as we see movement, shapes and colours. What is there in this? (Naturally, the question is not to be answered physiologically.) Well, one does say, that one sees both the dog's movement and its joy. If one shuts one's eyes one can see neither the one nor the other. But if one says of someone who could accurately reproduce the movement of the dog in some fashion in pictures, that he saw all there was to *see, he* would not have to recognize the dog's joy. So if the ideal representation of what is seen is the photographically (metrically) exact reproduction in a picture, then one might want to say: "I see the movement, and somehow *notice* the joy."

But remember the meaning in which we learn to use the word "see". We certainly say we see this human being, this flower, while our optical picture – the colours and shapes – is continually altering, and within the widest limits at that. Now that just is how we do use the word "see". (Don't think you can find a better use for it – a phenomenalogical one!)

1071. Now do I learn the meaning of the word "sad" – as applied to a face – in just the same way as the meaning of "round" or "red"? No, not in quite the same way, but still in a similar way. (I do also react differently to a face's sadness, and to its redness.)

1072. Look at a photograph: ask yourself whether you see only the distribution of darker and lighter patches, or the facial expression as well. Ask yourself what you see: how would it be easier to represent it: by a description of that distribution of patches, or by the description of a human head; and when you say of the face that it is smiling – is it easier to describe the corresponding lie and shape of the parts of the face, or to smile yourself?

1073. "What I *see* can't be the expression, because the recognition of the expression depends on my knowledge, on my general acquaintance with human behaviour." But isn't this merely an historical observation?

1074. Ist es hier, als nähme ich eine 'vierte Dimension' wahr? Nun, ja und nein. Seltsam ist es aber eben nicht. Woraus du lernen sollst, daß das nicht seltsam ist, was einem beim Philosophieren so vorkommt. Wir nehmen an: das Wort . . . müßte doch eigentlich *so* gebraucht werden (*dieser* Gebrauch fällt uns als Prototyp ein) und dann finden wir den normalen Gebrauch höchst seltsam.

1075. "Was ich eigentlich *sehe*, muß doch das sein, was in mir durch Einwirkung des Objekts zustandekommt." – Das, was in mir zustandekommt, ist dann so etwas wie ein Abbild, etwas, was man selbst wieder *anschauen*, vor sich haben könnte. Beinahe so etwas wie eine *Materialisation*.

Und diese Materialisation ist etwas Räumliches und muß sich ganz in räumlichen Begriffen beschreiben lassen. Sie kann dann zwar lächeln, aber der Begriff der Freundlichkeit gehört nicht zu ihrer Darstellung, sondern ist dieser Darstellung *fremd* (wenn er ihr auch dienen kann). [Vgl. PU, S. 199g.]

1076. Wer z.B. imstande wäre, dieses Bildnis genau zu kopieren, – sollte ich von dem *nicht* sagen, er sähe alles, was ich sehe? Und er müßte den Kopf garnicht als Kopf, oder als etwas Räumliches ansprechen; und wenn auch das, so brauchte ihm der Ausdruck nichts zu sagen. Und wenn dieser nun zu mir spricht, – sollte ich sagen, ich sehe mehr, als der Andere?

Ich *könnte* es sagen.

1077. Aber ein Maler kann doch ein Auge malen, daß es starrt; so muß also sein Starren sich durch die Verteilung der Farbe auf der Fläche beschreiben lassen. Aber wer es malt, muß diese Verteilung nicht beschreiben können.

1078. Verstehen eines Musikstücks – Verstehen eines Satzes.

Man sagt, ich verstehe eine Redeweise nicht wie ein Einheimischer, wenn ich zwar ihren Sinn kenne, aber, z.B., nicht weiß, was für eine Klasse von Leuten sie verwenden würde. Man sagt in so einem Falle, ich kenne die genaue Schattierung der Bedeutung nicht. Wenn man aber nun dächte, man empfände beim Aussprechen des Wortes etwas anderes, wenn man diese Schattierung kennt, so wäre dies wieder unrichtig. Aber ich kann z.B. unzählige Übergänge machen, die der Andere nicht machen kann.

1079. Man möchte doch sagen: "Das Seelenleben des Menschen läßt sich garnicht beschreiben; es ist so ungemein kompliziert und voll von kaum greifbaren Erlebnissen. Es gleicht großenteils einem Brauen

1074. Is it here as if I were perceiving a 'fourth dimension'? Well, yes and no. Queer, however, it is *not*. From which you ought to learn that what strikes someone as queer when he is philosophizing is not queer. We make the assumption: the word . . . would really have to be used like *this* (*this* use strikes us as a prototype) and then we find the normal use extremely queer.

1075. "What I properly *see* must surely be what is produced in me by influence of the object" – In that case what is produced in me is something like a copy, something that one can oneself in turn *look at*, have before him. Almost something like a *materialization*.

And this materialization is something spatial and must be describable in its entirety by the use of spatial concepts. Then, while it may smile, the concept of friendliness has no part in the representation of it, but is rather *alien* to this representation (even though this concept may subserve this representation.). [Cf. P.I. p. 199g.]

1076. If someone were capable of making an exact copy of this portrait – should I *not* say he saw everything that I did? And he wouldn't have to allude to the head as a head or as something three-dimensional, at all; and even if he does, the expression need not say anything to him. And if it does speak to me – should I say I see more than the other?

I *might* say so.

1077. But a painter can paint an eye so that it stares; so its staring must be describable by the distribution of colour on the surface. But the one who paints it need not be able to describe this distribution.

1078. Understanding a piece of music – understanding a sentence.

I am said not to understand a form of speech like a native if, while I do know its sense, I yet don't know, e.g., what class of people would employ it. In such a case one says that I am not acquainted with the precise shade of meaning. But if one were now to think that one has a different sensation in pronouncing the word if one knows this shade of meaning, this would again be incorrect. But there are, e.g., innumerable transitions which I can make and the other can't.

1079. But one would like to say: "Human mental life can't be described at all; it is so uncommonly complicated and full of scarcely graspable experiences. In great part it is like a brewing of coloured

farbiger Nebel, in dem jede Form nur Durchgang zu anderen Formen, zu anderen Durchgängen ist. – Ja, nimm nur das visuelle Erlebnis! Dein Blick wandert beinahe unaufhörlich; wie könntest du es beschreiben?" – Und doch beschreibe ich's! – "Aber das ist nur eine ganz rohe Beschreibung, sie beschreibt dein Erlebnis eigentlich nur in den gröbsten Zügen." – Aber ist dies eben nicht, was ich Beschreibung meines Erlebnisses *nenne*? Wie komme ich denn zum Begriff einer Art Beschreibung, die ich unmöglich geben kann?

1080. Denk, du blickst auf strömendes Wasser. Das Bild der Oberfläche ändert sich fortwährend. Lichte und Dunkelheiten tauchen überall auf und verschwinden. Was würde ich eine 'genaue Beschreibung' dieses Gesichtsbildes nennen? Ich würde nichts so nennen. Sagt Einer, er läßt sich nicht beschreiben, so kann man antworten: Du weißt nicht, was eine Beschreibung zu nennen wäre. Denn die genaueste Photographie, z.B., würdest du nicht als *genaue* Darstellung deines Erlebnisses anerkennen. Genauigkeit gibt es in diesem Sprachspiel nicht. (Nämlich so, wie ein Rössel nicht im Damespiel.)

1081. Die Beschreibung des Erlebnisses beschreibt nicht einen Gegenstand. Sie kann sich der Beschreibung eines Gegenstands bedienen. Und dieser Gegenstand ist manchmal der, welchen man anschaut, manchmal (Photographie) nicht.
   Der Eindruck – möchte ich sagen – sei kein Gegenstand.

1082. Wir lernen Gegenstände beschreiben, und dadurch, in anderm Sinne, unsere Empfindungen.

1083. Ich schaue in das Okular eines Instruments und zeichne, oder male ein Bild dessen, was ich sehe. Wer es ansieht, kann sagen: "Also *so* schaut es aus" – aber auch "Also *so* erscheint es dir".
   Ich könnte das Bild eine Beschreibung des Angeschauten, aber auch eine Beschreibung meines Gesichtseindrucks, nennen.

1084. "Der Eindruck ist verschwommen" – 'also ist der Gegenstand in meinem Bewußtsein verschwommen'.

1085. Den Eindruck kann man nicht betrachten, darum ist er kein Gegenstand. (Grammatisch.) Denn man betrachtet den Gegenstand nicht, um ihn zu ändern. (Das ist eigentlich, was Leute damit meinen: die Gegenstände existierten 'unabhängig von uns'.)

clouds, in which any shape is only a transition to other shapes, to other transitions. – Why, take just visual experience! Your gaze wanders almost incessantly, how could you describe it?" – And yet I do describe it! – "But that is only a quite crude description, it gives only the coarsest features of your experience." – But isn't this just what I *call* description of my experience? How then do I arrive at the concept of a kind of description that I cannot possibly give?

1080. Imagine looking at flowing water. The picture presented by the surface keeps on changing. Lights and darks everywhere appear and disappear. What would I call an 'exact description' of this visual picture? There's nothing I would call that. If someone says it can't be described, one can reply: You don't know what it would be right to call a description. For you would not acknowledge the most exact photograph as an *exact* representation of your experience. There is no such thing as exactness in this language-game. (As, that is, there is no knight in draughts.)

1081. The description of the experience doesn't describe an object. It may subserve a description. And this object is sometimes the one that one is looking at, and sometimes (photography) not.
The impression – one would like to say – is not an object.

1082. We learn to describe objects, and thereby, in another sense, our sensations.

1083. I look into the eye-piece of an instrument and draw or paint a picture of what I see. Whoever looks at it can say: "So *that's* how it looks" – but also "So *that's* how it looks to you".
I might call the picture a description of what I was looking at, but also a description of my visual impression.

1084. "The impression is blurred" – 'so the object in my consciousness is blurred'.

1085. One can't look at the impression, that is why it is not an object. (Grammatically.) For one doesn't look at the object to alter it. (That is really what people mean when they say that objects exist 'independently of us'.) [Cf. Z 427.]

1086. "Der Sessel ist der gleiche, ob ich ihn betrachte oder nicht" –
das *müßte* nicht wahr sein. Menschen werden oft verlegen, wenn man
sie anschaut. "Der Sessel fährt fort zu existieren, ob ich ihn anschaue
oder nicht." Das könnte ein Erfahrungssatz, oder es könnte
grammatisch aufzufassen sein. Man kann aber auch einfach an den
begrifflichen Unterschied zwischen Sinneseindruck und Objekt dabei
denken. [Vgl. Z 427.]

1087. Deutsche Hauptwörter in kleinem Druck bei gewissen modernen Dichtern. Ein deutsches Hauptwort in kleinem Druck sieht
fremdartig aus, man muß es aufmerksam lesen, um es zu erkennen. Es
soll uns *neu* vorkommen, als hätten wir es jetzt zum ersten Mal
gesehen. – Was aber interessiert mich daran? Dies, daß der Eindruck
zuerst nicht genauer beschrieben werden kann, als durch Worte wie
"seltsam", "ungewohnt". Später erst folgen sozusagen Analysen des
Eindrucks. (Die Reaktion des Zurückschreckens vor dem seltsam
geschriebenen Wort.)

1088. Wir lehren Einen die Bedeutung des Wortes "unheimlich",
indem wir es mit einem gewissen Benehmen in gewissen Situationen
in Zusammenhang bringen (aber nicht: das Benehmen so nennen). Er
sagt nun in solchen Situationen, es sei ihm unheimlich; und einmal
auch, das Wort "ghost" habe etwas Unheimliches. – Inwiefern war
das Wort "unheimlich" von Haus aus die Bezeichnung eines Gefühls?
Wenn Einer davor zurückscheut, in ein dunkles Zimmer zu gehen,
warum soll ich dies und Ähnliches die Äußerung eines Gefühls
nennen? Denn "Gefühl" läßt uns ja doch an Empfindung und
Sinneseindruck denken, und dies wieder sind die Gegenstände, die
unsere Seele unmittelbar vor sich hat. ((Ich will hier einen logischen
Schritt machen, der mir sehr schwer fällt.))

1089. "Was weiß ich von den Gefühlen des Andern, und was *weiß*
ich von den meinen?" heißt, daß die Erfahrung, als *Gegenstand*
aufgefaßt, aus der Betrachtung herausfiele.

1090. Kann denn etwas merkwürdiger sein, als daß der *Rhythmus* des
Satzes für sein genaues Verständnis von Wichtigkeit sein soll!

1091. Es ist, als teilte uns der etwas mit, der den Satz als Mitteilung
ausspricht, aber auch der Satz als bloßes *Beispiel*.

1086. "The chair is the same, whether I am looking at it or not!" – that *need* not have been so. Humans are often embarrassed when one looks at them. "The chair goes on existing whether I am looking at it or not." That might be an empirical proposition, or it might be one to take grammatically. But in saying it one may also be thinking simply of the conceptual difference between sense-impression and object. [Cf. Z 427.]

1087. German nouns printed in lower-case letters in certain modern poets. A German noun all in lower-case letters looks alien; to recognize it, one has to read it attentively. It is supposed to strike us as *new*, as if we had seen it now for the first time. – But what interests me here? This – that the impression can't at first be described more exactly than by means of words like 'queer', 'unaccustomed'. Only later follow, so to speak, analyses of the impression. (The reaction of recoil from the strangely written word.)

1088. We teach someone the meaning of the word "eerie" by bringing it into connexion with a certain behaviour in certain situations (though the *behaviour* is not called that). In such situations he now says it feels eerie to him; and even that the word "ghost" has something eerie about it. – How far was the word "eerie" to start with the name of a feeling? If someone shrinks back from entering a dark room, why should I call this or the like the expression of a feeling? For "feeling" certainly makes us think of sensation and sense-impression, and these in turn are the objects immediately before our minds. ((I am trying to make a logical step here, one that comes hard to me.))

1089. "What do I know of the feelings of others, and what do I *know* of my own?" means that an experience, conceived as an *object*, slips out of view.

1090. For can anything be more remarkable than this, that the *rhythm* of a sentence should be important for exact understanding of it?

1091. It's as if the one who pronounces the sentence as a piece of information told us something, but as if the sentence too, as a mere *example*, did the same.

1092. Es ist ja klar, daß die Beschreibungen der Eindrücke die Form der Beschreibung '*äußerer*' Gegenstände haben – mit gewissen Abweichungen. (Einer gewissen Vagheit, z.B.) Oder auch: Soweit die Beschreibung des Eindrucks der Beschreibung eines Gegenstandes gleichsieht, ist sie eine Beschreibung eines Gegenstandes der Wahrnehmung. (Darum sollte die Betrachtung des zweiäugigen Sehens den einigermaßen beunruhigen, der vom visuellen Gegenstand redet.)

1093. "Das Denken ist ein rätselhafter Vorgang, von dessen vollem Verständnis wir noch weit entfernt sind." Und nun stellt man Experimente an. Offenbar, ohne sich bewußt zu sein, *worin* das Rätselhafte des Denkens für uns liegt.

Die experimentelle Methode tut *etwas*; daß sie das Problem nicht löst, schiebt man darauf, daß sie noch in ihren Anfängen liegt. Es ist, als wollte man durch chemische Experimente feststellen, was Materie, und was Geist ist.

1094. Wer den Gesichtseindruck beschreibt, beschreibt die Ränder des Gesichtsfelds nicht. Ist dies eine Unvolkommenheit unserer Beschreibungen?

Schließe ich das linke Auge und drehe dann die Augen, soweit ich nur kann nach rechts, so sehe ich 'aus dem Augenwinkel' noch einen Gegenstand aufglänzen. Ja, ich könnte eine beiläufige Beschreibung von diesem Eindruck geben. Ich könnte auch eine Zeichnung von ihm herstellen, und sie würde vielleicht Dunkelheiten und einen dunkeln, verlaufenden Rand zeigen: aber richtig verstehen, verwenden könnte nur *der* dies Bild, der weiß, in welcher Situation es zu verwenden ist. D.h.: er könnte nun auch ein Auge schließen, soweit wie möglich nach rechts schauen, und sagen, auch er habe diesen Eindruck, oder: der seine weiche von meinem Bild in dieser oder jener Weise ab.

1095. Daß wir mit gewissen Begriffen *rechnen*, mit andern nicht, zeigt nur, wie verschiedener Art die Begriffswerkzeuge sind (wie wenig Grund wir haben, hier je Einförmigkeit anzunehmen). [Vgl. Z 347.]

1096. Turings 'Maschinen'. Diese Maschinen sind ja die *Menschen*, welche kalkulieren. Und man könnte, was er sagt, auch in Form von *Spielen* ausdrücken. Und zwar wären die interessanten Spiele solche, bei denen man gewissen Regeln gemäß zu unsinnigen Anweisungen gelangt. Ich denke an Spiele ähnlich dem "Wettrennspiel". Man erhielte etwa den Befehl "Setze auf die gleiche Art fort", wenn dies keinen Sinn ergibt, etwa, weil man in einen Zirkel gerät; denn jener Befehl hat eben nur an gewissen Stellen Sinn. (Watson.)

1092. Certainly it's clear that the description of impressions has the form of the description of *'external'* objects – with certain deviancies. E.g. a certain vagueness.

Or again: So far as the description of the impression looks the same as the description of an object, it is a description of an object of perception. (Hence consideration of binocular vision ought to be somewhat disquieting for one who speaks of the visual object).

1093. "Thinking is an enigmatic process, and we are a long way off from complete understanding of it." And now one starts experimenting. Evidently without realizing *what* it is that makes thinking enigmatic to us.

The experimental method does *something*; its failure to solve the problem is blamed on its still being in its beginnings. It is as if one were to try and determine what matter and spirit are by chemical experiments.

1094. Someone who describes his visual impression doesn't describe the edges of the visual field. Is this an incompleteness in our descriptions?

If I shut my left eye and then turn my eyes as far as I can to the right, I still, 'out of the corner of my eye' see an object shining out. I might even give a rough description of this impression. I might also produce a drawing of it, and it would perhaps shew some darknesses and a dark merging border: but only someone who knows in what situation it is to be employed can rightly understand or employ this picture. That is to say: he too might now shut one eye, look as far as possible to the right, and say he has this impression too, or: that his impression deviates from my picture in this way or that.

1095. That we *calculate* with some concepts and with others do not, merely shews how different in kind conceptual tools are (how little reason we have ever to assume uniformity here). [Cf. Z 347.]

1096. Turing's 'Machines'. These machines are *humans* who calculate. And one might express what he says also in the form of *games*. And the interesting games would be such as brought one *via* certain rules to nonsensical instructions. I am thinking of games like the "racing game". One has received the order "Go on in the same way" when this makes no sense, say because one has got into a circle. For any order makes sense only in certain positions. (Watson.)

1097. Eine Variante des Cantor'schen Diagonalbeweises: $N = F(k,n)$ sei die Form der Gesetze für die Entwicklung von Dezimalbrüchen. N ist die n-te Dezimalstelle der k-ten Entwicklung. Das Gesetz der Diagonale ist dann: $N = F(n,n) = $ Def. $F'(n)$. Zu beweisen ist, daß $F'(n)$ nicht eine der Regeln $F(k,n)$ sein kann. Angenommen, es sei die 100ste. Dann lautet die Regel zur Bildung

$$\text{von } F'(1) \qquad F(1,1)$$
$$\text{von } F'(2) \qquad F(2,2) \text{ etc.}$$

aber die Regel zur Bildung der 100sten Stelle von $F'(n)$ wird $F(100, 100)$; d.h., sie sagt uns nur, daß die 100ste Stelle sich selber gleich sein soll, ist also für $n = 100$ *keine* Regel.

Die Spielregel lautet "Tu das Gleiche, wie...!" – und im besondern Fall wird sie nun "Tu das Gleiche, wie das, was du tust!" [Vgl. Z 694.]

1098. Der Begriff des 'Ordnens' der Rationalzahlen z.B. und der 'Unmöglichkeit', die Irrationalzahlen so zu ordnen. Vergleiche das mit dem, was man 'Ordnen' von Ziffern nennt. Gleichermaßen der Unterschied zwischen dem 'Zuordnen' einer Ziffer (oder Nuß) zu einer andern und dem 'Zuordnen' aller ganzen Zahlen zu den geraden Zahlen; etc. Überall Begriffsverschiebungen. [Vgl. Z 707.]

1099. Die Beschreibung des subjektiv Gesehenen ist nahe oder entfernt verwandt der Beschreibung eines Gegenstands, aber funktioniert nicht als Beschreibung eines Gegenstands. Wie vergleicht man Gesichtsempfindungen? Wie vergleiche ich meine mit des Andern Gesichtsempfindungen? [Vgl. Z 435.]

1100. Das menschliche Auge sehen wir nicht als Empfänger, es scheint nicht etwas einzulassen, sondern auszusenden. Das Ohr empfängt; das Auge blickt. (Es wirft Blicke, es blitzt, strahlt, leuchtet.) Mit dem Auge kann man schrecken, nicht mit dem Ohr, der Nase. Wenn du das Auge siehst, so siehst du etwas von ihm ausgehen. Du siehst den Blick des Auges. [Vgl. Z 222.]

1101. "Wenn du nur von deinen physiologischen Vorurteilen wegkommst, wirst du garnichts daran finden, daß das Blicken des Auges auch gesehen werden kann." Ich sage ja auch, ich sehe den Blick, den du dem Andern zuwirfst. Und wollte man mich verbessern und sagen, ich *sähe* ihn eigentlich nicht, so hielte ich das für eine Dummheit.

1097. A variant of Contor's diagonal proof: Let $N = F(K,n)$ be the form of the law for the development of decimal fractions. N is the nth decimal place of the Kth development. The diagonal law then is: $N = F(n,n) = \operatorname{Def} F'(n)$.

To prove that $F'n$ cannot be one of the rules $F(k,n)$. Assume it is the 100th. Then the formation rule of

$$F'(1) \quad \text{runs} \quad F(1,1)$$

of

$$F'(2) \qquad F(2,2) \text{ etc.}$$

But the rule for the formation of the 100th place of $F'(n)$ will run $F(100,100)$; that is, it tells us only that the hundredth place is supposed to be equal to itself, and so for $n = 100$ it is *not* a rule.

The rule of the game runs "Do the same as . . ." – and in the special case it becomes "Do the same as you are doing". [Cf. Z 694.]

1098. The concept of 'ordering', e.g., the rational numbers, and of the 'impossibility' of so ordering the irrational numbers. Compare this with what is called an ordering of digits. Likewise the difference between the 'correlation' of a figure (or nut) with another and the 'correlation' of all whole numbers with the even numbers. Everywhere a shifting of concepts. [Cf. Z 707.]

1099. The description of the subjectively seen is closely or distantly related to the description of an object, but does not function like the description of an object. How does one compare visual sensations? How do I compare my visual experiences with someone else's? [Cf. Z 435.]

1100. We don't see the human eye as a receiver; it seems, not to let something in, but to send out. The ear receives; the eye looks. (It casts glances, it flashes, beams, coruscates.) With the eye one may terrify, not with the ear or the nose. When you see the eye, you see something go out from it. You see the glance of the eye. [Cf. Z 222.]

1101. "When you get away from your physiological prejudices, you'll find nothing in the fact that the glance of the eye can be seen." Certainly I too say that I see the glance that you throw someone else. And if someone wanted to correct me and say I don't really *see* it, I should hold this to be a piece of stupidity.

Anderseits habe ich mit meiner Redeweise nicht etwas *zugegeben*, und ich widerspreche dem, der mir sagt, ich sähe den Blick 'geradeso' wie die Gestalt und Farbe des Auges. Denn das 'naive Sprechen', d.h. unsere naive, normale, Ausdrucksweise, enthält ja keine Theorie des Sehens – zeigt dir keine *Theorie*, sondern nur einen *Begriff* des Sehens. [Vgl. Z 223.]

1102. Und wenn Einer sagt "Ich sehe eigentlich nicht das Blicken, sondern nur Formen und Farben", – widerspricht der der naiven Ausdrucksweise? Sagt er, der war im Unrecht, der sagte, er habe meinen Blick wohl gesehen, gesehen, daß dieses Menschen Augen starren, ins Leere blicken, etc.? Doch gewiß nicht. Was wollte also der Purist tun? Will er sagen, es sei richtiger, hier ein anderes Wort statt des Wortes "sehen" zu gebrauchen? Ich glaube, er will nur auf eine Scheide zwischen Begriffen aufmerksam machen. Wie stellt denn das Wort "sehen" die Wahrnehmung zusammen? Ich meine: es kann sie zusammennehmen als Wahrnehmungen *mit dem Auge*; denn wir spüren ja das Sehen nicht *im* Auge. Aber eigentlich scheint der, der auf der *Richtigkeit* unserer normalen Ausdrucksweise besteht, zu sagen: daß im Gesichts*eindruck* das alles enthalten sei; daß das *subjektive Auge* sowohl Form als Farbe, als Bewegung, als Ausdruck und Blick (Richtung nach außen) habe. Daß man den Blick, sozusagen, nicht *woanders* spürt. Aber das heißt nicht: 'woanders als in den Augen', sondern: woanders als im Gesichtsbild. Aber wie wäre es denn, wenn's anders wäre? Etwa so, daß ich sagte: "Ich sehe in diesem Auge die und die Formen, Farben, Bewegungen, – das heißt, es blickt jetzt freundlich", als zöge ich also einen Schluß. – Man könnte also sagen: Der Ort des *wahrgenommenen* Blickes ist das *subjektive* Auge, das Gesichtsbild des Auges, selber.

1103. Vor allem kann ich mir sehr wohl jemand denken, der zwar ein Gesicht höchst genau sieht, es z.B. genau porträtieren kann, aber seinen lächelnden Ausdruck nicht als Lächeln erkennt. Zu sagen, sein Sehen sei mangelhaft, fände ich absurd. Und zu sagen, daß sein subjektiver Gesichtsgegenstand eben nicht lächle, obwohl er alle Farben und Formen des meinen hat, ebenso absurd.

1104. D.h.: wir ziehen hier eine begriffliche Grenze (und sie hat mit physiologischen Meinungen nichts zu tun).

1105. Der Glanz, oder die Spiegelung: Wenn ein Kind malt, so wird es diese nie malen. Ja es ist beinahe verblüffend, daß sie durch die gewöhnlichen Öl- oder Wasserfarben dargestellt werden können. [Vgl. Z 370.]

On the other hand I have not *admitted* anything with my way of putting it, and I contradict anyone who tells me I see the eye's glance 'just as' I see its form and colour.

For 'naive language', that's to say our naif, normal, way of expressing ourselves, does *not* contain any theory of seeing – it shews you, not any theory, but only a *concept* of seeing. [Cf. Z 223.]

1102. And if someone says "I don't really see the eye's glance, but only shapes and colours", – is he contradicting the naif form of expression? Is he saying that the man was going beyond his rights, who said he saw my glance all right, that he saw this man's eye staring, gazing into vacancy, etc? Certainly not. So what was the purist trying to do?

Does he want to say it's more correct to use a different word here instead of 'seeing'? I believe he only wants to draw attention to a division between concepts. For how does the word "see" associate perceptions? I mean: it may associate them as perceptions *with the eye*; for we do *not* feel seeing *in* the eye. But really the one who insists on the *correctness* of our normal way of talking seems to be saying: everything is contained in the visual impression; that the *subjective eye* equally has shape, colour, movement, expression and glance (external direction). That one does not detect the glance, so to speak, *somewhere else*. But that doesn't mean 'elsewhere than in the eye'; it means 'elsewhere than in the visual picture'. But how would it be for it to be otherwise? Perhaps so that I said: "In this eye I see such and such shapes, colours, movements, – that means it's looking friendly at present," i.e. as if I were drawing a conclusion. – So one might say: The place of the *perceived* glance is the *subjective* eye, the visual picture of the eye itself.

1103. First and foremost, I can very well imagine someone who, while he sees a face extremely accurately, and can, e.g., make an accurate portrait of it, yet doesn't recognize its smiling expression as a smile. I should find it absurd to say that his sight was defective. And equally absurd to say that his subjective visual object just wasn't smiling, although it has all the colours and form that mine has.

1104. That is to say: here we are drawing a conceptual boundary (and it has nothing to do with physiological opinions).

1105. High-light or reflection: when a child paints, it will never paint these. Why, it is almost bewildering that they can be represented by means of the usual oil- or water-colours. [Cf. Z 370.]

1106. Wer sieht, daß jemand die Hand ausstreckt, um etwas zu berühren, sich aber davor scheut, der sieht doch, in einem gewissen Sinne, dasselbe wie Einer, der die Bewegung der Hand in allen Einzelheiten nachahmen, oder durch Zeichnungen darstellen kann, sie aber nicht so zu deuten vermag.

1107. Wenn jemand sagt: Die Form, die Farbe, die Organisation, der Ausdruck, sind doch alle, offenbar, (für jeden Unvoreingenommenen) Eigenschaften, Züge, des subjektiv Gesehenen, des unmittelbaren Gesichtsobjekts, – so verrät ihn hier das Wort "offenbar". "Offenbar" ist es darum, weil's Jeder zugibt; und er gibt es nur durch den Sprachgebrauch zu. Man begründet also hier einen Satz durch ein *Bild*.
   [1] Wenn Einer sagt: Die Form, die Farbe, die Organisation, der Ausdruck, sind doch alle, *offenbar*, Eigenschaften des unmittelbar Gesehenen (*meines* Gesichtsobjekts) – so stützt er seine Meinung auf ein *Bild*. – Denn, wenn Einer 'zugibt', alles dies sei eine Eigenschaft seines unmittelbaren Gesichtsobjekts, – was teilt er uns mit? Wenn er z.b. zu einem Andern sagt "Es geht mir auch so", was kann ich nun daraus schließen? (Wie, wenn diese volle Übereinstimmung auf einem Mißverständnis beruhte?)

1108. Jenes Bild ist ja nur eine *Illustration* zur Methodologie unserer Sprache. Wenn wir wirklich Alle geneigt sind, dies Bild treffend zu finden, so hat dies etwa psychologisches Interesse, ersetzt aber eine begriffliche Untersuchung nicht.

1109. "Methodologie" kann man *zweierlei* nennen: Eine Beschreibung der Tätigkeiten, die man, z.b., "Messen" nennt, einen Zweig der menschlichen Naturgeschichte, der uns die Begriffe des Messens, der Genauigkeit, etc. in ihren Varianten verständlich machen wird; oder aber einen Zweig der angewandten Physik, die Lehre davon, wie man am besten (genauesten, bequemsten, etc.) das und das unter den und den Umständen mißt. [Vgl. PU, S. 225a.]

1110. Ich sage ihm "Ändere deine Einstellung so: . . ." – er tut es; und nun hat sich *etwas* in ihm geändert. 'Etwas'? Seine Einstellung hat sich geändert; und diese Änderung kann man nun beschreiben. Die Einstellung 'etwas in ihm' zu nennen, ist irreführend. Es ist, als könnten wir nun dunkel ein Etwas sehen, oder fühlen, was sich geändert hat und 'die Einstellung' genannt wird. Während alles klar zu Tage liegt, – die Worte "eine neue Einstellung" aber eben nicht eine Empfindung bezeichnen.

[1] Alternative im MS. (*Herausg.*)

1106. One who sees that someone is stretching out his hand to touch something, but is afraid of it, does surely in a certain sense see the same as one who can imitate the movements of the hand down to the last detail, or can represent it by means of drawings, but has not the power of interpreting it in that way.

1107. If someone says: Obviously (to any unprejudiced person) the shape, the colour, the organization, the expression, are properties of the subjectively seen, of the immediate object of sight – here the word 'obviously' betrays him. The reason why it is obvious is: because everyone admits it; and admits it only through the use of language. So here one is using a *picture* to give a reason for a proposition.

[1]If someone says: The shape, the colour, the organization, the expression, are surely all *obviously* properties of the immediately seen (of my object of sight) – he is basing his opinion on a *picture*. – For, if someone admits that each of those things is a property of his immediate object of sight – what information is he giving us? If he, e.g., tells someone else: "It's like that for me too" – what conclusion can I draw from this? (What if this full agreement were based on a misunderstanding?)

1108. That picture is nothing but an *illustration* contributing to the methodology of our language. If we are really all inclined to find this picture apt, this is perhaps of psychological interest, but it is no substitute for a conceptual investigation.

1109. There are *two* things one may call "Methodology": A description of the activities that are, e.g., called "measuring", a branch of human natural history, which is going to make the concepts of measuring, of exactness etc., intelligible to us in their variations; or on the other hand a branch of applied physics, the theory of how best (most accurately, most conveniently) to measure this or that under such-and-such circumstances. [Cf. P.I. p. 225.]

1110. I tell him: "Change the way you are adjusted like this: . . . ." – he does so; and now *something* is altered in him. 'Something'? His attitude is altered; and one can describe the alteration. Calling the attitude 'something in him' is misleading. It is as if we could now dimly see, or feel, a Something, which has altered and which is called "the attitude". Whereas everything lies open to the light of day – but the words "a new attitude" do *not* designate a sensation.

---

[1] Marked as an alternative version in the MS. (*Eds.*)

1111. Wie sieht die Beschreibung einer 'Einstellung' aus? Man sagt z.B.: "Sieh von diesen Flecken ab und auch von dieser kleinen Unregelmäßigkeit, und schau es als Bild eines . . . an!" "Denk dir das weg! Wär's dir auch ohne dieses . . . unangenehm?" Man wird doch sagen, ich ändere mein Gesichtsbild – wie durch Blinzeln, oder Weghalten eines Details. Dieses "Absehen von . . ." spielt doch eine ganz ähnliche Rolle, wie etwa die Anfertigung eines neuen Bildes. [Vgl. Z 204.]

1112. Nun wohl, – und das sind gute Gründe dafür, zu sagen, wir hätten durch unsre Einstellung unsern Gesichtseindruck geändert. D.h., es sind (dies) gute Gründe, den Begriff 'Gesichtseindruck' so zu begrenzen. [Vgl. Z 205.]

1113. Das Wort "Organisation" verträgt sich sehr gut mit dem Begriff 'Zusammengehörigkeit'. Es scheint hier eine Reihe einfacher Modifikationen des Gesichtseindrucks zu geben, die alle eigentlich 'optisch' sind. Man kann aber eben in verschiedenen Aspekten noch ganz andere Dinge tun, als Teile trennen und zusammennehmen, oder unterdrücken und hervorheben.

1114. Ich kann doch etwas bestimmtes, eine bestimmte Eigentümlichkeit des Vorgangs des Kopierens einer Zeichnung "zusammenfassen" nennen. Ich kann dann sagen, Einer fasse bei der zeichnerischen Wiedergabe – oder bei der Beschreibung, die Figur so zusammen, organisiere sie so. (Freilich hätte es damit in manchen Fällen Schwierigkeiten; z.B. im Fall Hase-Ente.)

1115. Man sagt nun: Ich kann Striche beim Kopieren zusammennehmen, aber auch bloß durch die *Aufmerksamkeit*. Ähnlich, wie ich im Kopfe, so wie auf dem Papier, rechnen kann.

1116. Kann die Gestaltpsychologie die verschiedenen Organisationen, die sich ins unorganisierte Gesichtsbild einführen lassen, klassifizieren; kann sie die möglichen *Arten* der Modifikationen, die die Gestaltungsfähigkeit unseres Nervensystems hervorrufen kann, ein für allemal angeben? Wenn ich den Punkt als Auge sehe, das in *dieser* Richtung schaut, – in welches System von Modifikationen paßt dieser Aspekt? (System von Formen und Farben.)

1111. What does the description of an 'attitude' look like?

One says, e.g., "Look away from these little spots and this small irregularity, and regard it as a picture of a . . .".

"Think that away! Would it be unacceptable to you even without this . . .?" I shall be said to be altering my visual picture – as I do by blinking or keeping a detail out of view. This "Looking away from . . ." plays a role quite like that of the construction of a new picture. [Cf. Z 204.]

1112. Very well, – and these are good reasons to say that through our attitude we made a change in our visual impression. That is to say, these are good reasons for delimiting the concept 'visual impression' in this way. [Cf. Z 205.]

1113. The word "organization" fits in very well with the concept 'belonging together'. There seems to be a series of simple modifications of the visual impression here, which are all really 'optical'. With different aspects, however, one may do other quite different things besides separating parts and taking them together, or suppressing some and making others prominent.

1114. I may, however, *call* "taking together" some definite thing, a definite peculiarity of the process of copying a drawing. I may then say that in reproduction by drawing, or in description, someone takes the figure together like *this*, organizes it like this. (Of course there'd be difficulties about that in some cases, e.g. in the case of the duck-rabbit.)

1115. Now one says: I can take lines together in copying, but I can also do so by means of *attention*. Like the way I can calculate in my head, as on paper.

1116. Can Gestalt psychology classify the different organizations that can be introduced into the unorganized visual picture; can it give once for all the possible *kinds* of modification which the plasticity of our nervous system can elicit? When I see the dot as an eye which is looking in *this* direction – what system of modifications does that fit into? (System of shapes and colours.)

1117. Es ist z.B. irreführend, glaube ich, wenn Köhler[1] die spontanen

Aspekte der Figur 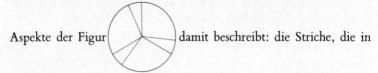 damit beschreibt: die Striche, die in

einem Aspekt zum gleichen Arm gehören, gehören nun zu verschiedenen Armen. Das klingt, als handelte es sich hier wieder um ein Zusammennehmen dieser Radien. Während doch die Radien, die früher zusammengehörten, auch jetzt zusammengehören; nur umgrenzen sie einmal einen 'Arm', einmal einen Zwischenraum.

1118. Ja, du kannst wohl sagen: Zur Beschreibung dessen, was du siehst, deines Gesichtseindrucks, gehört nicht bloß, was die Kopie zeigt, sondern auch die Angabe z.B., du sähest dies 'solid', das andere 'als Zwischenraum'. Es kommt eben hier darauf an, *was wir wissen wollen*, wenn wir Einen fragen, was er sieht.

1119. "Aber ich kann doch offenbar im Sehen Elemente (Striche z.B.) *zusammennehmen!*" Aber warum nennt man es "zusammennehmen"? Warum braucht man hier ein Wort – *wesentlich* – das schon eine andere Bedeutung hat? (Es ist hier natürlich wie im Fall des Wortes "Kopf*rechnen*".) [Vgl. Z 206.]

1120. Wenn ich Jemandem sage: "Nimm diese Striche (oder anderes) zusammen!" was wird er tun? Nun, Verschiedenes, je nach den Umständen. Vielleicht soll er sie zu zwei und zwei zählen, oder in eine Lade legen, oder anblicken, etc. [Vgl. Z 207.]

1121. Ist denn die Zeichnung selber, die du ansiehst, organisiert? Und wenn du sie so und so 'organisiert' siehst, siehst du da mehr, als vorhanden ist?

1122. "Organisiere diese Dinge!" – Was heißt das? Etwa: "ordne sie". Es könnte heißen: bring Ordnung in sie, – oder auch: lern dich unter ihnen auskennen, lerne sie beschreiben; lerne sie durch ein System, durch eine Regel, beschreiben.

1123. Die Frage ist wieder: Was teile ich Einem durch die Worte mit "Ich nehme jetzt die Striche mit dem Blick *so* zusammen"? Man kann diese Frage auch so stellen: Zu welchem Zweck sage ich Einem "Nimm diese Striche mit dem Blick *so* zusammen!" – Es ist hier wieder eine Ähnlichkeit mit der Aufforderung "Stell dir *das* vor!"

[1] *Op. cit.*, S. 185.

1117. E.g., it is, I believe, misleading when Köhler[1] describes the

spontaneous aspects of the figure by saying: the lines which belong to the same arm in one aspect, now belong to different arms. That sounds as if what were in question here were again a way of taking these radii together. Whereas, after all, the radii that belonged together before belong together now as well; only one time they bound an 'arm', another time an intervening space.

1118. Indeed, you may well say: what belongs to the description of what you see, of your visual impression, is not merely what the copy shews but also the claim, e.g., to see this "solid', this other 'as intervening space'. Here it all depends on *what we want to know* when we ask someone what he sees.

1119. "But surely it's obvious that in seeing I can *take* elements *together* (lines, for example)?" But why does one call it "taking together"? Why does one here need a word – *essentially* – that already has another meaning? (Naturally it is the same here as in the case of the phrase "*calculating* in the head.") [Cf. Z 206.]

1120. When I tell someone "Take these lines (or something else) together", what will he do? Well, a variety of things according to the circumstances. Perhaps he is to count them two by two, or put them in a drawer, or look at them etc. [Cf. Z 207.]

1121. Is the drawing that you see itself organized? And when you 'organize' it in such-and-such a way, do you then see more than is present?

1122. "Organize these things." What does this mean? Perhaps "arrange them". It might mean "give them some order", – or again: learn to know your way about among them, learn to describe them; learn to describe them by means of a system, by means of a rule.

1123. Once more, the question is: What information do I give someone with the words "In looking, I am now taking the lines together like *this*"? This question may also be put like this: For what purpose do I tell someone "In looking, take these lines together like *this*"? – There is here again a similarity to the demand "Imagine *this*".

[1] *Op. cit.* p. 185.

1124. Jedem Denken kleben die Eierschalen seines Ursprungs an. Man kennt es dir an, im Kampf *womit* du aufgewachsen bist. Welche Anschauungen die deinen gezeugt; von welchen du dich dann hast losmachen müssen.

1125. Das Bild 🌿 organisiert sich unter unserm Blick nicht.

1126. Es ist vielleicht wichtig, zu bedenken, daß ich eine Figur heute so sehen, auffassen, kann, morgen anders, und kein 'Umschnappen' stattgefunden haben muß. Ich könnte z.B. eine Illustration in einem Buch heute *so* auffassen und gebrauchen, morgen der gleichen Illustration auf einer späteren Seite begegnen, wo sie anders aufzufassen ist, ohne daß ich merke, daß es wieder die gleiche Figur ist.

1127. Könnte Einer seine Zuverläßigkeit dartun, indem er sagte: "Es ist wahr; und sieh', ich glaube es!"

1128. Könnte man sagen: es spiegelt sich eine Auffassung, eine Technik, im Erleben? Was doch nur heißt: Wir verwenden den Ausdruck, den wir für eine Technik gelernt haben, in einem Erlebnisausdruck (*nicht*: als *Bezeichnung* eines Erlebnisses).

1129. Warum soll denn eine Sprechweise nicht für ein Erlebnis verantwortlich sein?

1130. Hätte es einen Sinn, einen Komponisten zu fragen, ob man eine Figur *so* oder *so* hören soll, wenn das nicht auch heißt, ob man sie auf diese, oder jene Weise *spielen* soll?

1131. Erinnerung: "Ich sehe uns noch an jenem Tisch sitzen." – Aber habe ich wirklich das gleiche Gesichtsbild – oder eines von denen, welche ich damals hatte? Sehe ich auch gewiß den Tisch und meinen Freund vom gleichen Gesichtspunkt wie damals, also mich selbst nicht?—Mein Erinnerungsbild ist nicht Evidenz jener vergangenen Situation; wie eine Photographie es wäre, die, damals aufgenommen, mir jetzt bezeugt, daß es damals so war. Das Erinnerungsbild und die Erinnerungsworte stehen auf *gleicher* Stufe. [Vgl. Z 650.]

1132. Warum sollte man nicht sich selbst widersprechende Sätze ausschließen: nicht, weil sie sich selbst widersprechen, sondern weil sie nutzlos sind?

Oder so: Darum, weil sie sich selbst widersprechen, braucht man sie ja nicht wie etwas Unreines scheuen; man schließe sie aus, weil sie zu nichts brauchen sind.

1124. The egg-shell of its origin clings to any thinking, shewing one *what* you struggled with in growing up. What views are your circle's testimony: from which ones you have had to break free.

1125. The picture does not organize itself under our gaze.

1126. It is perhaps important to remember that I may see, take, a figure this way today, and differently tomorrow, without there needing to have been a 'jump'. I might, for example, take and use an illustration in a book in *this* way today, and tomorrow encounter the same illustration on a later page where it is to be taken differently, without noticing that it is the same figure again.

1127. Could a man demonstrate his reliability by saying: "It is true; and see! I believe it."

1128. Might it be said: a way of taking something, a technique, is mirrored in an experience? Which, after all, only means: we employ the expression that we have learnt for a technique in an expression of experience (*not*: as *designation* of an experience).

1129. Well, why should a way of speaking not be responsible for an experience?

1130. Would it make sense to ask a composer whether one should hear a figure like *this* or like *this*; if that doesn't also mean: whether one should *play* it in this way or that?

1131. Memory: "I still see us sitting at that table." – But have I really the same visual picture – or one of those which I had then? Do I also certainly see the table and my friend from the same point of view as then, and so not see myself?—My memory image is not evidence of that past situation; as a photograph would be, which, having been taken then, now bears witness to me that this is how it was then. The memory image and the memory words are on the *same* level. [Cf. Z 650.]

1132. Why shouldn't it be that one excludes mutually contradictory conclusions: not because they are contradictory, but because they are useless? Or put it like this: one need not shy away from them as from something unclean, because they are contradictory: let them be excluded because they are no use for anything.

1133. Du mußt mit der Vorstellung Ernst machen, daß es ja wirklich in einer Sprache ein Wort geben könnte, welches Schmerzbenehmen, und *nicht* Schmerz, bezeichnet.

1134. Er fragt "Was hast du mit dem Wort gemeint?" – Ich beantworte die Frage und setze hinzu: "Hättest du mich früher gefragt, so hätte ich das gleiche geantwortet; meine Antwort war nicht eine *Deutung*, die mir jetzt eingefallen ist." So war sie mir schon früher eingefallen? Nein. – Und wie konnte ich dann sagen: "Hättest du mich früher gefragt, so hätte ich ..."? Woraus schloß ich es? Aus garnichts. Was teile ich ihm mit, wenn ich diesen Konditional ausspreche? Etwas, was manchmal von Wichtigkeit sein kann.

1135. Er weiß z.B. jetzt, daß keine Sinnesänderung in mir vorgegangen ist. Es macht auch Unterschied, ob ich antworte, ich hätte die Worte 'nur so vor mich hin gesagt', ohne etwas mit ihnen zu meinen; oder, ich habe den und den mit ihnen gemeint. Es hängt manches davon ab.

Es ist auch nicht gleichgültig, ob jemand mir sagt "Ich liebe sie", weil ihm die Worte eines Gedichts im Kopf herumgehen, oder ob er's sagt, mir seine Liebe zu gestehen.

1136. Ist es aber nicht sonderbar, daß es so eine Reaktion, so ein Geständnis der Intention gibt? Ist es nicht ein höchst merkwürdiges Sprachinstrument? Was ist eigentlich merkwürdig daran? Nun, – es ist schwer vorstellbar, wie der Mensch diesen Wortgebrauch lernt. Er ist gar so subtil. [Vgl. Z 39.]

1137. Aber ist er wirklich subtiler, als der der Worte "Ich habe mir ihn vorgestellt", z.B.? Ja, merkwürdig, sonderbar, ist jede solche Sprachverwendung, wenn man nur auf die Betrachtung der Beschreibungen physikalischer Gegenstände eingestellt ist. [Vgl. Z 40.]

1133. You must seriously imagine that there really could be a word in some language that stood for pain-behaviour and *not* for pain.

1134. He asks "What did you mean when you said . . .?" I answer the question and then I add: "If you had asked me before, I'd have answered the same; my answer was not an *interpretation* which had just occurred to me." So had it occurred to me earlier? No. – And how was I able to say then: "If you had asked me earlier, I'd have . . ."? What did I infer it from? From nothing at all. What do I tell him, when I utter the conditional. Something that may sometimes be of importance.

1135. He knows, for example, that I haven't changed my mind. It also makes a difference whether I reply that I was 'only saying these words to myself' without meaning anything by them; or, that I meant this or that by them. Much depends on this.

Moreover, it makes a difference whether someone says to me "I love her" because the words of a poem are going through his head or because he is saying it to make a confession to me of his love.

1136. Is it not peculiar, however, that there is such a thing as this reaction, as such a confession of intention? Isn't it an extremely remarkable linguistic instrument? What is really remarkable about it? Well – it is difficult to imagine how a human learns this use of words. It is so entirely subtle. [Cf. Z 39.]

1137. But is it really more subtle than that of the words "I formed an image of him" for example? Yes, any such use of language is remarkable, peculiar, when one is adjusted only to consider the description of physical objects. [Cf. Z 40.]

INDEX

Die Nummern beziehen sich auf die
Nummern der Bemerkungen.

206

INDEX

duration, 115, 527, 528, 836, 861, 863, 864, 882, 887, 922, 948, 973, 1008

effort (*see* strain)
emotion, 596, 705, 727, 836
—directed e., 836
enjoyment (*see* pleasure)
essential difference, 282, 283
exactness, 895, 1080, 1109
expectation, 828
experience [Erfahrung], 3, 9, 10, 11, 12, 15, 20, 22, 100, 105, 115, 118, 119, 173, 212, 294, 304, 307, 322, 368, 415, 437, 452, 503, 505, 566, 792, 836, 937, 967, 990, 1040, 1086, 1089
experience [Erlebnis], experiencing, 13, 14, 21, 22, 31, 66, 80, 91, 94, 99, 108, 112, 120, 128, 155, 156, 157, 171, 172, 181, 184, 185, 186, 187, 188, 192, 193, 194, 195, 202, 204, 205, 209, 212, 219, 222, 227, 228, 230, 236, 237, 244, 248, 254, 259, 261, 263, 278, 293, 297, 299, 317, 318, 319, 352, 354, 355, 358, 359, 363, 364, 379, 444, 449, 458, 534, 543, 590, 602, 604, 611, 648, 662, 669, 688, 689, 691, 702, 703, 726, 727, 734, 735, 757, 777, 836, 852, 862, 870, 871, 876, 896, 917, 947, 1022, 1038, 1040, 1050, 1064, 1079, 1080, 1081, 1128, 1129
experiment (physical e.), 445
explanation, explaining, 22, 34, 36, 54, 56, 82, 91, 119, 146, 147, 155, 165, 180, 184, 200, 204, 217, 218, 227, 230, 248, 254, 256, 261, 315, 319, 320, 330, 362, 432, 444, 477, 500, 509, 511, 514, 586, 602, 603, 609, 610, 612, 616, 617, 625, 626, 627, 628, 629, 633, 660, 672, 679, 684, 687, 688, 726, 743, 872, 873, 917, 918, 927, 963, 966, 989, 1005, 1012, 1014, 1046
expression (verbal e., etc.) (*see also* facial e., manifestation), 12, 13, 19, 20, 21, 34, 35, 36, 68, 90, 93, 94, 97, 99, 101, 105, 112, 113, 114, 119, 122, 124, 125, 126, 127, 129, 133, 135, 137, 144, 145, 163, 177, 178, 186, 222, 223, 238, 276, 308, 309, 310, 313, 317, 318, 328, 332,

340, 349, 350, 358, 360, 368, 374, 379, 381, 414, 451, 461, 463, 464, 500, 507, 519, 535, 561, 562, 565, 572, 586, 587, 588, 594, 596, 598, 603, 634, 636, 637, 645, 657, 659, 662, 673, 705, 729, 804, 825, 828, 835, 836, 852, 858, 859, 862, 866, 867, 871, 880, 885, 945, 967, 1003, 1009, 1025, 1035, 1043, 1046, 1047, 1048, 1061, 1070, 1073, 1076, 1101, 1102, 1107, 1128
—e. of feeling (*see also* manifestation), 68, 90, 120, 122, 124, 125, 126, 127, 133, 135, 137, 146, 147, 161, 221, 244, 328, 350, 351

face, 16, 45, 80, 82, 120, 247, 267, 287, 292, 316, 336, 338, 340, 381, 390, 422, 434, 451, 452, 453, 454, 505, 526, 528, 532, 541, 542, 626, 694, 697, 728, 730, 766, 782, 853, 855, 863, 890, 919, 920, 923, 925, 926, 927, 929, 944, 954, 968, 991, 1017, 1019, 1028, 1031, 1033, 1041, 1068, 1071, 1072, 1099, 1103
—f. (of a word) (*see* physiognomy)
facial expression (*see also* "*a quite particular expression*"), 71, 80, 81, 82, 129, 170, 267, 381, 432, 434, 705, 801, 866, 867, 878, 882, 884, 896, 919, 928, 991, 993, 1032, 1033, 1068, 1069, 1072, 1103
fact of nature, 45, 46, 48
familiarity, 120, 121, 122, 123, 124, 300, 433
—feeling of f., 120, 121, 122
fate, 942
fear, fright, 129, 284, 595, 596, 724, 728, 729, 730, 731, 832, 841, 922, 924, 1068
feeble minded, mental illness, 125, 179, 189, 197, 198, 216, 224, 591, 646, 957, 996
feeling (*see also* bodily feeling, sensation), 68, 69, 90, 108, 112, 114, 115, 120, 121, 122, 123, 124, 125, 126, 127, 133, 135, 136, 137, 138, 146, 147, 152, 154, 155, 156, 161, 188, 208, 212, 221, 237, 244, 328, 329, 332, 334, 346, 348, 350, 351, 352, 368, 377, 382, 384,

feeling—*cont.*
385, 387, 388, 390, 391, 393, 400, 405,
440, 446, 448, 452, 453, 454, 455, 456,
458, 459, 473, 547, 570, 630, 636, 654,
680, 698, 699, 718, 727, 728, 730, 733,
735, 753, 754, 758, 759, 762, 763, 765,
766, 767, 770, 779, 784, 785, 786, 789,
790, 792, 794, 795, 796, 797, 798, 803,
834, 843, 845, 852, 873, 884, 887, 898,
913, 948, 956, 959, 1040, 1088, 1089
—f. of meaning, 346, 348, 350
fine, beautiful, 37, 39, 896
forget, 118, 174, 180, 263
form, shape, 47, 85, 260, 267, 341, 343,
379, 411, 418, 422, 519, 534, 547, 587,
613, 695, 784, 871, 919, 964, 1019,
1023, 1024, 1066, 1070, 1072, 1079,
1102, 1103, 1107, 1116
—f. blindness, 170, 189
—f. of life, 630
fragment, 943
fright (*see* fear)
future, 288, 715, 718, 739

"*Genealogy of psychological concepts*", 722
"*Genealogy of psychological phenomena*",
895
geometry, 47
Gestalt psychology (*see also Köhler*), 1116
gesture, 19, 34, 39, 85, 90, 129, 247, 275,
284, 341, 345, 360, 435, 635, 660, 706,
791, 841, 888, 896, 928, 945, 1046
God, 139, 198, 213, 475, 492, 816
Goethe, 326, 336, 338, 889, 950
grammar, grammatical, 1, 46, 432, 472,
494, 550, 568, 693, 879, 906, 1050,
1085, 1086
grief, 69, 835, 836
ground, reason, 17, 75, 85, 137, 224, 486,
511, 738, 800, 815, 1023, 1024, 1035
guessing, 309, 330, 375, 566, 568, 571,
605, 828

hallucination, 513, 653, 865, 885
hearing, 1, 94, 101, 105, 168, 171, 175,
184, 202, 212, 247, 293, 301, 316, 317,
319, 320, 508, 530, 538, 540, 545, 546,

603, 604, 611, 670, 694, 697, 746, 754,
782, 884, 885, 894, 896, 922, 923, 958,
995, 1034, 1037, 1130
Hebel, 707
'here' (*see also* place), 946
hesitation, 561
history, 381, 631, 903, 1018, 1073
hope, hoping, 314, 460, 461, 462, 463,
464, 465, 466, 467, 468, 494, 595, 596,
718, 749, 832, 834
hypothesis, 8, 48, 430, 1063

I, 708, 750, 816
identity, 547
—criterion of i., 391, 393, 395, 396, 718
illness, sickness (*see also* mental i.), 137,
221
image (imagine, imagination), 47, 48,
119, 162, 172, 183, 197, 200, 210, 221,
230, 243, 248, 249, 251, 262, 263, 265,
275, 315, 338, 359, 360, 383, 390, 409,
440, 466, 553, 602, 604, 615, 625, 643,
649, 650, 653, 663, 691, 717, 726, 732,
759, 760, 773, 826, 836, 848, 884, 885,
886, 891, 899, 900, 926, 960, 963, 990,
992, 999, 1001, 1005, 1014, 1052, 1056,
1123, 1133, 1136, 1137
imitation, imitating, mimicking, 163,
411, 920, 927, 991, 993, 1066, 1106
impossibility (*see also* psychological
impossibility), 397, 581, 582
impression (sense-impression) (*see also*
visual (optical) i.), 5, 220, 259, 267,
287, 289, 325, 433, 482, 610, 623, 634,
694, 715, 720, 721, 753, 836, 855, 894,
896, 912, 926, 1081, 1085, 1086, 1087,
1088, 1092
impulse, 754, 903
inclination, 832, 834
incomparability (of corporeal and
mental states and processes), 661
indefinable, 160, 630
infinite, 825, 826
'inner nature', 103, 104
innervation, feeling of, 754, 845
instinct, 556
intention, 4, 129, 163, 165, 173, 178, 185,

object—*cont.*
945, 952, 976, 979, 983, 1008, 1018,
1031, 1035, 1081, 1082, 1084, 1085,
1088, 1089, 1092, 1099, 1103, 1137
observation (observing), 63, 64, 112,
117, 225, 286, 287, 312, 346, 347, 446,
466, 467, 504, 578, 690, 696, 703, 705,
712, 715, 753, 755, 788, 810, 813, 816,
823, 836, 838, 839, 885, 890, 914, 973
optical (*see* visual)
order, 646, 950, 1122
order, command, 163, 204, 214, 353, 384,
385, 552, 630, 655, 668, 681, 683, 685,
714, 758, 759, 795, 797, 843, 856, 898,
899, 900, 956, 989, 1001, 1055, 1096,
1097, 1123
ostensive definition, 207, 264, 608
—private o. d., 200, 393, 397

pain, 91, 93, 96, 108, 112, 129, 133, 137,
138, 140, 141, 142, 143, 144, 145, 146,
148, 149, 150, 151, 152, 153, 154, 159,
161, 162, 165, 200, 207, 222, 259, 291,
304, 305, 307, 308, 310, 313, 382, 386,
400, 407, 437, 440, 454, 470, 479, 662,
663, 667, 679, 694, 695, 696, 697, 729,
732, 742, 747, 767, 768, 772, 783, 786,
803, 804, 824, 855, 858, 896, 898, 912,
913, 914, 915, 917, 922, 924, 959, 972,
973, 1133
palpable, tangible, 379, 380, 1079
paradox, 65, 490
—p. of the Cretan Liar, 65
passive, 189, 956
past, 241, 462, 476, 684, 688, 718, 847,
907
perception (perceptible), 9, 21, 259, 260,
316, 442, 444, 657, 658, 771, 885, 887,
900, 1068, 1092, 1102
perspicuous (*see* view)
philosophy, 51, 52, 115, 147, 379, 580,
587, 706, 949, 1000, 1074
physical state, 130, 312, 890, 909
physiognomy, 654
—p., face of a word, 6, 322, 323, 328
physiological (p. explanation, etc.), 399,

431, 904, 905, 906, 918, 963, 1012,
1038, 1044, 1063, 1070, 1101, 1104
picture (*see also* image, memory-image),
6, 26, 58, 74, 75, 76, 80, 97, 109, 111,
115, 132, 139, 143, 159, 170, 172, 178,
183, 193, 197, 203, 205, 207, 219, 229,
231, 242, 243, 248, 262, 265, 275, 278,
279, 280, 293, 336, 338, 339, 345, 360,
368, 369, 385, 389, 390, 409, 411, 417,
422, 426, 430, 437, 443, 480, 498, 519,
549, 554, 555, 575, 578, 582, 587, 590,
597, 646, 651, 653, 674, 684, 692, 694,
724, 726, 754, 768, 803, 808, 825, 826,
860, 861, 863, 868, 871, 873, 874, 877,
878, 880, 881, 892, 893, 894, 896, 944,
954, 958, 968, 970, 973, 991, 993, 999,
1005, 1009, 1018, 1019, 1023, 1028,
1033, 1041, 1043, 1050, 1051, 1052,
1059, 1061, 1068, 1070, 1076, 1077,
1083, 1094, 1105, 1107, 1108, 1111,
1125, 1131
—false p., 549, 550, 554
—right, correct p., 549, 554
place, localization (of feelings, pains,
etc.), 349, 352, 388, 391, 438, 439, 440,
456, 699, 758, 767, 784, 785, 786, 790,
792, 794, 798, 803, 804, 836, 946,
1102
Plato, 180
pleasure, enjoyment, 799, 800, 801, 896
point to, show, 37, 39, 87, 112, 200, 207,
242, 248, 305, 398, 438, 439, 589, 608,
612, 613, 620, 729, 863, 899, 1046, 1048
possibility (*see also* logical p.,
impossibility, psychological
impossibility), 70, 272, 274, 293, 409
pragmatism, 266
prediction, 409, 503, 638, 713, 714, 715,
788
prelinguistic, 916
present, 155, 288, 368, 476, 700, 718, 721,
832, 907, 935
pretence, 137, 142, 143, 144, 145, 149,
570, 824, 931
private, 985
—p. thoughts, 565, 566, 568, 570, 571,
573, 574

probable (p. action), 705, 708, 709, 711, 712, 737, 814
proposition (*see* sentence)
proxy (*see* representation)
psychological concepts, 722, 951
—p. experiment, 287, 288, 289, 290, 1039, 1093
—p. impossibility, 581, 582
—p. phenomenon, 129, 165, 200, 282, 358, 379, 380, 431, 509, 685, 777, 895, 901, 904, 906, 1054
—p. statement (p. expression, p. utterance), 45, 93, 96, 102, 156, 173, 212, 364, 629
—p. surrounding, 901
psychology (*see also* Gestalt psychology, James, *Köhler*), 287, 290, 292, 351, 379, 692, 693, 750, 836, 1039, 1063
psycho-physical parallelism, 906
puzzle picture (jigsaw puzzle), 43, 99, 316

qualitative, 783
quantitative, 783

reading, 511, 544, 590, 598, 759, 829, 908, 953, 996, 1019, 1059, 1060, 1087
—r. machine (human r. m.), 262
—r. thoughts, 578
reason (*see* ground)
Regel, 238, 266, 409, 410, 552, 557, 558, 588, 654, 908, 1096
remembering (*see* memory)
report, announcement, 487, 488, 489, 817
representation, proxy (things and words), 207
Richards, 799
Russell, 38, 271, 797

sad (*see* sorrow)
Schumann, 250
seeing (*see also* s. as, subjectively seen), 1, 2, 4, 5, 7, 8, 9, 11, 12, 17, 20, 22, 24, 28, 31, 33, 47, 66, 77, 79, 80, 82, 83, 85, 89, 91, 99, 120, 153, 157, 159, 170, 196, 229, 231, 249, 257, 260, 267, 287, 315,

316, 366, 368, 390, 391, 411, 415, 417, 420, 422, 423, 424, 425, 429, 430, 432, 442, 508, 510, 514, 526, 528, 529, 531, 542, 590, 615, 616, 617, 619, 653, 692, 694, 753, 797, 803, 813, 819, 861, 863, 868, 869, 873, 874, 877, 878, 879, 882, 894, 896, 899, 905, 918, 944, 952, 953, 960, 961, 962, 963, 964, 965, 966, 967, 968, 976, 977, 979, 980, 981, 982, 984, 986, 987, 991, 992, 994, 998, 1001, 1004, 1006, 1007, 1009, 1010, 1012, 1013, 1014, 1016, 1017, 1019, 1023, 1024, 1028, 1029, 1035, 1038, 1041, 1042, 1046, 1051, 1059, 1066, 1068, 1069, 1070, 1072, 1073, 1075, 1076, 1083, 1092, 1094, 1100, 1101, 1102, 1103, 1106, 1110, 1118, 1119, 1121, 1131
—s. depth, 66, 85, 86
seeing as (*also* s. like *this*), 1, 3, 4, 5, 8, 9, 11, 12, 15, 16, 17, 18, 21, 22, 23, 24, 25, 26, 27, 28, 30, 31, 66, 70, 74, 75, 77, 80, 91, 99, 156, 168, 315, 317, 344, 379, 411, 412, 414, 422, 423, 426, 427, 429, 508, 510, 511, 512, 514, 519, 520, 521, 522, 524, 525, 532, 533, 537, 539, 541, 860, 863, 864, 871, 872, 896, 899, 966, 967, 977, 978, 988, 989, 992, 993, 1002, 1012, 1017, 1020, 1044, 1045, 1048, 1049, 1064, 1111, 1116, 1126
seeking, looking for, 60, 139, 362
sensation, 6, 45, 113, 114, 137, 189, 286, 305, 306, 308, 309, 311, 313, 331, 335, 351, 378, 382, 383, 386, 388, 389, 393, 394, 395, 396, 398, 399, 400, 404, 406, 407, 408, 421, 435, 451, 455, 645, 694, 695, 697, 733, 758, 769, 770, 771, 772, 773, 782, 796, 799, 800, 802, 804, 807, 856, 859, 880, 896, 898, 902, 922, 924, 927, 948, 1078, 1082, 1088, 1099, 1110
—s. (feeling) of movement, 386, 388, 393, 394, 395, 396, 398, 399, 400, 758, 770, 771, 772, 796, 902
—s. of posture, 770, 771
—s. of touch, 697, 770, 773, 796, 948
sense (sense-organ), 717, 896
sense (of a sentence, etc.), 43, 59, 97, 117,

216

uncanny
—feeling of the u., 887, 1088
uncertainty, 137, 138, 141, 150, 152, 728
unconscious, 225, 262
understanding, 12, 16, 24, 25, 28, 34, 38,
74, 101, 145, 155, 163, 166, 168, 184,
197, 204, 212, 213, 214, 215, 216, 218,
235, 243, 245, 247, 249, 250, 251, 257,
264, 265, 301, 302, 304, 311, 315, 319,
320, 323, 328, 342, 344, 345, 366, 377,
412, 433, 461, 477, 478, 543, 546, 555,
591, 608, 635, 639, 654, 679, 691, 695,
794, 837, 873, 875, 898, 932, 1018,
1019, 1037, 1039, 1044, 1078, 1090,
1093, 1094
unreality
—feeling of u., 125, 126, 156, 535, 789
useful, 225, 266, 951
utterance (see manifestation, expression)

verification, 8, 566, 827
view, commanding a, perspicuousness,
895
visual field, 443, 515, 953, 1094

—v. impression, 3, 27, 28, 420, 442, 443,
918, 922, 952, 986, 1031, 1041, 1083,
1084, 1094, 1102, 1112, 1113, 1118
—3-dimensionality of v. impression,
420, 425
—v. picture (see also visual impression),
22, 27, 31, 33, 169, 261, 382, 384, 389,
391, 420, 426, 443, 534, 535, 536, 952,
990, 1041, 1051, 1070, 1080, 1102,
1111, 1116, 1131
—v. taking for (see taking for)
voluntary, 51, 709, 727, 759, 760, 762,
763, 765, 776, 789, 805, 806, 840, 841,
842, 843, 845, 848, 850, 851, 885, 897,
899, 901, 902, 976

Watson, 1096
will, 51, 78, 217, 255, 661, 766, 899, 900,
971, 976, 1040
wish, 275, 276, 463, 464, 469, 472, 477,
478, 492, 494, 495, 828, 832
"word that hits the mark", 72, 73, 90,
125, 377, 580

218